面向 21 世纪课程教材

信息管理与信息系统专业教材系列

信息管理基础

岳剑波　编著

清华大学出版社

内容简介

有效的信息管理是走向信息时代的信息人必须具备的基本技能。本书从信息科学与管理科学的综合交叉点出发,系统而全面地论述了信息管理的基本概念和学科发展、信息管理的科学基础和技术基础、信息管理的基础理论——信息行为和信息交流理论,以及信息管理的三个层次——微观的信息产品管理、中观的信息系统管理和宏观的信息产业管理等等。作者力图在社会信息化的大环境下构建全新的信息管理学科理论体系,并注意充分总结人类社会信息管理活动的历史经验和客观规律,及时反映和评价现代信息管理技术和方法的最新进展,尤其是网络化、数字化信息环境下信息管理手段的变革。

本书可作为高等院校信息管理类专业、图书档案类专业、传播学与编辑出版专业的教材,亦可供广大信息管理工作者参考。

图书在版编目(CIP)数据

信息管理基础/岳剑波编著. —北京: 清华大学出版社,1999.11(2021.7 重印)
面向 21 世纪课程教材,信息管理与信息系统专业教材系列
ISBN 978-7-302-02204-6

Ⅰ. 信… Ⅱ. 岳… Ⅲ. 信息管理-高等学校-教材 Ⅳ. G202

中国版本图书馆 CIP 数据核字(1999)第 50786 号

责任编辑: 魏荣桥
责任印制: 杨 艳

出版发行: 清华大学出版社
　　　　　网 址: http://www.tup.com.cn, http://www.wqbook.com
　　　　　地 址: 北京清华大学学研大厦 A 座　　　邮 编: 100084
　　　　　社 总 机: 010-62770175　　　　　　　　邮 购: 010-62786544
　　　　　投稿与读者服务: 010-62776969, c-service@tup.tsinghua.edu.cn
　　　　　质 量 反 馈: 010-62772015, zhiliang@tup.tsinghua.edu.cn
印 装 者: 三河市铭诚印务有限公司
经 销: 全国新华书店
开 本: 185mm×230mm　　　印 张: 17　　　字 数: 373 千字
版 次: 1999 年 11 月第 1 版　　　　　印 次: 2021 年 7 月第 31 次印刷
定 价: 38.00 元

产品编号: 002204-03

序　言

　　人类正迈向知识经济的新世纪,为了使我国高等教育能适应国内外急剧变化发展的形势,1995 年春,原国家教委正式推出和开始实施了"高等教育面向 21 世纪教学内容和课程体系改革计划(以下简称教学内容改革计划)"。改革的总目标是:"**转变教育思想,更新教育观念,改革人才培养模式,实现教学内容、课程体系、教学方法和手段的现代化,形成和建立有中国特色的社会主义高等教育的教学内容与课程体系,提高教学质量,培养适应 21 世纪需要的社会主义现代化建设者和接班人**"。近期目标是:"**用 5 年左右时间,集中优势力量,开展集体攻关,努力形成一批优秀的研究和改革成果,使我国高等教育的教学内容和课程体系相对落后于科技、经济、社会发展的状况有较大改观,为 21 世纪初叶大范围提高我国高等教育质量打下良好基础**"。在高等教育改革的系统工程中,教学改革是核心,而其中教学内容和课程体系的改革,又因其直接反映教育目的和培养目标,是培养人才素质、提高教育质量的核心环节,故又是教学改革的重点和难点,是深层次的教学改革。为了反映和固化各专业基础课和主干课教学内容和课程体系改革的成果,教学内容改革计划还提出要编写出版一批高水平和高质量的"**面向 21 世纪课程教材**"。

　　作为国家教委级 221 个大的立项项目之一(理科 27 个之一),"**信息管理类专业教学内容和课程体系改革**(以下简称**信息管理专业教学改革研究**)",也于当年立项并开始启动。项目由北京师范大学牵头,有中国科学技术信息研究所、复旦大学、北京大学、武汉大学、中山大学、四川大学、山东大学、天津师范大学、北京联合大学和吉林工业大学等 11 所高校和科研院所参加。4 年来,经过参加人员和广大教师积极认真的改革研究和实验,取得了重要进展,明显提高了实验班级毕业生培养质量的实际效果,并编写出和推荐了头一批"**信息管理与信息系统**"专业教材,本书就是这批书中的一种。

　　以下几点,是"信息管理专业教学改革研究"项目考虑教学内容和课程体系改革问题的基本出发点,也是编写这套教材要努力做到的。学生是教学工作的主体,使用这套书的学生读者,在学习每门课时了解整体学术背景,无论是对加深当前学习内容的理解,还是对认识和发挥自己"主体"地位的作用,都有必要。

1. 关于"信息管理"和"信息管理学"

　　"信息管理"是一个范围很宽,正在发展的概念。按项目组目前研究的认识,"信息管理"主要是指信息资源的管理,包括微观上对信息内容的管理——信息组织、检索、加工、服务等,及宏观上对信息机构和信息系统的管理。"**信息管理学**"是一门研究人类信息管理活动的规律及应用的学科,它以数学、管理科学、信息科学与技术作为基础,涉及多学科(理、工、农……)及多领域(经济、管理、法律……)的综合性交叉学科。高附加值的信息是知识创新的关键因素,但浩如烟海的信息,只有经过有效获取、科学加工和有序管理,才能成为可利用的资源,信息管理学所研究和能提供的就是这种理论知识和技术。在国内外经济知识化、社会信息化迅速发展和激烈竞争的形势下,信息管理、信息科学、信息技术、信息产业与信息教育共同成为信息社会战略上需要优先发展的行业。有人把网络比作信息高速公路,计算机软硬件比作在高速公路上跑的"车",信息资源比作"货",当前的问题是"车"严重空载和"货"的质量不高,信息管理就是"加工生产"大量优质信息产品的知识工具,而问题的症结就在于需要培养出大批高素质的信息管理人才。

2. "信息管理学"专业的基本内涵

什么是决定"信息管理学"专业核心教学内容和课程体系的基本内涵? 应当说目前还没有明确的界定,但根据学科的发展和社会定位,根据信息科技发展对其产生的影响,根据培养目标的定位和国内外许多学者的建议,"信息管理学"的专业内涵应建立起一个由上到下的信息管理学的学科体系。如 Wilson 的观点:"应从信息的产生,信息的组织与处理,信息的传播与利用来定义"。有的学者还提出,一个完整的信息管理科学的知识体系应该包括信息的上、中、下"三游"。而作为一个信息管理和服务的专业人员,应该要"了解信息的上游,掌握信息的中游,提供下游的服务"。

所谓信息的上游,乃是了解信息的本质、信息的特征、信息的种类、信息产生的过程、信息生产的主要机构及信息如何传播等。而这里所谓的信息,不应只限制在学术信息,也不应只强调图书媒体,而应该包括所有相关的信息媒体,及所有可能的相关信息的研究。

所谓信息的中游,则包括信息的搜集、信息的整理、信息的组织与分析、网络环境下多媒体信息的描述与组织、信息系统、信息的储存、信息的检索、信息的深加工等。

而下游的信息利用与服务,则是了解我们的使用者,了解他们的信息需求,然后提供他们所需的信息服务。

如果我们依照信息管理人员的工作内容来看,信息上游的了解是所有信息管理人员所应必备的知识。这个基本常识掌握后,才能因工作性质的不同,调整应掌握的知识面。

信息的组织与分析应是本专业最核心的专业知识,本专业所有其他的专业知识都应该是由此而发展,这也是我们跟别的专业有所区别的地方。

由以上分析是否可认为本专业的基本内涵是:信息的产生和传播,信息的组织分析和信息的利用与服务。以上认识,也是我们提出分层次的专业基础课和核心课内容体系的基本出发点。

3. 转变观念,建立新的培养模式

为满足对信息管理人才的需要,在新修订的我国高等教育本科专业目录中,在原科技情报、信息学、经济信息、管理信息系统等专业基础上，调整合并设立了新的"信息管理与信息系统"专业。1999年全国有150多所高校在这个专业招生，成为今年理科最热门的专业之一。如何办好这个新调整的专业，提高培养质量？关键在于**转变教育观念，改革培养模式**。信息管理是科技含量高、知识更新快、交叉学科多、国际化程度高、应用范围广、服务性强的发展中的新学科，要求本科培养的人才具有广泛和多层次的适应性，为此必须改变以适合在某一种行业或领域从业为培养目标的旧观念，而把拓宽加深基础和提高以创新能力和实践能力为主的全面素质作为培养目标；改变过去重理论、轻实践、多灌输、少自学的旧教学模式，而把充分开发潜能，使学生做到"自奋其力，自致其知"，作为提高人才素质的运作机制；突破传统基础观对"加强基础"的理解：不仅要通过系统的理论知识学习打下学生聚合思维的基础，还要通过教学和实践环节的系统改革，培养学生对科学问题的兴趣和锲而不舍的探索精神，打下创造能力所需要的发散思维和人格品质的基础，并要将这两种思维进行整合，内化成学生的认知结构。如开设将信息的采集、描述、组织、存储、检索、分析和利用等若干知识点互相结合应用，充分体现自主学习的"课程设计"课；在教学计划中安排整个第八学期进行面向科研、应用开发和服务等实际问题的毕业实践（毕业设计和毕业论文）等。教学改革是一项系统工程，按系统工程原理，局部和可能大于也可能小于整体，各门课的改革和教材编写要从整体出发考虑，才能实现系统总体目标的优化。

4. 信息科技的发展和教学内容的改革

信息对知识经济发展的意义，可分为两方面，一方面是信息成为知识创新的因素；另一方面，为了有效获取和利用信息，要促使信息科技的发展。特别是90年代以来，网络科技的迅猛发展，推动了知识经济的加速发展。这使得知识经济和信息科技成为大学教育面临的社会背景和重要技术背景，这无疑对信息管理学科内容和体系的变化首当其冲地产生重大影响。因此，信息管理专业教学内容和课程体系改革的重点和难点，不仅要重视内容和体系改革的整体优化，精简陈旧内容，加强信息科技内容的比重，给学生更多实践、研讨和自主学习的时间，积极应用信息技术于教学手段和方法，更重要的是专业教学内容的定量化和信息化，在信息的产生传播、信息的组织分析、信息的利用与服务三个层面的专业教学内容中，以信息科技和相关科技的发展为融合点和生长点，拓宽理论基础，改造传统教学内容，改进研究方法，改变"两层皮"的状况，做到有机结合，形成严谨的专业内涵，构造新的内容和体系。这样才能从根本上开发学生的潜能，培养出面向未来和面向世界的高质量信息管理人才。

5. 信息素养教育

信息科技，特别是网络科技的迅猛发展，也导致人类的沟通与信息交换方式由过去的人际互动（human-human interaction）模式，变为以人机互动（human-machine interaction）为主的模式。终身学习、如何学习、能力导向学习和开放学习成为新的教育理念的重要内涵。为满足知识创新和终身学习的需要,发达国家纷纷将信息素养(information-tion literacy)教育,作为培养 21 世纪人才能力的重要内容。所谓"信息素养"或"信息能力",是指使用计算机和信息技术高效获取、正确评价和善于利用信息的能力。目前美国全国从小学、中学到社区学院和各大学都已全面将信息素养纳入正式的课程设置之中。"信息素养"是一个有时代性的、重要的教育议题,是未来信息社会考察一国人力素质和生产力的重要指标。作为信息管理专业的学生,不仅比其他专业更有必要提高自己的信息素养,还有责任在对大众实施信息素养教育计划的重任中发挥作用。

6. 教材特点

首批推荐的这一套教材,反映了经过该项目组成员和广大教师的努力而取得的改革成果。具有新的教育观念和内容,作者水平较高,校际合作、老中青合作范围较大,适应面较广等特点。

本套书的作者都是国内信息管理方面的专家或后起之秀,本套书不仅是他(她)们多年教学改革及经验的总结,也是他(她)们最新科研成果的结晶。有的教材出版印刷过几次,获过奖,此次再版增加了新的研究成果;有几位青年作者近年刚从国外深造归来,在他(她)们的书中反映了学科前沿的最新进展。

经过专业目录调整,全国有多所高校设立了信息管理与信息系统专业,尽管原有专业背景不同,但改革的方向和目标将逐步融合。此外,国家自考大专和大学本科也新增加了信息管理与服务专业,不少院校的夜大和函授大学也有此专业,还由于信息管理是发展较快的新兴学科,故可估计此套书出版后的读者群将比较大,尽可能做到兼顾不同层次的读者,也是编写这套教材时重视的一个问题。

一本好的教材一定要经过多次修订才能成熟起来。这套书中有的是第一次正式出版,尽管编著者和出版社为此付出了很大努力,但难免有不足之处,欢迎读者批评指正。

这批教材能列入"面向 21 世纪课程教材"及时出版,要衷心感谢教育部高教司理工处领导的大力支持,也要衷心感谢高等教育出版社、清华大学出版社、武汉大学出版社编辑同志的积极配合与大力支持。

康仲远

于北京师范大学

1999 年 9 月 10 日

前　言

　　随着人类社会信息化进程的不断加快,信息资源的意义愈加显著,信息被视为像人力、资本、物资一样的基本管理要素,信息管理现已成为国内外的研究热点之一。1998 年,中华人民共和国教育部在新修订的全国普通高等学校本科专业目录中,将原有的科技信息、信息学、管理信息系统、经济信息管理、林业信息管理这 5 个专业合并为新的"信息管理与信息系统"专业,以培养能适应社会信息化发展需要的通用信息管理人才。教育部已将"信息管理类专业教学内容和课程体系改革研究"列为"高等教育面向 21 世纪教学内容和课程体系改革计划"的子项目,"信息管理概论"作为新专业的主干基础课,其课程建设问题自然受到了各级领导部门和相关院系的密切关注和大力支持。北京大学信息管理系从 1995 年起就开设了名为"信息管理概论"的专业基础课程,在全国同类院系中也是较早进行信息管理教育变革的。但信息管理作为一个新兴的研究领域,必然涉及许多全新的因素,需要探索许多陌生的问题,学科知识结构也有待创新和完善,特别是在教学内容和教材建设等方面还有许多工作要做。北京市教委和北京大学教务部现已将"信息管理基础课程建设与实践"分别确定为"北京市普通高等学校第二批教育教学改革试点项目"和"北京大学本科基础课程建设项目",对"信息管理概论"课程建设给予了大力支持。呈现在读者面前的这本教材,可以说是北京大学信息管理系对"信息管理概论"这门课程进行教学改革的一个试验性成果。

　　从古代的藏书楼,近代的图书馆,到现代的信息中心,人类社会的信息管理实践活动源远流长。但是,作为一门科学的信息管理学却是现代信息科学与管理科学相互交叉相互作用而形成的一个新兴研究领域。所谓信息管理,是指对人类社会信息活动的各种相关因素(主要是人、信息、技术和机构等)进行科学的计划、组织、控制和协调,以实现信息资源的合理开发与有效利用的过程。信息管理学是以人类社会的信息管理活动为研究对象,研究人类社会信息管理活动的基本规律、普遍原理和通用方法的学科。信息管理现象的广泛性和复杂性,要求人们必须对其进行系统、综合的研究。作为高校信息管理专业的主干基础课教材,《信息管理基础》力图达到下述目的:① 加强理论与实践的联系,使学生既能宏观地全面了解人类社会信息管理活动的客观规律,掌握信息管理的基础理论和基本方法,又能自觉运用所学到的知识和技能于丰富多彩的信息管理实践活动中;② 注重素质教育,培养和锻炼学生的信息意识与信息能力,使他们在今后的学习和工作中能够懂得如何充分开发、有效利用和科学管理信息资源,懂得如何依靠信息资源获取竞争优势;③ 作为专业入门基础教材,对本学科的专业背景、内容范围和发展前途要有系统全面的介绍,为学生们学习后续课程打下良好的基础。根据上述目的和信息管理专业教学改革"拓宽专业基础、完善理论体系、强化实践技能"的总体要求,作者在数年来教学实践的基础上对原有教学内容进行了较大程度的革新,最终编写了这本教材。希望本教材在培养面向 21 世纪社会信息化发展需要的信息管理专门人才方面,能够起到激发专业学习意识、奠定专业知识基础的作用。

本教材得以顺利面世,首先要感谢教育部"高等教育面向 21 世纪教学内容和课程体系改革计划"信息管理类专业课题组,感谢北京市教委高教处和北京大学教务部,特别是卢晓东副部长。他们对"信息管理概论"的课程建设,尤其是教学内容革新和教材编写工作给予了大力的指导和支持。另外,清华大学出版社为本书的出版付出了大量的劳动,特此致谢。

本书的完成还得益于信息管理界许多前辈学者的关怀和帮助,他们是:周文骏教授、康仲远教授、王万宗教授、吴慰慈教授、秦铁辉教授、霍忠文研究员、符福峘研究员、陈昭楠研究员、张力治研究员,等等。特别是北京大学信息管理系教学主任赖茂生教授在百忙之中认真审阅了教材初稿,并就内容体系和教学方法等问题同作者进行过多次讨论。前辈们的指点、鼓励和鞭策,余将永志不忘!

在本教材写作过程中参考了大量中外文献,我必须向这些文献的作者表示诚挚的谢意。没有他们的工作,这本教材绝不会产生。至于本教材尚存在的许多不足和局限,则应由我个人负责。欢迎各位读者提出批评和建议,以便我不断改进自己的教学工作,并在今后修订教材时加以补充和完善。当然,现代社会信息环境是十分复杂多变的,本教材所涉及的知识领域也正在发生着丰富多彩的变化。因此,我在此恳请各位读者继续保持对信息管理专业领域的热情和关注,我也愿意就有关问题与各位师长和同学们展开讨论。

岳剑波　1999 年 8 月

E-mail:yue@im.pku.edu.cn

http://www.im.pku.edu.cn

目　　录

第一章　信息管理的科学基础

随着人类社会向信息时代的迈进，人们越来越清楚地认识到，知识就是力量，信息就是财富，信息资源在社会生产和人类生活中将发挥日益重要的作用。但是，信息成为一种资源的必要条件是对其进行有效的管理。如果没有信息管理，信息也可能带来意想不到的麻烦。因此，对信息及其相关活动因素进行科学的计划、组织、控制和协调，实现信息资源的充分开发、合理配置和有效利用，既是信息科学的重大应用课题，也是管理科学的新兴研究领域。

第一节　信　息　简　论

19世纪的印度哲学家辩喜说过，"世界上最伟大的东西是最简单的东西，它和你自己存在一样简单"。信息，一个多迷惑现代人的概念！尽管它的传递速度可达光速极限，传播范围可及星际空间，尽管它已尽人皆知，俯拾皆是，似乎在当代还没有哪个概念能够像它这样得以如此迅速而广泛地传播。但是，究竟什么是信息，它在客观世界中处于何种地位，其本质运动规律是什么，又有几个人能说得清呢？

一、信息的概念

信息的概念是十分广泛的。世间万物的运动，人间万象的更迭，都离不开信息的作用。李太白的诗"日照香炉生紫烟，遥看瀑布挂前川，飞流直下三千尺，疑是银河落九天。"给我们带来了庐山瀑布的信息；苏东坡的词"大江东去，浪淘尽、千古风流人物。……"给我们传递的是赤壁怀古的信息。

信息的概念是十分普遍的。客观世界中存在着各种各样的信息现象。自然的演化需要信息，生命的进化也需要信息，人类的生活更是需要信息。没有信息，千变万化的事物之间就没有了联系，也就没有大千世界的统一。

我国汉语中很早就有"信息"这个词。早在一千多年前，唐朝诗人李中在《碧云集·暮春怀故人》一诗中就留下了"梦断美人沉信息，日穿长路倚楼台"的佳句。当时，"信息"指的是音信、消息。

信息作为科学的概念，首先是在信息论中得以专门研究的。信息论是一门年轻的科学，关于信息论的研究工作可以说是从20世纪20年代的通信工程研究开始的。1928年，哈特莱(R. V. L. Hartley)在《贝尔系统技术杂志》上发表了一篇题为《信息传输》的论文。

在这篇论文中,哈特莱把"信息"理解为选择通信符号的方式。他指出,发信者所发出的信息,就是他从通信符号表中选择符号的具体方式。例如,假定他在符号表中选择了这样一些符号:"I am well."他就发出了"我平安"的信息;如果他选择了"I am sick."这些符号,他就发出了"我病了"的信息。他还注意到,不管符号所代表的意义是什么,只要从符号表中选择的符号数目一定,发信者所能发出的信息的数量就被限定了。哈特莱的思想和研究成果,为信息论的创立奠定了基础。

信息论作为一门严密的科学,主要应归功于贝尔实验室的申农(C. E. Shannon)。他于1948 年在《贝尔系统技术杂志》上发表的著名论文《通信的数学理论》标志着信息论的诞生。

申农是从通信工程的角度去研究信息传递与度量问题的。他认为,信息的多少意味着消除了的不确定性的大小。所谓不确定性,就是对客观事物的不了解、不肯定。通信的直接目的就是要消除接收端(信宿)对于发出端(信源)可能会发出哪些消息的不确定性。因此,信息被看作是用以消除信宿对信源发出何种消息的不确定性的东西。简单地说,"信息是指有新内容、新知识的消息"。这也就是说,信息与消息是有区别的。信息与消息的关系是内容与形式的关系。消息是信息的载体,其形式是多样的,具体的,如各种语言、文字、图像等等,而信息则是指包含在各种具体消息中的抽象内容。比如,人们收听广播,听到了一些新闻,也就是接收到了一些消息。这些消息的内容可能是已经知道的,也可能是还不知道的。事先已经知道的消息不是信息,因为人们不能从中获得新内容或新知识以消除不确定性。在接收者看来,信息必须是事先不知道其内容的新消息。可见,申农的信息定义是从信息在通信过程中的作用角度提出的。

几乎是与申农同时,维纳(N. Wiener)也发表了控制论的奠基性著作《控制论——或关于在动物和机器中控制和通信的科学》,标志着控制论这门新兴学科的产生。

维纳把信息概念引入控制论,将信息概念与人的认识、动物的感知活动联系了起来。他在 1950 年发表的论文《人有人的用处——控制论与社会》中指出,"人通过感觉器官感知外部世界","我们支配环境的命令就是给环境的一种信息",因此,"信息这个名称的内容就是我们对外界进行调节并使我们的调节为外界所了解时而与外界交换来的东西。"这表明,信息就是我们适应外部世界,并把这种适应反作用于外部世界的过程中同外部世界进行相互联系、相互作用、相互交换的一种内容。在这里,维纳把人与外界环境交换信息的过程看成是一种广义的通信过程,试图从信息自身具有的内容属性上给信息下定义,注意了信息的质的方面。这就给人们提供了一条深入揭示信息本质的正确途径。

所谓信息,并非指事物本身,而是指用来表现事物特征的一种普遍形式。我国学者钟义信指出:"信息是事物存在的方式或运动的状态,以及这种方式/状态的直接或间接的表述。"从本质上说,信息是事物自身显示其存在方式和运动状态的属性,是客观存在的事物现象。但是,信息与认知主体又有着密切的关系,它必须通过主体的主观认知才能被反映和揭示。这表明,信息是一种比运动、时间、空间等概念更高级的哲学范畴,是一个复杂的、多层次的概念。

实际上,信息的概念是有层次的。在信息概念的诸多层次中,最重要的是两个层次:一个是没有任何约束条件的本体论层次,另一个是受主体约束的认识论层次。从本体论层次上来考察,信息是一种客观存在的现象,是事物的运动状态及其变化方式,亦即"事物内部结构和外部联系的状态以及状态变化的方式"。世间一切事物都在不停地运动,因此都在不断地产生着本体论意义上的信息;站在主体的立场来考察信息概念,就会引出认识论层次上的信息定义:信息就是主体所感知或所表述的事物运动状态及其变化方式,是反映出来的客观事物的属性。

维纳在《控制论》中指出:"信息就是信息,不是物质也不是能量。不承认这一点的唯物论,在今天就不能存在下去。"维纳在这里强调了信息的特殊意义。信息与物质、能量是有区别的,同时信息与物质、能量之间也存在着密切的联系。

信息与物质的关系:物质是信息存在的基础。信息是一切物质的基本属性,认知主体对于客观物质世界的反映都是通过信息来实现的。但信息不是物质,也不是意识,而是物质与意识的中介;信息的产生、表述、存储、传递等等都要以物质为基础,但物质具有质量,且遵循质量守衡定律,而信息本身没有质量,也不服从守衡定律;信息对物质有依附性,任何信息都离不开物质,都要以物质作为载体,但信息内容可以共享,其性质与物质载体的变换无关。

信息与能量的关系:能量是信息运动的动力。信息的传递、转换、获取、利用过程都要耗费一定的能量。信息必须与能量结合才具有活力,但信息效用的大小并不由其消耗的能量决定;各种形式的能量或信息在传递过程中都可以互相转换,但能量的传递与转换过程遵循能量守衡定律,而信息在传递与转换过程中并不服从守衡定律;信息的传递与获取离不开能量,能量的驾驭和转换则又需要信息。"知识就是力量"这句话所表现出的智慧是值得我们深思的。

二、信息的类型与特征

信息现象是十分复杂的。分析研究信息的类型与特征,有助于我们加深对信息概念的理解和对信息本质的认识。不同的信息经过分类后将呈现出自己的特征,这对于我们从纷繁复杂的信息现象中整理出一条简洁明晰的思维脉络是大有益处的。

1. 信息的类型

用不同的标准对信息进行分类,可以把信息划分为如下一些类型:

(1) 按照信息的发生领域,可将信息划分为物理信息、生物信息和社会信息

物理信息是指无生命世界的信息。形形色色的天气变化、地壳运动、天体演化……无生命的世界每时每刻都在散发着大量的信息。只是由于条件的限制,我们对于这类信息现象的认识还远远不够。

生物信息是指生命世界的信息。有关实验研究表明,植物之间存在着信息交换现象,植物能够感知并传递信息。动物之间更是有着特定的信息联系方式,各类动物都有自己交

换信息的"语言"。而遗传信息的作用则是生命进化的重要原因。没有信息,就没有丰富多彩的生物界,更不会出现人类社会。

社会信息是指社会上人与人之间交流的信息,包括一切人类社会运动变化状态的描述。按照其活动领域,社会信息又可分为科技信息、经济信息、政治信息、军事信息、文化信息等等。社会信息是人类社会活动的重要资源,也是社会大系统的一类构成要素和演化动力。因此,社会信息是信息管理的主要对象。

(2) 按照信息的表现形式,可将信息划分为消息、资料和知识

消息是关于客观事物发展变化情况的最新报道。消息反映的是事物当前的动态的信息,因此生存期短暂,有较强的时间性,主要用于了解情况,决策行止。

资料是客观事物的静态描述与社会现象的原始记录。资料反映的是客观现实的真实记载,因此生存期长久,有较强的累积性,主要用作论证的依据。

知识是人类社会实践经验的总结,是人类发现、发明与创造的成果。知识反映的是人类对客观事物的普遍认识和科学评价,因此对人类社会活动有重要的意义。人们通过学习掌握知识,可以增长创造才能,提高决策水平,更有效地开展各项社会活动。

(3) 按照主体的认识层次,可将信息划分为语法信息、语义信息和语用信息

从主体对信息的认识层次上看,由于主体有感受力,能够感知事物运动状态及其变化方式的外在形式,由此获得的信息称为语法信息;由于主体有理解力,能够领会事物运动状态及其变化方式的逻辑含义,由此获得的信息称为语义信息;又由于主体具有明确的目的性,能够判断事物运动状态及其变化方式的效用,因此获得的信息称为语用信息。语法信息、语义信息和语用信息三位一体的综合,构成了认识论层次上的全部信息,即全信息。

语法信息是信息认识过程的第一个层次。它只反映事物的存在方式和运动状态,而不考虑信息的内涵。换言之,语法信息只是客观事物形式上的单纯描述,只表现事物的现象而不深入揭示事物发展变化的内涵及其意义。这一层次涉及到可能出现的符号的数目,信源的统计性质,编码系统,信道容量等等,主要研究信道传递信息的能力,设计合适的编码系统,以高度的可靠性快速有效地传递数据,都是通信工程所关心的问题。

语义信息是信息认识过程的第二个层次。它是指认识主体所感知或所表述的事物的存在方式和运动状态的逻辑含义;换言之,语义信息不仅反映事物运动变化的状态,而且还要揭示事物运动变化的意义。从信源发出的数则消息,如果只是从通信符号的统计数量来看,其信息量可能相等,但信息量相等的消息其意义却可以是完全不同的。在信息检索中就要考虑到信息的语义问题。

语用信息是信息认识过程的最高层次。它是指认识主体所感知或所表述的事物存在方式和运动状态,相对于某种目的所具有的效用。换言之,语用信息就是指信源所发出的信息被信宿接收后将产生的效果和作用。同语义信息相比,它对信宿的依赖性更强,而且与信息传递时间、地点、环境条件等有着密切的关系。信息管理关注的主要是语用层次上的信息现象。

2. 信息的特征

所谓信息的特征,就是指信息区别于其他事物的本质属性。信息的基本特征是:

(1) 普遍性。信息是事物运动的状态和方式,只要有事物存在,只要有事物的运动,就会有其运动的状态和方式,就存在着信息。无论在自然界、人类社会,还是在人类思维领域,绝对的"真空"是不存在的,绝对不运动的事物也是没有的。因此,信息是普遍存在着的。信息与物质、能量一起,构成了客观世界的三大要素。

(2) 表征性。信息不是客观事物本身,而只是事物运动状态和存在方式的表征。一切事物都会产生信息,信息就是表征所有事物属性、状态、内在联系与相互作用的一种普遍形式。宇宙时空中的事物是无限的,表征事物的信息现象也是无限的。

(3) 动态性。客观事物本身都在不停地运动变化,信息也在不断发展更新。特别是从语用信息的观点来看,事物运动状态及方式的效用是会随时间的推移而改变的。因此,在获取与利用信息时必须树立时效观念,不能一劳永逸。

(4) 相对性。客观上信息是无限的,但相对于认知主体来说,人们实际获得的信息(实得信息)总是有限的。并且,由于不同主体有着不同的感受能力、不同的理解能力和不同的目的性,因此,从同一事物中获取的信息(语法信息、语义信息和语用信息)肯定各不相同,即实得信息量是因人而异的。

(5) 依存性。信息本身是看不见、摸不着的,它必须依附于一定的物质形式(如声波、电磁波、纸张、化学材料、磁性材料等等)之上,不可能脱离物质单独存在。我们把这些以承载信息为主要任务的物质形式称为信息的载体。信息没有语言、文字、图像、符号等记录手段便不能表述,没有物质载体便不能存储和传播,但其内容并不因记录手段或物质载体的改变而发生变化。

(6) 可传递性。信息可以通过多种渠道、采用多种方式进行传递,我们把信息从时间或空间上的某一点向其他点移动的过程称为信息传递。信息传递要借助于一定的物质载体,因此,实现信息传递功能的载体又称为信息媒介。一个完整的信息传递过程必须具备信源(信息的发出方)、信宿(信息的接收方)、信道(媒介)和信息四个基本要素。

(7) 可干扰性。信息是通过信道进行传递的。信道既是通信系统不可缺少的组成部分,同时又对信息传递有干扰和阻碍作用。我们把任何不属于信源原意而加之于其信号上的附加物都称为信息干扰。例如,噪声就是一种典型的干扰。产生噪声的因素很多,有传输设备发热引起的热噪声、不同频率的信号相干扰产生的调制间噪声、不同信道相干扰产生的串扰噪声、外部电磁波冲击产生的脉冲噪声,等等。

(8) 可加工性。信息可以被分析或综合,扩充或浓缩,也就是说人们可以对信息进行加工处理。所谓信息加工,是把信息从一种形式变换成另一种形式,同时在这个过程中保持一定的信息量。如果在信息加工过程中没有任何信息量的增加或损失,并且信息内容保持不变,那么就意味着这个信息加工过程是可逆的,反之则是不可逆的。实际上信息加工都是不可逆的过程。

（9）可共享性。信息区别于物质的一个重要特征是它可以被共同占有，共同享用，也就是说信息在传递过程中不但可以被信源和信宿共同拥有，而且还可以被众多的信宿同时接收利用。物质交换遵循易物交换原则，失去一物才能得到一物；信息交换的双方不仅不会失去原有信息，而且还会增加新的信息；信息还可以广泛地传播扩散，供全体接收者共享。

三、信息的度量

我们从一则消息中获得了信息，那么我们获得的信息有多少呢？量度信息多少的指标就是信息量。信息的度量方法反映了人们对于信息的定量认识，因此，我们应该按照人类对信息的认识层次分别考察语法信息、语义信息和语用信息的度量方法。

1. 语法信息的度量方法

语法信息是事物运动状态及其变化方式的外在形式，是信息问题的最基本的层次。研究信息的度量问题也是首先从语法信息的度量开始的。

语法信息的度量最初是为了解决通信系统的问题而产生的。通信系统包括信源、编码、信号、信道、译码、信宿等几个环节。对信源来说，其核心问题是它包含的信息究竟有多少，能否把它定量地表示出来；信宿的问题则是它能收到或获取多少信息量；信道的问题是它最多能传输多少信号；编译码的问题则是如何编译码才能使信源的信息被充分表达并最大限度地被信宿接收，等等。可见，语法信息的度量问题在通信系统中是十分重要的。申农信息论就是研究语法信息的度量问题的。

其实，早在 20 世纪 20 年代，哈特莱就提出应当选择对数单位来测度信息量。他认为，某一事件或消息的组元数（m）与事件或消息的信息量（H）有如下关系：

$$H = \log_2 m$$

申农肯定了采用对数来度量信息的做法，并进一步提出了一种方法，即排除信息的语义因素，把信息加以形式化，以便从定量的角度描述语法信息量的大小。而概率论则是申农信息论的数学工具。

客观世界中有一类现象在一定条件下是必然要发生的，我们称之为必然事件；反之，在一定条件下必然不会发生的现象，我们称之为不可能事件。此外大量的现象在一定条件下可能发生也可能不发生，可能这样发生也可能那样发生，我们把这类事件称之为随机事件。随机事件是具有不确定性的事件，概率就是用来描述随机事件发生的可能性大小的一个量。

设某一随机事件 X，其结果是不确定的，有多种可能性 $x_1, x_2, x_3, \cdots, x_n$，每种结果出现的概率分别为 $p_1, p_2, p_3, \cdots, p_n$，则事件 X 的信息结构为：

$$S = \left\{ \begin{matrix} X \\ P \end{matrix} \right\} = \left\{ \begin{matrix} x_1, x_2, x_3, \cdots, x_n \\ p_1, p_2, p_3, \cdots, p_n \end{matrix} \right\}$$

事件 X 整体的平均信息量

$$H(X) = -K \sum_{i=1}^{n} p(x_i) \log p(x_i)$$

这与物理学中熵的计算公式只差一个负号,因此可以把信息称为负熵,即信息熵。

式中 K 为系数,与不同的单位制有关。当对数底取为 2,且 $n = 2$,$p(x_1) = p(x_2) = 0.5$ 时,令:

$$H(X) = -K \sum_{i=1}^{2} p(x_i) \log_2 p(x_i) = 1$$

则有 $K = 1$

以此作为信息量的计量单位,称为比特(bit),即二进制单位。换句话说,一比特的信息量,就是含有两个独立等概率可能状态的随机事件所具有的不确定性被全部消除所需要的信息。

客观世界中的任一事物都可以看作是信源,信源所发出的信息具有随机性,是不确定的。信息熵是从信源的整体角度考虑的,它代表着信源整体的平均不确定性程度。某一信源,不管它是否输出符号,只要这些符号具有某些概率特性,就必有其总体平均意义上的信息熵值,即事物客观上所包含的全部不确定性。

从信宿的角度看,当主体获得了随机事件 X 的信息,就消除了部分或者全部的不确定性。主体所获得的信息量 $I(P)$ 就等于他所消除的不确定性数量:

$$I(P) = H(X) - H(X|Y)$$

式中 $H(X|Y)$ 是条件熵,即信宿收到信号 Y 后,对信源 X 仍然存在的不确定性,或由于干扰而失去的信息量。

一般来说,对于等概率的信源,即 $p(x_1) = p(x_2) = p(x_3) = \cdots = p(x_n)$ 时,信源的平均信息量最大,即信源的最大熵。我们把一个信源的实际熵与最大熵之比称为该信源的相对熵,表示相对熵比 1 小多少的量称为冗余度:

$$冗余度 = 1 - H_{相对} = 1 - \frac{H_{实际}}{H_{最大}}$$

冗余度表示实际熵对最大熵的偏离程度,表明将这部分比例的符号去掉后仍然不会对信息传递构成实质性障碍。

2. 语义信息的度量方法

语法信息量只是表明了主体关于事物运动状态及其变化方式的外在形式方面所存在的不确定性被消除了多少,但是,认知主体在获得信息时,不仅要知道"是什么形式",而且还要理解是"是什么意思",也就是说,人们要求知道从中获得了多少意义。这就是语义信息的度量问题。

不难看出,度量语义信息是一个非常困难的问题。因为这涉及到符号的含义、上下文关系、语言环境的变化以及认知主体的知识结构等因素。60 年代以来,有些人提出了语义信息问题,并进行了一些定量研究,如 1964 年卡尔纳普(R. Carnap)等人提出的"语义信息",1974 年哥廷格尔(H. Gottinger)提出的"无概率(主观)信息"等概念,但对语义信息的度量问题尚未能得到很好的解决。有人提出用逻辑真实度 T 来表示语义信息的特征量,可作为我们度量语义信息的参数。若随机事件 X 的运动状态分布为 $X = \{x_1, x_2, x_3, \cdots, x_n\}$,各状态的概率分布为 $P = \{p_1, p_2, p_3, \cdots, p_n\}$,各状态的逻辑真实度分布为 $T = \{t_1, t_2, t_3, \cdots, t_n\}$,则事件 X 的语义信息结构为:

$$S_t = \begin{Bmatrix} X \\ T \\ P \end{Bmatrix} = \begin{Bmatrix} x_1, & x_2, & x_3, & \cdots, & x_n \\ t_1, & t_2, & t_3, & \cdots, & t_n \\ p_1, & p_2, & p_3, & \cdots, & p_n \end{Bmatrix}$$

从这一结构上,可以得到语义信息的度量公式:

$$I(P,T) = - K \sum_{i=1}^{n} t_i p(x_i) \log p(x_i)$$

3. 语用信息的度量方法

语义信息量研究的是主体关于事物运动状态及其变化方式的逻辑含义方面所存在的不确定性被消除的大小,但是,认知主体在获取信息时,更关心的是它"有什么用处",即信息的效用问题。应当看到,度量语用信息是一个更加复杂的问题。信源发出信息后,其效用因人、因时、因地而异,同一信息作用于不同的对象或处于不同的环境条件下,其效用可能不同甚至完全相反。如果在语用信息的量化方面能够取得实质性的进展,那么将会对人类社会的信息管理活动产生极为深远的影响。

1968 年,贝里斯(M. Belis)和高艾斯(S. Guiasu)在统一考虑信息的量和质(即信息的有效性)的基础上,首先提出了对信息的量和质进行统一量度的方法。他们在申农的信息结构上引入一个"有效分布"$U = \{u_1, u_2, u_3, \cdots, u_n\}$,表示随机事件各状态产生的效用,则语用信息结构为:

$$S_u = \begin{Bmatrix} X \\ U \\ P \end{Bmatrix} = \begin{Bmatrix} x_1, & x_2, & x_3, & \cdots, & x_n \\ u_1, & u_2, & u_3, & \cdots, & u_n \\ p_1, & p_2, & p_3, & \cdots, & p_n \end{Bmatrix}$$

从这一结构上,可以得到语用信息的度量公式:

$$I(P,U) = - K \sum_{i=1}^{n} u_i p(x_i) \log p(x_i)$$

四、信息的功能

信息的功能是信息属性的体现,主要表现为以下六个方面:

1. 信息是认识客体的中介

所谓中介,就是信息赋予事物本身的某种自身的新的质的规定性。这种规定性包含四个方面:作为自身关系;作为自身向其他事物的转化和过渡;作为自身与其他事物相互联系相互作用的方式;作为其他事物在自身中的映射着的方面。主体要想真正地认识客体,必须通过中介的作用。信息正是事物之间相互联系相互作用不可缺少的中间环节,它是物质与意识、实践与认识、主体与客体之间的中介。信息的中介功能贯穿于认识活动的始终,认识过程本身就是一个以信息为中介的信息运动过程。在认识过程中,物质通过信息这一桥梁,完成了从物质到意识的第一次飞跃;意识通过信息这一媒质,完成了从意识到物质的第二次飞跃。人类认识世界和改造世界的过程,是一个不断从客观世界获得信息,并对信息进行加工处理,形成新的认知结构,然后通过实践活动反作用于客观世界的过程。信息作为中介,始终贯穿于人类的认识过程。

2. 信息是人类思维的材料

所谓思维,是指发生在人脑中的信息变换,亦即人脑对信息的加工处理过程。思维有三项基本要素,这就是思维主体、思维工具和思维材料。思维主体是指人脑及存在于其中的意识;思维工具就是逻辑(包括形式逻辑、归纳逻辑、数理逻辑和辩证逻辑);思维材料就是自然界、人类社会所提供的大量客观事物的形象。而客观事物的形象是通过信息被人脑所感知的。思维是人脑对客观事物的反映,但人脑不是直接反映客观对象,而是通过接受与处理客观对象的信息来反映对象的。直接接触客观对象信息的是人的感官,感官把外部事物的信息摄取下来,人脑及其意识处理的是感官经神经系统送来的信息。信息不仅是思维的原材料,而且还推动着人脑思维活动的发展,决定着思维的方向和结果。一般说来,思维频率与信息量成正比。没有信息,人类的思维活动就不可能开展。

3. 信息是科学决策的依据

所谓决策,是指个人或组织为达成既定目标,从若干个可供选择的行动方案中挑选出最优方案并付诸实施的过程。随着社会问题的日趋复杂化,人们对决策的要求越来越高,仅凭个人直接经验和主观认识的经验决策也越来越多地让位于依靠科学程序与技术方法的科学决策了。科学决策是一个动态过程,其程序一般包括发现问题、确定目标、制订方案、评估选优、实施决策、追踪反馈等环节,为保证每一环节的科学性,必须配备有效的技术方法,如调查研究、预测技术、环境分析、智囊技术、决策树技术、可行性分析、效用理论等等。信息活动贯穿于科学决策的全过程,并渗透到决策过程的每一个环节。在每一环节上所运用的决策方法也无一不是建立在信息基础之上的。因此,及时获取决策活动所必需的、完整的、可靠的信息,是保证决策成功的前提条件。决策者只有迅速准确地获得信息,充分有效地利用信息,才能把握决策时机,提高决策效益。

4. 信息是有效控制的灵魂

所谓控制,是指施控主体对受控客体的一种能动作用,这种作用能使受控客体根据施控主体的预定目标而动作,并最终达到这一目标。控制是一种与信息紧密相关的作用,是利用信息来实现预定目标的行为,或者说是为了达成既定目标,根据信息来适应和调节变化,不断克服不确定性的行为。实现控制的手段是信息方法,主要是信息反馈方法。这是因为,控制与可能性空间密切相关,控制过程是在事物可能性空间中进行有方向选择的过程。没有选择就没有控制,控制活动的完成离不开选择,而信息正是选择得以进行的基础。正是在选择这一点上,控制和信息达到了耦合。因此,控制过程实际上就是信息的选择运用过程。控制的核心是反馈,而反馈过程就是信息借助于反馈回路的运动过程。没有信息,任何客体对象都无法进行控制。从控制的实现过程可以看出,信息贯穿于整个控制过程的始终,是一切控制赖以存在和实现的基础。信息是有效控制的灵魂,控制是信息运动的目的,控制与信息是不可分割的。

5. 信息是系统秩序的保证

所谓系统,是指由若干个相互作用又相互依赖的元素所组成的具有一定结构和功能的有机整体。我们把系统诸要素相互联系相互作用的内在组织形式或内部秩序叫做系统的结构,与此相对应,关于系统与环境相互联系相互作用的外在活动形式或外部秩序,则称之为系统的功能。显然,系统的结构是"要素的秩序",旨在说明系统的存在方式,以及系统诸要素相互联系相互作用的性质和状态。这就需要获得描述系统内部关系和作用的所有信息,才能保证系统结构的有序性。信息因此成了系统组织程度的标志。系统的功能是"过程的秩序",旨在表达系统的外部活动,即系统与环境之间进行物质、能量和信息交流的变换关系和相互作用。由此可见,信息对于系统是不可或缺的,整个系统正是通过信息的联系和作用才形成了整体的秩序。无论是系统的内部联系还是外部作用,都是通过信息交流而得以实现的。信息是一切系统组织的"粘结剂"。一个系统如果缺乏信息,那么它必然要走向混乱无序状态,直至最后灭亡。

6. 信息是社会发展的资源

所谓资源,是指在人类社会生产和生活中用以创造物质财富和精神财富的达到一定数量积累的原始材料。自古至今,人类一直在使用着大量的物质资源和能量资源,如土地资源、森林资源、水力资源、矿物资源、人力资源等等。信息虽然很早就被人类运用于生产和生活当中,但其利用范围和规模都是十分有限的。现代信息技术的飞速发展,极大地增强了人类生产、处理、传递和利用信息的能力,致使社会信息数量迅猛增长,大量的信息聚集起来就形成了一种宝贵的社会资源。与其他资源相比,信息资源具有特别重要的意义。这种意义在于,信息资源是人们借以对其他资源进行有效管理的工具。也就是说,人类对各种资源的有效获取、有效分配和有效使用无一不是凭借着对信息资源的开发利用来实现的。信息资源在推动社会经济发展、促进人类社会进步等方面正发挥着日益重要的作用。

信息资源与物质资源、能量资源一起,共同构成了现代人类社会资源体系的三大支柱。物质向人类提供材料,能量向人类提供动力,信息向人类提供知识和智慧。这三者正如一个人的体质、体力和智力,只有三者健全发展的人,才是一个真正健康的人。对于一个系统来说,物质使系统具有形体,能量使系统具有活力,信息则使系统具有灵魂。只有三者的有机结合,才能使系统真正发挥其功能,朝着进步的方向演化。

第二节　信息管理的信息科学基础

信息是一种普遍存在的客观现象。信息现象广泛渗透于自然界、人类社会和人类思维的一切过程,普遍作用于人类学习、工作和生活的一切方面,并且,随着科学技术的迅猛发展,其内容越来越复杂,涉及面越来越广。因此,对信息本质的探讨、信源熵与信息量以及语义信息和语用信息的度量、信息管理与控制研究等问题就日益为人们所重视。人们要求有更一般的理论和更准确的方法,对错综复杂的信息现象进行本质的和概括的解释,从而提出了信息科学问题。同时,信息科学的形成与发展又为人类更好地认识信息现象、充分有效地开发利用信息资源提供了科学的理论方法。

一、从信息论到信息科学

20世纪40年代末诞生的信息论最初仅限于研究通信领域的信息问题,经过20世纪50至60年代许多学者的开拓性研究,逐渐发展成为一门相当完整的科学理论。特别是随着现代科学技术发展的相互渗透、彼此交叉和综合化、整体化趋势的加强,信息论与控制论、系统论以及生物学、心理学、脑科学等自然科学和社会学、经济学、管理学等社会科学相互联系相互作用,使得信息论的一些基本概念、理论和方法已经由通信领域迅速渗透到广泛的学科领域,促进了一个新的综合性、交叉性学科群体——信息科学的形成。

信息论从诞生以来,经过了三个发展阶段:

第一个阶段是狭义信息论。即申农创立的信息论。申农信息论以通信系统模型为对象,以概率论和数理统计为工具,主要研究通信过程中消息的信息量、信道容量和消息的编码等问题。由于这种信息论主要是从量的方面来描述信息的传输和提取问题的,故亦称统计信息论。但受历史条件的局限,它只是对信息的符号作定量的描述,而不考虑信息的意义和效用方面的问题,这是申农信息论的不足之处。

第二个阶段是一般信息论。这种信息论虽然主要还是研究通信问题,但是新增加了噪声理论,信号的滤波、检测、调制解调,以及信息处理等问题。一般信息论非常重视信号的解调问题。解调问题是为了把在信道中传播的经过编码和调制的信号进行解调和译码,使信宿收到的信息具有确定性,即消除了对信源发出的消息的不确定性。通信的目的是要使接收者获得可靠的信息,以便做出正确的判断与决策。为此,一般信息论特别关心信号被噪声干扰时的处理问题。

第三个阶段是广义信息论。它是随着现代科学技术纵横交错的发展而逐渐形成的。在纵向上,人们突破了申农信息论的局限性,由对语法信息的研究深入到语义信息和语用信息的探索问题。1964年,卡尔纳普(R. Carnap)等人提出了"语义信息",1974年,哥廷格尔(H. Gottinger)提出了"无概率信息(主观信息)"的概念,开始对信息的意义问题进行研究。1971年,高艾斯(S. Guiasu)和皮卡德(Picard)把贝里斯(M. Belis)和高艾斯二人在1968年所提出的"量—质"统一量度信息称为"有效信息",1978年,夏尔马(J. Sharma)等人在修正"有效信息"可加性的基础上,又把"有效信息"推广为非可加性的"广义有效信息",使得对信息的效用与价值问题的探讨不断走向深入。1976年,居马利(G. Jumarie)等人又提出了"相对信息"的概念,把信息与产生信息的信源和使用信息的"观察者"作为统一的对象来考虑三者的相互联系、相互制约关系。在1965年查德(L. Zadeh)提出模糊数学以后,关于模糊信息的研究也得到了迅速的发展。1968 年,查德在《通信:模糊算法》一文中提出,模糊数学可用于信息处理。1972 年,德路卡(A. Deluca)和特米尼(S. Termini)建立了在模糊集合上的非概率的模糊熵定义,试图创立"模糊信息论"。1978 年,奥柯达(Ocuda)等人将模糊集合论和统计决策应用于查德所定义的模糊事件,具体研究了模糊决策问题,定义了模糊事件的"熵"、模糊信息价值和信息量。1982 年,我国学者吴伟陵也对模糊信息进行了研究,提出了广义信源与广义熵的问题。此外,还有人根据人工智能研究中遇到的大量信息问题,提出了"算法信息论"。

在横向上,人们又把有关信息的规律和理论研究成果广泛运用于物理学、地质学、地理学、生物学、生理学、心理学、社会学、经济学、历史学、管理学等等学科领域的研究中去,从而拓宽了信息论的研究方向,使得人类对信息现象的认识与揭示不断丰富和完善。20世纪 70 年代末以来,人们自不同的学科角度对信息现象的研究使信息论向多学科渗透,正在形成一门研究信息的产生、获取、变换、传输、存储、处理、显示、识别和利用的广义信息论,即信息科学。

二、信息科学的基本内容

信息科学是以信息为基本研究对象,以信息的运动规律和应用方法为主要研究内容,以扩展人类的信息功能为中心研究目标的一门新兴的、横断的综合性学科群体。

以信息为基本研究对象,是信息科学区别于一切传统科学的最基本的特征。以往的传统科学都是以物质和能量为研究对象,而信息科学却有其新颖的、独立的研究对象——信息,它既不同于物质,也不同于能量,但又与物质和能量存在着相互联系相互作用。因此,在研究信息时,应当明确信息与物质、能量的区别和联系,从它们交互作用的动态发展过程中来揭示信息的本质。信息科学之所以能够成为学科之林中的一个新兴学科群体,正是因为有着信息这个独特的研究对象。这是信息科学得以存在的前提。

一门科学的诞生,除了必须有其特定的研究对象以外,还必须能满足社会发展的需要,有其他学科解决不了的问题和任务。信息科学并不是从天上掉下来的,它的形成和发展,是随着人类社会的信息实践活动不断深入,信息运动规模不断扩大,使得社会信息化进程日益加快,信息环境问题日益多样化和复杂化,人们需要探索信息运动的本质规律并掌握信息管理的科学理论和技术方法而提出的迫切要求。与此同时,现代科学技术的飞速发展为信息科学的成长提供了肥沃的土壤,社会信息实践和政策导向为信息科学的研究提供了必备的条件。总之,信息科学的产生是社会信息化大势所趋,是人类社会由农业时代、工业时代走向信息时代的必然产物。

信息科学自身所特有的独立的研究对象,决定了它必然要有自己新的研究内容——研究信息运动规律及应用方法。图 1.1 揭示了认知主体和认识对象以及把它们联系在一起的信息所构成的信息运动模型,亦即人类认识世界改造世界的典型模型。对象(事物)运动的状态和方式是一种本体论意义的信息;被主体所感知的该对象运动的状态和方式是一种认识论意义的信息。

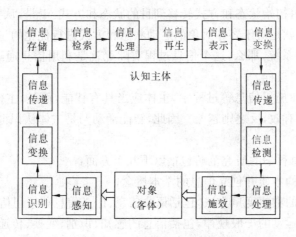

图 1.1　信息运动模型

这个模型包括了如下一些重要的过程单元：

信息感知：完成本体论意义的信息向认识论意义的信息的转变；

信息识别：对所感知的信息加以辨识和分类；

信息变换：将识别出的信息进行适当形式的转换（一般是指其载体）；

信息传递：将信息由时空间的某一点转移到另一点；

信息存储：收到信息后要以适当的方式存储起来；

信息检索：当需要信息时，就要把存储着的信息迅速准确地提取出来；

信息处理：为便于使用，需要对信息进行适当的加工处理；

信息再生：在信息处理的基础上就可能获得关于对象运动的规律性认识（即再生出更为本质的信息），并形成针对客体对象的策略；

信息表示：主体再生的信息要用适当的方式表示出来；

信息变换：对再生信息进行适当形式的转换；

信息传递：把加工变换的再生信息从时空间的某一位置转移到另一位置；

信息检测：信息在传递过程中可能受到噪声等因素的干扰，因此要把再生信息从干扰的背景中分离出来；

信息处理：为便于再生信息发挥效用，还需要对其进行适当加工；

信息施效：运用再生信息对客体对象的运动状态和方式进行调整。

可见，只有当上述所有单元都发挥正常作用时，主体才能从本体论意义的信息中提取认识论意义的信息，并从中形成有关客体对象的正确认识，在这个基础上再生出反映主体意志的信息，并通过它的反作用实现对客体对象的变革。

应当指出，信息施效在许多情况下就表现为"控制"——按照主体发出的再生信息所规定的状态和方式来调整或改变对象原来的运动状态和方式。整个信息过程总是始于对象初始运动的状态和方式,终于对象终了运动的状态和方式。信息运动过程就是不断地控制对象,使它逐渐由初始状态和方式转移到目的状态和方式。于是,从主体的立场来看,整个信息过程实质上就是对于客体对象的运动状态和方式进行优化的过程;或者,如果我们把对象看作是某种系统,那么,这个信息过程实际上就是利用信息通过控制(即信息的反作用)来优化系统的过程。

在处理、再生和施用信息等过程中,主体应当具有智能,而且,主体智能水平越高,相应的信息过程就越有效,反之则越差。因此,智能活动乃是主体认识世界改造世界这类信息过程的基本特征。

综上所述,信息科学的研究范畴包括以下几个方面:

(1) 探讨信息的本质并创立信息的基本概念;

(2) 建立信息的数值度量方法,包括语法信息、语义信息和语用信息的度量方法;

(3) 研究信息运动的一般规律,包括信息的感知、识别、变换、传递、存储、检索、处理、再生、表示、检测、施效等过程的原理和方法;

(4) 揭示利用信息进行有效控制的手段和开发利用信息资源实现系统优化的方法;

(5) 寻求通过加工信息来生成智能和发展智能的动态机制与具体途径。

上述这些范畴既包含了信息科学的基础理论,如信息论、控制论、系统论、耗散结构理论和协同论,以及相关学科理论,如人工智能、认知科学和思维科学等等;又概括了信息科学的基本方法,如信息表述方法、信息组织方法、信息分析与综合方法等,以及关键技术,如信息感测技术、信息传递技术、信息处理技术、信息存储技术、信息控制技术等;还涉及到信息科学在人类认识世界改造世界过程中各个领域的广泛应用。在一定意义上,人类认识世界的过程,就是不断从外界获得信息并对之进行加工处理的过程;人类改造世界的过程,则是根据所加工的信息对外界的特定对象实施控制或组织的过程。由此说来,信息科学就是认识信息与利用信息的科学。信息科学的研究内容在很大程度上既包含了人类认识世界的过程,又包含了在广阔领域里涉及到的人类改造世界的过程。这些内容一起构成了信息科学群的研究体系。

信息科学的目标就是扩展人类的信息功能,特别是智力功能。以这一目标为中心,信息科学的发展将越来越深刻地揭示和阐明自然界和社会领域中信息运动的客观规律,越来越深刻地揭示和阐明人类思维领域中信息加工和处理的内在机制,从而为人们认识世界和改造世界,为人类智力劳动的解放提供有效的理论、方法和工具,提高人类信息功能的整体水平。

三、信息科学的核心方法——信息方法

作为一个正在形成与发展之中的学科群体,信息科学不但有自己独立的研究对象、全新的研究内容和明确的研究目的,而且还具备了特殊的研究方法。这就是以信息方法为核心而构成的信息科学方法论体系。它主要包括一个方法和两个准则:一个方法是信息方

法,两个准则是功能准则和整体准则。在信息科学方法论体系中,信息方法是核心,功能准则和整体准则是保证信息方法能够正确实施的法则。信息方法与其两个准则交互作用,一起形成了完整的信息科学方法论体系。

　　所谓信息方法,就是运用信息的观点,把系统的运动过程看作信息传递和信息转换的过程,通过对信息流程的分析和处理,获得对某一复杂系统运动过程的规律性认识的一种研究方法。信息方法的特点是用信息概念作为分析和处理问题的基础,它完全撇开研究对象的具体结构和运动形态,把系统的有目的性运动抽象为一个信息变换过程,即信息的输入、存储、处理、输出、反馈过程(如图 1.2 所示)。正是由于信息的正常流动,特别是反馈信息的存在,才能使系统按照预定目标实现控制。

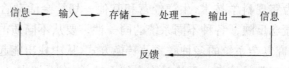

图 1.2　信息方法变换过程图

　　运用信息方法对复杂事物进行研究时,不需要对事物的具体结构加以解剖性的分析,而是对其信息流程加以综合性的考察,着眼于该系统在与环境交互作用过程中的动态功能,从而获得关于事物整体的知识——这就是信息方法的功能准则。信息方法不是割断系统的联系,不是用孤立的、局部的、静止的方法研究事物,也不是那种在剖析的基础上进行简单的机械综合,而是直接从整体出发,用联系的、全面的、转化的观点去综合分析系统运动过程——这就是信息方法的整体准则。

　　信息方法不仅作为信息科学的核心研究方法起作用,而且作为现代科学技术和社会经济活动各个领域中研究复杂事物的有效手段,对于揭示事物之间的共同联系、提高决策科学化和管理现代化的水平也都具有重要的意义。信息方法的作用概括起来主要有如下三个方面:

　　(1) 信息方法揭示了机器、生命有机体和社会各类事物运动形态之间的信息联系。客观世界中存在着多种多样的复杂系统,如技术领域中的计算机通信系统、有机界形形色色的动植物系统、社会活动中的管理决策系统等等,利用信息方法考察,都可以视为信息系统。这些系统都存在着信息接收、传递、处理、存储和使用的变换过程,因此可以从中发现,这些系统之间有着某些共同的信息联系,都是信息变换的系统。如人脑和计算机是两种截然不同的物质运动形式,如果用信息方法去研究,就会发现二者的对应关系和共同本质:人脑由一百多亿个神经细胞组成,可处于兴奋和抑制两种状态,而计算机是由众多的电子元件组成的,也相应存在着接通和断开两种状态;人脑利用神经脉冲来获取、传递与处理电信号与化学信号,而计算机是利用电脉冲来工作的;人脑是一个由神经元组成的网络进行工作的系统,而计算机也是一个复杂的网络结构。由于它们具有上述一般的共同的特征,因此可以撇开它们具体的不同的运动形式,将其内部运动过程看作是抽象的信息变换过程,从而可以为利用机器模拟和代替人脑的某些功能提供科学依据。

（2）信息方法揭示了事物运动的新的规律,对过去难以理解的现象做出了科学的说明。随着信息科学研究的进展及其在各个领域的推广,人们可以用信息的观点对某些现象做出科学的说明。如数学中计算理论和累积误差分析可以看作信息输入、处理和输出的过程;物理学中的电、磁、声、光等运动规律都可以运用信息方法来加以研究;在化学中可以用信息方法对分子结构的多种形式和化合物合成规律进行研究;生物学中的生物大分子复杂结构和生物遗传机制的发现,以及生物通信、功能模拟等重大成就,都是在引进了信息方法后取得的;生理学和心理学对神经系统各种运动的传导、控制的研究也离不开信息方法。此外,还可以应用信息方法来研究人类的认知过程,等等。

（3）信息方法为实现科学技术、生产经营和其他一切社会活动管理的现代化提供了有力的手段。信息概念反映了各种不同系统的同一性。要从不同质的复杂系统中概括出共同特性,就必须研究复杂系统的多种联系及转换方式,从中找出能起决定作用的基本组织形式。这种组织形式就是信息。无论是在自然系统、社会系统中,还是在思维系统中都包含着信息,内部都存在着信息流的运动。正是由于系统内信息流的正常流动,特别是反馈信息的存在,系统才能按预定目标实现控制,维持正常的有目的性的运动。在人类社会实践管理活动中都存在着人流、财流、物流、信息流等,而其中信息流起着支配作用。它调节着人、财、物流的数量、方向、速度和目标,控制人、财、物作有目的、有规则的运动。维纳指出,任何组织之所以能够保持自己的内稳定性,是由于它具有获取、使用、保存和传送信息的方法。现代社会系统都是由许多子系统组成的复杂大系统,一个现代化的管理系统必须具有高效率的信息功能,能够对社会系统内部和外部的信息进行完整收集、迅速传递、正确处理、有效利用等等,以保证信息流的畅通无阻,才能使管理达到最佳效果。因此,从信息科学的角度看,管理过程实质上是信息过程,信息管理是组织管理的基础。

第三节　信息管理的管理科学基础

管理就是通过决策、计划、组织、领导、激励和控制等一系列职能活动,合理配置和优化运用各种资源,以达到组织既定的目标。信息是管理的基本手段,也是使各项管理职能得以发挥的重要前提。从本质上说,管理就是通过信息协调系统内部资源、外部环境与预定目标的关系,从而实现系统的功能。因此,管理的水平与效果与管理过程中流动着的信息的质、量以及利用水平都有着密切的联系。

一、信息与管理

信息是管理的纽带,信息活动贯穿于整个管理过程,管理过程实际上也就是信息沟通的过程。信息沟通是管理者的主要工作,管理学家明茨伯格（Henry Mintzberg）把管理者的任务归纳为三大任务十种角色（如图1.3所示）：

图 1.3　管理者的任务

　　明茨伯格认为,管理者是负责一个组织或者组织的一个下属单位的人。所有的管理者都被授予一个组织单位的一个正式职权,他们的地位确立在正式职权的基础上。这种地位产生了各种人际关系(包括与下属、同阶层管理者、上层管理者之间的关系),他们之间相互提供信息以便做出决策。管理者所担负的基本任务是要设计和维护一种环境,使身处其间的人们能够在组织内协调工作,从而有效地完成组织的目标。具体表现为:

　　(1) 人际关系任务——保证组织的正常运转。人际关系任务的三种角色是,管理者作为组织的头面人物,要代表组织主持各种社交应酬活动;作为领导人,要领导下属完成工作,并使下属的需求与组织的目标相配合;作为联络人,要保持组织内部与外部之间的联络与沟通。

　　(2) 信息任务——保证信息的集散畅通。信息任务的三种角色是:管理者作为信息的收集者,必须不断地监视环境的变化,通过自己发展起来的个人联络网或以谈话、巡视等方式了解情况;作为信息的传递者,必须与组织成员共享其大部分信息;作为发言人,必须向上级部门或外界介绍组织的情况。

　　(3) 决策任务——保证决策的正确及时。决策任务的四种角色是:管理者作为企业家,要勇于开拓,不断创新,适时制定和实施战略计划和行动方案;作为失控调解员,必须对出现的各种问题及时加以妥善处理和解决,以免发展到严重的程度;作为资源分配者,必须对组织的资源以及管理者自己的时间进行合理的调配;作为谈判者,要代表组织与外界谈判和签署合同,同时也就棘手的问题与组织成员讨论和磋商。管理者要花许多时间作为谈判者,因为只有管理者才掌握有关的信息并有权在需要时通过权衡做出决策。

　　在上述 3 类任务中,信息沟通起着极其重要的作用。在人际关系任务中,管理者与上下级、顾客、供应商以及同层次的管理者交往时主要是通过信息沟通进行的。据明茨伯格研究,管理者与其同一层次的管理者沟通花费的时间占 45%,与外部有关单位沟通的时间占 45%,与上下级沟通的时间占 10%。在信息任务中,管理者作为信息的收集者、传递者和提供者,信息沟通更为重要。在决策任务中,管理者的每一项决策都是以沟通所获得的信息为基础的。

二、管理理论的演进

　　人类社会自古就有管理活动,也曾出现过杰出的管理思想,但人类对管理实践进行系统的研究总结则是从 20 世纪初开始的。从西方管理理论的发展过程来看,一般把管理理论的发展划分为四个阶段:第一个阶段是从 19 世纪末至 20 世纪初形成的古典科学管理理论,第二个阶段是从 20 世纪 20 年代开始的人际关系理论以及随后在 50 至 60 年代盛行的行为科学理论,第三个阶段是从 50 年代末发展起来的现代微观管理学理论,第四个阶段是从 70 年代以后不断扩展的现代宏观管理学理论。

(一) 古典科学管理理论

古典科学管理理论的代表人物有泰罗、法约尔和韦伯等人。

1. 泰罗的科学管理原理

泰罗(Frederick Winslow Taylor,1856—1915)是从一名普通的工人自学成才成为著名的管理专家的。他通过一系列的试验和调查研究,提出了一套被后人称之为"泰罗制"的科学管理理论。他于 1911 年发表的代表作《科学管理原理》,奠定了科学管理的理论基础,成为科学管理思想正式形成的标志。泰罗也因此被西方管理学界称为"科学管理之父"。

2. 法约尔的管理过程理论

法约尔(Henri Fayol,1841—1925)一生多半时间都在担任高层管理者。他通过亲身的观察和管理实践,从高层管理者的角度出发,描述了管理过程及各项管理职能,提出了经营与管理的区别和管理的 14 项原则。因此,人们习惯于将他的理论称为管理过程理论。他的主要著作有《论管理的一般原理》(1908 年)、《工业管理和一般管理》(1916 年)。因其对经营管理理论的贡献,被人称为"现代经营管理之父"。

3. 韦伯的行政组织理论

韦伯(Max Weber,1864—1920)从小受到良好的教育,对社会学、宗教学、经济学和政治学都有着广泛的兴趣,曾先后担任过教授、主编、政府顾问和作家。他在管理思想上的主要贡献是提出了理想的行政组织体系,对古典组织理论做出了杰出的贡献,因此被人们称为"组织理论之父"。他的主要代表作有《经济史》、《社会和经济组织理论》。

以泰罗、法约尔和韦伯等人为代表的古典科学管理理论,奠定了以后各种管理理论发展的基础。除上述三人外,还有以动作和时间研究见长的吉尔布雷思(Frank Gilbreth),以"甘特图"和"劳动报酬奖金制"闻名的甘特(Herry L. Gantt),提出效率 12 原则的埃默森(H. Emerson),以及后来对古典科学管理理论加以系统整理阐述的厄威克(L. F. Urwick)和古利克(L. Gulick)等人。他们都主张用科学的精神、科学的态度和科学的方法进行管理,因此在本世纪初掀起了一场声势浩大的科学管理运动,形成了科学管理的经典理论。他们的主要管理思想是:

(1) 用科学管理取代单纯的经验管理。资本所有者和企业管理者分离,管理职能和作业职能分离。

(2) 科学管理的理论基础和目标是发展生产力,即把"经济大饼"做得更大,使追求经济利益的劳资双方把注意力从盈余分配转到盈余增加上。

(3) 谋求最高的生产效率,通过制定各种标准、制度和程序,健全组织系统,使之在一定输入下获得最大输出。

（4）信奉亚当·斯密（Adam Smith，1723—1790）的"经济人"观点，即人是受经济利益驱使的"经济人"，对人的管理必须采用经济刺激和严格的制度。

（二）人际关系及行为科学理论

早期的管理理论主要是研究如何采用科学的方法来提高劳动效率。随着经济的发展，劳动者受教育程度的提高，人们的需求多样化了，单纯的经济刺激再也没有昔日的效果，于是人们把管理的重点转向人的因素，开始研究工作环境、人际关系与工作效率的关系。这时，人际关系理论及行为科学理论就相继发展起来，成为这一阶段管理理论的主流。

1. 人际关系理论

1924—1932年，美国芝加哥西方电气公司所属的霍桑工厂为测定有关因素对生产效率的影响而进行了一系列的实验，这就是有名的"霍桑实验"（Hawthorne Studies）。由此，产生了管理的人际关系理论。

通过"霍桑实验"，梅奥（George Elton Mayo，1880—1949）及其研究小组提出了"社会人"、"士气"和"非正式组织"等概念，开创了在管理过程中重视人的因素的时代，把人作为组织中最重要的一个因素来考虑，强调人际关系的重要性，为以后行为科学的发展打下了基础。梅奥于1933年出版了《工业文明中人的问题》等著作，在对劳动者的看法及对待人际关系方面，提出了与泰罗等人的古典科学管理理论不同的新观点：

（1）人是"社会人"，而非"经济人"。作为复杂的社会系统的成员，金钱不是刺激积极性的唯一动力，社会和心理因素等方面所构成的动力，对劳动生产率有极大的影响。

（2）工人的工作态度，即所谓"士气"，是影响工作效率的关键因素。而士气又与工人的满足感有关，并且受职工家庭、社会生活以及企业中人与人之间的关系等社会因素的影响。

（3）企业中存在着非正式的组织。这种无形组织有它特殊的感情、规范和倾向，左右着成员的行为。在感情与逻辑之间，人们的思想会更多地受感情的支配。企业正式组织和非正式组织的关系是否协调，对效率有很大的影响。

2. 行为科学理论

"行为科学"这一名称是1949年在美国芝加哥大学的一次跨学科的科学讨论会上正式提出来的。它是指运用心理学、社会学、人类学等理论和科学方法，从人的工作动机、情绪、行为、环境与工作之间的关系，来探索影响生产率的因素的管理理论，主要研究内容有：① 人性的假设；② 需要、动机和激励问题；③ 组织中的非正式组织以及人际关系；④ 群体行为；⑤ 领导模式等等。行为科学理论是人际关系理论的发展，它着重研究人的心理、行为对高效率地实现组织目标的作用，主要理论及代表人物有：麦格雷戈（D. McGregor）的"X理论—Y理论"、马斯洛（A. H. Maslow）的"需要层次理论"与奥尔德弗（C. P. Alderfer）"ERG需要论"的修正、赫茨伯格（F. Herzberg）的"双因素理论"、麦克利兰（D. Meclelland）的"成就需要论"、卢因（K. Lewim）的"群体力学理论"、莱维特

(H. J. Leavitt)和利克特(R. Likert)等人的"意见沟通理论"、布莱克(R. R. Blake)和穆顿(J. S. Mouton)的"管理方格图"、大内(W. Ouchi)的"Z理论"等等。

(三) 现代微观管理学理论

从20世纪中叶以来,现代管理理论与实践全面引进系统论、信息论、控制论、运筹学、经济数学、计算机科学技术和社会学、心理学、人类学、政治学等其他科学理论,形成了研究企业经营决策和系统优化管理的新兴综合性学科群。其中在三个方面取得了重大的发展:

1. 以巴纳德(C. I. Barnard)为代表的社会系统理论

社会系统理论的形成是以巴纳德的现代组织理论体系的建立为标志的。巴纳德把社会学和系统论相结合,用社会的、系统的观点来分析管理问题,综合古典理论和行为科学关于组织的理论,建立了经营组织的社会系统管理理论。他认为,组织是一个由人们有意识地加以协调的各种活动的协作系统。任何正式组织都包含三个基本要素,即协作意愿、共同目标和信息沟通。组织中最关键的因素是经理人员。经理人员是一个信息交流系统中的相互联系中心,有三项职能:① 建立和维持一个信息交流系统;② 从组织成员那里获得必要的服务;③ 规定组织的目标,并努力协调组织成员个人目标与组织目标之间的矛盾。

2. 以西蒙(H. A. Simon)为代表的决策理论

西蒙继承了巴纳德的社会系统理论,并吸收了行为科学、运筹学和计算机科学的内容,对经济组织内的决策程序进行了开创性的研究。由于他在决策理论研究方面的突出贡献,曾于1978年获得诺贝尔经济学奖。西蒙认为,管理就是决策。决策有程序化决策和非程序化决策之分,其区别依据是决策制定技术的不同。决策过程的四个基本阶段是:① 信息活动——探察环境,寻求要求决策的条件;② 设计活动——创造、制定和分析可能采取的行动方案;③ 抉择活动——从可供利用的方案中选出特定的方案;④ 审查活动——对过去的抉择进行评价。

3. 以布莱克特为代表的"管理科学"理论

"管理科学"是在第二次世界大战期间萌芽并在战后得到迅速发展的。它是以运筹学、系统工程、计算机技术等科学技术为主要手段,运用数学模型,对管理领域中的问题进行系统的和定量的分析,并做出最优规划和满意决策的理论。一般认为,形成于二次大战后期的运筹学,即为"管理科学"诞生的标志。管理分析定量化是"管理科学"的突出标志,并正成为"管理科学"的核心手段。管理分析定量化主要依靠运筹学提供分析模式,依靠计算机提供分析技术,否则便不能形成"管理科学"。"管理科学"理论的主要特点是:① 注重科学方法,运用数学模型来分析管理问题;② 以经营决策为主要着眼点,运用系统方法来研究和解决问题,并提出可供选择的方案;③ 以经济效果标准作为比较评价各种可行方案的依据;④ 旨在提高管理者的决策能力,甚至在有不确定性的情况下也要求提出合理的决策;⑤ 依靠计算机作为管理工具,建立管理信息系统。

（四）现代宏观管理学理论

20世纪70年代以来，随着组织竞争日趋激烈，管理学界开始重点研究如何适应充满危机和急剧动荡的环境，谋求组织的生存发展并获得竞争优势，管理研究进入了以战略管理为主的研究组织战略规划与环境关系的高层宏观管理时代。所谓战略管理，是指组织高层管理者通过分析组织的内部条件与外部环境，对组织的全部经营活动所进行的根本性和长远性的规划和指导。战略管理与以往经营管理的不同之处在于面向未来，动态地、连续地完成从决策到实现的过程。其中主要产生了如下几种理论：

1. 以波特（M. E. Porter）为代表的竞争战略理论

当今世界是一个充满竞争的世界，竞争战略正确与否已关系到每一个企业和国家的兴衰存亡。波特1980年出版的《竞争战略》一书提出了竞争战略管理理论的经典思想，即三种基本战略（成本领先、标新立异和目标集聚）、五种竞争力量（进入威胁、替代威胁、买方侃价能力、供方侃价能力和现有竞争对手的竞争）以及价值链分析等。通过对产业演进的说明和各种基本产业环境的分析，可得出不同的竞争战略决策。这一套理论与思想在全世界产生了深远的影响。《竞争战略》与后来的《竞争优势》（1985）以及《国家竞争优势》（1990）形成了著名的"波特三部曲"。

2. 以哈默（M. Hammer）为代表的企业再造理论

20世纪80年代以来，随着信息技术越来越多地被用于组织管理，原有的组织越来越不能适应新的、竞争日益激烈的环境，管理学界提出要在组织管理的制度、结构、流程、文化等方方面面进行创新。1990年，哈默在《哈佛商业评论》上发表了一篇题为《改造工作：不要自动化，而要推倒重来》的文章，批评了企业改造中常犯的错误，即运用信息技术加速已落后了几十年（甚至几百年）的工作流程，认为要对业务流程进行重新思考，并提出了改造的七项原则。哈默与昌佩（J. Champy）1993年合著的《再造企业——管理革命的宣言书》指出，企业再造的首要任务是业务流程重组（BPR），它是企业获得竞争优势与生存活力的有效途径；BPR的实施又需要两大基础，即现代信息技术和高素质的人才。以BPR为起点的"企业再造"工程将创造出一个全新的工作世界。

管理理论的发展经过了4个阶段，由于其在社会经济发展中的重要作用而倍受关注。自泰罗以来，关于管理理论方面的学术论著犹如雨后春笋大量涌现，提出了各种各样的管理理论观点，致使学派林立，理论纷呈。美国著名管理学家孔茨（Harold Koontz）在美国《管理学会杂志》1961年12月号（4卷3期）上发表了《管理理论的丛林》，剖析了"一片各种管理理论和流派盘根错节的丛林"。1980年他又在美国《管理学会评论》上发表了《再论管理理论的丛林》，认为管理理论学派已经由6个增加到11个，即经验或案例学派、人际关系学派、群体行为学派、协作社会系统学派、社会技术系统学派、决策理论学派、系统学派、数学或"管理科学"学派、权宜或应变学派、管理者工作学派、经营管理学派。从20世纪后期开始，组织的竞争环境日趋复杂，宏观战略管理研究异军突起，竞争战略理论、企业再造理论以及生产力重组理论成为现代管理学研究的热点。特别是90年代以来，信息化浪潮席卷全球,知识和信息成为最重要的战略资源,而信息技术的飞速发展又为开发利用信息资源提供了可能;同时,社会需求的多元化、个性化也决定了企业只有在全球范围内合理地组织所有的资源,才有可能获得或保持竞争优势。于是,面向信息资源管理和知识管理的"虚拟组织"、"学习型组织"应运而生,使现代管理学的理论与实践更是获得了全方位的拓展。各个管理理论流派横向分化的发展最终将形成管理学的综合归趋,使现代管理学的基本理论体系不断完善和日渐成熟。

三、现代管理的基本原理

管理是一种复杂的社会活动。我国管理学家黄德鸿教授认为,管理活动涉及到管理观念、目标、组织、人员、信息、资金、技术、物资、时间、环境十大要素。对各种要素进行计划、组织和控制等一系列管理过程,就形成了管理的两个基本职能:合理组织生产力和维护及调整生产关系。管理的基本原理就是要研究如何正确而有效地处理各个管理要素及其相互关系以达到管理的基本目标,即高效、低耗、可靠地输出高功能。人类在长期的管理实践过程中总结出了许多反映管理过程客观规律性的原理,对于我们分析与解决管理问题具有普遍的指导意义。

1. 系统原理

管理的系统原理是指运用系统论的思想,从组织整体的系统性质出发,按照系统特征的要求,对管理活动进行系统优化,从而实现最佳化管理的理论。

系统原理是各管理要素及其相互关系的反映,其内容包括:组织的系统性质、系统特征和系统优化。现代组织是由相互作用和相互依赖的许多要素或子系统结合而成的、具有特定投入产出功能的、并且处于一定环境大系统之中的有机整体。组织的这种系统性质具体表现为,组织是一种人工创立的社会系统,因此任何组织都具有人为系统的普遍特征,即目的性、整体性、层次性、环境适应性和环境改造性。组织的系统性质和系统特征,要求管理活动实现系统优化,即从整体的观念出发,全面地综合地优化整个组织的活动。

系统优化的核心是处理好局部优化与整体优化的关系。这种关系是一种辩证关系,表现为:局部最优,并不等于整体最优;局部不优,并不等于整体不优。这是因为,系统要素的组合不同,能使局部最优变成整体不优,而局部不优却能变成整体最优。拿破仑指出,"两个马木留克兵绝对能打赢三个法国兵;一百个法国兵与一百个马木留克兵势均力敌;三百个法国兵大都能战胜三百个马木留克兵;一千个法国兵则总能战胜一千五百个马木留克兵。"由此可见,系统优化的原理为:局部优化要以整体优化为指导,整体优化要通过局部协调优化来实现。这就是说,系统优化要重视整体结构的合理与协调。

系统原理不仅从系统观念上给管理者提供了一种正确的思维逻辑,即如何系统地考虑组织整体的管理问题,如何处理经常遇到的各种局部与整体的关系,而且还为管理者建立一个分工与协调相统一的组织体系提供了理论基础。

2. 整分合原理

现代高效率的管理必须在整体规划下进行明确的分工,在分工基础上做出有效的综合,这就是整分合原理。

整分合原理有三层意义:首先,整体最优是有效管理的前提。管理者必须具备整体观点,从整体出发进行全面规划和统筹安排,各项管理活动都应服从实现整体最优目标的要求;其次,合理分工是提高效率的关键。要实现整体最优目标,必须有明确的分工。分工可以使系统整体处于有序状态,从而提高系统运行的效率。在现代社会,分工越来越细,专业化程度越来越高,已成为经济和社会高速发展的基础。现代社会分工大致有四种类型:按社会功能进行专业化功能分工、按自然资源进行专业化区域分工、按产品生产过程及其构成进行专业化生产分工、按组织职能和作业程序进行专业化作业分工;最后,综合协调是实现目标的保证。分工可以提高效率,但同时也会带来许多问题,容易造成时间和空间、数量和质量等方面的脱节。分工越细越需要进行综合协调,使各方面活动保持合理比例,才能保证整体最优目标的实现。

3. 反馈原理

管理是一种控制活动,必然存在着反馈问题。利用信息反馈来控制系统的运行,以实现管理的目标,这就是管理的反馈原理。

反馈就是管理系统把指令传送出去后,又把其作用结果返送回来,并据此对输出指令进行调整,起到控制管理对象的作用,以达到预定的目标。如果反馈导致系统与目标偏差越来越大,这种反馈就叫做正反馈;如果反馈导致系统与目标偏差越来越小,并最终逼近目标,这种反馈就叫做负反馈。一般而言,当系统的稳定性受随机因素所干扰时,负反馈具有稳定系统的功能,而正反馈则将外界干扰所引起的偏差予以放大。因此,在管理系统中,人们常用负反馈来建立稳定的管理系统。

管理是否有效,关键在于是否有灵敏、准确、有力的反馈。所谓灵敏,是指必须有灵敏的信息感受器,以便及时发现管理与客观实际之间的矛盾和环境的变化信息;所谓准确,是指必须有高性能的信息传递与分析系统,以便可靠地传送、过滤和加工感受来的信息;所谓有力,是指必须把经过分析的信息化为控制系统强有力的行动,以修正原来的管理行为,使之更符合实际情况,获得更大的效益。信息反馈的灵敏、准确和有力程度是检验一个管理系统是否具有生命力的重要标准。

4. 相对封闭原理

任何社会组织都是一种开放系统,系统内部与外界环境都存在着物质、能量与信息的交换。但是,作为一个组织的管理系统,其管理过程和手段必须构成相对封闭的回路,才能保证信息反馈,形成有效的管理运动。这就是管理的相对封闭原理。

一个管理系统一般可以分解为指挥中心、执行机构、监督机构和反馈机构。管理过程从指挥中心开始,首先是指挥中心负责做出决策,向执行机构和监督机构发出指令,由监督机构监督执行机构执行指令;然后,执行机构将指令的执行结果,监督机构将监督结果输送给反馈机构;反馈机构将比较结果与指令的差距,形成反馈信息输送给指挥中心;指挥中心根据反馈信息进行再决策,进而再输出、再反馈形成管理信息流的闭合回路。从封闭原理来看,要搞好一项管理活动,必须采取各种措施构成一个相对封闭的管理系统,才能形成准确的反馈效应,推动管理活动的正常进行。

建立管理封闭回路的基本条件,一是管理组织的相对独立性,即要有实现本组织功能的自主权,能够对人、财、物等必要资源加以调节运筹;二是设置环形走向、具有相互制约和促进关系的封闭职能机构;三是要有较为完善的管理信息系统,保证信息渠道畅通无阻,信息传递准确及时。上述条件涉及许多方面,很难完全明确。因此应从后果评估出发实行封闭原理。这就是说,要预先对管理活动可能产生的各种后果进行估计和评价,并对消极的、偏离目标的后果采取预防的封闭措施;接着要从各种后果中寻踪追迹,特别是选择可以反馈控制的主导线,加以封闭。这实际上形成了一种追踪封闭、逐一封闭,最终逐步建立健全和发展完善管理系统的封闭回路。

管理组织是一个相对独立的封闭回路。它的相对封闭性表现在,一方面是指管理的目标、计划、组织、控制及规章制度等都有不受外界干扰的相对独立权限,从而保证管理指令的下达;另一方面也不允许有破坏其正常运动的内部因素存在。否则管理系统就会受内外干扰而失去控制,不能保证有效的信息反馈。当然,这种封闭是相对的,是随着时间的发展而变化的,有效的管理要求在反馈中动态地进行封闭。

5. 能级原理

所谓能级是指能量分级。能量这一物理学概念应用于管理则是指组织机构的职能、政策制度的效能以及管理者的才能。管理的能级原理是指根据组织机构职能范围大小、政策制度影响力大小、管理者才能大小来划分等级,并按照能级对应的原则组合成管理系统的不同层次,使管理系统处于有序状态。这样,管理的能量就可以得到充分的发挥。

能级原理在管理实践中具体体现在以下三个方面:

(1) 根据能级原理建立具有稳定形态的管理组织系统。稳定的管理能级结构应该是正三角形:上有尖锐的锋芒,下有宽厚的基础。倒三角形、菱形之类结构是不稳态。梯形从表面看是稳态,但实质上可分解为许多三角形,其中必然包含有一个或几个倒三角形这样的不稳态,所以看似稳态,但效率必低。

对于任一管理系统而言,管理三角形都可分为三个层次。最高层是经营决策层,它是确定大政方针的,其根本任务就是决定把这个系统经营成什么样的模式;第二层是管理监督层,它是运用各种管理技术和方法来实现经营战略的;第三层是操作执行层,它是贯彻执行管理指令,直接调动和组织人、财、物和信息等管理资源,从事操作和完成各项具体任务的。三个层次不仅使命不同,而且标志着三大能级差异,不可混淆。

(2) 按照能级对应原则对处于不同层次的管理组织、管理岗位和管理者分别授权,使授权与能级对应,并使权、责、利对等。不同能级应表现出不同的权利、责任、物质利益和精神荣誉。这不仅是因为它们本身就是能量的一种外在体现,而且因为只有与能级相对应,才符合封闭原理。

(3) 各能级必须动态对应。各种管理岗位有不同的能级,人也有各种不同的才能。管理的基本原则之一就是必须使高一级管理人员比他的下级具有更大的才能。管理必须使相应才能的人处于相应能级的岗位上,这就叫人尽其才,各尽其能。这样管理体制才能形成稳态,才能持续而高效地运转。当然,无论是管理组织还是个人的能级都不是一成不变的,应根据能级的变化适时进行层次调整,以增大管理系统的能量。

6. 弹性原理

管理的弹性原理要求管理必须保持充分的弹性,以适应管理对象和环境系统各种可能的变化,实现灵活的管理。

管理是一个复杂的多因素问题,它包括多种对象和复杂的过程,而且内外因素相互联系、相互制约。任何管理者要完全掌握所有的因素都是不可能的,也就是说,能百分之百地反映客观规律的管理是不存在的。人们对客观事物的认识是不断深化的,因此,管理必须留有余地,保持弹性。管理弹性有两类:一是局部弹性,是指任何管理必须在一系列管理环节中保持可以调节的弹性,特别是在关键环节上要有足够的调节余地;二是整体弹性,是指局部弹性的综合。每个层次的管理系统都有整体弹性问题,它标志着系统的可塑性或适应能力。弹性原理的应用很广,如计划管理的弹性,就要求计划指标要有区间幅度即上、下限,计划方案要有几套,要有各种应急方案,等等。

管理弹性是管理活力和应变能力的标志,无弹性的管理系统必然会产生僵化、命令主义、统得过死、虚报浮夸等弊端。但是,弹性也有消极弹性和积极弹性之分。消极弹性的根本特点是"留一手"或"留后路",不去发挥潜力,造成管理资源的冗余和浪费;积极弹性则是遇事"多一手",充分发挥人的智慧,进行科学预测,不仅在关键环节保持可调性,而且预先准备好了可供选用的多种方案。弹性原理反映的正是变消极弹性为积极弹性的管理规律要求。

7. 动力原理

管理是一个持续的活动过程,必须有强大的动力才能运转,必须正确地运用动力才能持续有效地运转。动力不仅是管理的资源,而且是一种制约因素,对管理的各个方面都有很大影响。这就是管理的动力原理。

一般来说,在管理活动中存在着三种各不相同而又相互联系着的动力:

(1)物质动力。物质动力不仅是对个人的物质刺激,更重要的是组织的经济效益。经济效益是检查管理实践的重要标准,经济效益的观念要求兼顾与组织投入产出系统有关的各方利益,也就是把对组织的贡献与从组织得到的物质利益紧密结合起来。这样才能形成有效的物质动力。

(2)精神动力。指组织及其成员的理想、道德、信念、责任感、荣誉感和使命感等精神方面的追求所形成的管理动力。"人总是要有点精神的"。精神意识对人和组织的活动起着巨大的推动作用。精神动力不仅可以弥补物质动力的不足,而且在特定情况下也可以成为决定性的动力。

(3)信息动力。信息是组织管理的基础。从管理的角度看,信息作为一种动力,有超越物质和精神的相对独立性,对组织的各项管理活动起着直接的、全面的推动作用。要善于运用信息动力进行有序管理,就要十分注意信息的特性和运动规律。

上述三种动力在管理实践中会同时存在,但又不会绝对平均。它们必然有所差异,并随环境条件的改变而变化。管理就是要及时洞察和掌握这种差异和变化,把三种动力有机组合起来,综合协调地运用。此外,在运用动力原理时,还必须注意正确认识和处理个体动力与群体动力的辨证关系,准确把握动力"刺激量"的强度,才能使管理动力得以发挥最大的作用。

第四节　走向信息管理科学

在人类文明史上,物质(材料)、能量(能源)与信息一直是社会发展的三种基本资源。工业革命使人类在开发利用材料和能源这两种资源上取得了巨大的成功。借助科学化的管理手段,高效率、专门化的工业化大生产创造了一个又一个的经济奇迹,使人类社会进入了工业化阶段。第二次世界大战以后,以计算机、通信技术为代表的现代信息技术迅猛发展,使人类对信息资源的开发利用摆脱了迟缓、零散、封闭的传统模式,代之以高效率、专业化、网络化的现代模式,人类社会从此走向信息化阶段。

一、信息管理的意义

今天,信息不仅成为现代管理的基本要素和重要手段,而且作为生产力的关键因素和社会发展的战略资源正发挥着日益重要的作用。充分开发信息资源,科学管理信息资源,有效利用信息资源,是国家信息化建设的主要内容,也是提高社会生产力、促进经济发展和推动社会进步的重要保证。

人类对于信息资源的重视,与现代社会活动中组织管理与竞争方式的变化密切相关。自从工业革命以来,人类的资源观就在不断地扩展。组织的竞争焦点先是从自然资源转向金融资源,紧接着,人力资源成为组织竞争中的制胜法宝。20世纪中叶以后,信息技术的发展日新月异,社会信息化的进程不断加快,使得信息在人类社会所有活动领域的重要性都大大提高了,于是,一种新的资源观——信息资源论正在逐渐形成。充分有效地开发利用信息资源已成为现代组织获得竞争优势的关键因素,信息管理作为现代组织管理和竞争的最新热点已受到普遍的关注。

20世纪80年代以来,随着社会信息意识和社会信息能力的不断增强,人们对信息资源的重视程度不断提高,信息管理的重要意义也越来越普遍地为全社会所认识。信息管理的社会功能主要表现在以下三个方面:

(1) 开发信息资源,提供信息服务。在人类社会发展的历史长河中,人们不断地探索自然,改造社会,形成了越来越厚重的信息"沉淀"。正是因为信息可以存储累积,人类文明才得以继往开来,永远进步。但是随着信息数量的急剧膨胀和信息质量的日益恶化,人类固有的信息能力已不能适应信息需求和信息环境发展变化的需要,致使大量的无用信息、虚假信息等"信息垃圾"充斥社会信息交流渠道,极大地妨碍了人们对有用信息、正确信息的吸收利用。事实上,信息既不会自发地形成资源,也不会自动地创造财富,更不能无条件地转移权力。没有组织的或不加控制的信息不仅不是资源,而且可能会构成一种严重的妨害。因此,信息真正成为资源的必要条件是有效的信息管理,即通过对信息的搜集、整理、选择、评价等一系列信息组织过程,把分散的、无序的信息加工为系统的、有序的信息流,并通过各种方式向人们提供信息服务,从而发挥出信息的效用。只有经过组织管理的信息才能成为一种资源。没有信息管理,信息资源就不可能得到充分有效的开发利用。

(2) 合理配置信息资源,满足社会信息需要。同任何一类资源一样,信息资源也存在着相对稀缺性与分布不均衡等问题。由于信息资源一般分散在社会各领域和各部门,较难集中,信息资源拥有者的利益关系如无合理的有效的制度来加以协调,信息交流与资源共享就会遇到种种障碍。有许多因素导致信息资源拥有者易产生信息垄断倾向,而人们受传统观念影响又往往要求自由地、免费地获取信息。信息管理就是要在信息资源开发者、拥有者、传播者和利用者之间寻找利益平衡点,建立公平合理的信息产品生产、分配、交换、消费机制,优化信息资源的体系结构,使各种信息资源都能得到最优分配与充分使用,从而最大限度地满足全社会的信息需要。

(3) 推动信息产业的发展,促进社会信息化水平的提高。随着信息技术的飞速发展和社会信息活动规模的不断扩大,社会信息现象越来越复杂,信息环境问题也越来越突出。为此,人们对信息管理提出了越来越高的要求,使得信息管理活动逐渐演化成一项独立的社会事业,成为正在兴起的第四产业——信息产业的一个重要组成部分。并且,作为信息产业中最活跃、最主动的因素之一,信息管理在制定信息产业的发展战略、贯彻实施信息产业政策和相关法规、处理和调控信息产业发展过程中出现的各种矛盾和问题等方面都必将发挥越来越重要的作用。信息产业的蓬勃发展为社会信息化水平的持续提高奠定了坚实的基础。

二、信息管理的发展

信息作为一种社会现象,是随人类社会的产生而产生,随人类交流的发展而发展的。由于社会信息现象复杂多样,社会信息的无序性与人类需要的特定性形成了尖锐的矛盾。信息管理就是为了解决这一矛盾,使特定的人能够在特定的时间获取所需要的特定信息而产生和发展起来的一种社会活动。从广义的角度说,自从世界上有了人类,形成了人类社会,也就有了人类信息交流行为,产生了社会信息管理活动。纵观人类社会的信息管理活动发展史,我们可以将其划分为三个历史时期:

1. 古代信息管理时期

在人类社会发展的早期,人们最初是利用在生产和生活中逐渐形成的交际手段——自然语言进行信息交流的。语音信息传播的时空间范围都有限,为此,人们使用了结绳记事、刻画等办法来记录信息,后来又创造了文字。文字的出现要求解决记载材料与记录方法的问题。自远古以来,人类曾先后采用过泥板、莎草、甲骨、兽皮、金石、竹木、缣帛等作为书写材料,直到汉代中国发明了植物纤维纸,才终于结束了人类直接利用天然物质材料来记录信息的历史。但是,在印刷术发明之前,文献生产完全靠手工抄写,信息管理的规模是极为有限的。印刷术的发明虽然扩展了人类的文献生产能力,但古代社会对文献信息的管理仍然是以藏书楼式的孤立管理为主,没有系统的社会组织。这一时期信息管理的主要特征是:

信息交流活动是自发的、无组织的,信息记载材料是天然的,信息记录方法是手工的。由于信息活动主要集中在个体层次上,社会信息量不大,信息管理活动也是零星的、片断的,主要是对信息载体进行封闭式的物理管理。

2. 近代信息管理时期

近代工业革命的兴起极大地促进了社会信息活动的发展。以蒸汽机为核心的动力技术与活字印刷术的结合,进一步提高了文献生产的效率;交通运输工具的进步既密切了世界各地的联系,也为文献资料的传播提供了便利条件;以电力技术为基础的电信技术则为人类信息交流创造了新的手段。与此同时,近代科学的发展也为近代信息管理活动开辟了广阔的舞台,提供了丰富的内容。科学研究活动从科学家个人的自发研究成长为有组织的社会事业,科学交流从自发组织的各种科学团体、学会发展到国立科学院等正规的学术管理机构,致使科学劳动的成果成倍增加,文献信息的数量和需求也在急剧增长。因此,图书馆作为社会上最早出现的有组织的文献信息管理场所在这一时期获得了很快的发展,文献资料的加工整理方法,如编目法、分类法、文摘索引法等等,成为这一时期信息管理的主要方法。这一时期信息管理的主要特征是:

以文献信息为中心,以图书馆为主要阵地,以解决文献资料的收集、整理、保存与传播报道问题为主要任务,管理手段基本上是以人力和手工为主并辅之以部分机械化作业,主要管理者是图书馆员。

3. 现代信息管理时期

第二次世界大战以后,以计算机和通信技术为中心的现代信息技术迅猛发展,对人类社会经济活动产生了广泛而深远的影响,并将信息管理活动推向一个全新的发展时期——现代信息管理时期。这一时期的信息管理活动可分为两个发展阶段:

(1) 面向技术的信息管理阶段。20 世纪 50 年代计算机在数据处理技术上的突破,把计算机应用从单纯的数值运算扩展到数据处理的广阔领域,为计算机在信息管理方面的应用奠定了基础。于是,以计算机技术为基础的各种信息管理系统纷纷建立:50 年代出现了电子数据处理系统(EDPS),60 年代兴起了管理信息系统(MIS),70 年代又先后产生了决策支持系统(DSS)和办公自动化系统(OAS),等等。随着信息系统的发展,信息管理对组织管理的作用范围和重心逐渐发生了变化,由管理"金字塔"的底层——事务处理和业务监督逐步向高层——战略决策进化。这些系统都大量采用和过分依赖信息技术,虽然推动了组织的信息化进程,但在进入战略决策这种高层次管理之后,却因其先天不足而暴

露出许多局限性,反映出难以完全支持高层管理的现实。这一阶段信息管理的特点是:

以计算机技术为核心,以管理信息系统为主要阵地,以解决大数据量信息的处理和检索问题为主要任务,管理手段计算机化,主要管理者是 MIS 经理。

(2)面向竞争的信息管理阶段。人类开发信息管理系统的目的,是为了更好地利用信息资源,提高管理决策的水平。20 世纪 70 年代末 80 年代初提出的信息资源管理(IRM)概念确立了将信息资源作为经济资源、管理资源和竞争资源的新观念,强调信息资源在组织管理决策与竞争战略规划中的作用,从而使组织形成了新的信息管理战略,这就是在信息技术急速发展和竞争环境急剧变化的背景下,如何合理开发与有效利用信息资源以增强竞争实力、获得竞争优势的战略。80 年代末期,一种体现信息资源管理思想的新一代信息管理系统——战略信息系统(SIS)迅速兴起。这一阶段信息管理的特点是:

以信息资源为中心,以战略信息系统为主要阵地,以解决信息资源对竞争战略决策的支持问题为主要任务,管理手段网络化,主要管理者是信息主管(CIO)。

信息资源管理的提出,表明了现代社会管理活动对于信息资源的高度重视,信息管理实践自此走入了一个新的发展阶段。现代意义上的信息管理,就是对信息资源及其开发利用活动的计划、组织、控制和协调。信息管理的主要目的是要实现信息资源的充分开发、合理配置和有效利用。为达成这一目的,人们发展了各种各样的理论方法,创造了多种多样的技术手段,使得信息管理的基础理论研究、应用技术开发和社会实践活动的整个过程都在不断增加着愈益丰富的内容,并逐渐形成了一门新的跨学科综合性研究领域——信息管理学。

三、信息管理学的研究范围

信息管理学是研究人类社会信息管理活动的基本规律、普遍原理和通用方法的科学。社会信息管理现象的广泛性和复杂性,要求人们对其进行系统、综合的研究。而信息管理范围的扩展则与人们对信息管理对象的认识不断深入密切相关。

1. 信息管理的对象分析

社会信息现象是普遍存在着的,人类信息管理活动的范围也是十分广泛的。并且,随着信息管理活动的发展,信息管理的规模在不断扩大,信息管理的对象也愈益复杂。所谓信息管理,就是对信息资源及其开发利用活动的管理。因此,信息管理的对象归纳起来主要包括信息资源和信息活动两大方面:

(1)信息资源。对于信息资源这个概念有两种不同的理解,即狭义的信息资源概念和广义的信息资源概念。

狭义的信息资源概念是把信息资源等同于知识、资料和消息,即只是指信息本身的集合,无论它是以声音、图形、图像等形式表达出来的,还是以文献、实物、数据库等载体记录下来的,其信息内容都是一样的,都是经过加工处理的、对决策者有用的数据。

信息当然是构成信息资源的根本要素。人们开发利用信息资源的目的,就是为了充分发挥信息的效用,实现信息的价值。但信息并不等同于信息资源,而只是其中的一个要素。这是因为,信息效用的发挥和信息价值的实现都是有条件的。信息的收集、处理、存储、传递和应用等等都必须采用特定的技术手段——信息技术——才能得以实施,信息的有效运动过程必须有特定的专业人员——信息人员——才能对其加以控制和协调。信息、信息技术和信息人员构成了完整的信息资源体系。这就形成了广义的信息资源概念。

因此,广义的信息资源概念,就是指信息、信息技术和信息人员的有机集合。它是一个涉及到信息生产、处理、传播、利用等整个信息劳动过程的多要素的概念。其中包括信息劳动的对象——信息(数据),信息劳动的工具——计算机和通信技术等信息技术手段,信息劳动者——信息专业人员,如信息生产人员、信息管理人员、信息服务人员等等。所谓信息资源的开发利用,正是由信息人员运用专门的信息技术手段对各种原始数据进行搜集选择、加工处理和分析研究,形成信息产品,然后传递给需要者使用的。上述三个要素相互联系相互作用,共同构成了具有统一功能的有机整体——信息系统。

(2)信息活动。信息的生命表现在丰富多彩的信息运动过程之中。信息从产生、传播,到收集、加工,再到吸收、利用的过程,就是一个完整的"信息生命周期"。我们把与信息的产生、记录、传播、收集、加工、处理、存储、检索、传递、吸收、分析、选择、评价、利用以及系统开发、技术更新、运行维护、管理决策等等信息行为有关的全部社会活动统称之为信息活动。换言之,信息活动就是信息资源的开发利用过程。

人类社会的信息活动包括三个基本层次:即个人的、组织的和社会的信息活动。个人的信息活动表现为个人对信息资源的开发利用,其效率与个人的信息意识和信息能力有关,并且受个体信息环境的影响;组织的信息活动常以各类信息系统的形式出现,信息系统的发达程度能够反映出各级组织的信息资源开发利用水平;随着信息活动的发展规模不断扩大,信息资源的开发利用对人类社会进步的影响日益显著,在社会整体上体现为一种新兴产业——信息产业的形成和发展。在每一层次上,信息资源的开发利用都是十分复杂的牵扯到许多因素的活动,因此,对信息活动的管理比起对信息资源的管理来说难度更大。

作为信息管理的静态方面,信息资源的管理关心的是信息资源被开发利用的程度,即信息活动在数量上和质量上的表现形式;而作为信息管理的动态方面,信息活动的管理更关注个人、组织及社会与信息资源相互作用的方式,即信息资源开发利用的效果,如信息资源对决策分析的支持作用以及信息资源开发利用的社会效益。信息管理就是一种以信息资源和信息活动为对象的管理。只有通过对信息资源和信息活动的管理,才能实现与信息管理范围相一致的整体目标——充分有效地开发利用信息资源。但由于信息管理对象的广泛性和复杂性,致使信息管理的目标在一项具体的信息管理实践活动中往往具有很大的不确定性。

2. 信息管理学的研究内容

一门科学的研究内容由其研究对象决定。信息管理学是以人类社会的信息管理行为

——信息资源管理与信息活动管理——为研究对象,研究人类社会信息管理活动的基本规律、普遍原理和通用方法的新兴学科。它面向人类社会的信息资源开发利用实践活动,主要研究人类对信息资源及其开发利用活动实施有效管理的基本理论问题和实用技术方法。信息管理研究对象的广泛性和复杂性决定了信息管理学研究内容的综合性。

从管理层次看,信息管理具有微观、中观和宏观三个层次:

微观层次上的信息管理是指狭义信息资源管理,即对信息进行搜集、加工、组织,形成信息产品,并引向预定的目标。显然,这个层次上的信息资源概念是狭义的信息资源概念。这一层次上的信息管理就是对信息本身的管理。

中观层次上的信息管理是指广义信息资源管理,即对涉及信息活动的各种要素(信息、技术、人员、机构等)进行合理的计划、集成、控制,以实现信息资源的充分开发和有效利用,从而有效地满足社会信息需求。这一层次上的信息管理就是在狭义信息资源管理的基础上增加了信息系统管理的内容。

宏观层次上的信息管理则是在广义信息资源管理的基础上再增加信息产业管理这一部分,就是指对社会信息事业及其环境因素进行综合性的规划、协调、指导,以推动信息产业和信息经济的发展,最终实现社会信息化的战略目标。

根据上述信息管理的三个层次,我们可以把信息管理学的核心研究内容归纳为四个组成部分:

(1) 信息管理的基础理论。作为一门学科,信息管理学必须有自己独立的研究对象,必须逐步形成并不断完善自己的理论体系。因此,信息管理的基础理论研究是信息管理学十分重要的研究内容,包括信息管理的科学基础和技术基础,信息管理的基础理论——信息行为理论和信息交流理论,信息管理的发展历史和研究进展,信息管理学的对象与方法等等。

(2) 信息产品管理。主要研究微观层次上的信息管理问题,包括信息产品的开发——信息采集、整序、分析方法,信息产品的流通——信息服务方式与信息市场管理,以及走向网络化、数字化和全球一体化的信息环境对人类的信息资源开发利用活动有何影响,等等。

(3) 信息系统管理。主要是在微观层次的基础上研究中观层次的信息管理问题,包括信息系统的设计、实施与评价,信息系统运行管理和安全管理,组织的信息资源配置和信息技术投资评估,信息系统管理的发展与组织竞争战略的关系等等。

(4) 信息产业管理。主要研究宏观层次上的信息管理问题,包括信息产业的结构和测度,信息产业,特别是信息服务业的发展机制与管理模式,信息产业政策和信息立法问题,社会信息化的内涵与发展战略等等。

四、信息管理学的产生与进化

一门科学的产生和进化必须符合社会发展的需要,必须受其他学科解决不了的问题和任务所驱动。信息管理学的产生就是顺应现代社会经济和科学技术发展趋势的必然结果。

1. 信息管理学产生的原因和条件

信息管理学的产生不是偶然的,具体说来,有两个主要原因:

首先是社会信息管理活动的发展需要。社会需要永远是推动科学发展的原动力。随着现代社会的信息化程度越来越高,社会信息活动更加广泛,社会信息现象日趋复杂,出现了所谓的"信息危机"。为了克服信息危机,信息管理从社会劳动中分化出来,成为一种独立的职业活动得以迅速发展。信息管理工作的进一步发展需要有正确的理论指导。为此,人们开始总结信息管理工作的基本原理与普遍规律,从理论上探索信息管理最优化的途径,最终要求有一门科学对其做出完整、准确的分析和阐述,为社会信息管理实践提供科学的理论与方法。这是信息管理学产生的直接原因之一。

其次是现代科学技术发展的大趋势之所向。20世纪以来,现代科学技术高度综合的发展特征,使得学科间的交互作用、交叉渗透趋势愈演愈烈。由于研究对象的交叉,即对复合对象整体研究的需要,交叉科学大量涌现。信息管理学是研究人类社会信息管理活动的科学,信息管理现象的广泛性、复杂性,要求人们对其进行系统的、综合的研究。信息管理学就是信息科学与管理科学相互交叉作用的产物,它的产生反映了现代科学技术整体化发展的大趋势。

信息管理学产生于人类社会信息管理实践的需要。与此同时,社会也为信息管理学的形成和发展提供了重要的条件:

(1) 理论条件。信息科学和管理科学的发展为信息管理学的孕育提供了充分的理论条件。信息管理学是一门综合性的交叉学科,它是在原有信息科学与管理科学的基础上,吸收了信息论、系统论、控制论的理论和方法,借鉴了现代管理学的基本原理,在社会信息管理实践中逐步形成和发展起来的。作为一门尚处初创时期的学科,它的培育又与经济学、社会学、传播学、心理学、法学等等息息相关。随着新的学科理论的不断引进,信息管理学的研究内容日益丰富,学科体系日渐完善。

(2) 方法条件。传统的图书馆学情报学从文献信息管理的角度来考察和分析文献交流过程,组织和管理文献信息服务,从而为信息管理学积累了大量的经验和方法。文献信息的搜集选择、加工整理、分析研究、检索咨询、传播报道等等一系列方法可以推广到各类信息管理活动,在社会信息管理的更高层次上加以总结,上升为信息管理学的普遍方法。

(3) 技术条件。现代信息技术,特别是计算机和通信技术的发展是推动信息管理学前进的必要条件。信息技术在信息管理过程中的应用不仅为人类社会的信息管理活动提供了有效的工具,而且,这些新技术进入信息管理领域后,出现了一些新情况和新问题,为信息管理学的研究内容增添了诸如新技术在信息管理过程中的应用及其影响等新的研究课题。

(4) 实践条件。社会信息管理活动为信息管理学准备和提供了丰富的实践经验,这是信息管理学形成和发展的基础条件。随着社会竞争环境的急剧变化,信息管理日益成为组织管理的主要内容并受到社会各界的普遍重视。信息管理活动的广泛开展，为信息管理学开辟了广阔的试验基地，使信息管理学在社会信息管理实践的基础上不断完善，逐渐成为一门理论与实践相结合的综合性、应用性学科。

2. 信息管理学的进展

从古代的藏书楼，近代的图书馆，到现代的信息中心，人类社会的信息管理活动源远流长。然而，对信息管理实践进行系统的理论研究却起步甚晚。纵观信息管理研究活动的发展，人们对于信息管理问题的研究首先起源于文献领域的信息管理研究，并于文献领域较早地形成了系统的文献信息管理研究学科——图书馆学、文献学、情报学、档案学等。19世纪诞生的图书馆学可以说是在文献领域研究信息管理活动的最早的学科。图书馆学的原始名称就是图书馆管理学(library economy)。1876年，美国的杜威(M. Duwey)还创办了世界上最早的图书馆学校——哥伦比亚大学图书馆管理学院(School of Library Economy)。经过一百多年来的发展，图书馆学、情报学和其他相关学科一起，从文献信息的角度出发去研究信息管理问题，内涵日益丰富，外延不断扩大，逐渐成为信息管理学的重要应用研究领域。但是，传统的图书馆学、情报学基本上局限于"静态"文献信息管理活动的研究，信息管理的意义和范围被局限于"物化"的固有文献载体和"正规化"的图书情报机构之中，不能适应网络化、数字化和全球一体化信息环境下信息管理实践的全面发展需要。

20世纪50年代以后，计算机科学技术的应用重点逐渐向信息处理领域转移，从利用计算机进行复杂的大批量数据处理，到建立以计算机为基础的各种信息系统，信息(数据)管理成为计算机科学技术应用研究的一个重要领域。为适应当时的就业市场对计算机信息管理专业人才的急迫需要，国内外许多高等院校都开设了信息系统分析与设计、数据库与信息检索、管理信息系统、办公自动化等方面的课程，并在此基础上纷纷成立了信息工程、信息系统、管理信息系统等专业，美国计算机协会(ACM)和数据处理管理协会(DP-MA)还制定了指导性的专业教学计划和教学大纲。这时，信息管理的意义和范围扩展到信息系统管理层次，并逐步形成了一系列 MIS,DSS 等信息系统开发方法论。但总的说来，以往的计算机信息管理研究仍然是以静态数据为核心，对孤立的信息系统进行技术管理。由于过分偏重技术，忽视了人的因素，因而难以满足现代组织信息管理实践的发展要求。

80年代以来，随着信息技术突飞猛进的发展，社会信息环境发生了翻天覆地的变化。传统的组织管理模式面对信息技术的强烈冲击不得不进行彻底的变革。组织管理的重心曾经历过从物资管理、资金管理走向人才管理的过程，现在正开始转向信息管理，并且要把信息管理与组织的战略决策联系起来，基于信息资源开发利用的信息竞争战略成为组织竞争的最新战略。信息管理概念的引入，必然对传统的管理思想(观念)、管理过程(业务)、管理机构(组织)以及管理理论和方法产生影响深远的冲击，组织管理的变革将不可避免。现代组织的管理者必须改变传统的管理习惯，适应新的管理模式。为此，管理人员对于组织内部和外部的信息资源要有充分的了解,并且要掌握信息资源开发利用的有效手段。于是,一些国际著名的大学,如哈佛大学、麻省理工学院、斯坦福大学、卡内基·梅隆大学等的管理学院纷纷增设信息管理的相关课程或诸如经济信息管理、商业信息管理之类的系科专业,以培养既拥有信息管理知识、又懂得经营管理之道的 CIO 等专门信息管理人才。与此同时,管理界对信息管理研究的兴趣明显增长,有关研究成果日益增多。信息管理研究自此从"为组织信息管理而进行信息管理研究"走向"为组织经营管理而进行信息管理研究"的新时期。这时的信息管理研究是针对信息资源整体和社会信息活动的整个过程展开的,而不再是仅仅对其中某一方面或某种手段和工具的管理。信息管理的意义和地位也由此上升到战略高度。

正是由于信息资源逐渐成为组织经营管理的重要内容和竞争战略决策的关键手段,信息资源管理(IRM)在 70 年代末 80 年代初作为信息管理的新领域和新方向被提出来了。以霍顿(F. W. Horton Jr.)和戴波德(J. Diebold)等人为首的 IRM 专家是这一方面的研究先驱。在他们的推动下,一批重要的信息管理研究成果陆续出现,如美国学者辛诺(W. R. Synnott)和戈拉伯(W. H. Gruber)合著的《信息资源管理:80 年代的机会和战略》、马阐德(D. A. Marchand)和霍顿合著的《信息趋势:从您的信息资源中获益》、史密斯(A. N. Smith)和米德利(D. B. Medley)合著的《信息资源管理》、英国学者克罗宁(B. Cronin)主编的《信息管理:从战略到行动》及其与达文波特(E. Dawenport)合著的《信息管理的要素》、日本学者海老泽荣一等人所著的《信息资源管理》等等。与此同时,工商管理界、图书情报界和计算机界竞相开展信息管理研究,对这一新兴学科领域进行了广泛而深入的开拓:著名的商业管理期刊《哈佛商业评论》和《斯隆管理评论》中有关信息管理方面的文章在迅速增加;自 1977 年以来,美国信息学会年会的主题大多与信息管理有关,美国信息学会的《信息科学技术年评》也在 1982 年、1986 年和 1988 年连续三次出现了相关的专题综述;有关信息系统开发应用于组织经营管理的新理论、新方法和新工具也不断出现。此外,有多种信息管理专业研究杂志,如《国际信息管理杂志》(International Journal of Information Management,1981)、《信息管理评论》(Information Management Review,1985)等相继问世,为信息管理研究提供了专门的论坛。1987 年以后,在美国、荷兰等地先后数次举办国际信息管理或信息资源管理会议……。这一切进展说明,信息管理学作为一门综合性的交叉研究领域正在迅速形成和发展。

图书馆学情报学研究、计算机信息管理研究和工商信息管理研究对信息管理研究领域的共同开发,一方面为信息管理研究带来了新的研究领域和新的研究方向,从而极大地丰富了信息管理的研究内容,并终将使信息管理学的体系结构不断得以完善;另一方面,虽然它们的研究角度各不相同,但由于它们都具有共同的研究对象——信息管理,其研究基础都建立在信息、信息人、信息技术和信息活动四个要素之上,研究目的和研究环境也大致相同,因此,三者在学科建设上呈现出一种逐渐整合的趋势。这种整合既不是对原有学科的盲目改名或简单替代,也不是要把有关学科强行合而为一,而是在一个更高的研究层次——信息管理学的水平上追求统一的学科体系结构,并且使各个相关学科都成为这座科学大厦的独立支柱。在这一学科体系中,既有统一的基础理论和研究内容,又有各自独立、相互支持的学科源流、理论方法、研究重点和应用方向。信息管理学就是信息科学和管理科学两大学科群相互渗透相互作用而形成的综合性交叉科学。这种学科整合式的发展反映了现代科学日益走向积分化、整体化的大趋势。

图书情报教育、计算机应用教育以及管理科学教育从不同的角度对信息管理教育领域的开拓形成了"三足鼎立"的局面。这也意味着信息管理教育领域的竞争将会越来越激烈。为迎接挑战,传统的图书情报教育也在积极探索革新之路。他们或者是改革教学计划,在传统的图书馆学情报学教育中增加信息管理方面的教学内容,或者是与计算机科学技术学院和工商管理学院合作办学,共同培养新一代信息管理人才。根据信息管理学的跨学科、跨专业和广泛渗透性特征,中华人民共和国教育部在 1998 年新颁布的全国普通高等学校本科专业目录管理科学门类下将原有的科技信息专业、信息学专业、管理信息系统专业、经济信息管理专业和林业信息管理专业等合并设立了信息管理与信息系统专业,以培养能够适应社会信息化发展需要的高层次信息管理人才。展望未来,信息管理将是最热门的专业领域之一,信息管理专业将有无比广阔的发展前景!

复习思考题一

1. 维纳指出:"信息就是信息,不是物质也不是能量。不承认这一点的唯物论,在今天就不能存在下去。"我们应如何理解这段话的意义?
2. 信息的本质属性和功能是什么?
3. 结合实践分析信息科学方法的特点与作用。
4. 从管理科学的发展趋向上重新认识信息与管理的相互关系。
5. 如果人们获得了信息,是否就一定能够保证管理决策效率的提高?
6. 信息管理的意义表现在哪些方面?
7. 从信息管理的对象出发,分析信息管理学的研究范围。
8. 写一篇小论文(1000～3000 字),谈谈对信息、信息管理等概念或对信息管理专业的认识。

参 考 文 献

1. 孟广均等著.信息资源管理导论.北京:科学出版社,1998
2. 王万宗,岳剑波等编著.信息管理概论.北京:书目文献出版社,1996
3. 胡昌平著.信息管理科学导论.北京:科学技术文献出版社,1995
4. 符福峘主编.信息管理学.北京:国防工业出版社,1995
5. 党跃武编著.信息管理导论.成都:四川大学出版社,1995
6. 胡继武编著.信息科学与信息产业.广州:中山大学出版社,1995

7. 钟义信著. 信息与信息化——知识·方法·应用. 北京：中国经济出版社,1995

8. 钟义信著. 信息科学原理. 北京：北京邮电大学出版社,1996

9. 邬焜,李琦著. 哲学信息论导论. 西安：陕西人民出版社,1987

10. 王雨田主编. 控制论、信息论、系统科学与哲学. 北京：中国人民大学出版社,1986

11. 符福峘主编. 信息学基础理论. 北京：科学技术文献出版社,1994

12. 黄德鸿,葛兵编著. 管理学纲要. 广州：科学普及出版社广州分社,1987

13. 顾宝炎编著. 管理学导论. 上海：知识出版社,1991

14. 黄种杰等编著. 管理学基础. 北京：经济科学出版社,1996

15. 谢阳群著. 信息资源管理的概念、演变与领域研究. 中国科学院文献情报中心博士学位论文,1998

16. （美）哈罗德·孔茨,海因茨·韦里克著. 郝国华,金蔚祖等译. 管理学. 第9版,北京：经济科学出版社,1994

17. （日）海老泽荣一等. 情报资源管理. 东京：日刊工业新闻社,1989

18. Synnott W R and Gruber W H. Information Resources Management：Opportunities and Strategies for the 1980's. New York：John Wiley & Sons, 1981

19. Marchand D A and Horton F W, Jr. Infotrends, Profiting from Your Information Resources. New York, NY：John Wiley & Sons, 1986

20. Smith A N and Medley D B. Information Resources Management. Cincinnati,OH：South-Western Publishing Co., 1987

21. Cronin B. ed. Information Management：From Strategies to Action. London：Aslib, 1985

22. Cronin B. and Davenport E. Elements of Information Management. Matuchen, NJ：The Scarecrow Press,Inc., 1991

23. Levitan K B. Information resources management—IRM. ARIST, (17), 1982, 227~266

24. Lytle R H. Information resources management：1981—1986. ARIST, (21), 1986, 309~336

25. Broadbent M and Konig M E D. Information and information technology management. ARIST, (23), 1988, 237~270

第二章　信息管理的技术基础

在我们生活的这个星球上,迄今为止还没有哪种技术能够像信息技术这样对人类社会产生如此广泛而深远的影响。环顾当代世界,几乎每一个国家都把信息技术视为促进经济增长、维护国家利益和实现社会可持续发展的最重要的手段,信息技术已成为衡量一个国家的综合国力和国家竞争实力的关键因素。现代信息技术作为高技术中的代表性技术,是现代人类文明的技术基础,也是人们开发利用信息资源的主要手段,即信息管理的技术基础。

第一节　信息技术概论

科技进步是推动人类社会变革的巨大力量。从信息技术的历史演进来看,每一项信息技术自问世起就一直在推动着人类社会的发展。从语言的产生、文字的创造、印刷术的发明到电信技术的运用,直至今天计算机技术的普及,人类已进入新的信息技术革命的高潮。电子计算机和现代通信技术的诞生,改变了过去那种信息技术的发展只是从属于或伴随着其他技术发展的历史,使信息技术一跃成为领导现代技术发展趋势的主导性技术群,并进而成为现代社会经济发展的强大动力,奠定了人类社会迈向信息时代的技术基础。那么,究竟什么是信息技术呢?

一、信息技术的概念范围

概括地说,信息技术是指扩展人类信息器官功能的一类技术。人类在认识环境、适应环境与改造环境的过程中,为了应付日趋复杂的环境变化,需要不断地增强自己的信息能力,即扩展信息器官的功能,主要包括感觉器官、神经系统、思维器官和效应器官的功能。由于人类的信息活动愈来愈走向更高级、更广泛、更复杂,人类信息器官的天然功能已愈来愈难以适应需要。例如,在复杂的环境或任务中,人的肉眼既看不见微观的粒子,也看不到遥远的天体;人体神经系统传递信息的速度、人脑的运算速度、记忆长度、控制精度以及人体对外界刺激的反应速度等等均显得力不从心,不能满足快速多变的环境要求。人类创立和发展起来的信息技术,就是不断扩展人类信息器官功能的一类技术的总称(参见表2.1)。

表 2.1 人类信息器官的功能及其扩展技术

人体的信息器官	人体信息器官的功能	扩展信息器官功能的信息技术
感觉器官	获取信息	感测技术
神经系统	传递信息	通信技术
思维器官	加工/再生信息	信息处理技术
效应器官	施用信息	控制技术

广义上,凡是涉及到信息的产生、获取、检测、识别、变换、传递、处理、存储、显示、控制、利用和反馈等与信息活动有关的、以增强人类信息功能为目的的技术都可以叫做信息技术。信息技术中比较典型的代表,就是信息处理技术、感测技术、通信技术和控制技术,它们大体上相当于人的思维器官、感觉器官、神经系统和效应器官。未来最重要的技术趋势,就是要求以计算机技术为核心的现代信息处理技术与通信技术、感测技术和控制技术融合在一起,形成具有信息化、智能化和综合化特征的智能信息环境系统,以有效地扩展人类的信息功能。

与其他技术一样,信息技术的发展也是分层次的。信息技术的形成与发展过程,正是人类认识世界和改造世界的信息实践过程。人类从外界事物获取客观信息来认识世界,通过加工处理再生出新的主观信息,并反作用于外部事物来改造客观世界。在人类认识世界改造世界的信息实践活动中,有许多技术相互联系相互影响,一起构成了实现人类所需要的信息功能的信息技术群:按前述人类信息器官功能来划分的信息技术(即信息处理技术、感测技术、通信技术和控制技术)是信息技术群的主体,它们是人类信息功能的直接扩展;而微电子技术、激光技术、生物技术、机械技术等是信息技术群的支持性技术,它们是实现各项信息技术功能的必要手段;新材料、新能量技术则是信息技术群的基础性技术,它们的开发和应用是发展和改进一切新的更优秀的支持技术的前提。在信息技术主体上,针对各种实用目的繁衍出来的丰富多彩的具体技术就是信息技术群的应用性技术,包括工业、农业、国防、交通运输、商业贸易、科学研究、文化教育、医疗卫生、体育运动、休闲娱乐、家庭劳作、行政管理、社会服务等一切人类活动领域的应用。这样广泛而普遍的实际应用,体现了信息技术强大的生命力和渗透力,体现了它与人类社会各个领域密切而牢固的联系。目前,信息处理技术与通信技术的紧密结合,正在极大地推动着社会信息化的进程。对于信息管理领域来说,信息处理技术和通信技术是最重要的两种信息技术工具。

二、信息技术的社会作用

信息技术发展的直接结果,是扩大和增强了人类的信息功能。这种结果对于整个人类社会的进步必将产生多方面的积极的影响,其中主要有:

1. 推动社会生产力的变革

推动社会进步的因素是多方面的,但归根结底的决定性因素是社会生产力的发展。考察信息技术对于社会进步的贡献,最重要的就是要考察信息技术对于社会生产力的变革将会产生什么样的影响。按照一般的理解,社会生产力主要包括劳动者、劳动工具和劳动对象三个基本要素。劳动者通过劳动工具作用于劳动对象,劳动对象也以一定的方式反作用于劳动者。其中劳动工具是标志性的要素,劳动工具的水平在很大程度上标志着社会生产力的发展状况。

最初的原始人类没有明确的劳动工具,只是凭赤手空拳进行生产活动,劳动效率十分低下。后来,人类学会了制造和使用工具,于是社会生产力得到了进步;在农业时代,人们使用的工具基本上都是靠人力来操纵,如锄头、镰刀、纺车、人力车等,或以畜力来驱动,如犁铧、马车等,这些都是扩展人类执行器官功能以及增强体力的简单劳动工具,很少或者基本没有扩展人类信息器官功能的工具,劳动效率仍然较低;到了工业时代,劳动工具有了重大改进:一方面由于蒸汽机、内燃机和电力等动力技术的相继发明使扩展人类执行器官功能和体力的劳动工具发展到了机械化和电气化的水平,另一方面,由于望远镜、显微镜、电报、电话等的发明使人类也有了扩展其感觉器官和神经系统功能的初级信息工具,于是,工业时代的劳动效率有了明显的提高;但是,只有到了信息时代,扩展人类思维器官功能的信息处理技术(计算机和人工智能技术)进入了社会生产过程,通信技术和感测技术也达到了前所未有的水平,控制技术更是与高级动力工具有机地结合起来,这样,才形成了一体化、智能化、信息化的劳动工具体系,从而形成了信息时代的社会生产力模型(见图 2.1)。这一模型的特点是,生产力模型中的劳动工具体系恰好就是信息技术体系,只是控制技术一般均包含动力工具,动力工具在控制技术的控制下对劳动对象产生作用。信息时代的劳动工具不仅极大地扩展了劳动者的体力,而且更为重要的是,它极大地扩展了劳动者的脑力。这是人类社会生产力发展史上的一个伟大的变革,是一个历史性的进步和转折。

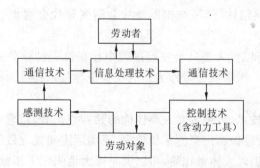

图 2.1 信息时代的社会生产力模型

2. 提高人类社会开发利用信息资源的能力

人体信息器官的基本功能是将本体论层次上的信息转化为认识论层次的信息,经过加工处理,自觉地作出决策,作用于外部世界,达成自己的目的。但是,人类自身器官的这些信息功能都有很大的局限性。信息技术的根本作用在于为人类的信息获取、传递、处理、存储和使用活动提供了更加有效的工具,极大地提高了人类社会充分开发和合理利用信息资源的能力,从而推动了社会文明的发展和进步。

物质、能量和信息是客观世界的三大要素。人类对于物质资源的认识最早,其开发利用技术也最为久远和成熟。18 世纪后期爆发的工业革命又加深了人们对于能量资源的认识,推动了人类社会对各种能量资源的发现和应用。20 世纪初,爱因斯坦发现了物质与能量的转换关系: $E = MC^2$(式中 E 是能量,M 是质量,C 是光速),揭示了它们的本质。相对于物质和能量资源在人类社会生产和生活中的大规模开发利用,信息虽然早就运用于人类社会的实践活动,但其利用规模一直是十分有限的。直至 20 世纪中叶以后,随着现代信息技术革命的兴起,以电子计算机和数字通信技术为核心的现代信息技术使人类的信息能力产生了一次革命性的飞跃,社会信息生产规模不断扩大,供应能力不断增强,信息作为一种新型资源在数量上和质量上都能满足一定的需要,从而使人类社会面临着这样一种前所未有的局面:社会经济的增长不再是单纯依靠物质和能量资源的投入,而且更重要的是依赖知识和信息的贡献,信息资源作为推动人类社会发展与进步的战略资源正发挥着日益重大的作用。

3. 促进信息产业和信息经济的发展

从人类社会的发展过程看,在每一时代都存在着对社会产业结构和经济结构的变革有着根本性影响的新技术群,如果把这些新技术群总称之为社会主导技术,是由于它们具有下述条件:

(1) 由核心的革新技术组合了几项新技术,以形成更高的综合性技术。

(2) 这种综合性技术广泛地普及于社会并巩固下来。

(3) 在综合性技术普及过程中产生了新型的社会生产力,由此使整个社会生产力得到飞速提高,社会产业结构、经济结构以及社会制度和社会意识也随之发生变革并得到巩固。

从以上观点看,可以说人类社会发展过程中存在过三种社会主导技术,即狩猎技术、农业技术和工业技术。而信息技术作为新的社会主导技术将成为推动信息产业和信息经济发展的核心力量。

以往的社会主导技术,可视为对人类体能的延伸和扩展。信息技术与以往的社会主导技术完全不同,它是通过提高信息的采集效率、流动速度和处理效果来增强人类判断和解决问题的能力。如果仍以人体做比喻,可以说是极大地强化了感觉器官、神经系统特别是大脑的机能。信息技术作为社会主导技术不仅能使信息产品的生产与流通活动迅猛发展,而且能带来社会劳动生产率的大幅度提高,促进产业结构和就业结构的变革,推动信息产业的形成和信息经济发展。

4. 改变人类社会的生产和生活方式

信息技术在社会生产和人类生活各个领域的广泛应用,将极大地提高社会生产的效率和人类生活的质量。在产业界,企业的生产方式、管理体制和经营模式将会发生彻底的变革,通过运用信息技术不断提高企业信息化的水平,可使企业实现生产过程自动化、管理决策智能化、商业贸易电子化,在日趋激烈的市场竞争中占有竞争优势;在家庭中,小型家庭办公室(SOHO)越来越多,人们耗费在电视机和显示器前的时间大大增加,使用电话和电子通信方式进行人际交流超过了书信往来,甚至可利用先进的网络技术进行联机信息检索、在线购物、远程教学和医疗诊断,"秀才不出门,便知天下事"的理想终于变成了现实!总之,由于信息技术的深刻影响,人们的活动将会比以往任何时候都强调个性化、人性化,社会信息能力和知识创新能力将会受到普遍的重视,社会服务的质量将会得到全面的提高,人类社会的生活将会变得更加美好。

三、信息技术的发展规律

信息技术的产生和发展离不开人类社会实践活动的需要,离不开社会为发展信息技术所提供的资源和环境条件。纵观信息技术的发展历史,人类社会信息技术的发展大致有如下的规律可循:

1. 信息技术辅人律——以满足人类需要为中心

人类之所以会创造出信息技术,之所以需要信息技术,就是因为信息技术能够扩展人类信息器官的固有功能,帮助人类克服信息资源开发利用活动中的障碍和困难,增强人类认识环境和改造环境的本领,使其能够不断取得更好的生存与发展机会,争得更大的解放与自由。为了满足社会实践活动的需要,人类不但创造了各种各样的信息技术,而且还在不断地发展和创新信息技术以适应社会需要的发展变化。我们把信息技术的这种性质归纳为一条根本的法则,称为"信息技术辅人律"。

的确,信息技术是用来辅助人类的。倘若不是这样,信息技术就不会被人类创造出来,也不会得到这样长足的发展。信息技术辅人律表明了信息技术的目的、性质、任务、功能以及它存在和发展的基本价值。信息技术在围绕人类需要这个中心发展时,不是齐头并进,而是先在某种信息技术上取得突破,使人类某一方面的信息能力大大增强。这时,由于其他信息技术显得相对落后,人类的信息能力出现了非均衡状态,因而要求这些方面的信息技术有新的突破才能满足其需要。信息技术不是上帝创造的,而是人类自己创造的,是人类根据社会实践活动的需要而创造的。辅人律不仅能够证明信息技术的起源和历史,也能说明它的现在和将来。只要信息技术还存在,辅人律就会继续起作用。这是一条永恒的规律。

2. 信息技术拟人律——以节约物质和能量为动力

放眼当今世界,信息技术的发展日新月异。但从整体上看,信息技术从来都不是一匹脱缰的野马,总有某种规律在有力地支配着它的发展潮流和方向。这个规律不是别的,正是信息技术发展的拟人律。

信息技术的发展,恰恰循着人类自身进化的路线前进。人类由类人猿进化而来,首先是直立行走,视野扩大,促使感觉器官的功能得到了发展;又由于集体劳动协作的需要创造了语言,在劳动和语言的推动下,思维器官的功能才逐步发展起来。由执行器官的进化开始,进至于感觉器官、语言器官和传导神经系统的进化,再进至于思维器官的进化——这就是人类自身进化过程中的三部曲。前已指出,信息技术正是通过延长和扩展人类各种信息器官的功能来实现它的辅人作用的。信息技术的辅人过程也遵循着同样的逻辑次序,并呈现出螺旋式的上升发展。信息技术的发展过程与人类自身的进化历程两者之间如此巧妙地吻合默契,决不是偶然的,而是有其必然性,即省力法则和熵增加原理的作用。随着人类活动规模的不断扩大,物质与能量的消耗在持续增加,社会的总熵在不断增大。因此,信息技术的发展始终必须以减少人类活动的物质和能量消耗为主要任务,创造出比人自身信息器官更节约、更有效的信息技术手段,通过信息资源的充分开发和有效利用来实现人类在社会实践活动中的"最小出力",即通过拟人的手段来达到辅人的目的。信息技术拟人律揭示了信息技术的发展路线,决定了信息技术延长和扩展人类信息器官功能的内容和方向。

3. 信息技术共生律——以人类信息运动规律为依据

通过模拟并扩展人体信息器官的功能来达到辅助人类信息活动的作用,是信息技术发展的必由之路。人类的生存和发展需要信息技术的帮助,这是问题的一个方面;另一方面,信息技术的发展更需要人类的指导。人与信息技术的功能是互补的。在信息技术的发展过程中,必须根据人类信息运动的客观规律求得人与信息技术的和谐统一,实现人机共生。这就是信息技术共生律。

信息技术的本质是辅人的,它的发展模式是拟人的,这种发展的结果则是人机共生。为了有效地应付越来越复杂的问题,客观上就要求人的信息能力与信息技术互相结合,互相补偿。例如,用计算机的高速度、高精度来弥补人脑运算速度与精度的不足,用人的智慧来补偿计算机智能的缺陷。这便是人机共生的客观需要和基础。当然,在这种共生关系上,人与信息技术的地位并不是对等的。人始终处于主导的地位。在人的智慧和计算机的速度这两者之间,是人的智慧驾驭计算机的速度,而不是相反。信息技术总是辅人和拟人的,信息技术的功能应当是人的总体信息功能的一部分。因此,人机共生的结果,是人的总体信息能力得到了进一步的增强。按照人类信息运动规律,信息技术将模拟人类越来越多的信息功能,甚至包括部分的智力功能;人类也将把越来越多的智慧转化为信息技术,使信息技术具有越来越高的智能水平。信息技术的功能越是强大,由这种信息技术所辅助的人类总体信息能力当然也就越强。

4. 信息技术倍增律——以摩尔定律为标志

现代信息技术的发展速度是如此令人吃惊,以至于谁也无法否认摩尔定律迄今为止的正确性。1965 年,美国仙童(Fairchild)半导体公司的一位工程师戈登·摩尔(Gordon Moore)指出:工艺技术的不断进步会使计算机性能保持几何级数增长。先是 1K 随机存取存储器,然后是 4K、16K……,大约过 12 个月,芯片上的晶体管数就会翻一番,但价格依旧;用另一种方式说,就是每隔一年,既定成本下的计算能力就翻一番。摩尔在1975年又把翻番速度由1年修正为2年,后来人们又修正为18个月。虽然时间的精确计算总有些出入,但摩尔定律的重要意义是把信息技术的发展归纳为遵循指数增长规律,从而给人们以积极的预见性。

摩尔定律统治信息技术界已经30多年。从1968年摩尔和诺伊斯(Robert Noyce)、格罗夫(Andy Grove)创办Intel公司,1971年推出首枚内含2250个晶体管、时钟频率为108kHz的4位微处理器4004,到1998年Intel研制出包含750万个晶体管、时钟频率为450MHz的32位微处理器Pentium II,芯片速度提高了233000倍! Intel宣称,它将于2001年把集成1亿个晶体管、时钟频率为1GHz的64位微处理器投放市场;到2011年则要推出内含10亿个晶体管、性能为10万MIPS的芯片。现在看来,历史已证明这一貌似朴素的定律中所蕴涵的伟大意义:它完全不同于经济领域中流行于其他一切地方的稀缺与成本增长定律,切中要害地指出了信息技术进步对于现代社会经济增长的巨大推动作用。它不仅突出了技术创新与市场竞争的紧密关系,而且告诉我们是什么把制造者和消费者从价格变动的"过山车"中解放了出来,从而揭示了信息时代经济增长的动力源泉。如果没有摩尔定律内在的革命性力量,信息产业绝不会发展得如此之快和如此之丰富多彩。从IC卡、POS到ATM,从手机、GPS到WWW,这一切恐怕仍然还停留在科幻小说中。

第二节 信息处理技术

信息处理技术的基本功能相当于人脑的思维功能,是信息技术群的核心。人类最古老的信息处理技术是有关"计算"的技术。从公元前中国人发明的算盘,到17世纪初欧洲人发明的计算尺,在漫长的岁月里,信息处理主要是靠人脑的筹算并辅之以简单的计算工具。这种人工信息处理方式虽然十分简便,但在速度和准确性方面存在着明显的缺陷。例如,美国1880年的人口调查,靠人工处理5000万人的数据量,结果直到1890年的调查开始时才告完成。为了提高信息处理的效率,人们一直在研究用机器来辅助人工进行信息处理的方法。1642年,法国青年帕斯卡(B. Pascal)发明了世界上第一台能进行加减运算的机械计算器。1673年,德国数学家莱布尼茨(G. Leibniz)在帕斯卡的发明基础上又制造了一种能演算加、减、乘、除和开方的计算器。这些早期计算器的原理虽然曾被结合到别的机器中去,但今天的台式计算机的直系祖先是到19世纪后才问世的。1887年,美国统计学家何勒瑞斯(H. Hotlerith)提出了机读卡片的概念,并设计了一个称之为"人口调查机"的装置,每分钟能处理50～80张穿孔卡片,用于1890年的美国人口调查,结果不到3年即告完成。此后,何勒瑞斯把他的装置转供商用,并为两条铁路建立了运输统计系统。1896年,他创立了制表机器公司,后改组成为现在的国际商用机器公司(IBM)。穿孔卡片数据处理法比以前的人工方法有了明显的改进,它的优点是具有较高的速度和准确性。但各个处理阶段之间的内部数据传输仍需人工干预,这是最大的缺点。计算机克服了这一缺点,使数据输入/输出都不再需要人工干预。计算机与其他数据处理机器的最大区别是,它本身就有可以改变的指令,这些指令能指导它自动地执行必要的信息处理步骤。因此,现代信息处理技术的发展历史,就是一部计算机技术的发展史。

一、计算机技术的发展

早在 1833 年,英国剑桥大学教授巴贝奇(Charles Babbage)就建议制造一个他称之为"分析机"的机器,从而提出了计算机的理论雏形。1936 年,剑桥大学的数学家图灵(Alan Turing)发表了有关"理想计算机"(后人称之为"图灵机")方面的著名论文,提出了通用数字计算机的模型。1937 年,哈佛大学教授艾肯(Howard Aiken)着手研制计算机。他在 IBM 等的支持下于 1944 年完成了设计,造出了名为"Mark—Ⅰ"的计算机。它的内部操作由电磁继电器自动控制,其算术计数器则是机械式的,所以还不是现代意义上的电子计算机,可以说是机电计算机。同一时期,美国贝尔电话实验室的斯梯比兹(G. Stibitz)等人用继电器作开关元件于 1937 年制成第一台机电式计算机,此后陆续开发出贝尔 1 型、2 型和 3 型计算机。德国的朱斯(K. Zuse)也在 1938 年研制成第一台纯机械结构的计算机,起名为"Z—1"号。1941 年他又研制成功了全部由继电器组成的通用程序控制计算机"Z—3"。而第一台使用电子管制造的通用电子数字计算机 ENIAC(电子数字积分与计算机——electronic numerical integrator and computer)则是由美国宾夕法尼亚大学莫尔学院于 1945 年底研制成功的,1946 年 2 月 15 日正式举行了揭幕典礼。这台电子计算机总共用了 18800 个电子管,7 万个电阻,1 万个电容,6000 个继电器,有 50 万个接头和几英里长的导线。它耗电 140 千瓦,占地 150 平方米,重达 30 吨。这样一台"巨大"的计算机每秒钟可进行 5000 次加法运算,比机电计算机的速度快 1000 倍。虽然同 50 年后的今天相比,它的功能还不如每台售价仅几十美元的掌上型可编程计算器,但电子计算机确实是人类最伟大的发明之一。迄今为止,电子计算机技术的发展可分为四代:

1. 第一代:电子管计算机

电子计算机可以快速运算,就其原理来讲,最主要的是两点:一是可储存信息,二是进行程序操作。储存信息就是把要计算的数据和计算方法、步骤,即要算什么和怎样算的信息都储存在计算机里;程序操作就是把要计算的问题,编成一条条程序,让机器按照指令执行运算。ENIAC 并不具备储存程序的能力,程序要通过外接电路板输入。1945 年,美国普林斯顿高级研究院的冯·诺依曼(J. L. von Neumann)等人提出了一个有关储存程序的通用电子计算机方案——EDVAC,明确了计算机的 5 个组成部分:① 计算器 CA;② 逻辑控制装置 CC;③ 存储器 M;④ 输入 I;⑤ 输出 O。1946 年,冯·诺依曼等人又建议:① 计算机可采用二进制;② 计算机的指令及数据可储存在机内。遗憾的是,这些计算机设计思想出现稍晚,未能完全在 ENIAC 中实现。

在 EDVAC 的启发下,世界上第一台储存程序的计算机 EDSAC(电子延时存储自动计算机——electronic delay storage automatic computer)由英国剑桥大学数学实验室教授威尔克斯(M. V. Wilkes)于1949年研制成功。1946年,ENIAC的发明人莫克利(J. Mauchly)和厄克特(J. P. Eckert)创立了他们自己的公司,着手研制通用自动计算机U-NIVAC。1951年,第一台UNIVAC—1在美国人口调查局开始运行。1954年,通用电气公司器材库装备的UNIVAC—1成为企业团体用于数据处理和记录保存的第一台计算机。其他一些较为著名的第一代计算机还有:美国普林斯顿高级研究院研制的MANIC、美国国家标准局(NBS)开发的SWAC和SEAC、麻省理工学院(MIT)的"旋风"、IBM公司的IBM701到705型,等等。

计算机软件也是从第二次世界大战后发展起来的。可以说软件的概念是与储存程序的概念一同产生的。早在1946年,冯·诺依曼和戈德斯坦发明了所谓的流程图。这就是最早的程序语言。但在第一代计算机时期,计算机操作者除要懂得基本的流程图外,还要熟练而无差错地掌握机器语言。1954—1957年间,许多企业团体都把计算机用于数据处理,虽然这些第一代计算机原来是被设计用于科研方面的。当时的企业管理人员一般都把计算机看作计数工具,其主要用途是处理诸如账目之类的例行事务。不幸的是,在大多数情况下,对于计算程序没有或很少改变和重行设计,以便产生使企业管理更为有效的信息。当时的企业里,不少计算机只是摆摆样子而已,并无实际的信息管理用途。

2. 第二代:晶体管计算机

随着半导体技术的进步,自1956年克雷(S. Cray)发明了第一台晶体管计算机——1605计算机以后,电子计算机的发展进入了第二代。第二代计算机与第一代的不同之处,在于它一开始就是为非科研计算方面的信息处理需要而设计的。它采用了晶体三极管等固体元件,体积较小,速度更快,其中以DEC的PDP—1和IBM的7030,7090型为代表。而高级程序设计语言的出现使计算机的应用大为方便:1957年,IBM创造了公式语言FORTRAN;1959年,美国数据系统语言委员会发明了商用语言COBOL;1960年,美国计算机学会和德国应用数学协会又共同研制了算法语言ALGOL;1964年,达特茅斯(Dartmouth)大学的凯梅尼(J. Kemeny)和克兹(T. Kurtz)提出BASIC语言,等等。这些语言以英语为基础,更接近人们的习惯,易学易用。随着计算机高级语言的推广,计算机的应用范围越来越广,从政府和大学扩大到工业、商业、交通、通讯和医疗等多个领域,从单纯的科学数值计算扩展到商业数据处理。

3. 第三代:集成电路计算机

1958年,集成电路问世。1964年,IBM宣称制成了360系列的混合固体逻辑集成电路计算机,标志着第三代计算机的诞生。IBM为开发360系列投资了5亿美元,远远超过了第一台电子计算机ENIAC的研制费(60万美元)。在IBM360系列投入商品生产的1966年,其资本积累增加到了45亿美元,公司职工总数达到了19万人,公司规模、投资和资本都达到了超级的程度。IBM之所以取得如此成就,与该公司采取的长线产品突破战略有关。到了1970年,IBM又推出全部采用集成电路的370系列计算机,在市场上获得了巨大的成功。

在以 IBM 为首的大公司发展大型机的同时,美国的一些计算机工业新秀也在开发小型机。DEC 公司的 PDP—8,PDP—10 及 PDP—11 就是那个时代的代表产品。第三代计算机继续向着电路元件小型化方向发展,实现了降低制造费用与提高计算速度和存储效率的双重要求。计算机的应用范围进一步扩展到办公室事务处理和工业控制等领域。

4. 第四代:大规模和超大规模集成电路计算机

1971 年英特尔公司(Intel)发明的微处理器 4004 和德克萨斯仪器公司(TI)生产的超级计算机"高级科学计算机",标志着计算机的发展进入了第四代。第四代计算机是大规模集成电路和超大规模集成电路计算机,在技术上继续向巨型化和微型化两个方向发展。而个人计算机(PC)的出现则引发了一场新的计算机革命。

早在 1973 年,Xerox PARC 的研究人员就开发出使用鼠标、以太网及图形用户界面的试验性 PC,称为 Alto。1977 年,乔布斯(Steve Jobs)和渥兹涅克(Steve Wozniak)创建了 Apple 电脑公司。是年春天,著名的 PC 产品 Apple Ⅱ 问世,并建立了个人电脑的标准。1980 年,IBM 选择 Microsoft 的 DOS 作为其新 PC 的操作系统,次年又选用 Intel 新开发的 8088 微处理器作为第一代 PC 的"神经中枢",推出了开放式体系结构的 IBM PC,标志着桌面计算机走向主流。1982 年,Columbia 数据产品公司和 Compaq 先后制造出 IBM PC 的兼容机,美国《时代》杂志将 PC 评为"年度之星"。PC 的通用性和灵活性都是一般计算机无法比拟的,它的出现极大地扩展了计算机的应用范围。可以说,正是 PC 使计算机在全世界得以迅速普及。

现代计算机技术总的发展趋势是体积不断缩小,速度不断提高,费用不断下降,可靠性不断增强。半个多世纪来,计算机的性能价格比获得了令人吃惊的增长。如果汽车的性价比能像计算机这样提高,那么现在不消 1 美元就可以买到 1950 年需要 5000 美元才能买到的豪华汽车。随着计算机技术的迅猛发展,计算机应用的主流也从初期的数值运算演变到信息处理上来。目前在计算机应用中,数值计算只占 10%,过程控制占 5%,而 80% 以上的应用都集中在信息处理方面。从这个意义上讲,计算机应当改名为"信息处理机"。它是人脑信息处理功能的延伸,是名副其实的电脑。

二、计算机应用技术

进入 20 世纪 80 年代以后,随着计算机的性能价格比继续提高,加上人工智能、数据库、多媒体以及网络技术的发展,计算机应用获得了飞速的进步。计算机技术与各应用领域的紧密结合,从而产生了新的计算机应用技术。目前计算机的应用领域已非常广阔,很难用有限的文字来概括。这里只介绍与信息管理密切相关的几个主要领域。

1. 人工智能技术

计算机是人类大脑的延伸,人们往往喜欢把计算机称为电脑,并期待它能像人脑一样聪明。但就目前而言,计算机解决问题主要还是依靠人工事先编制好的程序,是一个"聪明的笨蛋"。可以说,在获取、处理和利用信息的智能方面,计算机与人脑还相差甚远。人工智能(artificial intelligence—AI)技术的研究目的就是要使计算机逐步具有类似人脑的某些智能,即能理解外部环境,提出概念,建立方法,进行演绎、归纳、推理,作出科学的判断和决策,具备自学习、自适应功能等。可以说,AI技术代表着未来信息处理技术的发展方向。

1956年夏天,麦卡锡(J. McCarthy)、明斯基(M. L. Minsky)和申农(C. E. Shannon)等邀请西蒙(H. A. Simon)、纽厄尔(A. Newell)、塞缪尔(A. L. Samuel)等10多位数学、心理学和信息论等方面的学者在美国达特茅斯大学举行了历时两个月之久的有关如何利用计算机模拟人类智能行为的学术研讨会。达特茅斯大学的麦卡锡提出,将所讨论的领域作为计算机与信息科学的一个新的研究分支,并称之为"人工智能(AI)",即在会上正式决定采用AI这一术语。这是一次具有重大历史意义的会议,它标志着AI这门边缘学科的诞生。此后,许多学者都先后开展了程度不同的AI研究,各方面的研究成果层出不穷。西蒙和纽厄尔等人在1956年首先合作研制成功"逻辑理论机LT"。该系统是第一个处理符号而非数字的计算机程序,是机器证明数学定理的最早尝试。它模拟人用数理逻辑证明定理的思想,采用分解、代入和替换等规则证明了罗素和怀特海的名著《数学原理》第二章52条定理中的38条。据认为这是第一个实用的AI程序,象征着AI研究的真正开端。同年另一项重大的开创性工作是塞缪尔研制成功的"跳棋程序"。该程序具有自改善、自适应、可积累经验和学习等能力,这是模拟人类学习和智能的一次卓有成效的突破。它于1959年击败了设计者,1962年又击败了美国一个州的跳棋冠军,曾引起世界性的注目和轰动。接着,纽厄尔和西蒙又在1960年编制成功"通用问题求解程序GPS",用来解决诸如不定积分、三角函数、代数方程等十几种性质不同的问题。1960年,麦卡锡提出并研制成功的"表处理语言LISP",是第一种面向AI的程序设计语言。1972年,科麦瑞尔(A. Colmerauer)及其研究小组在柯瓦斯基(R. Kowalski)首先提出的以逻辑为基础的程序语言(Prolog)的思想上实现了第一个Prolog系统。Prolog语言被认为是比LISP更高级的语言,现已成为继LISP后最主要的一种AI语言。

实现人工智能有两种途径:一是以传统计算机硬件技术为基础,在一些知识比较完备且可形式化表达的领域里,通过软件在一定程度上实现类似人脑智能活动的效果,即面向功能模拟的专家系统。这是比较现实的方法;二是采用全新的硬件技术和软件方法研制具有类似于人脑结构、能像人脑一样思维的计算机,即面向结构模拟的神经计算机。但这至少要先弄清人脑的思维机理和研制出分子级器件,这将是下一世纪的目标。

(1)专家系统。所谓专家系统(expert system),是一个能在特定领域内以人类专家水平去解决困难问题的计算机程序。在20世纪60年代,AI科学家曾试图通过发现解决各类问题的一般方法来模拟复杂的思维过程,他们把这些方法运用于通用问题求解程序中。这样的策略尽管取得了一些有趣的进展,但并未产生任何突破。事实上,开发通用的问题求解程序是非常困难的,而且最终证明是毫无结果的。一个单一程序能够处理的问题种类越多,那么对每一个别问题所能做的就越少。因为在求解实际问题时需要大量的知识,而知识的获取以及把知识表示成适于计算机利用的形式往往是非常困难的,计算机通过搜索方法来求解问题还常常遇到"组合爆炸"问题。为了缓解这种困难,人们提出了专家系统的概念来取代以前的"全智全能"系统,使所需要的知识面收缩。这种由通用向专用的转变,促成了一大批专家系统的问世。

1965 年,斯坦福大学计算机科学系的 AI 鼻祖费根鲍姆(E. A. Feigenbaum)研究了以往 AI 系统的得失后发现,AI 系统要解决现实世界中的许多复杂问题,不能光有一般的问题求解方法,还需要解决问题的有关领域中的专门知识。在缺乏知识的情况下去处理无限制的领域是困难的。人类专家之所以成为专家,其主要原因在于他们拥有大量的专门知识,特别是那些从实践中长期摸索出来的、鲜为人知的经验性知识。这就是说,要想使计算机工作得像人类那样好,首先必须为它提供人类专家所具有的那些专门知识。基于这种思想,费根鲍姆与他的合作者们研制出了世界上第一个专家系统 DENDRAL。该系统是根据分子式及其质谱数据帮助化学家推断分子结构的计算机程序,系统中具有非常丰富的高质量的化学知识。它解决问题的能力达到了同专业化学家的水平,被广泛应用于世界各地的大学及工业界的化学实验室。

DENDRAL 是将一般问题求解策略与专家的专门知识和经验有效结合起来解决现实问题的有意义的尝试。它的问世,标志着 AI 研究开始向应用阶段迈进,同时标志着一个新的研究领域——专家系统的正式诞生。此后,有许多著名的专家系统相继出现,如绍特里夫(E. H. Shortliffe)等人 1972 年开始研制的医疗专家系统 MYCIN、杜达(R. O. Duda)等人 1976 年开始研制的地质勘探专家系统 PROSPECTOR,等等。在 1977 年的第五届国际人工智能联合会议(IJCAI—77)上,费根鲍姆教授在一篇题为"人工智能的艺术:知识工程课题及实例研究"的特约文章中系统地阐述了专家系统的思想,并提出了"知识工程"(knowledge engineering)的概念。这种思想简单地说就是"要使一个程序具有智能,必须给它提供大量有关问题领域的高质量的专门知识。"专家系统是一种能在某些狭窄的问题领域具有与人类专家同等程度解题能力的专用计算机程序,主要是依靠大量知识来发挥功能的,因此有时也将其称为知识库系统。构造专家系统的过程通常称为知识工程。知识工程是设计和建造专家系统及其知识库程序的技术,这一过程通常包括被称为知识工程师的专家系统构造者与在某一问题领域中一个或多个人类专家之间的某种形式的合作。知识工程师从人类专家那里"抽取"他们求解问题的策略和规则,并把这些知识植入专家系统中(如图 2.2 所示)。作为智能的基础,知识受到广泛的重视。至今专家系统已基本成熟,AI 研究又有新的转折点,即从获取智能的基于能力的策略,变成了基于知识的方法研究。

(2) 神经计算机。从大量专家系统的应用中我们会注意到,专家系统只能缓解 AI 系统的困难,并没有真正解决这些困难。人们进一步发现,计算机 AI 系统最本质的困难之一来源于传统计算机本身——冯·诺依曼计算机的串行工作机制以及中央处理器与存储器之间的瓶颈。具有 AI 特征的神经计算机与传统的冯·诺依曼计算机有着重大的区别,它不仅能处理信息,而且要能处理知识;不仅要有计算能力及一定的演绎推理能力,而且要在一定程度上能进行创造性思维,如类比推理、科学发现等。人们通过对神经网络的研究,发明了一种能够仿效人脑信息处理模式的智能计算机——神经计算机。

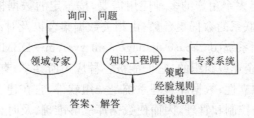

图 2.2　知识工程:把专家的知识转移到计算机程序中

　　神经网络研究始于 19 世纪末西班牙解剖学家卡杰尔(Cajal)创立的神经元学说。1943 年,美国心理学家麦卡罗赫(W. S. McCulloch)和数学家匹茨(W. A. Pitts)提出了第一个神经网络模型,即 M-P 模型。从此开始了将数理科学与认知科学相结合,探索人脑奥秘的过程。在经历了几十年的曲折发展之后,到了 1982 年,美国加州理工学院生物物理学家霍普菲尔德(J. Hopfield)提出了以他自己的名字命名的 Hopfield 神经网络模型,使神经网络研究取得了突破性的进展,模仿生物神经计算功能的人工神经网络(artificial neural networks—ANN)终于有可能实现。ANN 具有模拟人类部分形象思维的能力,是发展AI 技术的一条重要途径。由于人的大脑是物理平面和认知平面的统一体,ANN 的研究目的一方面是要通过揭示物理平面与认知平面之间的映射,了解它们相互联系相互作用的机理,从而揭示思维的本质,探索智能的本源;另一方面是要争取构造出尽可能与人脑具有相似功能的计算机,即神经计算机。

　　如果说 ANN 是类似生物脑或数据系统的网络模型,它的硬件实现便是神经计算机。神经计算机是以高度并行式分布处理技术、新的强有力的学习算法和多层 ANN 模型为基础,用超大规模集成电路技术或者集成光学技术、分子生物学技术实现的计算系统。它具有通常的数字计算机难以比拟的优势,如自组织性、自适应性、自学习能力、联想能力和模糊推理能力等等,将在模式识别、智能信息检索、语言理解与机器翻译、组合优化和决策支持系统等方面取得传统计算机所难以达到的效果。

　　人类的思维可以概括为逻辑思维和形象思维两大类。基于冯·诺依曼计算机的传统AI 系统适合模拟人左脑的逻辑思维功能,而神经计算机适合模拟人右脑的形象思维功能。二者在全信息理论基础上的有机综合将可能提供比较全面的信息处理功能。现在,先进的电脑已经学会了读、听、看和说话。各种各样的智能机器人能够模仿人的动作,在流水作业线上装配机器;高级的智能计算机能弈胜 99% 的棋手,包括世界冠军;无人驾驶汽车能在电脑操纵下寻路;电子看门人通过视频镜头能够识别出它曾经记住的人,甚至扮鬼脸、戴假胡子都迷惑不了它。但是应该看到,智能计算机的研究还任重道远。ANN 和神经计算机技术的发展将有助于 AI 技术的最终实现。美国国防部高级研究计划局(ARPA)认为,ANN"看来是解决机器智能的唯一途径,这是一项比曼哈顿工程更重要的技术。"

2. 数据库技术

数据库是指为满足多个用户的多种应用需要,按一定的数据模型在计算机系统中组织、存储和使用的相互联系的数据集合。它由相关数据集合以及对该数据集合进行统一控制和管理的数据库管理系统(database management system—DBMS)构成。数据集合中的数据是结构化的,面向企业或组织的,它们能被各种应用所共享,有较小的数据冗余,相对于应用程序有较大的独立性;数据库管理系统是一组软件,它在建立、运行、维护数据库时对数据进行集中统一的控制和管理,因而使数据库能够准确、及时和有效地对数据进行检索和更新操作,并提供数据库的安全性、完整性和并发控制机制。

数据库的实现依赖于计算机的超高速运算能力和大容量存储能力。自 60 年代末数据库产生后,随着计算机技术的飞速发展和社会对信息处理的急迫需要,数据库技术得到了较快的发展。1969 年,IBM 开发了层次型的 DBMS 软件 IMS(information management system),并用于阿波罗计划。60 年代末 70 年代初,美国数据系统语言委员会下属的数据库任务组(Database Task Group)发布 DBTG 报告,确定了网状数据库的概念、方法和技术。1970 年,科德(E. F. Codd)提出了关系模型,为关系型数据库的发展奠定了理论基础。1976 年,IBM 研究人员发表了论文《R 系统:数据库关系理论》,全面介绍了关系型数据库的理论和结构化查询语言(structured query language—SQL),从而为关系型数据库管理系统(RDBMS)的实现铺平了道路。70 年代后期以来开发的 ORACLE,INGRES,INFORMIX,SYBASE 四大系列和 IBM 的 DB2 UDB、微软的 SQL Server,以及运行在微机上的 DBASE,FOXBASE,FOXPRO 等都是著名的关系型数据库产品。

数据库技术推动了信息管理的发展,加速了信息时代的到来。信息时代强调信息与信息之间的内在联系,反过来又对 DBMS 提出了更高的要求。随着社会的发展,人们已不满足于简单的数据操作,而是进一步产生了使用数据的需要,即充分利用现有的数据进行分析推理,从而为决策提供依据。为此,数据仓库(data warehouse)、联机分析处理(on-line analytical processing—OLAP)和数据挖掘(data mining)等概念应运而生。按照因蒙(W. H. Inmon)的定义,"数据仓库就是面向主题的、集成的、稳定的、不同时间的数据集合,用于支持经营管理中的决策制订过程"。数据仓库将大量用于事务处理的原始数据库中的数据进行清理、抽取和转换,并按决策主题的需要重新组织,形成一个综合的、面向分析的决策支持环境。它可以为辅助决策集成多个部门不同系统的大量数据,一般为 10GB 左右,大型数据仓库甚至可达到 TB 级。OLAP 的概念则是由关系型数据库之父科德于 1993 年提出的。科德认为,基于关系型数据库的联机事务处理(OLTP)已不能满足终端用户对数据库查询分析的需要。用户的决策分析要对关系型数据库进行大量计算才能得到结果,而查询的结果往往并不能满足决策者提出的要求。因此,科德提出了多维数据库和多维分析的概念,即共享多维信息的快速分析——OLAP。而数据挖掘则是指从大量数据中采掘出隐含的、先前未知的、对决策有潜在价值的知识和规则。通过数据挖掘,有价值的知识、规则或高层次的信息就能从数据仓库中的相关数据集合中提取出来,因而可从中发现新的知识。数据仓库侧重于存储和综合面向决策主题的大量数据,OLAP 侧重于数据仓库中的多维数据分析,并将其转换为决策支持信息,而数据挖掘则侧重于从数据仓库的大量数据中发现对决策有用的知识。把数据仓库、OLAP 和数据挖掘结合起来形成的综合决策支持系统,是更高级形式的决策支持系统。

3. 多媒体技术

多媒体技术就是将文字、声音、图形、静态图像、动态图像等信息媒体与计算集成在一起,使计算机应用由单纯的文字处理进入文、图、声、影集成处理的技术,其核心特性是信息媒体的多样性、集成性和交互性。它驱除了传统计算机那种令人难以接近和使用的冷冰冰的形象,使人们能够以语言和图像等多种媒体形式同计算机进行交流,大大缩短了人与计算机之间的距离。

听和说是人类最方便的信息交流形式,而以前的计算机主要是用键盘、鼠标和显示器以字符形式与使用者交流。这种机械化的人机界面在计算机与使用者之间造成了深深的鸿沟,很多人视使用计算机为畏途。多媒体技术在相当程度上填补了这道鸿沟。它以具有真实感的画面、悦耳的音乐和生动的解说,强化了计算机的信息传播能力。电视当然也具有视听功能,但现在的电视还没有交互性,使用者只能被动地接收屏幕上传来的信息;而多媒体计算机除具有视听功能外,更重要的是它提供了人机互动的机制,可以让使用者从不同的角度去获取和利用信息,从而使信息接收者有了更大的选择权和更多的参与感。

多媒体技术要对声音、图像等多媒体信息进行操作、存储、处理和传送,涉及的信息类型复杂,数量巨大。以声音和视频图像数据为例。对一路双声道立体声而言,信息量为每秒 175K 字节或每分钟 10MB 以上;对于视频图像,屏幕分辨率(X 方向像素数×Y 方向像素数)为 640×480、每一像素的信息量(通常用二进制位数来表示)为 24bit、帧刷新频率为 30 帧/秒的 VGA 图像的信息量每秒钟就有 27MB 之巨,而对于分辨率为 1820×1024 的 HDTV 图像,每秒钟的信息量则高达 200MB 以上!因此,多媒体技术的主要研究内容有多媒体信息处理与压缩、多媒体信息特性与建模、多媒体信息组织与管理、多媒体信息表现与交互等等。其中的关键技术是多媒体信息压缩技术、多媒体计算机系统技术、多媒体数据库技术和多媒体数据通信技术。

由于多媒体技术提供了更多的交互手段,给人类信息交流以更多的方便,所以它有着极其广阔的应用前景,如可视电话、电视会议、商业宣传、电子出版、多媒体教学和电子游戏等。从技术的角度来说,虚拟现实(virtual reality)将是多媒体技术极具影响力的应用发展方向。虚拟现实是采用多媒体计算机技术来生成一个逼真的三维空间甚至四维时空感觉环境,并使人类可用自然的视觉、听觉、嗅觉、触觉等感官机能和效应器官进行实时参与和实时交互。由于这种信息交流方式与真实情境十分接近,很容易产生学习的迁移,人们接受信息的时间将大大缩短。

虚拟现实实际上也是一种高级用户界面工具，它使用户不仅可以与信息交互，而且可以从外到内或从内到外地观察信息空间的属性和特征。目前的虚拟现实技术需要在多媒体计算机的基础上，再利用一些经过特别设计的外部配件和技术，如数字头盔（head mount display）、数据手套（data glove）、座舱、全方位监视器或计算机辅助虚拟现实环境（CAVE）等，为使用者构建一个感觉上真实、但实际上并不存在的一种情境。这种技术一旦达到可以广为应用的阶段，又会对多媒体技术的各个应用领域产生革命性的影响。虚拟现实以其更加高级的集成性和交互性，将给使用者带来更加生动、形象和逼真的体验，可广泛运用于科学可视化、模拟训练和游戏娱乐等领域。例如在学习物理时，教师可建立一个虚拟物理实验室，控制一些现实中无法改变的参数（如重力），帮助学生树立正确的物理概念。在飞行员训练时，利用飞行环境模拟器模拟真实的飞行环境，不仅为飞行员的实习飞行创造了安全、良好的条件，而且能够节省培训经费，在较短的时间内使飞行员熟练地掌握飞行技能。

　　现代计算机技术已经广泛渗透到人类社会活动的各个领域，普及到家庭和个人，对人们的工作和生活方式产生了深刻的影响。有人指出，人类发明了两类工具：一类工具给人增添了新的能力，使他们能做以前做不到的事（如飞机使人飞上天空）；另一类工具只是增强人的能力，而这些事本来人是能够做的。计算机属于第二类工具，它是扩展人的智能的强有力的工具，是人类的智能放大器。据估计，计算机的智力放大因数已达到2000∶1。换句话说，在现代社会的每个人利用计算机都可以具有2000人的信息处理能力。计算机帮助人脑处理信息的比重，大大超过了各种机械帮助人体承担劳力的比重。人脑在电脑的帮助下将会变得更富有创造性，整个人类社会的生活也将会随之发生巨大的变化。现在计算机的普及程度在许多国家已经赶上了汽车，10年后将赶上电视和电话。但它对于人类历史的影响，将超过汽车、电视和电话的总和。

第三节　通　信　技　术

　　通信是人体信息传递机能的延伸，是人类赖以生存和发展的基本要素之一。如果说以计算机技术为核心的现代信息处理技术是社会的"大脑"，那么通信技术就是现代社会的"中枢神经系统"。在信息作为人类社会经济发展的最重要的战略资源的今天，传递信息的通信网络已经成为社会经济发展的生命线。没有先进的通信技术手段，就不可能有现代化的科研开发和生产经营管理，也不可能有发达的社会经济活动。据国外学者对50多个国家历史数据的分析，若一个国家前5年电话普及率提高1%，则其后7年的人均GNP可提高3%；另据国际电信联盟（ITU）统计，一个国家对通信建设的投资每增加1%，其人均国民收入将提高3%。覆盖全球的通信网络每时每刻都在不间断地传送着无数的信息，是人类社会须臾不可或缺之物。

　　人类社会通信技术的发展源远流长。从古代的烽火、信鸽和驿站，近代的邮政、电报和电话,到现代的卫星、光纤和计算机网络,人类总是在不停地开发越来越先进的信息传递技术手段,以便能够更加充分有效地利用信息资源。现代通信技术的主要任务是通过一定媒介将承载一定信息的信号从一点快速准确地传递到另一点,按其传输媒介可分为有线通信和无线通信,按其信号形式可分为模拟通信和数字通信。有线通信的发展经过了架空明线、对称电缆和同轴电缆的阶段,正在向光缆发展;无线通信方面,经过长波、中短波、微波等无线电波段的广泛开发运用,卫星通信也正在取代微波通信的主导地位。目前通信技术总的发展趋势是由模拟通信走向数字通信,计算机技术和通信技术紧密结合在一起,使信息处理与信息传递逐渐走向一体化。

一、有线通信

直至 19 世纪以前,在一个很长的历史时期里,人类的信息传递活动主要是依靠人力、畜力或借助烽火、鼓号等原始工具来完成的。在英文词典中,communication 最早有两个基本含义:一是通信,二是交通。因为古代的通信离不开交通,这两个不同的含义当时并不令人费解。自从电信技术诞生以后,英文字典里就出现了一个新词 telecommunication(电信),用以专指通过电气工程手段实现的信息传递。近代电气工程技术的崛起,既把以蒸汽机为主要动力的工业文明推进到以电力为主要动力的阶段,又给社会增加了两种重要的信息传递手段——电报和电话。它们是最早出现的通向信息时代的两个助跑器。

1. 电报

历史上有些事似乎不可理解。正如在电子被发现以前就有人造出了"电子"(electron)这个词一样,在电报诞生前 40 年,法国人夏普(C. Chappe)就创造了"电报"(telegraph)一词,意指"远方的信息"。1832 年,德国人韦伯(W. Weber)和高斯(K. F. Gauss)发明了世界上第一台实验电报机,他们曾在哥廷根大学建立了 9000 英尺长的电报线,用以沟通该校物理实验室和天文台。1837 年,英国人惠斯通(C. Wheatstone)和库克(W. F. Cooke)发明了实用化的五针电报机,并架起了第一条商用电报线。1838 年,美国人莫尔斯(F. B. Morse)发明了莫尔斯电码,并于 1944 年在华盛顿和巴尔的摩之间开始了有线电报业务。莫尔斯电码可以说是人类第一种超越民族特点的信息编码用语言,用莫尔斯电码发送的第一条电文是"上帝创造了何等奇迹!"1866 年,英国物理学家开尔文勋爵(Lord Kelvin)指挥"大东方号"轮船铺设成功第一条大西洋海底电报电缆。从此,电信号就把欧洲和北美新大陆有效地联系起来了。

2. 电话

利用电来传送信息的另一项重要发明就是电话。1876 年,美国的贝尔(A. G. Dell)发明了有线电话,并在纪念美国独立一百周年的费城博览会上展出了他的电话机。电话(telephone)一词首先在 1876 年 3 月 7 日贝尔的电话发明专利中出现,而该项专利(174456 号)历来被认为是最有价值的一项专利。因其使用方便简捷,自 20 世纪以来电话业务获得了迅速的普及和发展。在电话发明 100 年后的 1976 年,据美国电报电话公司

（AT&T）统计,全世界的电话机总数达 $3.796×10^8$ 部。现在全球已拥有 8 亿多部电话机,电话机平均普及率约为 15%,部分发达国家的电话普及率已达 90%。而且由于新技术的应用,还出现了许多新功能和新业务,如磁卡电话、可视电话、保密电话、无绳电话、录音电话以及语音信箱、可视图文、传真通信、电视会议、智能用户电报、800 被叫付费等多功能服务。

3. 电缆

带宽是指信号能够得以有效传输的频带范围,其测量单位是赫兹(Hz)、千赫(kHz)或兆赫(MHz)。通一路电报只需要 $50～100Hz$ 的带宽,通一路电话则至少需要 $3～4kHz$ 的带宽,而 625 行制式的彩色电视信号带宽约为 5.5MHz。虽然 1920 年发明的载波传输技术可使用不同频率的载波在一对导线上实现频分多路通信,但由于有线通信最早采用的是架空明线,电磁辐射较严重,故所用载波频率不能太高。通常明线的最高传输频率不超过 350kHz。载波频率较低,通话路数就很有限,一般为 1,3 和 12 路,最多不超过 24 路。况且明线通信易受干扰,保密性差,故逐渐被淘汰,换成对称电缆,又称平衡电缆。它的传输方式有两种:一种是和明线一样采用双频带二线制,可通 12 路电话;另一种是四线同频双缆制,可通 12,24,60 和 120 路以上的电话。对称电缆最高传输频率可达 552kHz,最多可通约 3000 路电话。而且电缆一般埋在地下,有绝缘外层及土壤屏障,故受外界干扰影响小,保密性好。

同轴电缆通信是从 20 世纪 50 年代开始实用化的有线通信技术。同轴电缆由偶数根同轴管组成,同轴管又是由铜芯线、金属包络管和塑料绝缘层以及外皮构成的,由于外导体是空心金属管,管内无线电波不会外泄,外界各种干扰也不易进入,故信号传输质量较高。每根同轴电缆中的同轴管数目越多,可通话路越多。由 18 根同轴管组成的同轴电缆可通 10800 路电话,传输频带宽达 60MHz。这比架空明线和对称电缆的通信容量要高出许多。同时,同轴电缆还具有结构简单,连接、铺设容易,稳定性强且价格较低等优点。因此,同轴电缆是目前传输高质量的电报、电话、传真、电视信号等各种中远距离通信的主要介质。

4. 光缆

20 世纪 60 年代以来,由于在光源——激光器和光通信介质——光纤方面的研究开发不断取得了重大的突破,光通信这一传统通信方式又展现出了崭新的姿颜。1960 年,红宝石固体激光器问世,发明人是美国 Hughes 飞机公司的梅曼(T. H. Maiman)。激光器与普通光源非常不同,它可以发出具有单色性、高亮度、强方向性且具有良好的相干性的激光,是进行光通信的理想光源。1966 年,英国电信实验室的华裔科学家高锟(K. C. Kao)等人提出,只要去除玻璃材料中的杂质,用纯石英玻璃制成衰减低于 20dB/km 的光导纤维,就可以应用于实际的激光通信。1970 年,美国康宁(Corning)玻璃公司根据高氏理论制造出了衰减为 20dB/km 的低损耗光纤。同年,美国贝尔实验室研制成功可在室温下连续震荡的半导体激光器。从此,光纤通信迈入了实用化的高速发展阶段。

光纤一般由两层组成。里面一层称为内芯,直径只有几微米到几十微米(甚至比头发丝还要细);外面一层称为包层。内芯中传输的光信号波长范围为 0.8～1.6 微米(在近红外区域内),即频率为 $10^{14\sim 15}$Hz 数量级。因此,光纤通信具有频率高、损耗低、频带宽、容量大的特点。一根细细的光纤理论上可通上亿路电话或 10 万路电视,相当于 1 千万对架空明线或 2 万根直径 6.5 厘米的中同轴电缆。实践中由于器件和光纤的传输特性等问题,目前还达不到理论的通信容量。1987 年美国投入使用的 1.7Gbps 光纤通信系统,一对光纤能同时传输 24192 路电话。如果把几十根或几百根光纤组成一根光缆,不仅可大大增加通信容量,而且提高了光纤的强度和抗干扰性。光缆结构紧、体积小、重量轻、寿命长,性能比电缆要好得多。用光缆取代电缆,不仅能节省大量的金属资源,而且光缆的线路损耗低、传送距离远、速度快、耐腐蚀。光缆是数字通信理想的传输介质,将成为有线通信网的骨干。目前跨越大西洋和太平洋的海底光缆已投入使用,许多发达国家已经开始把光缆铺设到公路旁、住宅前,为实现"光纤入户"做准备。

二、无线通信

利用无线电波来传递信息就是无线通信。无线通信的优点是速度快、范围广,不足之处是人类的感官对它不敏感,只有靠人类的智慧才能创造出各种精密的仪器去感知和控制它,才能使无线电波这匹以每秒 30 万千米奔驰的"神马"把人类的感官延伸到地球及星际空间的任一角落。

1. 无线电波的开发利用

1873 年,英国著名物理学家麦克斯韦(J. C. Maxwell)建立了完整的电磁理论,从理论上发现了以光速传播的电磁波。这被爱因斯坦(A. Einstein)称为是"科学史上最伟大的成就之一"。1887 年,德国物理学家赫兹(H. R. Hertz)终于用实验证实了电磁波的存在。但遗憾的是,他并不认为电磁波可用于通信。事实上,电磁波是大自然赐给人类的一种宝贵的资源。在电磁波谱中,除无线电波和可见光外,还包括 X 射线、γ 射线等(参见表 2.2)。它们由于波长和频率的不同而具有千差万别的性质和用途。

表 2.2　电磁波频谱

名　称	波长范围(微米)	频率范围(兆赫)
无线电波	大于 1 毫米	小于 3×10^5
红 外 线	1000～0.78	$3\times 10^5 \sim 3.84\times 10^8$
可 见 光	0.78～0.39	$3.84\times 10^8 \sim 7.7\times 10^8$
紫 外 线	0.39～0.01	$7.7\times 10^8 \sim 3\times 10^{10}$
X 射 线	0.01～10^{-5}	$3\times 10^{10} \sim 3\times 10^{13}$
γ 射 线	$10^{-5}\sim 10^{-9}$	$3\times 10^{13} \sim 3\times 10^{17}$

1894 年,英国人洛奇(O. Lodge)最先发现赫兹震荡器可用来发射无线电波。次年夏

天,意大利的马可尼(M. G. Marconi)开始进行无线电报实验,后由他的母亲带他到英国进行通报表演,并于 1896 年 6 月 2 日向英国专利局申请了无线电报专利。1897 年马可尼成立了"无线电报和信号公司"(1900 年改名为"马可尼无线电报公司"),开展无线电报业务。同时,马可尼借鉴德国斯特拉斯堡大学教授布劳恩(F. Braun)发明的调谐回路技术改造了自己的电报机,于 1900 年再度申请了英国专利。该专利是第 7777 号,即历史上有名的"四七专利"。1901 年 12 月 12 日,马可尼横跨大西洋的无线电报试验获得成功。可以说,如果马可尼不采用布劳恩的技术,他是无法将无线电信号送过大西洋的。由于这种原因,他与布劳恩共享了 1909 年诺贝尔物理学奖金。

从 1901 年到 1924 年,无线通信一直是低频波段的独霸时代。1921 年 12 月 12 这天,业余无线电爱好者意外地发现了一件永载史册、使无线电专家感到惊奇的事情:用小功率高频发射机竟然能够完成跨越大西洋的通信。物理学家阿普顿经过整整三年的研究,验证了高空电离气体层(即电离层)的性质。电离层是能导电的,也像导体一样能反射无线电波(中波和短波)。随着人们对电离层的认识不断加深,利用高频波段的无线通信得到了迅速的发展(参见表 2.3)。广播技术的进步,使中短波调幅广播得以很快普及开来。而电视技术的诞生,则首先促进了超短波的利用。

表 2.3　无线电波段划分及应用

波段名称		频段名称	波长范围	频率范围	主要应用
极长波		极低频(ELF)	$10^5 \sim 100$km	3Hz～3kHz	水下通信、潜艇通信
超长波		甚低频(VLF)	$100 \sim 10$km	3～30kHz	全球导航、核爆探测
长　波		低频(LF)	$10 \sim 1$km	30～300kHz	导航、报时、军用通信
中　波		中频(MF)	$1000 \sim 100$m	300～3000kHz	广播、导航
短　波		高频(HF)	$100 \sim 10$m	3～30MHz	广播、无线电通信
超短波		甚高频(VHF)	$10 \sim 1$m	30～300MHz	电视、调频广播
微	分米波	特高频(UHF)	$10 \sim 1$dm	300～3000MHz	电视、雷达、遥感、移动通信与接力(中继)通信
波	厘米波	超高频(SHF)	$10 \sim 1$cm	3000～3×10^4MHz	
	毫米波	极高频(EHF)	$10 \sim 1$mm	$3 \times 10^4 \sim 3 \times 10^5$MHz	

2. 微波通信

从 20 世纪 40 年代起,随着雷达技术在第二次世界大战中的应用,微波通信逐渐成熟并在战后担负起了无线通信的主要任务。微波波段频带宽,外界干扰小,在通信容量和质量基本相同的条件下成本较低,在抵抗自然灾害及跨越复杂地理环境等方面具有较大的灵活性。但在微波波段,无线电波的功率是在视距范围内的空间按直线传播的,考虑到地球表面的弯曲,通信距离一般只有几十千米。要进行远距离长途通信时,就必须采用接力(中继)方式,将信号多次转发,才能到达接收点。如一条 2500 千米的微波线路,中间大约有中继站 50 个左右。这种通信方式称为视距微波中继通信。当采用大功率发射机、低噪声接收机和高增益天线时,微波可在高度为 5~10 千米的对流层散射回地面,通信距离一次可达几百千米,称为散射通信。而利用人造地球卫星作为中继站时,电磁波一上一下可以在地面上跨越上万千米,称为卫星通信。

3. 卫星通信

卫星通信是 20 世纪 60 年代微波中继通信技术和空间技术相结合的产物。它除了兼有微波通信频带宽、容量大的长处以外,还有通信距离不受限制、组网灵活费用节省的优势,且能满足陆、海、空移动通信的需要。由于这些得天独厚的优点,卫星通信随着空间技术的进步得到了飞速的发展,现已成为无线通信的最重要的方式。

卫星通信以空间轨道中运行的通信卫星作为中继站,地球站作为终端站,实现两个或多个地球站之间的长距离大容量的区域性通信及至全球性通信。现在的通信卫星一般在地球赤道上空 35800 千米的轨道上从西向东移动,方向和速度恰与地球自转同步,圆形轨道平面与赤道平面重合,这时的卫星从地面上看来是相对静止不动的,所以又称同步静止卫星。由于每一颗通信卫星可俯视地球三分之一的面积,所以利用在同步静止轨道上等距离分布的三颗卫星,就能组成全球通信网。一颗卫星有几十个转发器,可同时提供几万路电话线路或转发几十路电视节目。1965 年成立的国际卫星通信组织(INTELSAT)将三组卫星分别定点在太平洋、印度洋和大西洋的赤道上空,建立了全球卫星通信系统。INTELSAT 现已发射了七代通信卫星,承担着世界上全部电视转播业务和三分之二的越洋电信业务。当前,世界各国都十分重视发展卫星通信。据不完全统计,位于同步静止轨道上空的卫星已有 100 多颗,利用卫星通信的国家和地区已超过 170 多个,数以千计的卫星通信地球站及 25 万座以上的卫星电视接收站遍及世界各地。卫星通信的应用领域已从早期的国际通信发展到国内通信、移动通信、军事通信、广播电视等领域。

三、电信网

通信的基本形式是在信源与信宿之间建立一个传输(转移)信息的通道(渠道)。但是,由于通信的信源与信宿之间的不确定性和多元性,所以在它们之间一般不可能建立固定的信息通道,这就需要向用户提供公用的交换和传输设备。对一个国家来说,无论地域大小,出于技术上和经济上的考虑,通常不会把所有用户都连接到一个交换中心,而是要连接到若干个交换中心,这之间再用传输线路(中继线)和传输设备(如为提高线路利用率而设置的复用设备)连接起来,从而构成了一个通信系统(电信网)。在通信的建立过程中,需要根据地址信号选择路由,将主、被叫用户接通,通信完毕要释放电路使机线复原;也需要用户向交换中心、交换中心向交换中心发出接通或释放信号。在电信网中用来控制诸如接通和释放的这类信号称为信令。

电信网由三类设备构成,即终端设备、传输设备和交换设备。其中终端设备是用户与电信网之间的接口设备,其主要功能是用户的信息与信道上传送的信号之间的转换或反转换,当然它还能产生和识别系统内的信令或协议;传输设备是传输信号的信道,其主要功能是有效可靠地传输信号。为提高传输信道的利用率,通常采用多路复用技术,包括频分多路复用(FDM)和时分多路复用(TDM);交换设备是在终端之间或交换局之间进行路由选择和接续控制的设备,其主要功能是完成信号的正确交换,通常有电路交换和分组交换,现正向异步传输模式(ATM)和光交换技术发展。但一个完善的电信网还必须包括通信协议和标准,从某种意义上说,它们是构成通信网的准则。因为它们可使用户之间、用户和网络资源之间以及各交换设备之间具有共同的"语言",使设备进网、成网,并能使网络合理地运转和正确地控制,达到全网互通的目的。

电信网按业务内容可分为电报网、电话网、传真网、数据网等,按信号形式又可分为模拟网和数字网。在一个多世纪的时间里,电信网一直是以模拟线路和模拟设备构成的电话网为代表,主要传输模拟信号。所谓模拟信号就是用电流或电压来模拟语音声压变化规律而产生的信号。模拟电话机把话音变为模拟电信号,然后通过模拟传输和模拟交换传至远端电话机。这种以模拟传输和模拟交换综合运用形成的网络称为综合模拟网(integrated analog network—IAN),简称模拟网。20世纪60年代初,在传输系统中成功地运用了脉冲编码调制(PCM)技术,使得数字信号通信有了迅速的发展。所谓数字信号,是指信号幅度的取值是有限的、离散的,通常将其幅度编成二进制数码。接着,70年代前期,欧洲开始引入数字交换技术,并与数字传输设备连在一起,形成综合数字网(integrated digital network—IDN),简称数字网。数字网使数字传输与数字交换实现了一体化,不仅提高了通信质量,而且也为开通非话业务(如用户电报、数字传输、图像通信等)提供了有利条件,为实现综合业务数字网(integrated service digital network—ISDN)打下了基础。ISDN提供端对端的数字连接,将各种数字信号形式的业务综合到一个统一的数字网中进行传输和交换,结束了过去电话网、电报网、图像网、数据网等单独建立业务网的局面。现代电信网的发展战略是向ISDN和宽带ISDN(B—ISDN)过渡。

四、数据通信——计算机网

数据通信是把数据的处理与传输合为一体,利用计算机、远程终端和通信设备对二进制编码的数字信息进行处理、传输和交换,并对信息流加以控制、校验和管理的一种人—机之间或机—机之间的通信形式。它是计算机与通信技术相结合的产物,是各种计算机网赖以生存的基础。

用于数据通信的通信网,称为数据通信网,又可分为专用数据网和公用数据网。专用网发展较早,目前仍普遍使用。公用网是在20世纪60年代末70年代初发展起来的。它的特点是网络公用、资源共享、使用率高。由于分组交换是把待传输数据和各种控制信息按照一定的规则编排分组,在通信网内的交换节点以"分组"为单位进行数据的接收、存储和转发,实际信道只是在传输分组时才被占用,传输质量高、误码率低,可在不同速率的终端之间通信,且能自动选择最佳路由传送,电路利用率高,因此分组交换特别适用于数据通信,分组交换网正成为公用数据通信网的一种主要形式。

数据通信网中的数据处理和存储均由计算机完成,所以数据通信网一般都与计算机紧密结合在一起,实际上构成了一个计算机网。计算机网将不同地理位置、具有独立功能的多台计算机、终端及附属设备用数据通信链路连接起来,并配备相应的网络软件,以实现网上信息资源共享。这样不仅可满足局部地区的一个企业、学校和办公机构的数据、文件传输需要,使各用户计算机的利用率大大提高,而且可在一个国家内甚至全世界进行信息交换、存储和处理,从而极大地扩展了计算机的应用范围。据估计,目前全世界计算机的联网率已达50%以上。按照其地理分布范围,计算机网可以划分为局域网、城域网和广域网。

局域网(local area network—LAN)是在一个局部的地理范围内(如一个工厂、学校或机关)将各种计算机、外部设备和数据库等互相连接起来组成的计算机网。LAN 一般采用专用的传输媒介(如双绞线或细缆等)来构成,传输速率在 1Mbps 到 100Mbps 或更高,覆盖范围在 10 米至几千米以内,亦可与远方的计算中心、数据库或其他局域网相联构成一个大型网络的一部分。

城域网(metropolitan area network—MAN)是在一个城市范围内所建立的计算机网。这是在 LAN 的发展基础上提出的,技术上与 LAN 有许多类似之处。MAN 的传输媒介主要采用光缆,传输速率在 100Mbps 以上,覆盖范围在几十千米以内。它的一个重要用途是用作骨干网,通过它将位于同一城市内不同地点的主机、数据库以及 LAN 等互相联接起来。

广域网(wide area network—WAN)是在一个国家甚至全球的广泛地理范围内所建立的计算机网。由于 WAN 的覆盖范围十分广泛,一般可达几百千米乃至上万千米,因而对通信的要求及复杂性都比较高。它的实现都是按照一定的网络体系结构和相应的协议来进行的。为实现不同系统的互连和相互协同工作,必须建立开放系统互连(open system interconnection—OSI)。1978 年国际标准化组织(ISO)提出的 OSI 参考模型(OSI—RM)及相应的一系列国际标准协议对于 WAN 的建立和应用具有重要的指导作用。

五、国际互联网——Internet

Internet 是现今世界上最大、最流行的计算机网络,又被人们称之为全球性、开放型的信息资源网。从网络通信技术的观点来看,Internet 是一个以 TCP/IP(transission control protocol/internet protocol,传输控制协议/互连协议)通信协议联结世界各地各部门的各个计算机网络的数据通信网;从信息资源的观点来看,Internet 是一个集全球各领域各机构的各种信息资源为一体供上网用户共享的信息资源网。经过近三十年的发展,Internet 已从最初简单的研究工具演变成为世界范围内个人及机构之间重要的信息沟通工具。据估计,目前 Internet 联接着全球 240 个国家和地区,使用 Internet 的人数至少有 1 亿人。Internet 被普遍认为是当今正在规划和建设的全球信息高速公路的原型,并且将会在这一跨世纪工程完成之前发挥越来越重要的作用。

1. Internet 的由来和发展

Internet 的前身是美国国防部高级研究计划局（ARPA）于 1968 年主持研制的用于支持军事研究的计算机实验网络 ARPAnet,1969 年底开始运行。ARPAnet 是世界上第一个分组交换网,它的设计与实现是基于这样一种主导思想:网络要能经得起故障的考验而维持正常工作。当网络的某一部分因遭受攻击而失去作用时,其他部分仍能维持正常通信,以备在发生核大战时保障通信联络。从 70 年代到 80 年代,由于 UNIX 和 TCP/IP 的出现,ARPAnet 的规模不断扩大。随着 TCP/IP 的标准化,不仅美国国内有很多网络都与 ARPAnet 相连,而且世界上许多国家通过远程通信,采用相同的 TCP/IP 协议将本地的计算机和网络接入 ARPAnet。80 年代中期,这种用 TCP/IP 协议互连的网络规模迅速扩大,一举成为世界上最大的国际互联网——Internet。

作为 Internet 的早期主干网,ARPAnet 试验并奠定了 Internet 存在和发展的基础。它较好地解决了异种机网络互联的一系列理论与技术问题,所形成的关于资源共享、分散控制、分组交换、使用单独的通信控制处理机与网络通信协议分层等思想,成为当代计算机网络建设的重要支柱。与此同时,局域网和其他广域网的产生也对 Internet 的进一步发展起了重要的作用。其中最引人注目的是美国国家科学基金会（NSF）建立的 NSFnet。NSF 于 1985 年提供巨额资金建造了全美五大超级计算中心,在全国建立按地区划分的广域网,并将其与超级计算中心相连,各中心之间架设 1.544Mbps 的 T1 级高速数据专线,作为 NSFnet 的骨干网。这样,当一个用户的计算机与某一网络相联后,他除了可以使用任一超级计算中心的设施,同网上的任一用户进行通信外,还可以获取通过网络提供的大量数据和信息。这一成功的设计使 NSFnet 在 1986 年建成后取代 ARPAnet 成为 Internet 的主干网。NSFnet 对推广 Internet 具有重大的贡献,正是它促进了 Internet 向全社会的开放。

20 世纪 90 年代以来,随着"信息高速公路"热潮的兴起,Internet 受到了世界各国前所未有的重视。运行在 Internet 上的主机由 1987 年的 1 万台、1989 年的 10 万台,猛增到 1992 年的 100 万台、1996 年的 1000 万台,经过 1997 年的爆炸性增长,至 1998 年 1 月已达 6800 万台! 据估计到 2001 年 1 月将有 4.3 亿台计算机上网。随着上网计算机的迅速增加,Internet 网上通信量激增,NSF 不得不考虑采用更先进的网络技术来适应发展的需要。为此 NSF 实施了一个旨在进一步提高网络性能的五年研究计划。该计划导致了由 Merit、IBM 和 MCI 合作创办的 ANS 公司（Advanced Network & Service Inc.）的诞生。ANS 提供一个全美范围的 T3 级主干网,它能以 44.746Mbps 的速度传送数据,即相当于每秒传送 1400 页文本的信息。到 1991 年底,NSFnet 的全部主干网节点都已同 ANS 提供的 T3 主干网相通。1995 年春,NSF 又与美国第二大通信公司 MCI 签定了"甚高带宽网络服务"（very-high bandwidth network service—VBNS）的合作项目,以便为美国未来的研究与教育活动提供支持。VBNS 最初连接的是美国五大超级计算中心,现在已有近百个研究教育机构连入 VBNS。至 1997 年底,该项目已铺设了 1400 英里的 OC-12 线路

（622Mbps），计划到 2000 年，其主干线路将达到 OC-48 级（2.4Gbps）。目前，人们正在考虑用下一代 Internet（NGI）取代 Internet，而 VBNS 被普遍认为是 NGI 技术和应用的"孵化器"。NGI 将比今天的 Internet 快 100～1000 倍，并使 Internet 可接纳的用户增加 100倍，从而为人类充分有效地开发利用信息资源提供新的信息环境。

2. Internet 的功能和应用

随着 Internet 的高速发展，目前 Internet 上的服务多得令人目不暇接，而且大多数服务都是免费提供的。它不断开发的强大功能和应用服务形成了一个包罗万象的信息资源宝库，对人类的工作、生活及各项社会活动都将产生广泛而深远的影响。Internet 的三大基本功能是电子邮件、远程登录和文件传输：

（1）电子邮件（E-mail）。是指通过在 Internet 特定通信节点计算机上运行相应的软件使之充当"邮局"的角色，用户可以在这台计算机上租用一个"电子邮箱"。当需要给网上用户发送邮件时，发信人只要同这台计算机联机，电子邮件系统就会将要发送的内容按收件人的电子邮箱地址通过网络送达目的地。发信人也可以将同一邮件同时发给多个收件人。收件人只要以计算机联机的方式打开自己的电子邮箱，便可随时读取并回复收到的邮件，亦可再批转给其他用户。由于收发邮件采取的是存储转发方式，打开电子邮箱采用的是联机方式，就使用户可以不受时间、地点的限制来收发邮件。电子邮件是一种快速、简便、高效、价廉的现代通信手段，曾是促成 Internet 发展的原始动力，目前仍是 Internet 上使用最频繁的一种服务。

（2）远程登录（Telnet）。是指在 TCP/IP 通信协议的终端机协议 Telnet 的支持下，用户的计算机通过 Internet 暂时成为远程计算机的终端。要在远程计算机系统上登录，首先要成为该系统的合法用户并拥有相应的账户和口令。在进行远程登录时，用户应在 Telnet 命令中给出远程计算机的域名或 IP 地址，然后根据系统的询问正确键入自己的用户名和口令。有些系统还提供开放式远程登录服务，查询这类系统不需事先取得账户及口令，或者可以使用该系统公开的用户名。一旦登录成功，用户便可实时使用远程计算机系统对外开放的全部资源，包括软硬件及其他信息资源。

（3）文件传输（FTP）。它允许 Internet 用户将一台计算机上的文件传送到另一台计算机上。FTP 是由 TCP/IP 的文件传输协议（file transfer protocol）支持的。与远程登录有些类似，它也是一种实时联机服务，在进行工作时首先要登录到对方的计算机上；与远程登录不同的是，用户在登录后仅可进行与文件搜索和文件传送有关的操作，如改变当前工作目录、列文件目录、设置传输参数、传送文件等。使用 FTP 几乎可以传送任何类型的文件：正文文件、二进制可执行程序文件、图像文件、声音文件、数据压缩文件等。在 Internet 上有许多数据服务中心提供一种"匿名文件传送服务"（anonymous FTP），用户在登录时可用 anonymous 作用户名，用自己的电子邮件地址作口令。为帮助用户在遍及全世界的上千个 FTP 服务器中寻找到所需要的文件，Internet 上的一些计算机提供一种文档查询服务（Archie）。用户只要给出希望查找的文件类型及文件名，Archie 服务器就会指出在哪些个 FTP 服务器上存放着这样的文件。

由于 Internet 整体结构的开放性,由上述三大基本功能衍生出来的各种应用、资源和服务项目很多。其中最重要的是信息查询服务。为使用户更容易获取信息,近年来开发了一些功能完善、用户界面友好的信息查询工具,如 Gopher,WAIS 和 WWW:

(1) 菜单信息检索系统(Gopher)。是美国明尼苏达大学于 1991 年在校园信息系统(campus wide information system—CWIS)上开发出来的。它通过多级菜单界面为用户提供实时的信息查询功能,其主要作用是查询各学校的校园信息网及其相关信息,同时为用户提供进入其他服务系统的途径,如其他大学的 Gopher 或 Telnet 和 FTP 等等。Gopher是一个分布式文件传输处理系统,采用客户机/服务器(client/server)结构,由于用户界面友好,功能较强,很快成为 Internet 的重要信息检索工具。当前全球已有数千个 Gopher 服务器架设在世界各地的校园内,用户的计算机只要装有 Gopher Client 软件,就可以通过Internet 查询世界各大学校园的即时信息。

(2) 广域信息服务系统(WAIS)。是由 Apple,Dow Jones 和 Thinking Machines 等联合发展起来的,让用户以关键词方式查询分布在 Internet 上的各类数据库的一个通用接口软件。用户只要在 WAIS(wide area information server)给出的数据库列表中用光标选取希望查询的数据库并键入检索关键词,系统就能自动进行远程查询,找出相应数据库中含有该检索词的所有记录,并根据检索词在每条记录中出现的频度进行评分(最高分为1000 分),使用户可根据这一评分进一步选择是否读取感兴趣的记录内容。WAIS 可有三种使用方式,即远程登录、本地运行 WAIS 客户机软件或选择 Gopher 中的 other gopherand information servers 进入。它所提供的一套类似自然语言的界面给用户以很大的方便,在国外使用得非常普遍。

(3) 万维网信息服务系统(WWW)。1990 年,瑞士日内瓦欧洲粒子研究中心(CERN)的伯纳斯-李(Tim Berners-Lee)提出了 WWW(World Wide Web)的雏形,该雏形用到了他提出的统一资源定位符(URL)、超文本标记语言(HTML)及超文本传输协议(HTTP)三个新概念。1992 年,基于超文本查询浏览的 WWW 服务正式推出。WWW 的出现是Internet 上继 TCP/IP 确立后的又一重大技术事件。它综合了以前出现的所有信息服务工具的优点,而且有较大发展和创新,使其成为多媒体时代 Internet 上的主流信息服务工具。特别是自 1993 年伊利诺斯大学国家超级计算应用中心(NCSA)的学生和工作人员创造了用于 Internet 漫游的图形用户界面——Mosaic 浏览器后,网景(Netscape)的浏览器Navigator 和微软(Microsoft)的浏览器 Explorer 也相继问世,使得 WWW 的浏览器/服务器(browser/server)模式结构更先进、功能更强大,使用更方便,WWW 漫游者迅速增加。目前,WWW 是 Internet 上最活跃、最简便、最受人欢迎,也是最有发展前途的代表性信息服务工具。

除提供信息服务外,Internet 在电子公告牌(bulletin board system—BBS)、群体讨论组(newsgroups)、网络新闻(netnews)以及网络游戏、IP 电话等方面的应用也在不断发展。并且，随着 Internet 的广泛普及，Internet 商业化的趋势越来越明显。利用 Internet 进行电子商务活动，开展网上贸易，已成为现代企业获得竞争优势的有效途径之一。

复习思考题二

1. 如何认识信息技术的结构和社会作用？
2. 试讨论在信息技术的发展规律中，哪些规律在信息技术发展过程中能够始终占据支配地位，哪些规律对现代信息技术的发展有较大的影响。
3. 从人类信息管理活动的历史演变分析信息技术对推动信息管理事业发展乃至人类社会进步的意义。
4. 现代计算机和通信技术对人类社会信息管理活动的支持主要表现在哪些方面？
5. 考察现代信息技术的发展趋势，展望信息技术将会使未来的信息管理工作发生什么样的变革。
6. 在 Internet 上申请一个电子信箱，把你写好的作业通过 E-mail 发送给教师。

参 考 文 献

1. 中国科学技术协会主编. 信息技术. 上海：上海人民出版社，1994
2. 宋德生著. 信息革命的技术源流. 成都：四川人民出版社，1986
3. 陈世福等编著. 人工智能与知识工程. 南京：南京大学出版社，1997
4. 孙红杰，曹芬芳. 神经计算机. 中国计算机报，1998 年 1 月 15 日
5. 陈文伟等. 数据仓库与决策支持系统. 计算机世界，1998 年 6 月 15 日
6. 石教英. 多媒体技术的组成. 计算机世界，1994 年 6 月 15 日
7. 肖之中. 虚拟现实的现在与未来. 中国计算机报，1997 年 6 月 16 日
8. 丁炜主编. 通信新技术. 北京：北京邮电大学出版社，1994
9. 李正男主编. 信息高速公路. 北京：电子工业出版社，1995
10. 孙辩华等编著. Internet 最新实用技术及其应用. 北京：北京大学出版社，1996
11. Williams Brian K. et al. Using Information Technology：a Practical Introduction to Computers and Communications. Chicago：Irwin，1997
12. Heldman Robert K. Future Telecommunications：Information Applications，Services，& Infrustructure. Washington，D. C.：McGraw-Hill，1992
13. Cairncross F. The Death of Distance：How the Communications Revolution Will Change Our Lives. Boston，Mass.：Harvard Business School Press，1997
14. Rodrigues D. The Research Paper and the World Wide Web. Upper Saddle River，NJ：Prentice Hall，1997
15. Pitter K. et al. Every Student's Guide to the Internet. New York：McGraw-Hill，1995

第三章　信息行为论

人类的行为千差万别,但无论是物质生产,还是精神活动,无论是个体行为,群体行为,还是领导行为,组织行为,无论在社会环境中有何种不同的表现,其行为的背后都隐藏着共同的信息运动规律,并受信息流的控制和引导。信息流贯穿人类一切行为的始终,广义地说,人类的行为都是信息行为的一种表现形式。动物也有行为,人与动物的本质区别在于,人能从事劳动生产,会制造劳动工具,有语言,有智慧。有了智慧,人类就不但可以认识当前的事物,而且能够总结以往的经验,规划未来的行动,从而极大地提高认识世界和改造世界的能力。我们这里所说的信息行为,主要是指人类运用自己的智慧,以信息为劳动对象而展开的各种信息活动,即人类的信息查寻、采集、处理、生产、使用、传播等一系列过程。

人是社会信息活动的主体,人类的信息行为是世界上最广泛、最复杂的现象之一。因此,信息管理中最主要的问题不是信息的问题,而是人的问题。我们必须研究人类信息行为的共同特征,了解一个人为什么要发生这样的信息行为,他有什么样的信息需要。只有了解了人类的信息行为,才能科学地预测并进而有效地控制其信息行为,做好信息管理工作。因此,研究人类的信息行为现象,掌握人类信息行为的规律,是信息管理研究的出发点。

第一节　信息需要与信息动机

根据心理学的基本理论,人类的行为是受动机所支配的。动机是引起个体行为、维护该行为、并将行为导向某一目标的内在驱动力。促使动机形成的原因又主要有两个:一是内在条件即需要,二是外部条件即刺激。当外部条件不变时,内在的需要是一个人产生行为动机的根本原因。所以,要探索人类的信息行为原因,预测人们的信息行为,调动人们的信息劳动积极性,首先必须深入研究其信息需要。

一、信息需要的产生

需要是行为的原动力。所谓需要,是指人体自身或社会生活中所必要的事物在人脑中的反映。能否引起需要,取决于两个因素。一个是个体感到缺乏些什么,有不足之感;另一个是个体期望得到些什么,有求足之感。需要实际上就是在这两种状态下所形成的一种心理现象。一般说来,当人们产生了某种需要时,心理上就会出现不安与紧张的情绪,成为一种内在的驱动力即动机。随后就会在动机的支配下发生选择或寻找目标(即目标导向行动)的心理趋向。当目标找到后,就开始了满足需要的活动(即目标行动)。当行为告成,需要就在不断满足的过程中而削弱。此时行为结束,人的心理紧张消除,然后又有新的需要产生,再引起新的行为。这就形成了人类行为的基本模式(如图 3.1 所示)。

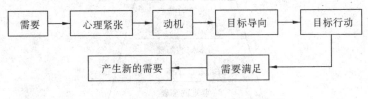

图 3.1　需要—动机—行为相互关系图

需要是随历史的发展而发展,随满足这种需要的对象范围和满足方式的变化而变化的。在人类社会早期,人们的需要比较简单,大多为追求生理和安全的需要而活动。随着生产力的发展,人们的物质文化水平在不断提高,需要也变得越来越复杂化了。除了物质需要之外,人们还产生了多种多样的精神需要。美国心理学家马斯洛(A. H. Maslow)认为,在千差万别的人类需要表现形态中,存在着某些共同的需要,而且这些共同的需要是呈层次状态分布的。他在 1943 年出版的著作《调动人的积极性的理论》中,首次提出了"需要层次论",将人的基本需要划分为生理需要、安全需要、社交需要、尊重需要和自我实现需要这五个层次。1954 年又在《动机与人格》(1970 年修订)中进一步阐述了这一理论,并把人的基本需要扩充为生理需要、安全需要、社交需要、尊重需要、求知需要、求美需要和自我实现需要七个层次,见图 3.2。

一般而言,需要层次是逐级上升的。当下级需要获得相对满足后,追求上一级需要的满足就成为驱动行为的原动力。对于任一层次的需要,人们都必须采取一定的实际行动方能得以满足。当人们在行动中遇到某些问题时,就必须获得各种信息的支持才能使问题得到解决。这说明,人类的信息需要是由其基本需要所引发的。所谓信息需要,就是指人们在从事各项实践活动的过程中,为解决所遇到的各种问题而产生的对信息的不足感和求足感。

马斯洛认为,人的低级需要(生理、安全)作为行为的必要前提仅要求从外部使人得到满足,高级需要(社交、尊敬、求知、求美和自我实现)则是人类为了自身的发展从内部得到满足的。低级需要是有限的,一旦得到满足,就不再是激发人们行为的动力。因此,只有高级需要才是人类持久行为的真正动力。高级需要往往不易得到满足,特别是求知和自我实现的需要几乎永无止境。随着需要层次的螺旋上升,社会性因素逐渐增多,而生物性因素逐渐降低,个体社会化的程度愈来愈高,人们遇到的问题也愈来愈多、愈来愈复杂。从这个意义上讲,信息需要主要是人们面对复杂性问题而努力满足自我发展的高级需要而产生、变化和发展着的。因此,与高级基本需要一样,人们的信息需要永远不会得到完全的满足,

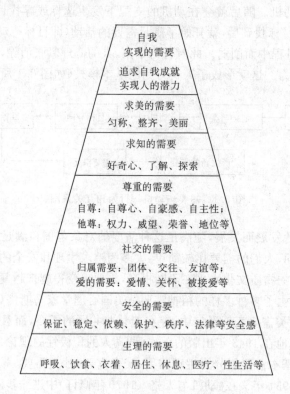

图 3.2 马斯洛需要层次图

人类的信息行为也永远不会停止。总的说来,信息需要具有以下几个特征:

(1)信息需要的广泛性。人的需要是多对象、多方面的。信息需要以信息为对象,表明了人们在实践活动中对信息、知识的欲求,基本上属于求知的需要。但人类需要的各个方面又是相互联系着的,这种联系主要是通过信息来维系的,信息需要与人类基本需要的所有方面都密切相关。例如,一则消息从本质上说可以满足求知的需要,但同时也可以满足社交或尊重的需要,甚至可能满足生理或安全的需要;一件作品可以满足求美的需要,也可以满足自我实现的需要。人类的实践活动是广泛的,信息需要是一种普遍存在着的心理现象,我们可以说,凡事皆需要信息,凡人皆有信息需要。

(2)信息需要的社会性。人作为社会化的人,他的信息需要也是社会性的。虽然信息需要常以个人欲求的形式出现,但其内容并不完全由个人意志决定。信息需要的产生和发展是由人与自然、人与人的关系及其相互联结所形成的社会环境和社会活动决定的。没有这种环境和活动,人类既不能满足已有的需要,也不会产生新的需要。人类信息活动的社会化趋势更表明了信息需要不仅仅是个体的特性,而且主要是一种社会性需要。

(3)信息需要的发展性。信息需要是在人类的社会实践活动中产生和发展起来的。在人类社会发展初期,人们的活动范围有限,社会信息量不大,信息需要也不太明显。随着人类社会实践活动的发展,社会现象日趋复杂,人们遇到的问题也越来越多,在进行各项活动时就更加需要了解情况,掌握知识,以便作出有效的决策,于是信息需要也在日益增长。社会科技、经济、文化事业的进步,一方面促使人们的总体需要不断扩大并使需要层次走向更高的阶梯,另一方面也刺激了信息需要的发展,带来了信息需要的大量化和高级化。

（4）信息需要的多样性。影响信息需要的因素是复杂多样的,既有信息活动主体自身因素的作用,也有社会环境因素的制约。从主体自身看,一个人的兴趣和个性、观念和态度、所受的教育和知识水平等都影响着信息需要的形成和发展,而每个人的专业、地位、所承担的职责和工作性质的不同也使他应关心的问题千差万别。即使对于同一个人,在不同的时间、地点环境条件下,由于具体任务的变化,其信息需要也会有很大的差异;从社会环境看,社会政治、经济、科技、文化等多种因素在宏观上制约着信息需要的运动方向,使社会信息需要具有明显的地域特点、民族特色和时代特征。

客观地说,每一个具有信息需要的人,都是信息服务的用户。充分开发信息资源,为用户提供有效的信息服务,满足全社会的信息需要,是信息管理的主要任务。用户研究是信息管理的出发点,用户的信息需要是信息系统建设和信息服务工作的根本依据。没有用户及其信息需要,信息系统就失去了存在的意义,信息服务工作乃至整个社会信息服务业就失去了发展的动力。

二、信息需要的结构分析

人类的社会实践活动永不停息,人们的信息需要也是在不断发展变化着的。事实上,信息需要是一个具有一定外部联系和内在结构的有机整体。由于人总是处于一定的社会环境之中,信息需要的发展和进化必然要受到社会信息环境诸因素的影响。在不同的信息环境下,人们的信息需要也呈现出不同的运动状态。而信息需要的各种基本状态以及由此决定的不同表现形式,表明了信息需要内部结构的复杂性。这种复杂性在纵向上表现为信息需要的层次结构,在横向上则表现为信息需要的内容结构。

（一）信息需要的层次结构

受人类自身特性及环境条件的制约,信息需要的产生和发展是一种十分复杂的现象。当一个人在工作或生活中遇到问题,需要获得信息来支持该问题的解决时,我们就说他具有信息需要。这是一种完全由客观条件决定,不以个人主观意识为转移的需要状态,即信息需要的客观状态。在这种情况下,人们可能并未认识到自己的信息需要。这也许是因为现实问题过于复杂和隐蔽,而个人的认识能力有限或信息意识淡漠,因此他并不知道自己的信息需要究竟是什么。除非有人提醒他,帮助他指出了这种需要,这时他才可能会认识到自己是有信息需要的。人们一旦认识到了自己的信息需要,其信息需要层次也就上升了一级。

有些人可能认识到了自己的信息需要但却没有表达出来这种需要。这可能是出于人们对问题性质的理解而使需要强度受到压制，或者是由于个人的信息能力和信息环境较差，他没有足以将需要表达出来的条件，致使有的需要不愿或无法用信息符号表达出来而处于"意会"状态。我们称这类认识到的信息需要为信息需求，其中人们认识到而未表达出来的信息需要为潜在需求，认识到并且表达出来的信息需要为现实需求。通常人们所说的信息需求往往是指现实的信息需求，即用户以自己方便的形式及时获取问题解决所需要的完整可靠的信息的要求。

当人们表达出自己的信息需求时，他可以面向许多信息源提出这个需求。他可能向信息服务机构提出一个查找信息的要求，也可能向其他信息源（如同行同事、个人文档等）提出要求。我们常把用户向信息服务机构提出的具体要求（书面的或口头的）称为信息提问。由此，形成了信息需要的层次结构（如图 3.3 所示）。

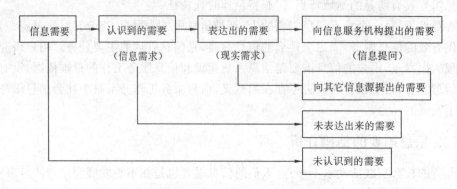

图 3.3　信息需要的层次结构

受许多因素的影响，用户的信息提问、信息需求和信息需要不可能是完全一致的。有迹象表明，许多人即使在工作和生活中遇到问题时也丝毫没有意识到他们有信息需要，如果意识到了，他们也不能把所有的客观信息需要都转换成现实信息需求，更没有把信息需求完全、准确地向信息服务机构提出来。事实上，信息服务的用户往往存在着这样的倾向：在信息提问中要寻找的是他们认为信息服务机构能够提供的信息，而不是自己实际需要的信息。因此可以认为，真正的信息需要比信息提问更加广泛和复杂。正如兰卡斯特所指出的，信息提问只不过是信息需要这座巨大的冰山那个露出水面的微乎其微的尖顶。如果我们把注意力只是集中在这个最容易观察的尖顶上面，并从这种观察中得出信息系统设计和信息服务的理论，就会走向极为危险的境地。因此，明确信息需要的发展层次，弄清用户的信息提问反映其信息需要的确切程度，对于提高信息管理的效能具有十分重要的意义。

区分信息需要、认识到的信息需要（信息需求）、表达出的信息需要（现实需求）和向信息服务机构提出的需要（信息提问）这四者非常重要。信息系统采集和加工各种信息，并通过信息服务向用户提供信息产品，但信息系统不能响应用户未认识到的客观信息需要或虽已认识到但却未表达出的信息需要，而最多只能通过完善周到的信息服务响应这种需要的表达状态(这只是一种理想的情况，实际上是不可能完全做到的)。也就是说，用户必须认识到他的信息需要，并且有足够的激发动力后，他才以信息提问的方式向信息系统全部表达出这种需要。很清楚，信息服务至多只能在用户现实需求(表达出的信息需要)的基础上运行。由此可形成信息提供与用户满足模型(图 3.4)。

（a）信息提供模型　　　　　　　　　　（b）用户满足模型

图 3.4　信息提供与用户满足模型

(二) 信息需要的内容结构

对于信息系统来说，应该注意的一点是，虽然信息提问总是由用户个人提出来的现实需求，也就是说，信息服务面对的是现实用户，但是，有效的信息管理者必须确定所服务的用户群体(既包括现实用户，也包括潜在用户)，考察整个用户群的客观的信息需要，方能使自己在激烈的信息服务市场竞争中立于不败之地。

由于人类社会实践活动的复杂性，用户的信息需要也呈现出多样性特征。不仅不同类型的用户的信息需要有不同的特点，即使是同一类型的用户，由于在个性心理特征、认识能力或信息环境等方面的差异，其信息需要也不尽相同。从一般意义上说，用户的信息需要主要表现为两大类：

1. 对信息的需要

对信息本身(即信息客体)的需要是用户信息需要的最终目标。人们在从事各种社会活动的过程中，为了解决所遇到的问题，就需要了解情况，增长知识，及时作出有效的决策。信息需要从本质上说表现为人类对于信息、知识的追求。由于信息本身的诸多属性，用户对信息的需要也涉及到许多方面：

(1) 对信息内容的需要。无论用户信息需要的表现形式如何不同，其本质内容都是要求获得有助于问题解决的特定信息。

(2) 对信息类型的需要。用户可能需要不同类型的信息，如知识、消息、数据或事实资料；口头信息、文字信息、图形图像信息；图书、期刊等类型的文献。

(3) 对信息质量的要求。用户需要的是准确、可靠、完整、全面的信息，而不是模糊、错误、零散、片面的信息。用户常对信息质量表示不满,因为用户实质上需要的是质量高而非数量多的信息。

(4) 对信息数量的要求。用户需要的是数量上适度、能够有效消化吸收的信息。当前,用户接收的信息数量经常超过其信息处理与利用能力的限度,这种现象被称为"信息过载"。

2. 对信息服务的需要

在当代社会信息数量急剧上涨、质量不断下降、内容交叉重复的情况下,用户个人满足自己信息需要的能力是十分有限的。所以,用户需要信息服务机构的帮助。信息机构通过开展各种各样的信息服务,把用户同特定信息源联系起来,从而极为有效地满足了用户对信息服务的需要。其中包括:

(1) 对服务方式的需要。用户需要不同的信息服务方式,如检索服务、咨询服务、报导服务、借阅服务、复制服务、翻译服务等。

(2) 对服务设施的需要。用户需要便利的信息服务设施,如检索设备(包括手工检索工具、光盘检索设备和联机检索系统)、阅览场所和设施等。

(3) 对服务质量的要求。用户对信息服务的质量有许多方面的要求,如适时性(对传递时间的要求)、针对性(对传递方向的要求)、连续性(对服务环节的要求)、经济性(对服务效果的要求)、可近性(对信息源的要求)、易用性(对信息系统的要求)、可得性(对原始文献信息的要求)、方便性(对信息服务的总体要求)等等。

三、各类用户的信息需要特点

尽管从总体上看人类的信息需要是十分广泛而复杂的,具有信息需要的人们也是形形色色的,但影响信息需要产生和发展的外部因素主要是人们所处的特定社会环境和社会活动领域。社会环境决定了社会信息需要的总的倾向,社会活动领域则决定着信息需要的群体倾向性。身处不同社会活动领域的人们承担的任务不同,关心的问题不同,其信息需要也就大不相同。因此,虽然不同用户的信息需要存在着明显的个体差异,但是我们可以按照人们的活动领域归纳出同一类型用户信息需要的共同特点。在当前各个社会活动领域中,信息活动最活跃、信息需要最鲜明的典型用户群体是科学研究人员、管理决策人员、工程技术人员、市场营销人员这四大类型。

1. 科学研究人员的信息需要

科学研究人员系指从事基础科学和应用科学研究的科学家。他们的任务是认识和揭示自然界、人类社会和人类思维的规律性,进行知识创新,扩充知识体系,主要解决"是什么"和"为什么"的问题。科学研究工作的性质决定了科研工作者的信息需要具有以下特点:

(1) 当代科学研究的微分化和积分化发展趋势一方面使科学家的信息需要具有高度专门化的特征,表现为所需信息内容专深,另一方面,学科之间相互渗透的综合化作用也使他们产生了对相关学科信息的需要。

（2）所需要的信息类型主要是理论性较强的原始文献，偏爱图书、期刊、会议文献和研究报告等文献类型；另外，也希望获得有关文献线索，需要文摘、题录、索引等检索工具。

（3）科研工作的连续性和累积性决定了他们需要从继承和创新的角度去系统掌握有关研究课题的完整信息，因而对信息服务的连续性和系统性要求较高。

（4）由于科学研究是探索未知的活动，科学家的信息需要往往难以预见，且不易表达清楚。为此，科学家需要获得具有可近性和方便性的信息服务。

2. 管理决策人员的信息需要

管理决策人员系指在各级各类组织机构中负责战略规划与计划、组织、指挥、协调等工作的领导和上层管理者。他们在各自的岗位上以独特的方式从事复杂的决策活动，主要解决"做什么"的问题。管理决策工作的性质决定了管理人员的信息需要特点是：

（1）任何一项决策都具有社会性和全局性，将会给未来发展带来广泛而深远的影响，因此，管理决策人员所需要的信息内容综合广泛，往往是具有战略性、全局性和预测性的涉及决策对象内外各方面的信息。

（2）对信息数量和质量有较高要求，一般需要少而精、经过浓缩加工的信息，对信息的简明性、完整性、准确性和客观性要求都比较高。

（3）为避免决策失误，保证决策的科学化和民主化，管理决策人员多依赖正规信息机构所提供的信息服务，并且要求信息服务工作有较强的针对性和适时性，能够提出尽可能多的决策方案可供选择。

3. 工程技术人员的信息需要

工程技术人员系指在各种各样的技术开发和生产活动中从事发明、设计、试验、监控等工作的工程师。他们的任务是根据社会需要进行技术创新，开发新产品，设计新工艺，创造新工具，把科研成果转化为现实的生产力，主要解决"怎么做"的问题。一般而言，工程师的信息需要具有明显的职业特点，主要表现为：

（1）工程技术人员总是围绕特定的行业获取信息，其信息需要有集中的专业方向。而一个工程技术项目的实施又往往需要多方面的知识，因此，在专业方向集中的前提下，他们需要涉及许多学科领域和技术范围的信息。

（2）需要具体的、经过验证的数据、事实和成熟的技术信息，最感兴趣的信息类型是专利、标准、技术报告、工程图纸、产品样本以及各种实用手册等。

（3）工程师面临的问题大都是技术开发和生产实践中急待解决的新问题，因而要求获得新颖、准确、实用、有效的信息，对信息服务的及时性和经济性有较高的要求。

4. 市场营销人员的信息需要

市场营销人员系指在市场经济活动中从事市场拓展、产品销售、客户支持等工作的业务经营人员。市场经济是通过市场供需的变化来调节资源分配和引导经济运行的，它通过供求、价格和竞争这三个相互联系的环节来提高资源的配置效益，具有自动性、强制性和开放性的特点。随着市场经济的发展,市场营销人员在社会经济活动中地位和作用日益突出,他们的信息需要也在迅猛增长,并表现出如下特点:

(1) 瞬息万变的市场环境和残酷激烈的市场竞争要求市场营销人员作为企业的信息触探器不仅要掌握产品信息、价格信息、客户信息等与当前业务直接相关的信息,而且还要密切关注协作伙伴、竞争对手的情况,注意了解当地时事政策、经济走势、文化动态等市场环境信息,其信息需要十分广泛。

(2) 需要及时、新颖、准确、可靠的信息,对信息服务的及时性和针对性要求很高。当今市场变化的快捷性要求企业对市场变化要作出敏捷的反应,因而要求市场信息服务也具有较强的快速反应能力。但由于目前的信息系统还不能有效地满足需要,市场营销人员常常借助于非正规渠道获取信息。

(3) 市场因素的复杂多变使得市场营销人员单凭个人的主观臆测已无法对市场情况作出准确的判断,依靠市场调查等人工方法也不可能完全做到客观准确和面面俱到。因此,企业利用现代化的计算机与网络通信技术建立面向市场竞争需要的信息系统势在必行。

四、信息动机的形成与转化

动机的原意是引起动作,心理学上把人们经常以愿望、兴趣、理想等形式表现出来,激励个体发动和维持其行动,并导向某一目标的一种心理过程或主观因素叫做动机。动机体现着人所需要的客观事物对人类行为的激励作用,把人的活动引向一定的、满足其需要的具体对象。这种由动机引发、维持与导向的行为即称为动机性行为。

虽然正如马斯洛所指出的那样,人类的各种行为并非总是有明显的动机,但是对于信息行为来说,人类的信息行为是有意识的行为,与动物的本能活动是根本不同的。人的信息行为有明确的工具性、目的性和持续性,是在社会实践活动中不断学习、丰富和提高的,特别是作为人们认识世界改变世界的一种主观努力而出现的。因此,人类的信息行为都有明显的动机——信息动机。信息需要是信息行为发生的根本基础,而信息动机则是信息行为发生的根本动力。

信息动机的形成不外乎两个原因:一为内在条件即信息需要,二为外在条件称为刺激。

内在条件是人们在生活、工作和成长过程中遇到问题时感到缺乏信息的状态即信息需要。每个人都有许多信息需要,这些信息需要在不同的时间、地点条件下具有不同的需要强度,它们之中最强烈的需要将决定一个人的信息行为。信息需要一旦达到较强的程度,被用户意识到,就会转化为信息动机。也就是说,信息动机是由一定的信息需要转化而来的,信息需要向信息动机的转化取决于需要的强度,如果信息需要不达到一定的强度,是不会产生信息动机的。

外在条件是指施加于个体之上的各种有形的或无形的刺激,其中尤以信息环境和信息意识的影响最为显著。影响人类信息活动的所有因素统称为信息环境,它是形成信息动机的客观条件,包括信息资源、信息技术、信息系统、信息政策和法规以及各种自然、地理和社会政治、经济环境等。人的任何信息活动都是发生在一定的信息环境之中的,如果用户具有某种信息需要却缺乏满足该需要的信息环境,那么,这种信息需要是不会转化为信息行为动机的。信息意识则是信息及信息环境作用于用户的结果,它包括用户对信息及信息环境的认识和对它们的态度两重含义。用户对信息及信息环境的认识是指用户对信息的价值、自身的信息需要、个人活动与信息环境的关系以及信息系统的功能等方面的自觉心理反应;用户对信息及信息环境的态度可以理解为用户对信息及信息环境作何种评价,是肯定的还是否定的,这是决定用户是否产生某种信息行为的关键。信息意识对用户来说所起的主要作用是使用户明确自己的信息需要并指引其信息行为的方向,从而使信息行为更有目的性和预见性。当然,外界刺激是通过内在需要起作用的,而且也只有外界刺激与内在需要相一致时,外界刺激才能起作用。由此,信息动机可以看作是信息需要、信息环境和信息意识相互作用的一个函数,即:

$$信息动机 = f\{信息需要,信息环境,信息意识\}$$

用户一旦形成了信息动机,就会在有关因素作用下产生信息行为。信息动机为用户的信息行为指出目标,提供力量,并使用户明确其行为意义。它具有两个方面的机能:一是激励机能,即激发个体产生某种信息行为,并对用户的实际信息行为起推动和控制作用,表现为对信息行为的发动、强化、维持或终止。二是指向机能,即选择信息行为的目标,使用户的信息行为总是朝着特定的方向、预期的目标进行,表现为信息行为的明显的指向性。当然,信息动机与信息行为之间的关系并非一一对应的关系。同一信息动机可能引发不同的信息行为,例如,同样是具有查找某个化学分子式的动机,用户可以表现出多方面的查寻行为:请教他人、翻阅手册或联机查询等;而同一信息行为也可能由多种信息动机所致,例如,去图书馆阅览文献的用户,有的是为了科学研究,有的是为了复习考试,还有的只是为了业余消遣等等。

即使是同一用户,在实践活动中其信息动机也往往不止一个,而是同时存在着各种各样性质不同的信息动机,这些动机的强度也是随时会有变动的。不同性质的信息动机,可以对用户具有不同的意义,具有强度不同的推动力量。用户信息行为的方式、持续性和效果,在很大程度上受动机性质的制约。通常,在引起一个人信息行为的所有不同动机中,最强烈、最稳定的信息动机决定着他信息行为的性质和方向,这种信息动机就叫做优势动机(或主导动机)。

用户的信息行为均由其最强有力的信息动机所决定。如果这一主导性动机受到阻碍,动机的强度就可能发生变化。用户首先会产生对抗倾向,亦即通过尝试行为来克服这个障碍。如果尝试成功,信息动机的力量得以强化,信息行为就可以继续下去并最终达到目标。这时用户不仅会产生成功感,而且还会显出一种"梅花香自苦寒来"的自豪感;如果尝试不成功,信息动机的力量就会减弱,使用户不得不暂时改变甚至放弃信息行为。此时用户可能会感到沮丧,产生一种挫折感.影响信息动机向信息行为转化的因素除用户所处的信息环境和自身的信息意识外,还包括用户的认知能力和抱负水准等几个方面.

认知能力是个体为完成某项认识活动而在主观方面所必须具备的个性心理特征,是在先天素质的基础上,通过后天实践活动的锻炼和学习而形成和发展起来的.信息用户的认知能力包括一般能力如观察力、注意力、记忆力、想象力和思维力等,即通常所说的智力和特殊能力如语言文字能力、计算机应用能力、信息检索与处理能力等,即所谓的信息能力.认知能力能够帮助用户明确信息行为目标,确定信息行为方式,并排除信息行为过程中的干扰和障碍,其强弱大小对于信息动机向信息行为的转化有加速或抑制作用.

一个人的抱负水准决定了其行为所达到的程度.所谓抱负水准,是指一种欲将自己的工作做到某种质量标准的主观心理愿望.抱负水准的高低与个人的成就动机(遇事想做、想做好、想胜过他人)、过去的成败经验以及他人(如父母、老师、领导、朋友等)的影响和期望有关.用户在从事某一实际信息活动之前,自己内心总是预先估计所能达到的成就目标,以后就竭尽全力为实现这个目标而努力.显然,抱负水准高的用户对自己的信息行为有较高的标准,要求他不断地把信息动机转化为信息行为以满足自己的需要,假如预期结果的质量超过了自己的标准要求,便会有一种"有所成就"的成功感.而抱负水准低的人遇事马马虎虎,得过且过,缺乏上进心,也不可能把自己的信息动机有效地转化为信息行为.

第二节　用户的信息行为

信息行为就是人们满足其信息需要的活动.从信息需要的形成到信息需要的满足,就是一个完整的信息行为过程.正因为有信息需要的存在,人们才在信息动机的支配下表现出各种各样的信息行为.如果从用户的角度出发,人的信息行为主要表现为信息查寻行为、信息选择行为和信息使用行为.

由需要而引起的行为可分为目标行动和目标导向行动两种.目标导向行动是寻求行为目标、确定行动方向的过程,目标行动则是从事目标本身的过程.如果一个人在某一时刻最强烈的需要是食物,那么寻找吃饭的地方、选购食物等就可以看成是目标导向行动,吃饭则是目标行动.用户的信息查寻行为和信息选择行为都是典型的目标导向行动,而用户的信息利用行为则是目标行动.

一、信息查寻行为

当用户意识到自己的信息需要时,我们就说用户具有了一定的信息需求.用户为满足其信息需求,必然会在某种信息动机的支配下采取相应的行动.用户首先要采取的行动就是信息查寻,即用户查找、采集、寻求所需信息的活动.

用户的信息查寻行为既取决于个人的信息意识和信息能力以及用户的个性心理特征,也要受用户所处的社会环境,特别是信息环境的制约.一般而言,用户总是属于某一社会组织的成员,因此其信息查寻行为必然要受到有关社会团体和所在社会信息环境的影响。在不同的环境中,用户的信息查寻行为也表现出不同的形式。英国学者威尔逊(T. W. Wilson)用图 3.5 试图表明一些可能的情况。

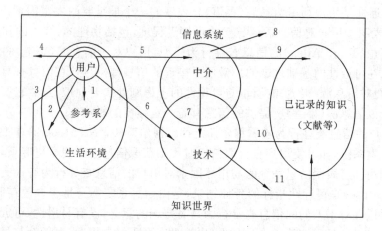

图 3.5　用户的信息查寻路线

图中"知识世界"包括有关世间所有物体、事件和现象的全部知识,是与物质世界相对应的一个抽象的概念;

"用户生活环境"是指在一个信息用户身上所集中的那些经验的总和。在这个生存空间内,一个重要的组成部分是工作空间,其中会存在各种"参考系",用户能借以识别他人,如同行同事、组织内同等地位的人员等;

用户将与各种信息系统接触,在信息系统中表示出两个子系统,中介(指信息人员)和技术(即信息查寻所需的方法和设备);

为了满足用户的信息需要,信息系统必须检索各种知识实体。各种已记录下来的知识(文献)及其他信息源可以作为这样的实体。

图中带编号的箭头表示一些可以被用户直接使用或由信息系统及其子系统代表他们使用的查寻路径。用户可能使用的全部查寻路径也许并不只是这些,但它们标志着四个相关的群:

路径 1,2,3,4 表示用户不依赖任何信息系统,而是利用个人途径来查寻信息,可称为 A 类路线;

路径 5,6 表示通过信息系统来获取信息,可称为 B 类路线;

路径 7,8,9 表示借助信息人员来满足信息需要,可称为 C 类路线;

路径 10,11 表示用户或中介使用信息系统提供的技术设备来查寻信息,可称为 D 类路线。

显然,可供用户查寻信息的路线是多种多样的。一个人常常面对着许多可以满足其信息需要的信息源,这些信息源的存在使用户面临着选择的压力,他不得不从中作出抉择,寻找合适的信息查寻渠道,以便高效快捷地获取所需信息。一般来说,每个用户经过多次

信息查寻实践活动后就会逐渐形成适合于自己的相对稳定的信息查寻路线,表现出一定的信息查寻行为规律。这些规律可总结如下:

(1)可近性是用户利用信息源(渠道)总程度的一个最重要的决定因素。可近性(accessibility)表明了用户对信息源(渠道)的可接近程度,包括物理的、智力的和心理的可近性。按照艾伦(T. J. Allen)的信息查寻行为模型,用户对于信息源(渠道)的选择几乎是唯一地建立在可近性的基础之上的。最便于接近的信息源(渠道)在信息查寻行为中将首先被选用,而对信息源(渠道)的质量与可靠性的考虑则处次要地位,虽然它们对于用户是否愿意接受该信息源(渠道)所提供的信息有着一定程度的影响。

(2)用户的信息查寻行为遵循穆尔斯定律。穆尔斯(C. N. Mooers)在1960年指出,一个信息检索系统,如果使用户在获取信息时比不获取信息时更费心更麻烦,这个系统将不会得到利用。这表明信息系统的易用性因素对用户的信息查寻行为有很大的影响。易用性(ease of use)是可近性指标的延伸结果,是由信息系统本身是否方便存取所决定的。易用性和可近性对于人们的信息查寻行为具有普遍的意义。没有易用性,可近性就失去了效率;没有可近性,易用性就失去了公平,也就没有真正的易用性。可近性与易用性相辅相成,一起成为决定某一信息源、信息渠道、信息系统或信息服务能否得到利用的重要因素。

(3)受可近性和易用性的影响,信息查寻的一般过程是:人们总是首先从自己已有的资料(个人藏书或个人文档)查找,然后转向非正式渠道,取得同行和同事们的帮助。只有在用过这些方法还不能解决问题时,人们才会考虑到利用信息系统的信息服务。

(4)人们在查寻信息时倾向于根据以往的经验,遵循习惯的方式,采集最容易获得的信息。但任何人都是既通过非正式渠道,也通过正式渠道来查寻所需信息的,只不过是各类用户、甚至每个人的侧重点不一样罢了。

例如,为了查明科学家和工程师是利用何种渠道获得他们所必需的科学信息的,罗森布拉姆(R. Rosenbloom)和沃立克(F. Wolek)曾向美国4家大工业公司13个单位的2000名科学家和工程师进行了问卷调查。该项调查表明,在接受询问的1523名科学家和工程师中,通过非正式渠道(个人接触)获得的科学信息占全部科学信息的53%。同工程师相比,科学家利用人际关系渠道较少,利用专业文献较多;利用公司内部来源较少,利用外部来源较多;较少从事某种专题检索,更多注重综合查寻能力的培养(参见表3.1)。

表 3.1 科学家和工程师信息查寻渠道和查寻方式

查寻渠道(%)	科学家 (633 人)	工程师 (890 人)
单位内的人际关系(本部门、单位内的对话)	18	25
公司内的人际关系(同本公司内别处的人对话)	9	26
公司外部人际接触(同本公司以外的人接触)	16	11
公司文献(本公司的文件、报告等)	6	12
行业文献(商贸杂志、商品目录、工业报告)	9	11

查寻渠道(%)	科学家 (633 人)	工程师 (890 人)
专业文献(专著、论文、会议文献等)	42	15
人际关系渠道小计	43	64
公司内部渠道小计	33	63
查寻方式(%)		
专题检索	42	53
述评或参考文献	33	30
综合查寻能力	25	17

数据来源：Vickery B. C. and Vickery A. Information Science in Theory and Practice. London：Butterworths & Co. (Publishers) Ltd. ，1987

二、信息选择行为

现代人类正生活在一个信息泛滥的时代,许多人都有一种"信息超载"之感。到达人们手中的信息,多得已使他们自己无法进行及时、有效的处理,从而妨碍了决策的效率和效果。因此,现在人们不再想从更多的信息源中获得更多的信息,而是强调信息的针对性和适用性,即要求加强信息服务和信息活动的选择性。

选择贯穿信息活动的始终。自从人们产生了信息需要,也就出现了自觉或不自觉的选择活动。前已指出,当具有信息需要的用户认识到自己的需要(即形成信息需求),就有可能把它表达出来。这时,用户首先面临的选择问题是进行信息需要表达的必要性与可行性分析(是否表达?)。一旦用户决定表达出其信息需要,就产生了两个方面的选择问题:一方面是表达对象的选择问题,即选择适当的信息源以发生必要的信息查寻行为(向谁表达?);另一方面是表达方式的选择问题,即在选定信息源之后,用户还要选择恰当的提问方式,以便使提问能充分代表自己的信息需要并且能获得信息源的最大接受与理解(如何表达?)。经过用户与信息源的交互作用,用户获取了信息源提供的信息,这时,选择活动就进入了信息选择阶段。

信息选择是对查寻过程和查寻结果的优化。所谓信息选择,就是从某一信息集合中把符合用户需要的一部分(子集合)挑选出来。"符合用户需要"是信息选择的基本原则,并不是一个具体的标准。用户的信息需要是复杂多变的,对于不同的用户在不同的时间、地点环境条件下都可能有不同的信息选择标准。按照信息选择活动的发展层次,信息选择的核心标准主要有两个:一是相关性,二是适用性。

1. 相关性（relevance）

美国的萨拉塞维奇（T. Saracevic）以最概括的语言对相关性作出了如下的定义："相关性是交流过程中来源与终点（接收者）之间接触效率的量度。"例如，某一篇文献在主题上与用户的提问相吻合，我们就说这篇文献是相关性文献。因此，凡是论述同一主题或属于同一领域的文献信息都可以认为是相关的，而不考虑其水平高低。

严格地说，只有某一文献信息的最终接收者才可以作出明确的判断："是的，它对我是相关的。"然而，人们仍然在信息传递的每一个阶段都始终进行着相关性的假设与判断。一般来说，信息只有在相信是和已知或假设的需要可能相关时才被产生；只有在及时地预见到某一应用时才会记录下来；只有某一出版商相信存在着与其相关的读者时才把信息复制并传播出去；只有在判定和信息系统的实际或潜在的用户相关时，该信息系统才会把发表的信息采集、组织和存储起来；在加工整理（著录、标引）这些文献时，要建立一些与文献有关的著录标识，并力求使每个著录项目与假定的用户需要之间存在着相关关系；在信息查寻时，查寻者所使用的检索策略必须与用户的信息需要有关。当检索策略匹配了文献著录，就检出了一批文献。这时，文献与用户需要之间存在着如下关系（参见图 3.6）：

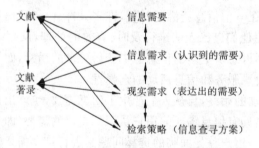

图 3.6　文献与用户需要之间的关系

当某一文献被检出时，我们可以说文献著录与检索策略之间存在着相关关系，但文献本身与检索策略则未必相关。这可能是由于文献标引不够准确造成的。即使文献与检索策略相关，也可能与用户表达出的需要（现实需求）无关。例如，检索策略过于宽泛或狭窄，或者出现检索词的错误组配时就会产生这种情况。如果文献信息的主题内容充分接近用户现实需求所要求的主题内容，我们就说文献信息与用户需要是相关的。也就是说，查寻结果与用户现实需求之间的关系有一种相关性关系。

以用户现实需求为基准进行的信息选择都是相关选择。相关选择活动通常可以独立的信息载体单位（如文献的篇章）为选择单元，它既可由信息服务人员代替用户进行初始选择，亦可由用户自己完成。例如，在一个文献集合中把与用户提问主题相关的一部分提取出来的活动（文献检索）就是相关选择。相关选择追求全面完整，一般使用的是筛选方法，得到的结果数量较大。

那么，文献信息的主题内容与用户的现实信息需求如何接近才算是"充分接近"？这里并无一个准确的测度标准。不同的人对表达需要的提问与所获取的信息之间的关系可能作出不同的判断。在不同的时间或不同的环境条件下,同一用户也可能对此作出不同的评价。因此,相关性关系不是客观、明确的,而是主观、含糊的,并且其判断很可能不一致。

2. 适用性(pertinence)

显然,在信息需要、信息需求、现实需求、检索策略、文献及其著录等各种变量之间,存在着相当复杂的关系。由于某些关系并非一成不变,所以使整个情况进一步复杂化了。实际上,相关性并未告诉我们满足用户客观信息需要的程度。例如,某些检出的文献可能匹配了用户的现实需求,却未匹配用户认识到的需要,更未匹配用户客观的信息需要。更何况,用户的实际信息需要和信息需求可能都在不停地变化,即使某一文献在某个时候可能匹配了用户认识到的需要,但在另一时候就可能不匹配了。因为在这段时间里,用户的信息需要已经发生了变化。因此,仅有相关性指标是不足以表明查寻结果的价值的。特别是在信息泛滥的今天,用户真正需要的是精练的适用性信息,而不仅仅是数量庞大的相关性信息。

适用性表示的是最终用户对查寻结果的价值判定,它反映了特定时间内查寻结果满足用户客观信息需要的程度。很清楚,只有用户在某一时刻才能决定某一查寻是否满足其信息需要,这是因为,用户的信息需要同表达出的现实需求不一样,它是随信息环境的改变而千变万化的。假设某一用户利用信息系统或其他信息源查寻到 25 篇文献。当用户看到第一篇文献时,他的信息需要概念可能有所变化,这就必然影响到他对其余文献的适用性判断。例如,第一篇文献可能恰好是他最需要的,而第六篇文献基本上是第一篇的重复,因此,他判定第六篇文献对他来说没有价值。然而,倘若他首先看到的是第六篇文献,也许会判定它是有价值(适用)的,而后看到的第一篇文献就没有价值了。如果用户不是在同一时间对这 25 篇文献进行适用性判定,那么在这段时间内,其信息需要将会发生变化,从而对他的适用性判定产生某种影响。可见,用户的适用性判定受选择顺序和时间推移等多种因素作用,其判断的有效范围是非常短暂的。

适用选择是在相关选择的基础上深入一个层次的选优活动,通常以信息元(或知识元,如一个事实、一则定义、一种观点、一组数据等)为单位,最终必须由用户自己完成。因为适用选择的最后结果要求与用户水平、当前需要相一致,而只有用户本人才能作出这种适用性判断。由于适用选择要对信息的价值进行分析研究、比较评判,因此选择活动有更高的质量标准,概括地说就是:适度、精练;准确、可靠;先进、适用。

三、信息利用行为

用户获取信息的目的是为了有效地利用信息,使他所面临的问题最终得以解决。因此,用户的信息利用行为与问题解决是紧密联系在一起的。

1. 问题与问题解决

人们在生活和工作中总要面对许多问题并经常需要解决问题。问题解决理论的主要代表人物纽厄尔(A. Newell)和西蒙(H. Simon)把问题定义为：当一个人想要某种东西而又不直接知道他通过哪些行动才能得到它时，他就面临一个问题。在现实生活中，问题是多种多样的，内容和形式都千差万别。一般来说，当人们面临一项任务而又没有直接的手段去完成时就出现了问题。一旦获得了某些信息，找到了完成任务的手段或方法，问题就可以得到解决。格里诺(J. G. Greeno)把问题区分为三种类型：

(1) 结构问题。在这类问题中，给予若干成分，而问题解决者必须发现隐含在这些成分中的结构形式。属于这类问题的有类比问题(A 与 B 恰如 C 与?)、序列延续问题(12834656?)等等。

(2) 转换问题。给予一个最初的状态，而问题解决者必须发现一系列达到目标状态的操作。这类问题的例子有著名的河内塔问题、传教士与野人过河问题等。

(3) 排列问题。给予所需的成分，而问题解决者必须以一定的方式排列它们，以达到规定的目标状态。这类问题包括字谜和隐算术问题等。

这些问题类型的划分可以揭示出一些问题的结构。当然，正如格里诺所指出的，并非所有的问题都能归入这三类问题中的某一类。有些问题是跨类别的，如弈棋就既包括转换又包括排列。

雷特满(W. R. Reitman)从另外一个角度，即根据问题是怎样被规定的，将问题分为两大类：一类是规定明确的问题，此类问题对初始条件和目标状态都有清楚的说明。例如："从杭州乘火车到重庆的最佳路线是什么?"或"求 169 的平方根"一类的代数问题。另一类是规定不明确的问题，此类问题对初始条件或目标状态未加清楚的说明，或者对两者都没有明确的规定，因而使问题具有更大的不确定性，亦称之为不确定性问题。例如，"要修好这辆汽车"这个问题的目标是清楚的，而其初始状态即汽车发生了什么故障则不清楚；又如"在市中心盖一座漂亮的建筑"这个问题的给定条件是清楚的，但目标缺乏明确的规定；而"创造一件有永恒价值的艺术品"这个问题的条件和目标均未清楚地规定。一般来说，规定不明确的问题要比规定明确的问题更复杂，更难于解决，因为规定不明确的问题无法划出相关信息的范围，缺少据以采取有效步骤和评价是否达到目标的标准。人们在工作和生活中，有些问题知道如何解决，有些问题不知道如何解决，即缺乏解决问题所需要的全部相关信息。问题解决活动中的"问题"通常是指复杂的规定不明确的问题，如果用信息论的语言来说，这种问题就是客观存在的某种不确定性在人们头脑中的反映，其实质是被思维主体意识到的、有必要且有可能消除的某种思想上的不确定性。

现实生活中的问题是各种各样的，问题解决的过程也不尽相同，但所有的问题解决活动都具有共同的基本特征。安德森(J. R. Anderson)提出了关于问题解决的三个基本特征：

(1) 目标指向。对问题有明确的目标，并受这个目标的指引。问题解决活动必须是目标指向活动，它总要达到某个特定的终结状态。冥思遐想虽然也是一种复杂的心理活动，但由于缺乏明确的目标而不被认为是问题解决。

（2）操作系列。要在目标指引下进行一系列的心理操作。有些活动虽然也具有明确的目标(如回忆朋友的电话号码)，但这种活动只需要简单的记忆提取而无需一系列心理过程，因此不被认为是问题解决。

（3）认知操作。问题解决活动必须由认知性操作来进行。有些活动，如打领带、发扑克牌等虽然也含有目的和一系列操作，但这种活动基本上没有重要的认知成分，因而也不属于问题解决活动。

认知心理学认为，一项活动必须完全符合这三条标准方可称为问题解决。问题解决就是具有目标指向的认知性操作系列。用户的问题解决活动是用户利用信息来解决他工作和生活中所面临问题的过程，也就是在特定的目标指引下把经过选择的信息与待解决的问题匹配的过程，通过对匹配结果的不断反馈来修正其信息行为，直至使问题得以解决。

2. 解释与信息利用

问题解决是一种重要的思维活动，是思维活动的一个最普遍的形式。认知心理学从信息加工观点出发，将人看作主动的信息加工者，将思维看作是信息的加工过程，将问题解决看作是对问题空间的搜索过程，为思维的研究开拓了新的方向。

问题空间是问题解决的一个基本范畴。所谓问题空间，是问题解决者对一个问题所达到的全部认识状态。人们要解决问题，首先必须理解这个问题，对它进行解释和表征，即构成问题空间。这包括：表示问题的初始状态和目标状态，理解问题的指令和限制，从长期记忆中提取信息，或收集有关作业的补充信息。对问题空间的搜索，就是查寻解决问题所需要的信息，以找到一条从问题的初始状态到目标状态的通路。问题空间不是作为现成的东西随问题提供给人们的，问题解决者要利用问题所包含的信息和已掌握的有关信息来主动地构造它。人原有的知识结构对问题空间的构建有较大的影响，因此，对于同一问题，不同的人可能形成不同的问题空间。对于同一个人来说，在问题得到解决之前，问题空间也在发生不断的变化。而人们面对不同的问题则形成不同的问题空间。相对而言，规定明确的、简单的问题比规定不明确的、复杂的问题较易形成适宜的问题空间。问题空间是否适宜，对问题解决有着直接的影响。如果问题解决者发现必须重新解释问题，或为了解决它必须利用不同的知识和信息，他甚至可以重建问题空间。

当有关某一问题的需要被解释的信息(简称被解信息)被用户(思维主体)所接受，就形成了一个初始问题空间。问题的提出是新的信息对原有认识的某种否定，问题的解决则是对新到信息的合理解释。而解释本身往往又需要采集许多信息。例如地震传来，这是一个信息，如果要对其加以解释，就需要收集许多观察资料，采集许多相关的数据。包含在解释之中的这些信息，就是解释本身所含的信息(简称解含信息)。从信息的观点看，解释就是寻求被解信息与解含信息之间的联系。要获得一个圆满的解释，就要对问题空间中的被解信息和解含信息进行不断的搜索。信息搜索一般可涉及思维主体的大脑、社会信息流的总库和未知世界三个范围。新出现的被解信息，或者信息量大于原有知识结构所含的信息量，或者导致原有知识向深层发展，或者与原来预期的事物相悖，因而需要进行信息加工，提出合理的解释，或者确认原有知识结构不能容纳新出现的信息，或者确认原有知识需要向更深层次发展，或者确认原来的预期是建立在虚假信息基础上的，并由此形成新的知识结构。

在用户的问题解决活动中，解释是信息加工的核心环节。解释就是变不可理解为可理解而进行的思考和陈述。思维主体一旦接受了某一信息，就开始了对它的解释。现代实验心理学已经证实，人对于所获得的信息的解释过程，决不是照相式或录音式的机械过程。心理学家指出，解释是一个复杂的过程，人们在此过程中对感受到的刺激加以选择、组织并理解，使之成为一幅现实世界的富有含义的、统一的图画。也就是说，在解释的过程中，人具有主动性和选择性，并受一系列心理因素所影响，其中包括基于以往经验的假设、文化背景、动机、情绪和态度诸因素。

要对问题作出独立的有价值的解释，必须掌握问题本身的、以及相关对象的一定量的信息。解释所需的信息必须是相关信息，无关信息只能带来消极作用，甚至会破坏解释。即使是相关信息，也要经过分析评价，比较典型，选择那些较能说明对象本质的信息，并且要有合适的数量。这种与对象直接相关的、比较典型的、适量的信息称为合适的信息度。完全达到合适信息度是困难的，但是做到接近这个合适的信息度，减少偏离度，则是可能的。

在工作和生活中，每个人都会经常遇到各种各样或大或小的问题。这些问题从理论上说都可以通过信息行为来促进解决，但是，在信息需要—信息需求—信息提问（查寻）—信息选择—信息利用的过程中存在着许多影响用户信息行为的因素，使得并非每个需要信息的人都有同样的机会和能力去利用信息。如果上述信息行为过程中的每一步都可达到90%，其结果就有2/3的实际信息需要得以满足。每一步都达到80%就有40%的吸收利用。每一步都达到70%则意味着只有1/4的实际信息需要能得到满足。由此可见，要提高信息活动的效果，为用户的问题解决提供有效而可靠的信息保证是一项十分复杂的系统工程。

复习思考题三

1. 信息需要的特征是什么？
2. 分析人类信息需要的层次结构和内容结构。
3. 科学研究人员、管理决策人员、工程技术人员和市场营销人员的信息需要各有何特点？
4. 试分析信息动机的成因，以及信息动机向信息行为转化的影响因素。
5. 结合实际分析用户的信息查寻行为路线，总结其信息查寻行为规律。
6. 选择贯穿于人类信息活动的始终。用户的信息选择行为标准是什么？它与信息机构的信息选择工作有何不同？
7. 在长桌前坐着 4 个人，从左至右依次是甲、乙、丙、丁。根据下述信息，指出谁拥有小轿车：

① 甲穿蓝衬衫；

② 丁拥有摩托车；

③ 丙靠着穿绿衬衫的人；

④ 穿红衬衫的人拥有自行车；

⑤ 穿白衬衫的人靠着拥有摩托车的人；

⑥ 拥有三轮车的人距拥有摩托车的人最远。

8. 找出一个由所有这些字母组成的英文单词：DRY OXTAIL IN REAR

参 考 文 献

1. 胡昌平著. 信息服务与用户研究. 武汉：武汉大学出版社,1993

2. 陈建龙著. 信息市场经营与信息用户. 北京：科学技术文献出版社,1994

3. 林秉贤著. 社会心理学. 北京：群众出版社,1985

4. 王玎、汪安圣. 认知心理学. 北京：北京大学出版社,1992

5. 王树茂、李军编著. 心理学基础. 沈阳：东北工学院出版社,1987

6. 田运. 思维科学. 杭州：浙江教育出版社,1988

7. (美)马斯洛著,许金声等译. 动机与人格. 北京：华夏出版社,1987

8. Wilson T D. On user studies and information needs. Journal of Documentation，37(1)，1981，3～15

9. Faibisoff S G and Ely D P. Information and information needs. Information Reports and Bibliographies，5(5)，1976. In：King，Donald ed. Key Papers in the Design and Evaluation of Information Systems. White Plains，NY：Knowledge Industry Publications，Inc.，1978，270～284

10. Lnacaster F W. Information Retrieval Systems：Characteristics，Testing and Evaluation. 2nd ed. New York：Wiley-Interscience，1979

11. Vickery B C and Vickery A. Information Science in Theory and Practice. London：Butterworths & Co. (Publishers) Ltd.，1987

12. Atherton P. Handbook of Information and Services. Paris：Unesco，1977

13. Saracevic T. et al. Introduction to Information Science. New York：Bowker，1970

14. Delvin B and Nilan M. Information needs and uses. In：Williams，M. E. ed. Annual Review of Information Science and Technology，V. 21，New York：Knowledge Industry Publications，Inc.，1986，3～33

15. Marchionini G. Information Seeking in Electronic Environments. Cambridge，UK：Cambridge University Press，1995

16. Solomon P. Discovering information behavior in sense making. JASIS，48(12)，1997，1097～1138

第四章　信息交流论

　　信息的基本属性是可传递性,信息运动过程是普遍存在于自然界、生命有机体和人类社会群体之中的客观过程。信息管理所涉及的信息对象是不断运动着的社会现象,只有揭示社会信息运动的本质特征,把握人类信息交流的基本规律,才能有效地实施信息管理,使社会信息流朝着有利于人类生存和发展的方向运动。因此,有关信息交流的基本理论是信息管理研究的重要理论基础。

　　信息交流是个体信息传递的复向过程。所谓信息传递,是指通过一定媒介使信息从时间或空间的一点向另一点移动的行为。它反映了信息的发出者和接受者之间的相互关系。面向广泛接受对象时亦称信息传播。信息交流就是指各个个体借助于共同的符号系统所进行的信息传递、交换与分享。

　　系统论告诉我们,系统之间相互作用的重要方式就是信息交流。生命体要维持自己的生存,就要从外界获取信息,并做出相应的反应。生物在进化的过程中发展了许多巧妙而有效的信息交流机制。人类社会的发展更是离不开各种各样的信息交流手段。人类的信息获取、信息处理、信息利用与信息交换等各种信息行为过程,就是从个体信息流到社会信息流的融合过程。并且,随着人类社会的进步,社会活动规模越来越大,信息流的结构越来越复杂,信息交流的方法和手段也越来越发达。人类社会的信息交流活动大致经历了三个发展时期:口语时期、文字时期和电子时期。在每一时期,信息交流与人类社会的发展都具有极大的同步协调性。

第一节　信息的表述——符号与编码

　　信息交流过程涉及四个基本要素:信息的发出者(信源)、信息的接收者(信宿)、交流手段(媒介)和交流对象(信息)。从本质上说,当信息交流双方凭借一定的媒介参加交流活动时,就形成了一种交流关系,正如威尔伯·施拉姆(Wilbur Schramn)所指出的,"它意味着共享那些代表信息和导致一种彼此的了解会聚到一起的符号"。换句话说,在这种关系中,共享的是表述信息的符号,而未必是信息本身。因此,信息交流也可以说是符号的交流。

一、符号

信息是事物的表征,但表征事物的信息本身是不能直接为人们所认识的。实际上,它是通过代表事物的代码——符号来传达的。当某事物作为另一事物的替代而表现另一事物时,它的功能被称为"符号功能",承担这种功能的事物被称为"符号"。因此,符号的真正意义所在,就是采用一一对应的方式,把一个复杂的事物用简便的形式表现出来。简言之,符号就是一种代表思想的通用记号或标志,是用以表达思想、进行指挥或者表示愿望的一种标记、行为和姿态等等。

不论是按照"符号"的形式理解,还是按照"符号功能"的形式理解,在这里我们所看到的都是包含在"某事物代表另一事物"的规定中的两个"事物"之间的相互依存关系。我们把这两项分别称作"符号形式(能指)"和"符号内容(所指)"。这样一来,"符号"以至"符号功能"的成立基础就是"符号形式"和"符号内容"两项之间的相互依存关系。缺少这两项中的任何一项,"符号"以至"符号功能"都不能成立。例如,鹦鹉模仿人类语言说"早上好"的时候,乍一看使用了与人类一致的符号,但是它使用这种符号并非出于同样的符号内容,所以不能说鹦鹉与人类使用的是同样的"符号"或"符号形式"。反之,就是有丰富的内容,如果不给予表现形式,那既不是"符号"也不是"符号内容"。而且,即使在人类运用其主动性解释,使"事物"符号化的过程中,也只有当某种意义("符号内容")被解译后,该事物才转化为"符号形式"。人类信息交流比其他生物间信息交换的优势在于,人总能给予某种事物以某种意义,并能从某种事物中领会出某种意义。凡是人类所承认的"有意义"的事物均可转化为符号。因此,符号是人类认知和社会信息交流的基本手段。它具有如下特征:

1. 符号的表意性

符号必须能够表达意义,没有意义,就没有符号,没有符号,意义也无由表现。符号的意义等于与该符号对应的事物或事物运动的总和,也就是说符号的意义与人们的活动密切相关。人类在认识世界改造世界的过程中,总想给自己周围的事物赋予意义。人类创造符号、掌握符号和使用符号的活动与其对客观世界的认识、征服、改造与维持,以及在时间和空间上的一切信息交流活动都有着深刻的关系。通过依靠符号进行"给予意义"的活动,人类不断地捕捉未知的、与人类尚无关联的现象,把它们编入自己的世界,使自我的生活世界更加丰富多彩。

当然,符号并不是完美无缺的表达工具。"符号是编制符号的人遇到某一特定问题或议题时的状态的速记。"它们必定是从个人经验中抽象出来的。任何一套符号都不能把一个人的全部感觉和内部的所有活动表达出来,虽然他可能把全部身心状态投入到编制符号的任务之中。

2. 符号的随意性与约定性

一切符号在形式上都带有随意性。这就是说,为什么采取这种形式的符号来代表这个意义,而不采取另外一种符号形式来代表,这多半是取决于创造这个符号的人的"主观"意志。当然,这里所说的"主观"不完全意味着个人的意志,它包括了时间和空间的因素(即时代、时期和地域、地区的因素),也包括了社会风俗习惯和历史文化传统的因素。采取某种符号代表某种意义,常常带有一定的偶然性。但是这个被人(常常不是一个人)创造的符号,一经信息交流的社会群体所公认——所谓"约定俗成"——和使用,就不再带有任意性,而只能表达特定的意义,成为一种公众准则或社会准则了。语言文字是这样,代表一定意义的其他符号(非语言符号)也是这样。

在任何一个社会都有一定数量的符号意义是普遍共有的。社会成员必须对足够的符号表示性意义的细节(即说出名称就能辨认以及能在字典上具体说明的某种对象的那种意义)有一致的看法,不然他们就不能交流;同样,任何社会对于符号的内涵性意义(即感情的和价值的反应——褒贬、好坏、价值观等)也必须有某种程度的一致意见,否则它的成员处在一起就会很不自在,就不能和谐融洽地生活。

3. 符号形式的共享性及其与符号内容的非对称性

符号形式与符号内容在逻辑上是互为依存的关系,但两者在信息交流中并不一定总是对称的。符号形式对我们来说,是可以以某种形式感觉到的对象,因而是可以共享的。但对于符号内容的全部理解——含义始终是属于个人的,是个人根据自己的经验得来的,是接受符号的人把整个有机体用来作出反应的总和。含义是无穷无尽的。不管对什么人来说,一个符号的含义总比字典上描述的共同意义要多得多。从某种意义上说,当两个人共享一个符号时,就是两种生活交叉在一起。我们给这种关系带去我们储存的经验,头脑中的构象,对价值的判断和态度,即我们学会对某个感官刺激的反应——我们称之为参照系统的个人特性。很难设想这在任何两个人中会一模一样。所有符号的含义对不同的人、不同的背景,甚至是同一个人在不同的时候,都有某种程度的不同。如果他们来自不同的文化,他们可能会发现,甚至对普通的、社会共同理解的符号的含义也有很大的差别。

符号形式和符号内容之间相互依存关系的对称运动只限于假设二者以"理想的"代码为依据的场合,例如莫尔斯电码,对各种符号都十分明确地规定了其符号形式和符号内容,并使二者之间具有排他性的一一对应关系。

符号的类型是多种多样的。人类在生活和生产劳动中,为了方便表达,为了在不同情况下满足不同的需要,创造了许多符号系统。人类使用的符号系统大致可以分为两大类型:一是语言符号系统,人们通过发音、书写、键盘输入等口头的或字符的形式进行交流。其中口语是有声的符号,文字是无声的符号;二是非语言符号系统,人们可以运用面部表情、手势或其他身体动作,时间、空间距离、色彩、服饰、气味,声响、图形图像和器物,以及音乐、舞蹈、美术作品等艺术形式进行交流。它也可以分为有声的和无声的两大类。非洲的鼓声是著名的有声的非言语符号,人的身体语言则是普遍采用的无声的非语言符号(参见表4.1)。正是由于人们在进行信息交流时大多同时采用几种符号系统,人类社会的信息交流活动才如此丰富多彩。当然,这也就增加了理解与沟通的难度。

表 4.1　人类的符号系统

	语 言 符 号	非语言符号
有声符号	口语	声响、口哨、音乐等
无声符号	文字、旗语、灯语等人工符号	面部表情、手势、动作、舞蹈、服饰、气味、时间、空间、图形图像、美术作品等

二、编码

编码是把一定的意义、信息转换为代码的过程。所谓"码",就是按照一定规则排列起来的符号或信号序列。通过编码,人类的思想才得以交流,信息才能从一个系统传递到另一个系统。编码的功能主要有三方面:一是可以简化信息传递的形式,以提高信息传递的效率和准确度;二是可以对信息单元的识别提供一个简单、清晰的代号,以便于信息的存储与检索;三是可以显示信息单元的重要意义,以协助信息的选择和操作。

通过与编码相反的过程可以把这些代码还原成编码前的信息形式。这个过程就称为解码或译码。两个系统必须具有共同的编码和译码机制才能进行信息交流。在描述间谍与反间谍活动的电影或小说中,使用密码的花样是层出不穷的。一张报纸,一束鲜花,一幅图画,当然还有密码本,都可以成为编码或译码的手段。而故事情节往往是沿着搜寻密码的线索展开的,其成功与否决定了双方较量的胜败。

编码最初是指把文字变换成由点、划和间隔组成的电码。例如,著名的莫尔斯电码就是其中的一种。后来,人们把编码的概念推广到整个信息表述与传达过程中。人们几乎可以运用声、光、电等世间一切物质运动形式对信息进行编码,以形成信息交流系统。对于人类的信息交流系统来说,存在着两个层次的编码活动:人们用语言、文字及其他辅助性的非语言文字符号来表达一定的思想内容的过程是初始编码。通过初始编码,可以建立需要表达的思想内容与音素、字母或其他事物之间的确定联系,即把思想内容用一段话、一段文字或其他符号表现出来;为了有效地进行信息交流,人们还建立和发展了多种多样的通信系统。在通信系统中,通过某种机械装置(编码器),把信息变换成适合在信道上传输的信号的过程就是二次编码。如果我们把信号理解为对于时间的物理变量,那么二次编码实际上就是把一定形式的符号变换为另一种形式的信号序列。二次编码又可分为信源编码和信道编码两种方式,其目的都是把符号变换成便于在信道中传递的形式。

编码的基本原则是:

(1)编码的方法必须是合理的,能够适合使用者和信息处理的需要;

(2)编码时要预留足够的位置,以适应需要的发展变化,即具有可扩展性;

(3)每一编码都能代表一个确定的信息内容,每一信息都有一个确定的编码表示;

(4)编码的结构必须易为使用者了解和掌握;

(5)必须建立和不断完善编码标准化体系,以避免混乱和误解。

（一）初始编码——普通语义学的解释

初始编码是人们在一定的文化历史背景下形成的，它只在特定的文化群体中有意义。一旦越过文化边界与另一文化交流，就会出现种种麻烦。拿人们使用最频繁的初始码——语言来说，由于语言所具有的先天不足的特征，使得初始编码显得十分困难。对此，普通语义学作出了合理的解释。

按照波兰语义学家沙夫（Adam Schaff）的定义，普通语义学是研究"人如何使用语词以及语词如何影响那些使用它们的人"的科学。普通语义学指出，语言的以下几种特性使人们之间的沟通和了解发生了困难。

（1）语言是静态的，而现实是动态的。语言文字在一个相当长的时期内是固定不变的、相对稳定的符号系统，而我们周围的世界却在发生着日新月异的变化。现代科学已经证明，物质最终是由快速运动着的粒子所组成的。客观实际是一个不断运动着的过程，而我们用以表述它们的语言却是凝固的、静止的。例如，太阳一直在不停地运转，它在天空中的位置时刻都在变化。可是我们用以描述这个变化运动的单词主要只有两个——白昼与黑夜。虽然人们创造出"黎明、曙光"或"黄昏、薄暮"等一类字眼，但每一个观赏过日出或日落、试图明确地说出何时转入白天和夜晚的人，都能明白仅用这有限的几个单词去准确地表现实际是十分困难的。与实际变化的丰富的多样性相比，人类的语言仍显得贫乏无力、苍白单调。

（2）语言是有限的，而现实是无限的。温德尔·约翰逊（Wendell Johnson）指出，英语共有50～60万个单词，它们要表述的却是几百万种不同的事实、经验和关系。而人们常用的词汇要少得多。电话用语一般只限于5000个词，一般小说用语约在一万个单词左右。从表面上看来，仿佛我们的词汇已足够应付日常之需了。然而，到处都存在着词汇不够用的事例。我们都有这样的经验：在现实中区分事物比用文字描述要容易得多。有些事情往往"只可意会，不可言传"；有些活动难以用语言表述，常常要靠动作示范来作补充；而有些精彩、惊险的场面实在是无法用语言来表达的，所以"无法形容"就成为一种最高级的形容词。正是由于语言本身的限制，普通语义学家们强调指出，你永远无法说出事物的全貌。他们建议你采用这样一个方法：在叙述结尾上加一个"等等"（如果你不把它写出来或说出来，至少要这么想）。普通语义学派把他们的刊物定名为《等等》，正是为了强调这一点。

（3）语言是抽绎的，而现实是具体的。人们在使用语言时，对客观实际的丰富多彩的属性、关系总要有所概括、抽绎，总会有所选择、舍弃。只要使用语言，就便是在抽绎、概括。事实上，抽绎是语言最有用的特性之一，它让我们可以归纳问题，从而具有概括的能力。但是，这种特性也会招致麻烦，尤其是在人们对它认识不足的时候。所有文字都包含某种抽绎，或者舍弃了某种细节，然而其抽绎程度尚有高低之分。文字越是抽绎，它与实际的依存关系就越是间接。表明文字不同抽绎程度的图解名为"抽绎阶梯"。以"红旗"牌轿车为例，其抽绎阶梯可分为八个层次：首先是处于非文字水平的两个阶梯：作为原子运动过程中的轿车(分解水平线)、能看得见摸得着的黑色红旗牌轿车(客体水平线);然后是处于文字水平的六个阶梯:某某人的红旗牌轿车、红旗牌轿车、轿车、机动车、陆运工具、运输工具。在这一抽绎阶梯的每一个层次上,都舍弃了更多的细节。到第八层时,"运输工具"已经是一个相当抽绎的词了。它已经不像"红旗牌轿车"那样能使你心目中显现出一幅特定的图像。当听到"运输工具"一词时,有人会直觉地想到一条船,有人会直觉地想到一辆车,还有许多人甚至联想不到什么。这就是那些十分抽绎的文字的一种特性。它们不会使人清晰地联想起实际中的某事物,它们在人们心目中有着各种不同的含义。这就不可避免地造成了人们在使用语言时的困惑。

由于语言的特点是静态的、有限的和抽绎的,因而人们在进行信息表述时往往造成语言误用的毛病。普通语义学的巨大贡献之一,就是给我们指出了其中的某些病因。最常见的语病有:死线上的抽绎、误认为同一、估计极端化、不自觉的倾向性。

所谓"死线上的抽绎",指的是语言捆死在某一条抽绎水平线上。可能是一条高水平线,也可能是一条低水平线。像正义、民主、自由、人权、和平等都是高度抽绎水平上的字眼儿。当某个讯息里只包括有此类文字而没有低抽绎层次的文字加以具体地解释时,讯息的内容就很难为人们所理解。当然,在一个讯息中,语言也可能因为都捆死在一个较低的抽绎水平上而构成另一种类型的死线抽绎。比如有的人在叙述时往往"报流水账",事无巨细,一一道来。这种停留在低抽绎水平上的讯息常常得不出一个总的结论,很难抓住其要领。普通语义学家认为,最有效的传递应是沿着抽绎阶梯有上有下,既有高抽绎水平的概括,同时又有低抽绎水平的详情细节。因此,教学经验丰富的教师经常使用的一个有效方法,就是在讲解一个高抽绎水平的概念时,又提供大量低抽绎水平的具体事例。

所谓"误认为同一",就是忽视同一范畴或同一类别中各个成分的差异性,也就是把具有多种差异的个体混为一谈,视为同一。最常见的症状就是"千篇一律"。例如,"报纸上的东西都不可相信"、"女人是祸水"、"统计数字不能给任何事物作证明"……还有把婆婆一律看成是"爱挑剔的"、"好管闲事的",把意大利人都看成是"大鼻子情圣",也都是一些缺少具体分析,失之于笼统的例子。普通语义学家有时提倡在语词后面标明指数,以防止混为一谈。例如,每次在使用"学生"这个词时,在它后面加一个指数,我们就可能不会把他们全看成一个样子,学生 1 不等于学生 2,意大利人 1 不等于意大利人 2。当然,问题不在于我们真的要在书写或会话中加上个数字,而是要在思想上有这样一种认识——同一类别中的各个个体既有共性,又有个性。

所谓"估计极端化",亦即"非此即彼"式的、排斥中间层次的思想方法。它指的是那种对实际上存在的一系列可能性视而不见,只知道有两种极端可能性的思想方法。因为有时描述某种情景只有两个对立的字眼,语言就助长了这种趋向。如前所述,一日之间的许多景象变化,光用"昼"与"夜"是不足以反映出来的。人们对某一事物的态度,除了拥护与反对、对与错两种对立的态度以外,还可能存在中立的、观望的、暧昧的态度等等。而估计极端化排除了其他的可能性,往往会把自身引向精神病态。如果一个人这样思考问题:"我非成功即是失败"，而且把问题看得过于严重,就很可能发生重大问题。当这个人如此严重地为语言所困惑时,这种念头甚至会导致自杀。实际上,我们明天都有若干小的成功,也有若干小的失败。一定要下结论说某人是成功的或是失败的,既没有必要,也不符合实际。普通语义学家针对这种极端化估计,提出要作多方面的估计,或者思考一系列的可能性,而不仅限于在绝对的对立中思维,这是具有重要意义的。

所谓"不自觉的倾向性",是指在发表某种看法时,未曾意识到这在很大程度上是自我表现。温德尔·约翰逊甚至认为:"基本上,我们说的话,从来都是在讲自己。"像"房间很热"这种说法看起来是在说房间,其实说的是讲话者本人感觉神经系统的状况。说"橘子很甜",也是一样。它对此人可能是甜的,对别人却是酸的。当人们在说到有什么很"热"或"甜"的时候,可能还意识到这是自己的主观感受。至于说到"这个艺术展览很糟"这一类事情时,就较少意识到这一点了。这听起来像是对艺术展览提出了如实的看法,其实当中包含着很多个人见解和价值标准。人们往往会因为某事物的评价发生分歧和争论,就是这种不自觉倾向性所带来的严重后果。普通语义学家建议人们在发表见解时,在开头或结尾应加上"对我来说"几个字。这也是不必要写或说出来的,只要想到就足够了。即使有时真的说一句"在我看来",也是挺恰当的。

普通语义学告诉我们,初始编码是一个随时都会遇到陷阱的难题。在语言中可用的词汇是很有限的,而这些词汇也只能大致地反映实际情况。况且,编码还可能处于这种情形下,即其实只说出了实际的很小一部分。当语言停留在高度抽绎水平上时更是如此。倾向性的概念也使我们认识到,要做到客观地编码是很难的。既然任何一种表述在一定程度上都是自我表现,因而也都是主观的。每一个要找出"准确的语词"去表达某种观点的初始编码者都得意识到这种编码的困难。

(二) 二次编码——通信工程问题

申农在《通信的数学理论》一文的引言中曾说过:"通信的基本问题是在通信的一端精确地或近似地复现另一端所挑选的消息。"这句话表明,通信系统的基本问题是要解决信息交流的有效性与可靠性这两个方面的问题,即以最大的速率传递信息,而且要保证在干扰存在的条件下,能够准确地和最佳地再现信息。为此就涉及到整个通信过程,包括信源、信宿、信道以及编码问题:

信源问题:信源问题的核心是信源包含的信息到底有多少?这要作定量描述,用信源熵 $H(x)$ 来测度。

信宿问题:就是接收者能收到多少或提取多少由信源发来的信息量 $I(p)$。这里不涉及信息的意义以及对收信人是否有用的问题。

信道问题:主要是信道最多能传送或存储多少信息量,即所谓信道容量的问题。从通信的有效性出发,它要求以最大的通信速度传送最大的信息量。

信道在单位时间内传递的信息量称为传信率。在一定的信道中,它随信源性质和编码方式而变化。如果来自信源的消息 x_1，x_2，…，x_n，分别为 t_1，t_2，…，t_n 秒长，它们出现的概率分别为 p_1，p_2，…，p_n，则传信率 R 为：

$$R = \frac{H}{T} = \frac{-\sum_{i=1}^{n} p(x_i)\log_2 p(x_i)}{\sum_{i=1}^{n} p(x_i)t_i}$$

信道在单位时间里所能传递的最大信息量称为信道容量 C，即

$$C = \max_{p_i} R$$

编码问题：前已指出，二次编码包括信源编码和信道编码。信源编码是根据信源的统计特性，用数字形式表示信源发出的消息的过程。大多数信源产生的消息往往还要经过信道编码过程。消息之所以要经过再编码是因为：① 信源发出的原始消息不适于直接在信道上传输，只有经过编码，才能使消息成为适合在信道上传送的具体形式；② 为对抗信道中噪声的干扰，需要把消息编码成不易被干扰破坏的具体形式，以免在接收端再现消息时引起失真；③ 信源发出的消息经过编码后，可使信源熵的传输速度接近于信道容量。总的来说，二次编码问题就是要从理论和方法上说明如何编码，使信源发出的消息能充分表达，信道容量能被充分利用，并能在接收端无失真地再现消息，以提高通信系统的有效性与可靠性。

为提高通信系统的有效性与可靠性，在二次编码中所使用的编码规则应满足下列条件：

(1) 保证在编码时所使用的代码序列中码元(即所用的代码组合)尽可能少。码元少，则信道一定时，信道容量就大，从而在这种信道容量下，可提高信息传输的有效性。这就出现了最佳编码问题。凡是能载荷一定的信息量，且码元的平均长度最短，可分离的变长码的码元集合称为最佳码。为此必须使出现概率大的信息符号编以短字长的码元，对于概率小的符号编以长字长的码元，则平均字长一定最短。由于一般信源都存在较大的冗余度，所以信源编码的主要任务是保证适当的编码，借助减小冗余度的办法来降低信息符号所需的平均码元数，提高编码效率。申农编码法、费诺编码法和哈夫曼编码法等都是获得最佳码的主要方法。

信道容量限制了通信系统的能力。申农关于无噪声信源编码的基本定理描述了这种限制的范围，即申农第一定理：

假设信源的熵为 H(即每个符号携带的平均信息量)，信道容量为 C(以比特/秒来度量)，那么可以对信源的输出进行这样的编码，使得在信道上无误差传输的平均速率为每秒 $C/H - \varepsilon$ 个信号。其中 ε 可以是任意小的一个数。要使无误差地传输的平均速率大于 C/H 是不可能的。

这就意味着，对于给定的信道，如果传信率小于信道容量，又没有噪声干扰，就可以找到一种编码方法使信息准确无误地传递。反之，如果传信率大于信道容量，那么必然会产

生差错。这就像交通系统中过多的车辆必然造成阻塞和故障一样。申农的无噪声信源编码定理对于通信系统传递信息的速率给出了理论上的上限。采用不同的编码方式可以有不同的传信率，因此，我们可通过选择传信率最高的编码方案来最有效地利用信道。

（2）要求通过编码后，能从编码序列中无失真（或限定失真大小）地恢复原始符号序列的概率为最大，其目的是为了无失真或失真较小地传输信息，以提高信息传输的可靠性。信息传递一般都有干扰存在，为了增加通信的可靠性，必须采用具有一定抗干扰能力的编码，例如，在通常的编码组合中加上辅助码元。如果在传输过程中由于干扰而产生了错误，则可以通过辅助码元与信息码元的既定关系来发现或纠正错误，这种编码叫纠错编码。纠错编码可以提高通信系统的可靠性，但也会降低每个信号携带的信息量，即降低通信效率。可见，通信系统的有效性与可靠性是相互矛盾的。申农提出的有噪声信道编码定理巧妙地使这个矛盾得到了统一，即申农第二定理：

对于一个噪声信道，如果在传输信息时所用的编码足够长和有最佳的选择，则当 $R<C$ 时，就可以得到无限接近于无错误的传输；而当 $R>C$ 时，则不可能得到可靠的传输。

申农第二定理告诉我们，在有噪声信道中，采用纠错码等方法，用有冗余度的方式来传递信息，可以降低产生误差的概率。如果我们采用合理的编码方式，就可以更加有效地降低产生误差的概率，使得我们仍然能以一定的传信率发送信息，并保证产生误差的概率小于任意给定的值。

申农编码定理本身并没有提出最佳编码的方法，然而，它却给人们指出了找到这种码的理论上的可能性。实际确定各种信道的容量和找出最佳编码方法一直是信息工作者努力追求的目标之一。现实的信息系统是由许多信道组成的，不管在哪一信道，当传信率大于信道容量时，就会出现差错，减少有效信息量。因此，多信道信息系统有一个相互匹配的问题。容量最小的信道往往成为"瓶颈"，限制了整个信息系统的效率。人与机器相比，其信息处理能力是极为有限的，只能达到每秒几十比特。在大批量实时信息处理系统中，应尽量设法把人从主要信息流中移开，即实现信息处理的计算机化，才能保证整个系统的高效率运转。人的主要作用是进行监督、维护、调控、决策等工作。

第二节　信息交流模式

人类的信息交流是非常复杂的社会现象，要想深入了解这种复杂的现象，就必须借助于交流模式。所谓模式，是对现实事物的内在机制及事物之间关系的直观和简洁的描述，它是再现现实的一种理论性的简化形式，可以向人们提供某一事物的整体形象和简明信息。模式具有结构型（试图描述某事物的结构）和功能型（试图从能量、力量及其运动方向的角度来描述事物整体及各部分之间的关系和相互影响）两种类型。大多数信息交流模式都属于功能型模式。

人们试图用信息交流模式来揭示社会信息交流过程、结构或功能的主要因素以及这些因素之间的相互关系。但是我们必须注意,在使用模式来研究复杂的社会信息交流现象时也存在着某些风险。任何模式都不可避免地带有不完整、过分简单以及含有某些未被阐明的假设等缺陷。适用于一切目的和一切分析层次的模式无疑是不存在的。因此,重要的是要针对自己的目的去选择正确的模式。

一、拉斯韦尔模式

1948年,美国政治学家拉斯韦尔(Harold D. Lasswell)在其论文《传播在社会中的结构与功能》中,一开头就提出了一个著名的命题:"描述传播行为的一个方便的方法,是回答下列五个问题:谁?说了什么?通过什么渠道?对谁?产生什么效果?"。此后,这句话就被称为"拉斯韦尔公式"而被人们所广为引用。如果将其变为图解模式,它就成为图4.1中的模式。

图 4.1 拉斯韦尔模式

拉斯韦尔的这个经典模式建立了传播学研究的基本框架,为传播学的研究内容提供了简明的五分法,几乎主宰了过去数十年的传播学研究。它基本上概括了传播学研究的各个领域:"谁"代表控制研究,"说什么"属内容分析,"通过什么渠道"是媒介研究,"对谁"属受众分析,"产生什么效果"则是研究传播者、内容及媒介对接收者产生什么影响的效果分析。该模式的缺陷是,它只是单向流动的线性模式,过高地估计了传播的效果,忽略了反馈的作用。这不大符合人类信息交流的实际情况。但从另一方面看,如果我们考虑到拉斯韦尔当时关心的是政治传播与宣传,那么这就不会令人感到意外了。这个模式对于分析政治宣传的确是十分有用的。时至今日,拉斯韦尔模式仍然是引导人们研究信息交流过程的一种方便性的综合性方法。

二、申农-韦弗模式

1949年,美国贝尔电话实验室的申农(Shannon)及其合作者韦弗(Weaver)提出了一个通信系统的模型,后来被人们视作信息论的基本模式而得以广泛引用,如图4.2所示。

在该模型中,信源发出讯息,经过发射器,把讯息变换成信号。信号在信道中传递的过程,会受到噪声的干扰,所以接收到的信号实际上是"信号+噪声"。经过接收器,把信号还原成讯息,传递给信宿。由于可能受到噪声的干扰,信号不是稳定不变的。这可能会导致发出的信号与接收的信号之间产生差别。也就是说,由信源发出的讯息与信宿接收的讯息两者的含义可能不同。交流失败的一个共同原因就在于发信者一方不能认识到,发出的讯息与接收的讯息并不总是相同的。

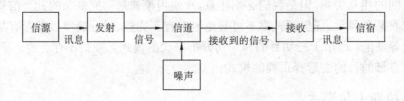

图 4.2 申农-韦弗模式

申农和韦弗的这一通信系统模型不仅适用于通信系统,也可以推广到其他信息系统。他们在该模式中提出了一个新因素"噪声",表示信息在传递过程中受到干扰的情形。这说明信息系统的基本问题是要解决有效性与可靠性这两个方面的问题,即以最大速率准确无误地传递信息。"噪声"的概念也提醒人们注意研究信息交流过程中的干扰与障碍的问题。

如果说这一模式有什么不足之处的话,那就是它仍然是一个单向的线性模式,只有得到"反馈"概念的修正和补充,才能使之完善起来。1966 年,德福勒(De Fleur)在论述发出讯息的含义与接收讯息的含义之间的一致性时,发展了申农-韦弗模式(如图 4.3 所示)。德福勒在申农-韦弗模式中又增加了另一组要素,以表示信源是如何获得反馈的,而反馈则使信源有可能让自己的传信方式更有效地适应信宿。这样就增加了两种含义之间达到一致的可能性。

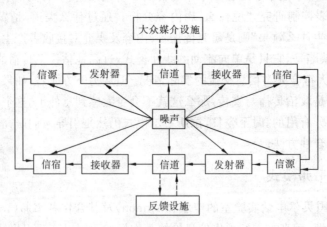

图 4.3 德福勒对申农-韦弗模式的发展

三、施拉姆模式

著名传播学家施拉姆(Wilbur Schramn)在 1955 年发表的论文《传播如何得以有效进行》中提出了信息交流的三个模式,如图 4.4 所示。

施拉姆的第一个模式与申农-韦弗模式十分相似。在第二个模式中,施拉姆把人类交

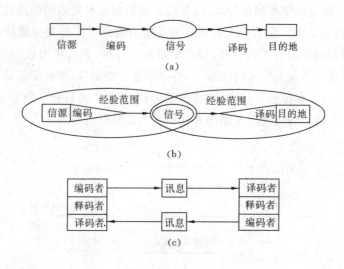

图 4.4　施拉姆模式

流的简单模式推进为一个比较复杂的模式。他指出,两个试图交流的个人必须积累有相当的共同经验。即在信源和目的地之间,只有在其共同的经验范围之内才真正有所谓的交流,因为只有这个范围内的信号才能为信源和目的地所共享。在第三个模式中,施拉姆模式又进一步发展成一个表明人类交流的两个个体之间有相互作用的模式。按照施拉姆的观点,交流双方都必须将想要表达的意义制成代码,传递给对方,同时须将对方传送来的信息译码并作出解释以产生意义。通过信息的传送与反馈,个体之间形成了信息互动。从这个意义上说,信息交流过程就是一个循环往复、不断反馈的过程。

早期的信息交流模式大多是直线模式,即是由信息发出者单向地向接收者传递信息。但实际上大多数信息交流总是互动的双向过程。施拉姆模式的特点,在于引进了反馈的概念,将反馈的过程与交流者的互动过程联系起来,把信息交流理解成为一种互动的循环过程,而不是一种从一点开始,到另一点终止的线性过程。这种模式可能更符合人类信息交流的实际状况。施拉姆模式存在的一个缺陷是,该模式在信息交流中传达了一种相等的感觉。正如"你不可能再次涉过同一条河流"一样,信息交流经过一个完整的循环,并不会回到它原来的出发点。人类的信息交流永远是一个动态的、向前发展的过程。而且就交流的对象、能力、资源和交流时间而言,信息交流也往往是不平衡的。

四、米哈依洛夫模式

原苏联信息学家米哈依洛夫认为,人类社会中提供、传递和获取科学信息的种种过程是科学赖以存在和发展的基本机制,这些过程的总和称之为科学交流。各种各样的科学交流可以归纳为两大基本形式,一个是非正式过程,如科学家或专家之间的直接对话,科学家或专家参观自己同行的实验室、科学技术展览等,科学家或专家对有关听众做口头演讲，交换书信、出版物预印本和单行本，以及研究或研制成果发表前的准备工作，等等。这些信息交流活动不是由专职信息人员用较为正规的信息工作方法完成的，有明显的个体性质，也不大能与科学研究工作分开；另一个是正式过程，如科学出版物的编辑出版和印刷发行过程，图书馆书目工作和档案事务，科学信息工作本身，即科学信息的收集、分析与综合加工、存储、检索和传播，包括科学技术宣传等，基本上是以科学技术文献为基础展开的工作。由此，米哈依洛夫提出了如图4.5所示的信息交流模式。

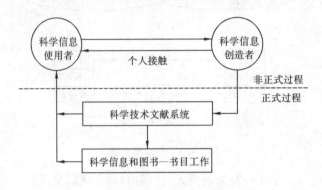

图 4.5　米哈依洛夫模式

　　信息交流的非正式过程基本上由科技人员自己来完成，亦称直接交流。直接交流传递速度快，针对性强，反馈迅速，易于理解，并且可以了解通常不写进论文中的细节。正是因为直接交流具有上述优点，非正式过程才在信息交流中占有重要的地位。研究结果表明，信息交流中的相当大的部分是通过非正式过程进行的，人们在产生信息需求时也往往着眼于非正式渠道。普赖斯(D. J. de S. Price)指出，科学家使用的资料"80％左右是他在这些资料正式报道之前通过非正式渠道从其他研究人员那里得到的，即通过代表会议、讨论会、预印本或者通过现在被称为'无形的集体'的其他一些场合和手段得到的。"但是，直接交流也有明显的缺点，如传播利用范围有限，缺乏有效的社会监督。因此，我们也不能过分夸大直接交流的作用。

　　信息交流的正式过程是以文献为基础来完成的，亦称间接交流。文献是一种存储型的传递媒介，可以广泛散布，长期流传，便于人们随时随地使用。因此，文献信息交流成为当代信息交流的最重要的形式。当然，以文献为基础的间接交流也有传递速度慢，反馈不及时等缺点。人们在信息交流实践中常常把直接交流与间接交流结合起来，灵活运用，以扬长避短，取得最好的交流效果。

五、兰开斯特模式

　　美国信息学家兰开斯特(F·W·Lancaster)提出了一个"信息传递循环圈"来说明文献信息的正式交流过程，如图4.6所示。

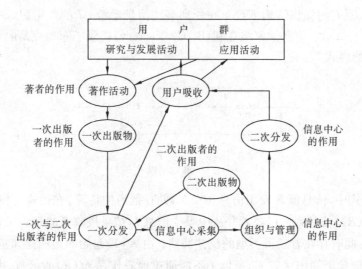

图 4.6 兰开斯特模式

图中的"用户群"是指在特定学科领域里工作的人们,他们中间有的人从事研究发展活动,有的人从事应用开发。在某种意义上说,他们都是信息用户,并且其中有些人也是信息产品的创造者。这意味着,假如用户群中某些人的活动使另外一些人感兴趣的话,那么这些人则以报告的形式,阐述他们的经验、研究或看法。这便是循环图中"著者的作用"。把著者的著作大量复制并广为分发(即出版发行),则是"一次出版者的作用"。一次出版物可以是图书、杂志、技术报告、学位论文、专利等等。

在信息传递循环圈中,信息中心——指图书馆、信息机构和二次服务出版社(商)——对采集到的文献信息进行编目、分类、标引及其他组织管理,形成二次出版物,并根据用户的需要,提供各种形式的信息服务。显然,信息中心在循环圈中发挥着极为重要的作用。

循环圈中的最后阶段是用户群吸收信息的阶段。通过吸收过程,用户可以获得能用于他的研究、发展与应用开发活动中的信息。这些活动又会产生出新的著作和出版物,从而使循环圈又继续下去。

兰开斯特模式比较完整地概括了目前的文献信息交流状况。遗憾的是,该模式只表示了正式渠道的信息传递,而没有明确说明信息交流的非正式过程。但是,如果我们了解到兰开斯特本人提出该模式的目的是为了弄清信息中心与信息服务在整个信息传递循环圈中所起的作用,该模式的局限性也就可以理解了。

六、维克利模式

英国信息学家布鲁克斯(B. C. Brookes)认为,信息是使人原有知识结构发生变化的那一小部分知识,并由此提出了著名的信息科学方程: $K(S) + \Delta I = K(S + \Delta S)$ 。公式表明,一个人原有的知识结构 $K(S)$ 在受到某些信息增量 ΔI 的作用后,便可形成新的知识结构 $K(S+\Delta S)$。信息学家维克利(B. C. Vickery)接受了布鲁克斯的观点,提出了如图 4.7 所示的模式。

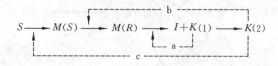

图 4.7　维克利模式—Ⅰ

在该模式中,信息源 S 发出信息 $M(S)$,并在通道中传输。在传输过程中 $M(S)$ 可能被修正为 $M(R)$。信息到达接收者并从中吸收信息 I,结果接收者的知识状态从 $K(1)$ 转变成为 $K(2)$。此时存在着三种类型的反馈回路:由 $K(1)$ 起始的短回路 a 意味着从 $M(R)$ 提取的信息依赖于知识状态 K,所以 I 不能简单地看作是 $M(R)$ 的函数;由 $K(2)$ 起始的上方回路 b 意味着,作为接收信息的结果,接收者可能试图修正 $M(S)$ 与 $M(R)$ 之间的关系;由 $K(2)$ 起始的最长回路 c 意味着,接收者可能试图修正发出的信息。该模式表明,人类信息源总是有意识地发出欲通告的信息,人类信息接收者总是积极寻求可能提供信息的信息源,而传输通道则是由希望将某些信息源和接收者建立起联系的人来控制的。具体接收者从信息源中实际提取的信息,明显依赖于他目前的知识状态和他希望而又可能改变的知识状态类型。被提取的信息可能只在边际上同信息源打算要在 $M(S)$ 中传输的信息有关,这是因为源信息在 (S) 中没有表达清楚,或者因为源信息被通道歪曲而没有在 $M(R)$ 中得到全部反映,还可能是因为接收者的注意力不集中所致。当反馈回路 a 是思想开放且有接受力、回路 b 和 c 是主动的时候,发出的信息和接受的信息之间的关系将相应地更加接近。这种情况显然在非正式的面对面交流中最有可能发生,而在信息交流的其他模式中较少出现。

维克利模式揭示了信息源与接收者之间的相互寻求关系,指明了传输通道和反馈的重要作用,并特别强调了信息吸收的影响因素,从而把简单的“信息源(S)—通道(C)—接收者(R)”基本交流模式纳入了更广泛的社会信息环境来考察,使我们有可能由此出发去深入了解人类的信息交流行为机制和知识创新原理。在十分广泛的信息环境中,维克利还探讨了人、文献、机器和自然界的信息交流关系,提出了广义的信息交流模式,进一步说明了 S—C—R 模式中通道的意义,如图 4.8 所示。

在这一广义模式中,人、文献、机器和自然界是相互作用着的四个信源兼信宿。这种相互作用着的信息交流关系表现为九条路径:

A:人际交流;

B:人与文献的相互作用,如著述、阅读等;

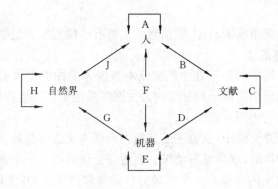

图 4.8   维克利模式—Ⅱ

C：文献之间的转换，如复制、翻译、重组、标引、摘要、述评等。在这个过程中人或机器（或两者）必须起作用；

D：文献与机器的相互作用，如输入、输出、显示、印刷等。这一过程也需要人类的指导和帮助；

E：机器之间的信息交换，这一过程大多需要人类的指令；

F：人机交互；

G：机器与自然界的相互作用，如环境监视等；

H：自然界内部的信息交流，如动植物之间的交流；

J：人类与自然界的相互作用，这一路径与对人类环境和人类活动的理解和认识有关，这种形式的相互作用是人类产生新知识的主要源泉之一。

第三节   社会信息流

人类信息活动是一种普遍的社会现象。我们无论是要认识外部世界的事物，还是要表达自己的思想感情，都必须接收、利用或发出信息。正是有了信息交流，才把分散的、孤立的个人联结为社会。因此，维纳(Norbert Wiener)指出，信息是人类社会的"粘结剂"。

人类社会在不断进步，社会系统中的信息流动也在不断加速。我们把社会系统中的一切信息流动统称为社会信息流。社会信息流通常有三种类型：人际信息流、组织信息流和大众信息流。

一、人际信息流

人际信息流指的是个人与个人之间的信息交流。人是社会人，人类要生存和发展，就必须产生人际信息交流，结成各种各样的关系，如夫妻关系、朋友关系、同事关系、师生关系，等等。为了建立、维持和发展这些关系，人与人之间都在进行着各种各样的信息交流活动。

从信息交流的功能角度来看，人际信息流主要有手段型和满足型两大类。

1. 手段型人际信息流

手段型人际信息流的着眼点在于把交流本身视为一种手段和工具，以寻求某种功利性的结果或目的。最典型的例子莫过于病人去医院看医生。医生和病人都是为了一个共同的目标——治病——走到一起来了。

在手段型人际信息交流中，双方主要是通过会谈来交流信息的。会谈双方都希望通过交谈、协商，达到某种目的，取得某种结果。要想使会谈能沿着一个确定的方向进行下去，双方首先要对即将发生的会谈有一个明确的目标或意向认识，并使这个目标或意向在事先或会谈之初，就尽可能具体化、集中化，这样，才不至于"跑题"。

会谈双方大多采用问答方式来获取或澄清有助于达到某种目的的相关信息，因此，在会谈中，通常出现的两种角色身份，一是"提问者"，一是"答问者"。提问者旨在寻求有关信息，而答问者则被要求提供有关信息。所以，提问者较之答问者具有更大的主动性，对会谈进行控制的能力或权力更大。他必须能适时提出一些有利于会谈目标、富有启发性的问题，保证会谈的顺利进行。当然，在许多会谈中，提问者与答问者的身份互换愈频繁，平等交换的气氛愈浓厚。影响会谈效果的因素很多，主要包括主体的动机、态度和所处信息环境等。

2. 满足型人际信息流

满足型人际信息流的着眼点不在于交流之外的什么功利性或实用性目的，而在于交流行为本身，以及经由这种交流而达到的个人感情需要的满足。亲人重相见，他乡遇故知，同窗再聚会，夫妻团圆时。这些都是满足型人际信息交流。

在满足型人际信息流中，交流双方都尽可能充分地开放自我，宣泄自己的感情，并经由这种宣泄而产生种种满足和愉悦。人们常说的恩爱夫妻或莫逆之交，其难能可贵之处就是相互间无所顾忌，较为彻底地暴露自我，把最内层的信息传给对方。这种自我开放，或称自我暴露，既是向他人呈现自己，增强相互了解，发展人际关系的基础，又是人们表达思想感情，获得心理满足的需要。关于"暴露与满足"问题，约瑟夫·鲁夫特（Joseph Luft）和哈里顿·英格拉姆（Harrington Ingram）曾提出一个模型来介绍自我暴露和相互了解的基本观点。这就是著名的"约哈里窗"（Johari Window）（见图4.9）。

该模型由四个方块组成，分别代表着构成"自我"的四种不同的区域：开放区、盲目区、隐秘区和未知区。鲁夫特和英格拉姆认为，人际交流的效果实际上取决于交流双方对彼此信息的了解，"约哈里窗"中各个区域的大小与交流效果有着密切的关系。

方块1为开放区。这个区域代表所有自己知道、他人也知道的信息，如人际交流时"我"的行为举止、外貌、兴趣及其他各种各样的背景材料。自我开放的区域因人、因时、因地、因条件而异。一般来说，开放区域的大小取决于交流对象与"我"的亲密关系和信任程度。

<table>
<tr><td></td><td>自知</td><td>自不知</td></tr>
<tr><td>他知</td><td>1. 开放区</td><td>2. 盲目区</td></tr>
<tr><td>他不知</td><td>3. 隐秘区</td><td>4. 未知区</td></tr>
</table>

图 4.9 约哈里窗

方块 2 为盲目区。它代表的是关于自我的他人知道而自己不知道的信息,如交流时的神态、偏见以及他人对自己的评价等。一个人可能常常看不到自己的优缺点,而旁观者清,一目了然。

方块 3 为隐秘区。它代表着自己知道而他人不知道的信息,这些信息有的是知识性或经验性的,如创造性思维的结果、个人体验等,也有一些是自己不愿告诉别人的或秘密的事项,如一些隐秘的思想、愿望、打算等。

方块 4 为未知区。这个区域指的是自己不知道、他人也不知道的信息。这是一个大小难以确定、不易直接观察的区域,但它的确存在,如人的潜意识、潜在需要等。

一般说来,上述四个区域面积的大小,是随人际信息交流的实际情形而发生相应变化的。为了提高人际信息交流的效率,我们应该扩大开放区,缩小盲目区和隐秘区,揭明未知区。人际信息交流的重要特征之一,就是把他人所不知道的关于自我的信息传递给别人,并通过这种自我暴露,获得关于自我的反馈信息。这样就既能让别人了解自己,促进良好人际关系的发展,又能使自己加深对自我的了解,增加自知之明。

二、组织信息流

组织信息流指的是组织内成员与成员之间或部门与部门之间的信息交流。现代社会是一个组织的社会,人是社会人,也是组织人,因为人一生中大量的时间都是在各种组织中度过的。随着组织结构日益复杂化、膨大化,组织信息流也日趋复杂多样。正是由于存在着这种永不停顿的组织信息流,社会组织才得以存在并不断发展壮大,才能永远充满活力。

组织信息流就其交流渠道而言,有正规渠道和非正规渠道之分;就其传递方向来看,则有上行流和下行流以及横向流三种。

1. 正规组织信息流

正规的组织信息流是指组织为达成其目的而必须进行的信息交流。通常都严格地按照组织机构正规的权力、职能结构、等级系统和交流网络来进行,是真正有系统、有组织的交流活动。这种正规的组织信息交流,又有垂直流和水平流之分。

（1）垂直流。是指组织内具有不同权力、地位、职能等级的上下级之间纵向的信息交

流活动。从组织中信息发送和流动的情况来看,垂直流具有两个方向:

一是下行流。指信息在组织中由高层级向低层级的流动。这种自上而下的信息流在许多组织中都占据主导地位,是上级领导贯彻政策、发布指示的正常渠道。下行流对于保持组织的整体性,实现组织的功能具有决定性作用,通常以文件、指令、会议等形式传递。

二是上行流。指信息在组织中由低层级向高层级的流动。这种自下而上的信息流是上级领导获得反馈信息的重要途径,是组织成员向领导、下级向上级反映自己的要求、愿望,提出批评、建议的正常渠道。上行流有助于提高组织的工作效率,通常由组织成员或下级部门定期或不定期的书面报告、口头请示等向上级领导传递信息,或由上级领导主动向下级部门、组织成员索取信息,如召开座谈会、汇报会等。

大型组织中的垂直交流往往是多层次的。多级传递不可避免地会带来信息的丢失或失真,降低组织信息流的有效性与可靠性。究其主要原因,是组织内部层级过多,各级传递者由于理解的差异、好恶的不同,会对同一信息加以不同的解释,甚至有意隐瞒或添加某些信息。为确保垂直交流的精确度,唯一有效的办法是减少传递层级,尽量使上情直接下达,下情直接上达。

(2) 水平流。是指组织内具有相同或相近权力、地位、职能等级者之间的横向信息交流,亦称平行流、横向流。组织成员或部门之间的同级横向联系是协调组织行为、解决实际问题的重要途径,它与纵向的垂直交流是互为补充的。垂直流的信息有很大一部分要靠水平交流、横向互动来消化,如果说垂直流是组织体内的大循环——上下传递各种信息,那么水平流则是组织体内的小循环——使各种垂直信息到达终极目标,并得以吸收、处理和利用。

实际上,组织的垂直流和水平流总是同步交叉进行的。一般来说,组织中的水平流多于垂直流。其原因是组织成员有较多的机会且能有效地与同层级成员交流。这对于同部门的同层级成员来说尤为显著。但由于组织结构与系统设计的限制,不同部门的同层级成员之间信息交流也可能减少,并因此形成组织信息交流的"瓶颈"。

2. 非正规组织信息流

非正规的组织信息流是指发生于组织内,却并不与组织正规的等级结构和交流网络相对应的信息交流。因此,非正规组织信息流也可以视作组织中的"无组织性交流"。这种非正规组织信息流,可以是任务指向性的,如组织成员以非职权身份,如老同学、老朋友等个人身份,洽谈某项业务,用组织渠道外的个人渠道疏通关系等,有时会取得比正规组织交流更好的效果。但就大多数场合而言,非正规组织信息流常常是情感指向性的,就是说,联络感情是非正规交流的主要目的。如果说正规组织信息流是组织的"粘结剂",那么非正规组织信息流则是组织的"润滑油"。

非正规组织信息流的一个重要特征,就是散布小道消息。小道消息具有速度快、容量大、精确度高、覆盖面广的特点,尤其是在组织的正规渠道不畅通的情况下,小道消息的发生频率更高,扩散范围更广。散布小道消息有其积极的方面。如果小道消息属实或接近事实,则小道消息的扩散事实上有辅助正规组织信息传递的作用;另一方面,对组织领导者来说,某些小道消息也可能是成员对组织或领导的反馈信息,从中可以了解到成员的愿望、抱怨,减少冲突,缓和矛盾。但一般说来,小道消息所引发的负作用可能更大。它能扰乱组织的正常交流秩序,掩盖了组织正规信息流的可信度,造成组织成员之间、上下级之间的猜疑,甚至影响成员的士气和组织的工作效率。为此,组织应及时公开必要的信息,健全正规交流渠道,创立民主平等的交流气氛,使每一个组织成员都能够了解情况,参与决策,以尽可能遏止恶性小道消息的传播,减少其消极影响。

三、大众信息流

大众信息流指的是社会信息的大量复制和大规模传播过程,其中,少数人作为信息的发送者在整个传递交流过程中占着主导地位,而绝大多数人只是作为信息的接受者参与该过程,不能或很难将信息及时反馈给发送者,从而使交流中的信息流向带有非常明显的"单向传报"和"广泛播布"的特征。正是在这种意义上,人们通常将大众信息流称之为大众传播。

大众传播是通过大众传播媒介传送大众信息流的。大众传播媒介主要有印刷媒介(包括报纸、杂志、书籍等)和电子媒介(包括广播、电视、网络)等两大类。

大众信息流按其功能分,主要有如下几种类型:

1. 报道性信息流

这是大众信息流的基本的形态。大众信息流的基本功能是向社会大众报道各种公众信息,新闻则是公众信息的一个具体表现形态。客观、准确、公正,是新闻人员的基本品质要素;时效性、接近性、新奇性、突出性和效果性,则是新闻的价值准则。人们通过新闻报道,来获得国内外重要信息,了解社会大事。

2. 舆论性信息流

舆论,或称民意,是大众信息流的一个主要方面。一个政党或政府要想贯彻其方针政策,就必须集中、协调民意,引导舆论朝着有利于该方针政策实施的方向发展。这种舆论导向工作,主要是通过社会宣传来实现的。在某种意义上,宣传是操纵舆论性信息流来达到既定目标的最有效手段。

3. 教育性信息流

一个人的成长,除了家庭教育、学校教育以外,社会教育占其大半生的时间。教育性信息流对于促进社会精神文明建设,普及科学技术文化知识都具有重要作用。何况现代社会知识更新速度加快,只依赖正规学校教育是远远不够的。大众传播在实施社会道德教育和成人继续教育等方面具有得天独厚的优势,通过广播、电视、报刊等大众媒介,教育性信息流在大众传播中日见兴盛。

4. 广告性信息流

丰富多彩的广告信息是大众传播在现代经济社会中日益明显的特点。广告不仅对于刺激消费、促进市场经济的发展具有重要作用，而且也是正确引导消费观念、提高社会经济水准的有效途径。广告借助于大众传播而扩大其影响，同样，今天的大众传播业也主要依赖于广告而生存和发展。可以说广告性信息流已经成为大众信息流中不可缺少的组成部分了。

5. 娱乐性信息流

许多人接收大众信息流的主要目的是娱乐和消遣，娱乐性信息流在大众信息流中占有极大的比重。它可以消除人们的紧张情绪，使人们暂时忘却烦恼，心情舒畅，从而起到精神调剂作用。因此，即使是教育性、广告性信息流，也要"寓教于乐"、"寓商于乐"，以便取得更好的传播效果。

当然，大众信息流的各种内容与形式都是相互联系相互影响的。大众传播自然以报道和告知各种最新的社会公众消息为主要目的和任务，舆论性、教育性、广告性和娱乐性信息流都必须以此为基础而存在；同时，这些各种各样的信息流又丰富了大众信息流的构成，促进了大众信息流的全面发展。

复习思考题四

1. 人类信息交流所使用的符号有哪些特点？
2. 为什么说人类信息交流过程中的初始编码是十分困难的，它经常表现为哪些问题？
3. 试比较评价几种信息交流模式的特点。
4. 现代信息技术的发展将会对人类的信息交流模式产生何种影响？
5. 人们常常说"我们所存在的问题是没有沟通"。你是否认为沟通越多越好？为什么？
6. 结合本人实践，谈谈如何提高人际信息交流的效果。
7. 试分析组织信息流的结构与作用。
8. 为加强沟通，有些企业采取"请进来"的方法，鼓励职工可以就任何他们所关心的问题直接向高层主管陈述；有些企业采取"走出去"的方法，让高层主管走出自己的办公室到基层职工中去。这两种方法各有什么利弊？
9. 组织管理结构与信息结构、业务流程与信息流程之间有关系吗？应如何理解它们之间的关系和相互影响？

参 考 文 献

1. 倪波主编. 信息传播原理. 北京：书目文献出版社,1996
2. 周晓明编著. 人类交流与传播. 上海：上海文艺出版社,1990
3. 郑瑞成著. 组织与传播. 第2版,台北：三民书局,1990
4. （美）威尔伯·施拉姆、威廉·波特著,陈亮等译. 传播学概论. 北京：新华出版社,1984
5. （日）池上嘉彦著,张晓云译. 符号学入门. 北京：国际文化出版公司,1985
6. （美）沃纳·赛弗林,小詹姆斯·坦卡德著,陈韵昭译. 传播学的起源、研究与应用. 福州：福建人民

出版社,1985(The 4th English Edition,1997)

7. （英）丹尼斯·麦奎尔,(瑞典)斯文·温德尔著,祝建华,武伟译. 大众传播模式论. 上海：上海译文出版社,1987

8. （苏）А·И·米哈依洛夫等著,徐新民等译. 科学交流与情报学. 北京：科学技术文献出版社,1980

9. Lancaster F W. Information Retrieval Systems：Characteristics, Testing and Evaluation. 2nd ed. New York：Wiley, 1979

10. Wickery B C and Wickery A. Information Science in Theory and Practice. London：Butterworth & Co(Publishers) Ltd, 1987

11. Hargie Owen ed. A Handbook of Communication Skills. London & Sydney：Croom Helm Ltd., 1986

12. Littlejohn S W. Theories of Human Communication. Belmont, CA：Wadsworth Pub. Co., 1992

13. Goodman M B ed. Corporate Communication：Theory and Practice. Albany, NY：State University of New York Press, 1994

14. Richard D and Grraeme B. More Than Words：An Introduction to Communication. London：Routledge, 1992

15. Harris R. Sign, Language, and Communication：Integrational and Segregational Approaches. London and New York：Routledge, 1996

第五章 信息产品的开发

信息产品是信息劳动的结晶,广义地讲,凡是凝结着一定数量的人类劳动的信息成果均可视为信息产品。由于信息劳动的复杂性和信息产品的广泛性,大量未经加工整理的信息产品在社会信息流中是零散的、无序的,不便于人们吸收利用。要想使信息真正成为一种资源,发挥其在管理决策活动中的作用,就必须对信息产品实施再开发,即进行信息采集、整序和分析工作,形成更高级的更符合人们需要的信息产品,提高信息产品的价值和使用价值。

第一节 信 息 采 集

信息采集是指根据特定目的和要求将分散蕴涵在不同时空域的有关信息采掘和积聚起来的过程。信息采集是信息资源能够得以充分开发和有效利用的基础,也是信息产品开发的起点。没有信息采集,信息产品开发就成了无米之炊;没有准确及时、先进可靠的信息采集工作,信息产品的开发质量也得不到必要的保证。由此可见,信息采集这一环节的工作好坏,对整个信息管理活动的成败将产生决定性的影响。要想做好信息采集工作,首先应该对信息采集的源头——信息源有较为明晰的了解。

一、信息源

信息源是人们获取信息的来源。联合国教科文组织(UNESCO)在其出版的《文献术语》中定义为:"个人为满足其信息需要而获得信息的来源,称为信息源。"这是从信息使用者的角度来说的。从绝对意义上看,只有信息产生的"源头",才能称作信息源。信息是物质的普遍属性,一切事物的存在方式和运动状态都会形成某种信息,因此,自然界和人类社会实践活动都是信息源的最终"源头"。从信息采集的角度出发,信息源一般是指在信息采集工作中借以获取信息的来源,通常包括个人信息源、实物信息源、文献信息源、数据库信息源、组织机构信息源。

1. 个人信息源

人是信息的创造者,是最富活力的信息源。人类具有功能独特的信息感知、传递、处理与存储器官,并且在长期的社会实践活动中形成了独有的信息交流用符号——语言,因而能不断地创造与传播各种最新信息。参与社会信息交流活动的每个人都是一个独立的信息源。因为个人信息源的信息获取方式主要是口头交流,故亦称口头信息源。个人信息源在社会信息交流系统中具有重要的地位和作用。1965年，美国国防部技术信息处的W. M. 卡尔森（W. M. Carlson）对该部工程师的3400人次信息查询登记进行分析，结果发现，有31%的信息是通过口头交谈获得的。信息管理工作者应当牢记，最重要的信息源是人，特别是那些处于关键位置的行家。他们在工作中积累了大量的经验，占有着大量的信息，而且又在不停地创造着信息，同时与外界有着广泛的联系，本身就是信息的凝聚点和发射源。个人信息源的特点是：

（1）及时性。通过与个人直接接触和交谈，获取信息的速度最为迅捷，而且可以及时得到信息反馈。

（2）新颖性。人们交谈的信息内容多为对方不知道或不清楚的事物，其内容往往具有较强的新颖性。有时甚至可得到一些不宜公开的内部信息。

（3）强化感知性。面对面地获取信息，除接收到语言信息外，还可根据信息发出者的声调、语气、体语以及环境气氛等感受其"言外之意"，进行推理和判断，加深理解。

（4）主观随意性。人们在口头信息交流过程中往往按照自己的好恶对信息进行加工取舍，或根据个人意志对客观事物进行曲解和割裂。这种主观随意评价易导致信息失真。

（5）瞬时性。口头信息生存时间短，更新速度快，因其极易流变，必须记录转化在其他信息载体上方可长期保存。

2. 实物信息源

一切物质实体都蕴含着丰富的信息，一切事物的发展变化都与其存在的场所密切相关。无论是自然物，还是人工制品，抑或事物发生的现场，均可视为实物信息源。信息采集工作中常用的实物信息源主要是指各种无机物（如水、空气、土壤、岩石、矿石等）样品，有机物（如动植物等）化石或标本，文物和人类劳动成果的样本，各类产品及服务市场，实验室以及其他有可能出现新的信息"火花"的场所。实物信息源给人们提供了充分认识事物的物质条件。这类信息源的特点是：

（1）直观性。实物的最大优势就是直观、生动、全面、形象。它能提供全方位、多角度的信息，供人们根据各自的需要去进行分析研究。

（2）真实性。实物信息源是客观存在着的东西，人们可从中获取第一手的完整可靠的信息，因而具有较高的真实性和可信度。

（3）隐蔽性。实物信息源中包含的信息往往是潜在的、隐蔽的，不易被完全发现，因此要求信息采集人员必须有强烈的信息意识、敏锐的洞察能力和一定的分析研究水平。必要时要通过实地考察和反求工程等方法才能剖析出来。

（4）零散性。实物信息源的时空分布十分广泛、散乱、混杂，无一定规律可循，因此很难对其进行加工整理。

3. 文献信息源

这是指用一定的记录手段将系统化的信息内容储存在纸张、胶片、磁带、磁盘和光盘等物质载体上而形成的一类信息源。我国国家标准将文献定义为"记录有知识的一切载体"。按照文献的物质载体形式,可以把文献划分为印刷型文献、缩微型文献、声像型文献和机读型文献。文献的基本功能,一是存储信息,二是传播信息。如果把存储看作沿时间轴上的传播,那么,文献就是在人类生产和社会生活的实践活动中产生的一种信息传播工具。文献是社会信息交流系统中最重要的成分之一。它是社会文明发展历史的客观记录,是人类思想成果的存在形式,也是科学与文化传播的主要手段。正是借助于文献,科学研究才能得以继承和发展,社会文明才能得以发扬和光大,个人知识才能变成社会知识。作为现代社会最常用的、最重要的信息源,它具有以下特点:

(1) 系统性。文献所记载的信息内容往往是经过人脑加工的知识型信息,是人类在认识世界改造世界的过程中所形成的认知成果,经过选择、比较、评价、分析、归纳、概括等一系列思维的信息加工活动,并以人类特有的符号系统表述出来的。因此大多比较系统深入,易于表达抽象的概念和理论,更能反映事物的本质和规律。

(2) 稳定性。文献信息是通过文字、图形、音像或其他代码符号固化在纸张、化学材料或磁性材料等物质载体上的,在传播使用过程中具有较强的稳定性,不易变形,不失真,从而为人们认识与决策活动提供了准确可靠的依据。

(3) 易用性。利用文献信息源不受时空的局限,利用过程也比较从容。用户可根据个人需要随意选择自己感兴趣的内容,决定自己利用文献的时间、地点和方式,遇到问题可以有充分的时间反复思考,并可对照其他文献进行补充印证。

(4) 可控性。文献信息的管理和控制比较方便。信息内容一旦被编辑出版成各种文献,就很容易对其进行加工整理,控制其数量和质量、流速和流向,达到文献信息有序流动的目的。

(5) 时滞性。由于文献生产需要花费一定的时间,因而出现了文献时滞问题。文献时滞过长将导致文献内容老化过时,丧失其作为信息源的使用价值。

4. 数据库信息源

所谓数据库,就是在一定的计算机软硬件技术支持下,按照一定方式和结构组织起来的,具有最小冗余度和较高独立性的大量相关数据的集合。它能以最佳的方式、最大的共享和最少的重复为多种应用(用户或用户程序)服务,因而是计算机信息管理的基本资源。按数据的形式,可以把数据库分为文字数据库、数值数据库、声像数据库和多媒体数据库。随着数据库管理系统技术的不断发展,数据库的存储容量越来越大,检索能力越来越强,开发越来越简易,使用越来越方便。据估计,目前全世界有将近8000个数据库已投入商业运行,数据库记录总数超过40亿条。把大量的数据组织成数据库,一方面提高了用户的信息检索效率,另一方面也有利于实现信息资源共享。数据库作为一种新型信息源的特点是:

(1) 多用性。数据库是从整体观点来组织数据的,内容可靠,存储量大。它充分考虑了多种应用的需求,能够为用户提供尽可能多的检索途径。

(2) 动态管理性。数据库系统便于扩充修改,更新速度快,且能根据需要随时进行建库、检索、统计、备份和恢复等多种数据管理。

（3）技术依赖性。数据库的实现是以计算机的高速运算能力和大容量存储能力为基础的，它的发展又与数据库系统开发与管理技术的进步紧密相连。虽然数据库信息源内容新颖，检索效率高，且不受距离限制，但如果没有发达的信息技术基础，数据库信息源就不可能产生和发展，也不可能得到广泛普及和运用。

5. 组织机构信息源

组织是社会有机体充满生命活力的细胞，作为一个开放的社会子系统，组织机构要与外界环境不断地交换物质流、能量流和信息流。各级各类组织机构主要是通过内外信息交换来发挥其控制功能，实现组织目标的，因此，组织机构既是社会信息的大规模集散地，也是发布各种专业信息的主要源泉。这类信息源的主要特点是：

（1）权威性。各种组织机构或从事研究开发，或从事生产经营，或从事监督管理，往往是专门开展某一方面的业务工作，因此它们所产生发布的信息相对集中有序，也比较准确可靠，具有一定的权威性，值得高度重视。

（2）垄断性。有些组织机构由于保守或者是竞争等方面的原因，常常把本部门所拥有的信息资源看成是自己的私有财产而不愿对外公开。如果没有完善的信息公开制度作保证，就很难进行信息采集工作。

二、信息采集的原则

随着信息技术的飞速发展，社会信息不仅数量猛增，流速加快，而且信息老化、污染与分散问题也日益严重。社会信息环境的这种情况要求我们在信息采集工作中必须坚持以下基本原则。

1. 主动、及时的原则

信息是有时效的。信息采集应能及时反映事物发展的最新情况，方能使信息的效用得到最大发挥。为此，要求信息采集人员要采取积极主动的工作态度，及时发现、捕捉和获取有关事物发展的动态信息。要有敏锐的信息意识和强烈的竞争意识，以及高度的自觉性、使命感、洞察能力和快速反应能力，同时也要有过硬的工作本领，熟悉各种信息采集途径并能掌握先进的信息采集技术和方法。对迫切需要的信息，要千方百计地及时搜集；对他人未注意到的信息，要善于挖掘出其中的效用。一个成功的信息采集人员往往就是从他人不注意的蛛丝马迹中发现了价值连城的信息财富。

2. 真实、可靠的原则

真实可靠的信息是正确决策的重要保证。在信息采集过程中必须坚持严肃认真的工作作风，实事求是的科学态度，科学严谨的采集方法，对各类信息源的的信息含量、实用价值和可靠程度等进行深入细致地比较分析，去粗取精，去伪存真，切忌把个别当作普遍，把主观当作客观，把局部当作全局。另外，要尽量缩短信息交流渠道，减少采集过程中受到的干扰。对一些表述模糊的信息要进一步考察分析，一时弄不清楚则宁可弃置不用。

3. 针对、适用的原则

社会信息数量庞大,内容繁杂,而人们的信息需要总是特定的,是有层次、有类型、有范围的。信息采集要注意针对性,即根据使用者的实际需要有目的、有重点、有选择地采集利用价值大的、适合当时当地环境条件的信息,做到有的放矢。为此,信息采集人员必须认真了解和研究用户的信息需要,弄清用户的工作性质、任务、水平和环境条件,明确信息采集的目的和所采集到的信息的用途,保证信息的适用性。

4. 系统、连续的原则

信息反映的是客观事物的运动状态,客观事物运动既有空间范围上的横向扩展,又有时间序列上的纵向延伸。所谓信息采集的系统、连续,就是指信息采集空间上的完整性要求和时间上的连续性要求。即从横向角度,要把与某一问题有关的散布在各个领域的信息搜集齐全,才能对该问题形成完整、全面的认识;从纵向角度,要对同一事物在不同时期、不同阶段的发展变化情况进行跟踪搜集,以反映事物的真实全貌。信息采集的系统、连续原则是信息整序的基础。只有系统、连续的信息来源,才能有所选择,有所比较,有所分析,产生有序的信息流。

5. 适度、经济的原则

现代社会信息环境十分复杂,如果是不加限制地滥采信息,不仅会造成人力、财力和物力上的极大浪费,而且将使主次不分、真伪不明的信息混杂在一起,重要信息湮没于大量无用信息之中。因此,在信息采集工作中必须坚持适度适量原则,讲求效果。一般来说,采集的信息在满足用户需要的前提下必须限定在适当的数量范围内,即不能超过用户的吸收利用能力。另外,也要从使用方便的角度考虑选择合适的信息源和信息采集途径、方式以及应采集的信息数量与载体形式等,提高信息采集工作的经济效益和社会效益。

6. 计划、预见的原则

在现代社会,人们更关注未来。信息采集工作既要立足于现实需要,满足当前需求,又要有一定的超前性,考虑到未来的发展。为此要求信息采集人员要随时掌握社会经济和科学技术的发展动向,制定面向未来的信息采集计划,确定适当的采集方针和采集任务。一方面要注意广辟信息来源,灵活地、有计划、有侧重地搜集那些对将来发展有重要指导意义的预测性信息,另一方面又要持之以恒,日积月累,把信息采集当作一项长期的、连续不断的工作,切忌随意调整采集方针,盲目变动采集任务。当然,应当在科学的预见性基础上做到灵活性与计划性的统一。

三、信息采集的途径

信息采集途径是指获取信息的渠道。不同的信息用户,经常利用不同的信息采集途径;不同类型的信息,其获取渠道也有所不同。以现代社会组织机构的典型代表——企业来说,企业系统内部每时每刻都产生着大量的信息,除供本身吸收利用外,并对外输出"负熵流",对其他社会系统施加影响。与此同时,企业又必须从外界输入信息流,方能保证企业自身的有机运行以及与其他社会系统的协同作用。因此，以企业为例的信息采集主要有内部途径和外部途径两大方面：

（一）内部途径

企业在本系统内部形成的各种信息交流渠道很多，这些渠道主要用于采集内部信息，有时也能借以获取一些外部信息。从企业内部的信息流来看，主要信息采集途径有：

1. 管理监督部门

企业管理监督层的主要任务就是上传下达，维持企业内部信息流的畅通无阻。管理监督人员了解企业最高决策者的战略意图和基层的生产经营情况，熟悉业务管理、行政管理、财务管理、人事管理和物资管理等各个管理环节，是企业内部信息交流渠道的重要"阀门"。通过管理监督部门，可以搜集到企业管理各环节的现状信息，同时也可以借助统计资料、文件简报等形式获得企业生产经营和战略决策等方面的信息。这一途径纵横交错，上下贯通，对信息采集来说十分便利。但是，如果企业内部管理层次过多，那就不仅影响信息传输速度，而且层层把关，多层过滤，易导致信息失真。

2. 研究开发部门

研究开发部门承担着企业新技术、新产品的研究、设计与开发任务，他们掌握着一个企业正在进行中的研究开发项目、产品技术水平、设计标准规范等方面的信息资料。通过研究开发部门获取的信息真实可靠，专业性和先进性都比较强，具有较高的参考价值。

3. 市场营销部门

市场营销部门是企业与市场之间的联系纽带，市场营销人员直接面对客户和竞争对手，位于企业竞争的前线，因此他们通常掌握着有关竞争环境和竞争对手的大量信息。通过市场营销部门获取的大多是非公开的动态信息，这类信息对于企业及时制定有效的竞争策略、迅速作出市场反应都具有重要的意义。

4. "葡萄藤"渠道

企业内部传播小道消息的非正规组织信息流常常产生所谓的"葡萄藤"现象。这种类似于"葡萄藤"的非正规组织信息交流网络在企业内部的存在和发展，总的来说是弊大于利。但高明的企业管理者也可以利用"葡萄藤"来收集基层成员对上级决策、指令的反馈信息，了解群众的意见、建议和愿望，从而对管理行为作出调整，达到减少冲突，提高工效的目的。

5. 内部信息网络

大多数企业都建立有自己的信息机构，并通过通信线路与各部门联系起来形成企业内部信息网络。传统的企业内部信息网基本上都是以局域网（LAN）技术为基础的，虽然功能强大，安全性好，但对于现代企业竞争与发展日益重要的远程信息采集管理和跨平台信息交换等需求则显得勉为其难了。近年来兴起的 Intranet 技术为企业信息管理战略的转变提供了可能。

所谓 Intranet,就是利用因特网(Internet)的技术和设施建立起来的、为企业提供综合性信息服务的计算机网络,亦称企业内联网。它使用标准的 Internet 协议,如传输控制协议/网际协议(TCP/IP)、超文本传输协议(HTTP)等,把企业各部门不同的计算机网络i连接起来,从而保证了数据在各种平台上的一致性。在 Intranet 上,由万维网(WWW)服务器、浏览器(Browser)、电子邮件(E-mail)服务器、数据库系统(RDBMS)以及具有与数据库连接功能的群件(groupware)形成了企业日常办公和业务流程的主要信息管理结构,并可通过防火墙(firewall)接入 Internet。企业利用 Intranet,将以往分散的信息结构——各自独立的"信息孤岛"变成一个有机统一的网络体系——相对集中的"信息大陆",使之既具有传统 LAN 的安全性,又具备 Internet 的开放性与灵活性,在提供传统网络应用的同时,还能提供更加方便迅捷的信息发布、采集与交换方式。因其开发简单,成本低廉,使用方便,Intranet 在企业界正以惊人的速度发展。根据美国 IDC 公司的市场调查报告,到 1996 年 6 月,已有 46.4% 的美国企业采用了 Intranet,另有 35.8% 的企业打算在半年或一年之内建立 Intranet。

(二)外部途径

从企业外部多途径采集的信息往往能使各自孤立的信息来源联系起来,并可对以前所收集的信息进行验证,从而获得对客观事物完整而正确的认识。企业外部信息采集途径主要有:

1. 大众传播媒介

通过广播、电视、报纸、杂志等可得到内容新、范围广的信息资料。世界五大通讯社(美联社、合众国际社、路透社、法新社、新华社)的每日电讯、美国之音(VOA)和英国广播公司(BBC)的全球新闻广播、美国有线电视新闻网(CNN)的电视新闻报道以及《纽约时报》、《时代周刊》、《新闻周刊》等都是报道速度快、涉及内容广的具有世界影响的大众传播媒介。但由于它们都是面向大众的,故一般来说缺乏针对性,也比较肤浅。企业可根据自身需要,利用大众媒介开展定向、定时、定题信息收集活动,必要时还可以委托剪报公司或其他信息机构进行专题信息采集工作。美国芝加哥的培根剪报社(Bacon's Clipping Bureau)、美国新泽西州利文斯顿的布里尔剪报服务社(Burrell's Press Clipping Service)、英国伦敦的洛美克和柯逊斯公司(Romeike & Curtice)都是国际上著名的剪报服务公司。这三家公司所收集的报刊杂志均覆盖全球。在国内,中国剪报社和中国人民大学书报资料中心以及其他组织的相关专业剪报资料亦可充分利用。

2. 政府机关

政府机关掌握着丰富的信息资源。政府各管理机构发布的政策文件、对外公开的档案(如工商企业注册登记通告、上市公司业绩报告、专利、标准等)、政府出版物(如研究报告、统计资料、各类白皮书等)都是企业重要的信息来源。与政府机关保持良好的合作关系,有利于企业及时了解各方面的政策法规性信息,指导本部门的决策与行动。

3. 社团组织

通过学会、协会等专业和行业团体,可以搜集到本系统、本行业内部通讯、专业简报等非公开出版物,是企业获得最新技术、了解同行情况的重要途径。

4. 各种会议

各种研讨会、洽谈会、展览会、展销会、交易会、现场会、发布会、演示会等是企业获得外部环境信息和竞争对手信息的重要途径。这些会议或会展资料是其他途径难以搜集到的,因而对于企业竞争战略决策具有不可替代的参考作用。

5. 个人关系

通过人际关系渠道采集到的信息往往是不曾公开发表的,有时甚至带有一定的机密性质。利用各种社交场合广交朋友,在交往接触、聚会闲聊中可以探听到许多新情况,常常在有意无意之间搜集到了自己所需要的信息。

6. 协作伙伴

在现代社会经济日益走向全球一体化和区域集团化的大趋势下,一个企业与其他有业务联系的协作企业已经形成"一损俱损,一荣俱荣"的战略伙伴关系。企业间的业务联系越密切,其信息交流量也就越大。目前许多企业正在兴建的企业外联网(Extranet)就是在Internet/Intranet 技术基础上开发的、与 Intranet 相连的企业战略伙伴协作网。通过 Extranet,把与本企业有业务合作关系的企业——从供应商到经销商连成一体,不仅可以使企业更有效地进行供销链管理,而且可以通过协作伙伴更为迅捷准确地获取有关信息,从而更好地把握住竞争机会。

7. 用户和消费者

从用户和消费者那里可以得到大量的需求和反馈信息,因此,任何企业都应十分重视疏通与用户和消费者的联系渠道,加强与用户和消费者的信息沟通。当前兴起的企业电子商贸网(E—market)同样是利用 Internet/Intranet 技术建立的,并与 Intranet 相连的企业产品销售与用户服务网。通过 E—market,企业不但可以开展联机销售,为用户提供在线支持和培训,而且可以随时征集用户和消费者的意见,不断提高服务水平,改进产品质量,从而增强企业的竞争实力。

8. 外部信息网络——Internet

当代社会正逐步走向信息时代。信息时代的主要特征之一,就是信息资源的充分开发和有效利用。现在社会上的信息资源已经非常丰富,各种各样的信息媒体、信息系统、数据库等等借助先进的计算机网络技术已经联结成一个有机的整体,为人们获取和利用信息资源提供了极大的方便。仅以全球最大的计算机互联信息网络——Internet 为例。Internet 是用通信线路联系起来并共同遵守 TCP/IP 协议的各种局域网和广域网所构成的超级信息网络。通过 Internet,每个用户都可以利用灵活方便的网络信息服务方式,如通过基于菜单的信息查询(Gopher)、基于关键词的文本检索(WAIS)和基于超文本的多媒体信息浏览(WWW)等,采集到丰富多彩的信息资源。据 MIDS 公司统计,到 1998 年 1 月,

Internet 上共有 6800 万台主机，150 万个网站，3.5 亿个网页。越来越多的图书馆、数据库、出版社和书店以及国际组织、政府机构和企业都将在网上提供各种各样的信息服务。特别是善于利用 WWW 搜索引擎，如国外的 YAHOO、INFOSEEK、EXCITE、ALTAVISTA、LYCOS、WEBCRAWLER、HOTBOT，国内的搜狐（www.sohu.com）、北极星（www.beijixing.com.cn）、中国导航（www.chinavigator.com.cn）、中文查询引擎（www.searchchina.com）若比邻（www.robot.com.cn）、搜索客（www.cseek.com）、悠游（www.goyoy.com）、YEAH（www.yeah.net）、天网（pccms.pku.edu.cn:8000）、网络指南针（compass.net.edu.cn:8010）等等，就可以在浩瀚的网络信息海洋里依靠这些导航台的帮助迅速准确地查询到最丰富的相关信息。

四、信息采集的方法

信息采集的方法依信息的类型和性质不同而有所不同。根据信息源和信息采集途径的差异，信息有动态信息与静态信息、公开信息与非公开信息之分。动态信息是指直接从个人或实物信息源中发出，且大多尚未用文字符号或代码记录下来的信息；静态信息是指经过人的编辑加工并用文字符号或代码记录在一定载体上的信息。公开信息是指来自大众传播媒介、公共信息服务或其他公开渠道的信息；而非公开信息通常是指来自非公开途径甚至采取了一定保密措施的信息。一般来说，静态的、公开的信息便于采集，也易于滞后；而动态的、非公开的信息虽然难于搜集，却有着更高的使用价值。常用的信息采集方法参见表 5.1。下面主要介绍两种最基本的，也是最重要的动态信息采集方法。

表 5.1 信息采集的常用方法

信息类型 采集途径	动 态 信 息	静 态 信 息
公开信息	问卷调查法	预订采购法
	参观考察法	信息检索法
	专家咨询法	日常积累法
非公开信息	访问交谈法	交换索要法
	技术截获法	委托收买法
	敲诈利诱法	抢劫窃取法

（一）问卷调查法

问卷调查法是调查者就某些问题向有关人员（被调查者）发放调查表（问卷），填妥回收后可直接获取调查对象的有关信息的方法。作为有目的、有计划、有组织的信息采集活动，问卷调查一般包括以下几个步骤：

1. 问卷设计

问卷调查成功与否,首先取决于调查表的设计。问卷设计必须围绕调查目的和调查对象来确定调查内容,然后在此基础上规划调查项目,编制调查表。调查表通常包括前言(说明调查目的和填写要求等)、调查项目(被调查者的基本情况、需要被调查者回答的一系列具体问题等)和结语(谢辞和联系地址等)。问卷设计应当注意的问题是:

(1) 问卷格式应清晰,长度要适中。问卷格式的重要性不下于问题本身的重要性。不适当的格式会造成答案的遗漏、混淆,甚至导致拒绝回答问题的后果。按照一般规则,问卷应当整齐清楚,每一提问后的空白要留得尽可能大些。有人担心这会使问卷看上去太长,于是把几个问题并在一行写,或简化提问方法,问卷的长度当然要适中。以为问卷的页数越少越好,这种做法却是错误的。将几个问题写在一行中,会使被调查者忽略后面的问题;简化的提问容易引起误解;人们也并不喜欢页数虽少但第一页却花费过多时间的问卷,反而喜欢虽然初看页数不少但轻而易举就填完了第一页的问卷。

(2) 调查项目的安排要合理,并注意问答形式。提问顺序应遵循从简单到复杂、先易后难的原则,最好以最有趣的问题开头,使人看了头几个问题后愿意填写整个问卷。不要在一开始就提出令人头疼的问题。问答形式可选择结构式问答或开放式问答。结构式(或称封闭式)问答要求被调查者从预先设计好的一系列答案中选择答案,如两项选择法、对比选择法、多项选择法、排序选择法、程度选择法等等;开放式(亦称自由式)问答是指被调查者可根据问题自由回答,没有任何固定的答案限制。结构式问答内容明确,形式规范,回答简便,易于对问卷进行标准化处理和定量分析,但被调查者只能在所拟答案范围内回答问题,不能对问题作充分说明;开放式问答有利于被调查者根据个人的实际情况和认识充分发表意见,容易收集到较全面、深入的信息,但由于被调查者的认知差异而使答案内容水平不一,且形式不规范,不便整理归纳。鉴于两种问答形式各有优缺点,因此有的问卷设计也采取两种形式相结合的方法。这时在项目安排上一般是结构式问答在前,开放式问答在后。

(3) 提问时的语言应通俗易懂,明确具体,尽量避免专业术语和模糊概念。避免提交叉性的或双重性的问题,也要避免提倾向性的或暗示性的问题。更要避免提敏感性的或窘迫性的问题。

2. 选取样本

调查对象样本的选取问题直接关系到调查结果的代表性和准确性。由于调查的组织、目的、对象、内容不同,一般社会调查经常采用的取样方式有普查、重点调查、典型调查、个案调查和抽样调查等。问卷调查主要采用抽样调查方式来选取样本。

抽样调查是从研究总体中按照一定要求抽取一部分(即样本)进行调查分析,并以此来推断总体的方法。抽样总是会存在误差的,因此抽样调查的一个主要问题是如何保证样本对于总体的代表性,把抽样误差控制在一定范围内。这就要求采用合理的抽样方法。经常采用的抽样方法包括概率抽样和非概率抽样。

概率抽样是按照概率原理进行的。具体可分为：

（1）简单随机抽样。也称单纯随机抽样，即在对研究总体进行编号的基础上运用随机数字表抽取样本。从总体中抽出的个体所占的比例称为抽样比例。这种方法适合在调查总体数量不大，总体中个体单位差异不大（即同质性高）的情况下使用。

（2）系统抽样。又称等距抽样，即在对总体进行编号排序的基础上按照固定间隔抽取样本。两个被抽出的个体之间的标准距离称为抽样间距。用总体数除以样本数即可求得抽样间距。为避免偏差，总体编号以及在第一个抽样间距中抽取的编号必须是随机决定的。

（3）分层抽样。亦称类型抽样，即在对总体按照同质性进行类型划分（分层）的基础上，根据各个同质层在总体中所占的比例用简单随机抽样或系统抽样的方法在每层中抽取一定比例的个体构成样本。这种方法可得到更大程度的代表性，减少抽样误差，适用于总体数量较多且内部差异较大的调查对象。

（4）整群抽样。亦称集体抽样，是先将总体按一定标准分成许多群或集体，然后随机抽取若干群或集体作为样本实施逐个调查。这种方法抽样单位比较集中，调查工作经济简便。缺点是样本分布不均匀，代表性较差。

（5）多段类集抽样。先将总体按照一定标准划分成若干类集作为一级抽样单位，再将一级单位分成若干小的类集作为二级抽样单位。如此类推，还可分出三级、四级单位。然后，依照随机原则，先在一级单位中抽取若干单位作为一级样本，从中再抽取二级样本，如此还可以抽出三级、四级样本。这种方法能够综合各种抽样方法的优点，特别适用于总体范围大、单位多、情况复杂的调查对象。

与概率抽样试图完全排除主观因素影响的做法相反，非概率抽样则在抽样中加入了某些人为的主观标准。这类方法的经济性和可行性较好，也适用于难以确定总体的场合，特别是当调查者对总体情况比较熟悉，而总体的同质性程度又比较高时，非概率抽样也不失为问卷调查的好方式。其主要方法有：

（1）方便抽样。亦称偶遇抽样，即按照研究对象的可得性抽取样本。这种方法简便易行，费用少，精确性和代表性却很差。虽然经常被采用，但绝不是一种科学的合格的抽样方法。一般只适用于探索性、试验性调查或作为正式调查的准备工作。

（2）判断抽样。亦称目的抽样，即按照研究目的与要求，根据调查者的主观判断来选择确定样本。为防止主观片面性，使用该法时要对总体的有关特征有相当的了解。

（3）定额抽样。亦称配额抽样，即按照一定的标准和比例分配样本数额，然后由调查者根据分配的样本数额自行选择适合条件的样本。这是非概率抽样中使用较多的一种方法。

3. 实施调查

实施调查应有一定的计划和组织，并对调查者进行适当的培训。必要的话，可先进行试点调查，对调查方案及时进行反馈修正，然后再全面展开。问卷的发放可采取邮寄、面呈、报刊登载和因特网发布等方式。邮寄法覆盖面广，也比较容易掌握被调查者的情况，但往往存在回收率低的问题。为提高回收率，在邮寄问卷时应附有贴好邮票、写明回信地址的信封，同时亦可附上一封由个人签名或单位盖章的信，说明调查的主要意义，恳请予以合作。必要时还可以在几天后再寄一张明信片提醒一下。一些机构也常常允诺给寄回问卷的被调查者以纪念品，或将回收的问卷编号抽奖以提高回收率。

对回收的问卷进行统计分析，就可以得出许多结论。通过问卷调查采集信息方便易行，且涉及面广，费用较低。但问卷调查也存在着误差控制和回收率的问题，而且在信息竞争日益激烈的今天，往往被非公开的内部信息源所拒绝。必要时可结合访问交谈法一起进行。

（二）访问交谈法

访问交谈法是通过访问信息采集对象，与采访对象直接交谈而获取有关信息的方法。这类方法是通过信息采集人员与被采访者直接接触来实施的，因此可达到双向沟通、澄清问题的效果，便于对有关问题进行深入探讨，也便于控制信息采集的环境，提高信息采集的针对性和可靠性，有时甚至会得到意外的收获。但由于费用较高，且受访谈人员的素质和水平影响较大，故不适合大规模开展。一般适用于信息采集范围较小，问题相对集中，需要搜集实质性详细信息的场合。

根据访谈对象，访问交谈法可分为个别访谈和集体访谈。个别访谈环境比较自由，谈话没有拘束，往往可获得较深层次的有时甚至是秘密的信息，但对于来自个人角度的信息，其客观性和完整性需经判断和验证；集体访谈或称座谈会，集思广益可获得较多的信息，且可通过互相补充提高信息采集的质量，但集体访谈易受从众行为之影响，有时会出现随声附和或言犹未尽的情况。

根据访谈方式，访问交谈法可分为电话采访和面谈。电话采访可能是最快捷、省钱而有效的方法，有人说，获取信息的最简单方法就是打个电话。但是，电话采访的缺点是不便讨论复杂的问题；面谈的优点是直观和信息量大，缺点是成本较高且不易安排。

根据提问形式，访问交谈法可分为导向式访谈、非导向式访谈和随机提问式访谈。导向式访谈又称结构式访谈或标准化访谈，是信息采集者严格按照事先列好的访谈提纲或问卷向受访者发问，让被访问者一一作答。这种方法的针对性和目的性都很强，得来的资料比较规格化，便于整理和数量分析，但信息采集范围只限于既定问题；非导向式访谈亦称非结构性访谈或非标准化访谈，是指采访者事前未拟定详细提纲或问卷，不进行引导性提问，仅就有关主题请被采访者不受拘束地自由发言。这种方法可避免提问时的导向性偏差，使受访者能自然而充分地表达自己的意见，保证信息的真实性；随机提问式访谈则是介于上述两种方法之间的一种访谈方法。即采访者事先虽未拟定具体提问，但在访谈过程中可根据被采访者的谈话不断提出问题，深入挖掘有关信息。这种形式比较自由活泼，但其效果在很大程度上取决于采访者的访谈技巧和应变能力，取决于采访者对有关事物的熟悉程度以及善于抓住关键性问题的敏感意识和捕捉能力。

运用访问交谈法采集信息,一般要进行以下三个阶段的工作:

1. 准备阶段

访谈前认真做好准备是访谈成功的基础。访谈准备工作主要有以下几个方面:

(1) 选择访谈对象。访谈法的高成本和直接性都要求我们必须认真仔细地选择访谈对象。为此首先应根据信息需要开列出所有的潜在信息源,然后确定优先考虑的个人信息源,并按重要性程度和访谈次序分别列出可能直接进行访谈的人员名单。访谈对象的选择要注意两个问题:

一是选择关键人物。虽然每一个人都是一个独立的信息源,但不同的人其信息能级却有天地之差。因此一定要尽力去采访最关键的人物,特别是那些处于关键位置、掌握着重要信息的主管人员和专家。用企业家哈默的话说,"只与顶尖人物打交道"。这些关键性人物虽然联系起来会难上十倍,但他们提供的帮助会是成百倍。通常,人们不敢去找顶尖人物是由于自卑心理在作怪。要充满勇气,满怀热忱,不卑不亢,越是有信心越能获得成功。经常与高水平的人交流,向有真知灼见的人请教,不仅能及时获得十分有价值的信息,而且对个人的能力成长也有极大的好处。

二是利用人际关系网络。应当注意,重要的信息首先是在朋友圈子中交流,在友谊和信任的基础上传播的。信息朋友要经常联系,这样友谊、信任才能巩固下来。这就需要在平时花大力气建立良好的人际关系网络,要真诚地去发展友谊,建立一种长期合作的信任关系,而不是势利眼式的现用现交。通过人际关系建立起稳定、可靠的外部信息网,不论是对个人发展,还是对企业竞争,都是十分重要的。

(2) 拟定访谈提纲。无论是导向式访谈还是非导向式访谈,都应事先针对访谈目的、中心议题和提问方式拟定一个访谈提纲。对于导向式访谈,可以把提纲细化为按一定提问顺序排列的标准化的问卷;对于非导向式访谈,提纲无须确定所提问题的措辞,亦无需排定提问的次序。拟定提纲的主要目的是便于在访谈中把握节奏并在恰当的时候结束交谈,同时有利于准备好遭到拒绝时的应对之策。在访谈过程中不要机械地照提纲进行。

(3) 尽量提前与被采访者取得联系,确认访谈时间、地点、人物等。可能的话,应预先将访谈目的和采访内容通知被采访者,使他们有一定的思想准备。

(4) 携带必要证件和有关资料,以便在需要时展示。

2. 实施阶段

访谈实施的过程大体上可分为接近被采访者、提出询问问题、引导和追询、访谈结束等几个环节。访谈是一个信息游戏,所以你有可能在打了数个电话、见了几个人之后才找到一位能为你的问题提供答案的人。应该清醒地认识到,只有极少数人才掌握大量你所需要的信息,以致你要采集的信息的 90% 都是由 10% 的采访对象提供的。所以,大可不必因为几个人不予合作而精神不振。信息采访人员除要满怀热情,有一种敬业和奉献精神外,还要注意掌握一些访谈技巧:

（1）接近技巧。首先要设法接近被采访者。接近被采访者的第一个问题就是要有恰当的称呼。一般来说，称呼应随乡就俗，亲切自然。接着就应采取适当的方式进一步接近被采访者。常用的方式有：自然接近——在某种共同活动，如学习、开会、乘车、住宿、就餐、跳舞的过程中接近对方；求同接近——在某一方面寻求共同点，如同乡、同学、共同的经历或兴趣爱好等均可成为最初交谈的话题；友好接近——从关怀、帮助被采访者入手来联络感情，建立信任；正面接近——即开门见山，先作自我介绍，说明采访目的，请求予以协助；隐蔽接近——以某种伪装的身份、伪装的目的接近对方，并在对方未察觉真相时了解情况。无论采用何种方式，都要以友好、热情、平等的姿态去接近访谈对象，决不可只图自己简便而强加于人。

（2）沟通技巧。要使被采访者毫无拘束地讲出真实情况，就要善于创造一个融洽的沟通氛围，以找到共同语言，缩短心理距离，使被采访者感到采访者是"自己人"。按照一般规则，采访者在衣着服饰方面应当干净整洁，并尽量与被采访者相似；在观念和感情上应当找到一种联系，设法取得认同和共鸣。一个合格的采访者应能迅速确定被采访者最容易同什么样的人相处，最喜欢同什么样的人交谈。如果采访者能成为被采访者喜欢与其交谈的人，他的采访就会更加成功。

（3）提问技巧。如何巧妙地提出你要了解的问题，使答问者乐于回答？一般来说，应设法将疑问句变为陈述句，因为陈述往往比提问更易获得信息。或者采取分层的办法，将问题划分成几个类型或等级，让被采访者从中选择其一。如果完全不知道问题存在的范围或线索，也可以采用故意说错的办法。因为人们常常有不自觉地去纠正他人的错误说法的习惯倾向。

（4）引导技巧。与提问不同，引导不是提出新的问题，而是帮助答问者正确理解和回答已经提出的问题。当访谈遇到障碍不能顺利进行下去或偏离原定采访计划时，就要及时引导和控制；如果答问者对问题的理解不正确，就应该用对方听得懂的语言作出具体解释或说明；如果答问者一时遗忘了某些具体情况，就应该从不同角度、不同方面帮助对方进行回忆；如果答问者离题太远，就应该寻找适当的时机，采取适当的方式，有礼貌地把话题引入正轨……引导的方法是多种多样的，要根据具体情况灵活处理。然而，一个绝对必要的原则是，引导必须是中性的，不能影响问题的性质，使回答造成偏差。

（5）追问技巧。追问是更深入的提问，更具体、更准确的引导。有时答问者会回答含混甚至答非所问，这就需要用到追问技巧。最好的追问方式是沉默。如果采访者默默无语作出准备记录的样子，答问者就很有可能打破沉默作出进一步的说明。适当的追问可以是表示怀疑、惊奇、感叹的短句，或者是对回答的自我理解和简单重复。追问是经常需要的，但是，如果答问者坚决拒绝答复，就应该转移到另一个话题，不要穷追不舍，刨根问底，使人感到厌烦。

（6）记录技巧。访谈时要做记录，当然出于礼貌考虑可先征求对方同意。记录要"原汁原味"，不要企图去总结、分段或改正语法，以避免过早掺入个人倾向性意见。有时被采访者可能不擅长表达或不愿意说明。这时如果采访者能够观察到被采访者的动作语言或从其他方面理解其意义,就应当在准确记录回答的词语部分之外,在页边写下自己的观察和理解,以及作此种解释的原因。

3. 整理阶段

对访谈结果要尽快进行整理,根据记忆及时发现和解决错记、漏记等问题,不清楚的重要事实或数据还应找被采访者核实。同时,要根据访谈获取的最新信息不断修正访谈名单,逐步建立和完善一个人际信息网络,为今后的信息采集工作打下良好的基础。

第二节　信 息 整 序

整序就是把杂乱无序的事物整理为系统有序的状态。在信息管理活动中,为了控制信息的流速和流向、数量和质量等,把传递中的杂乱无序的信息整理为系统有序状态的活动就是信息整序。

序是事物的一种结构形式,是指事物或组成系统的诸要素之间的相互联系以及这种联系在时空结构中的表现,即空间结构中的排列组合、聚集状态、立体结构及事物发展的时间序列等。事物的组成要素具有某种约束性,当其在空间结构和时间序列上呈现出某种规律时,我们就说这一事物是有序的。有序或无序是相对于一定的参照系而言的。在信息管理范围内,如果信息的元素特征,就其与其他信息元素特征而言是相应于给定参数或设定基准而排列的,那么可以认为,信息流在特定条件下是有序的。信息整序的目的就是把无序信息流转化为有序信息流,形成更高级的信息产品,以满足人们的特定需要。由此可见,信息整序是对信息的选择、组织和加工整理过程,是把无序信息流转化为有序信息流的信息产品开发过程。

一、信息整序的目的与要求

信息整序活动是由于社会信息数量猛增、流速加快、分布散乱、优劣混杂等现象日趋严重而发展起来的。日益复杂的社会信息现象与人们特定的信息需要形成了尖锐的矛盾,于是在社会上出现了许多信息整序部门,如学会或协会等组织团体、广播影视等大众传播媒介、编辑出版发行机构、文献信息部门、数据库开发者、因特网内容提供者(ICP)、信息分析中心等等。他们共同参与信息产品的开发、加工和传播,针对不同的社会需要提供多种多样的信息服务,从而形成了一个新的产业——信息服务业。虽然这些部门的工作方法和作业手段不尽相同,但从广义上说,他们都是以控制信息的流速流向和数量质量为工作重心的,其共同目标都是为了提高社会信息的吸收率,促进信息资源的开发利用。因此,广义的信息整序概念涉及信息产生、传播到产品加工与流通服务的整个过程。一般理解的信息整序概念则主要是指专业信息管理部门在一次整序基础上进行的二、三次整序活动。如图5.1所示,信息流每经过一个整序机构(整序阀),就进行一次筛选、分流或加速,使传递中的无序信息流变得相对有序,更符合用户需要,用户获取利用所需信息也就更加方便。

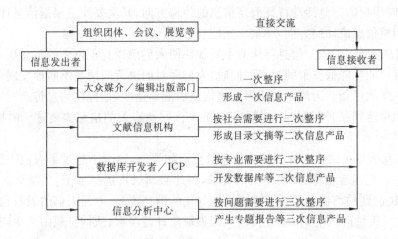

图 5.1 信息整序活动的展开

信息整序的目的是:

(1) 减少社会信息流的混乱程度。杂乱无序的社会信息流不但不能成为"负熵流",而且还有可能妨碍人类对信息资源的开发利用,干扰人们正常的决策活动。整序活动的重要任务是:控制信息的流速和流向,以便使信息能够在适当的时机有针对性地传递给需要者;控制信息的数量和质量,以便使需要者能够获得不超过其吸收能力的高质量信息。

(2) 提高信息产品的质量和价值。整序过程就是信息产品的开发与加工过程。通过整序活动,不仅可以加深信息揭示的层次,开发出新的信息产品,而且应能使原有信息产品的质量进一步提高,从而使信息产品大大增值。

(3) 建立信息产品与用户的联系。整序是按照信息使用者的要求进行的。因此,整序工作必须根据用户的需要排除信息障碍,疏通信息渠道,在用户和信息产品之间铺路架桥,并最终形成面向用户问题的信息产品,提高信息资源开发利用的针对性。

(4) 节省社会信息活动的总成本。通过建立专门的信息管理机构开展整序工作,实现信息产品开发的分工协作,节省广大信息用户查寻、吸收与利用信息时的时间和精力耗费,从而提高整个社会的信息活动效果。

信息整序的基本要求是:

(1) 信息内容有序化。从各类信息源采集到的信息大部分属于零散的、孤立的信息,为此需要对信息内容进行有序化整理。具体说,一是要将内容相同或相关的信息集中在一起,将内容无关的信息区别开来;二是集中在一起的信息要有系统、有条理,按一定标识呈现出某种秩序,并能表达某种意义;三是相关信息单元之间的关系要明确化,并能产生出某种关联效应,或能给人以某种新的启示。

(2) 信息流向明确化。现代管理科学的基本原理表明,信息作用力的大小取决于信息流动的方向。信息整序要做到信息流向明确化,首先要认真研究用户的信息需要和信息行为,按照不同用户的信息活动特征确定信息的传递方向;其次要注意根据信息环境的发展变化不断调整信息流动的方向,尽量形成信息合力。

(3)信息流速适度化。信息流速的不断加快使人们感受到了巨大的信息压力,眼花缭乱的信息流可能会降低决策的效率。同时,人们面对的决策问题在不断地发展变化,信息需要也在不断地更新。为此必须适当控制信息的流动速度,把握住信息传递时机,即用户在决策活动中遇到某种问题时而产生了与解决该问题有关的信息需要这一时机,提高信息的效用。

(4)信息数量精约化。现代社会信息数量浩如烟海,以至于超过了人们的吸收能力。信息整序应达到内容精练、简明扼要的要求,为此必须认真选择加工,尽量降低信息的冗余度,在解决问题的前提下筛选整理出最精约化的信息产品,方便人们的吸收利用。

(5)信息质量最优化。由于社会信息污染现象日益严重,从信息源中采集到的信息常常是新旧并存、真假混杂、优劣兼有的。信息整序要求优化信息的质量,提高信息的精确度,就必须对信息进行鉴别、分析和评价,剔除陈旧过时、错误无用甚至自相矛盾的信息,提高信息产品的可靠性和先进性。

二、信息整序的方法

由于社会信息现象的复杂性和用户需要的多样性,信息整序的方式方法也是非常丰富和广泛的。从最一般的情况来看,信息整序活动包括优化选择、确定标识、组织排序、改编重组四个方面:

(一)优化选择

从信息管理者的角度看,信息选择就是根据用户需要,从社会信息流中把符合既定标准的一部分挑选出来的活动,是信息内容、传递时机、获取方式等信息流诸要素与用户需要相匹配的过程。信息选择活动的开展是以选择主体对社会信息现象的认识为前提的,是人的主观认识与客观现实的相互作用。由于客观条件的限制,或者是受人的主观因素的影响,在初始信息选择——采集活动中经常会出现信息失真、信息老化甚至信息混乱等问题。要想精简信息数量,提高信息质量,并控制信息的流速流向,就必须对从各类信息源采集来的信息进行优化选择。

1. 优化选择的标准

优化选择的基本依据是信息使用者的最终需要。用户的信息需要是复杂多变的,因而这只能是优化选择的原则性依据,而不是具体的标准。对于不同的用户,优化选择的标准当然有所不同;即使对于同一用户来说,其选择标准也因时间、地点和环境条件的不同而发生变化。对于不同内容、不同类型的信息,优化选择的标准也有许多差异。而且,随着选择层次的不断深入,优化选择的标准也在不断发生着相应的变化。一般说来,优化选择的标准主要有：

（1）相关性。相关性是指信息内容与用户提问的关联程度。相关性选择就是在社会信息流中挑选出与用户提问有关的信息，同时排除无关信息的过程。美国信息检索系统专家兰卡斯特(F. W. Lancaster)认为，相关性概念是建立在信息检索的匹配理论上的。在信息检索中，匹配是指信息及其著录与检索策略、用户提问或信息需求之间的相互一致性关系。这时，相关性表示的是信息内容与用户问题之间的关系的主观判断，即认为挑选出的信息主题内容充分接近所要求的主题内容。显然，相关性的判定是相当含糊的，因为我们无法准确地测量出信息对提问的接近程度。但它毕竟表明了信息与提问之间存在着的相关关系，并因而成为信息优化选择的基础标准。

（2）可靠性。可靠性是指信息的真实性，即信息内容能否正确地反映客观现实。可靠性判断也就是要鉴别信息所描述的事物是否存在，情况是否属实，数据是否准确，逻辑是否严密，反映是否客观，等等。影响可靠性的因素有很多。有人类认知能力的局限，也有主体心理状态的影响；有信息采集方法的失误，也有信息传递过程中的干扰。可靠性对于用户的问题解决具有重要意义，因为只有准确可靠的信息对决策才有参考价值。特别是经过层层选择，信息冗余度越来越低，用户不便重新判断挑选，可靠性就显得愈发重要了。

（3）先进性。先进性有时间和空间两方面的涵义。表现在时间上，主要指信息内容的新颖性，即创造出新理论、新方法、新技术、新应用，更符合科学的一般规律，能够更深刻地解释自然或社会现象，从而能更正确地指导人类社会实践活动；表现在空间上，主要指信息成果的领先水平，即按地域范围划分的级别，如世界水平、国家水平、地区水平，等等。先进性是人们不断追求的目标，但先进性的衡量标准因人因时因地而异，没有统一的固定的尺度。

（4）适用性。适用性是指信息适合用户需要、便于当前使用的程度，是信息使用者作出的价值判定。由于用户及其信息需要的多样性，信息的适用性在很大程度上是随机多变的，它受用户所处的自然与社会环境、科技与经济发展水平、人的因素、资源条件以及组织机构的管理水平等很多因素的制约。不注意这些方面的差异，就很难使信息达到适用性的要求。因此，在对信息进行优化选择时要密切注意用户信息环境的发展变化，立足当前需要，兼顾长远需要，综合考虑信息的适用性问题。

2. 优化选择的方法

优化选择是对初选信息的鉴别、筛选和剔除，是对社会信息流的进一步过滤和深层次控制，其主要任务是去粗取精，去伪存真，使信息流具有更强的针对性和时效性。优化选择的主要方法有：

（1）比较法。比较就是对照事物，以揭示它们的共同点和差异点。通过比较，判定信息的真伪，鉴别信息的优劣，从而排除虚假信息，去掉无用信息，这是择优的基本方法。

运用比较法，首先应找出事物可比的共同基础，即比较对象的可比事项。信息的可比事项包括时间、空间、来源、形式等等。

时间比较：同类信息按时间顺序比较其产生的时间，应选择时差小的较新颖的信息，对于明显陈旧过时的信息应及时剔除；

空间比较：从信息产生的场所和空间范围看，在较大的区域，比如说在全国乃至全世界都引起了普遍注意或产生了广泛影响的事件具有更大的可靠性；

来源比较：从信息来源看，学术组织与权威机构发布的信息可信度较高；

形式比较：从信息产生与传播方式看，不同类型的信息，如口头信息、实物信息和文献信息的可靠性有很大不同。即使同为文献信息，如图书、期刊论文、会议文献等，因其具有不同出版发行方式，质量也各不相同。

（2）分析法。通过对信息内容的分析而判断其正确与否、质量高低、价值大小等等。例如，对某事件的产生背景、发展因果、逻辑关系或构成因素、基础水平和效益功能等进行深入分析，说明其先进性和适用性，从而辨清优劣，达到选择的目的。

（3）核查法。通过对有关信息所涉及到的问题进行审核查对来优化信息的质量。可以从以下三方面入手：一是核对有关原始材料或主要论据，检查有无断章取义或曲解原意等情况；二是按该信息所述方法、程序进行可重复性检验；三是深入实际对有关问题进行调查核实。

（4）引用摘录法。引用表明了各信息单元之间的相互关系，一般来说，被引次数较多或被本学科专业权威出版物引用过的信息质量较高。美国的《科学引文索引》(SCI)和《社会科学引文索引》(SSCI)就是衡量学术期刊论文水平的重要参考标准。另外，被文摘索引等著名检索工具摘录或在综述评论文章中有所反映的信息，其价值一般也比较大。

（5）专家评估法。对于某些内容专深且又不易找到佐证材料的信息，可以请有关专家学者运用指标评分法、德尔斐(Delphi)法、技术经济评估法等方法进行评价，以估测其水平价值，判断其可靠性、先进性和适用性。这类方法准确度高，但费用较大，一般只用于选择那些十分重要的信息成果。

（二）确定标识

经过优化选择的信息要进行加工整理，确定每件信息在社会信息流这一时空隧道中的"坐标"，以便使人们在需要时能够通过各种方便的形式查寻、识别并获取该信息。要想在四维信息空间中标定一件信息的具体方位，达到容易提取的目的，关键是要确定该信息所具有的区别于其他信息的基本特征，并以适当的形式描述之，使其成为该信息的标识。

一件信息之所以有别于其他信息，主要是因为它与其他信息在外表和内容两方面的特征都有所不同。信息外表特征包括名称、类型、表现形式、生产者、产地、日期、编号等等；信息内容特征是指该项信息所涉及的中心事物和学科属性等。我们把对信息外表或内容特征进行描述的各种结果统称为数据项。

1. 数据项的确定

数据项是描述信息外表特征或内容性质,如题名、作者、出版、主题、学科、号码等的各个著录事项,也是构成数据库记录的最小单位和基础。数据项根据性质不同又可分为初等数据项和复合数据项。不能再分的数据项称为初等数据项,如文献数据库中的索取号、记录标识符等;由若干初等数据项组成的数据项称为复合数据项,构成复合数据项的各初等数据项分别称为该复合数据项的子数据。数据项依描述对象及其加工要求而异。在文献数据库中,描述一篇文献特征和性质的各个著录事项(即数据项)的集合,就是一个文献记录。不同类型的数据库选用不同的数据项,其中以文献数据库的数据项为最多、最全。文献数据库应包括的数据项有:

文献标识项——标识文献或记录特征的各种数字或符号;

代码项——表示文献某方面属性的代码;

记录信息项——有关一条记录的来源、生成日期和相关信息;

书目信息项——有关出版、印刷、发行方面的信息;

题名项——对文献题名的各种标识和表示方法;

角色说明项——责任者的名称及其相关说明;

主题描述项——文献标引、文摘及内容注释等。

数据项是对信息内容性质和外表特征的描述,任何一个数据项都可能成为未来数据库的检索入口,因此,数据项的选取恰当与否,不仅关系到能否准确地代表所描述的信息,而且影响到数据库的功能和检索效果。选取数据项时一般应遵循下述原则:

(1) 完整性原则。每一数据项都是从某一角度去描述信息某一方面的属性,各种数据项的组合便从不同的方面立体地反映出整个信息的特征和性质。因此,数据项选取的完整性原则直接关系到所描述信息的"完整度"和能否正确、全面地代表所描述的信息。数据项选取时首先要尽可能把保证信息完整度所必须的事项作为"必选项"挑选出来,然后再根据需要选取一定的"任选项"来更充分地表征整个信息。

(2) 标准化原则。数据项的定义和选取都应考虑有关的国际和国家标准。目前,国际标准化组织等有关国际组织和各国有关部门均已制订了许多有关信息处理与加工方面的国际标准、国家标准、行业标准和规范等等。根据这些标准和规范的要求,在进行信息处理与加工作业时,必须按照规定的格式从中选择相应的数据项。只有在不能从中找到合适的数据项时,才允许参照标准规定的定义方法和格式自行拟定数据项。

(3) 方便性原则。信息加工的目的是为了方便利用,因此,数据项的选取应树立用户至上思想,从多种角度充分揭示信息的内容、形态等特征,全面反映可供用户作为检索依据的各有关项目,尽可能设立较多的检索点,为用户提供更多的方便。为确保数据库系统预定的检索性能,凡是已经被选作检索点的项目,都必须在数据项中反映出来。

(4) 低冗余原则。尽管每个数据项在标准中都经过严格的定义,最大限度地消除了它的多义性和含混性,但事物之间的关系是复杂的,数据项的内涵和外延有时会产生交叉重复,从而形成数据冗余。数据冗余会给信息存储与更新带来很大麻烦,所以应尽量避免数据冗余。数据项选择不当是造成数据冗余的重要原因之一,因此,要控制数据冗余,就要从数据项选择入手。在满足需要的前提下,要严格控制表征一个信息记录的数据项数量。此外还要严格选择组成每个数据项的初等项,避免数据重复。

(5) 灵活性原则。在选取数据项时,考虑到用户需要、专业性质、系统功能要求以及信息环境的具体情况等因素,应注意灵活变通,充分发挥每一数据项的实用功能。例如,在与有关标准规范尽量保持一致的基础上,数据项可根据用户需要和专业性质略做增删;对于不同类型和性质的数据库,数据项的选取也可以有所侧重。

2. 信息外表特征的加工

按照一定的标准,对存在于一定物理载体的信息的外表特征和物质形态进行描述加工的过程称为著录。在这一过程中,若干数据项按照一定的逻辑以一定的格式形成款目,众多款目再依一定规则排列即成为信息加工的最终产品——目录、题录、文摘索引或数据库等等。

对于文献型信息来说,无论是印刷载体,还是缩微、声像、机读载体,国内外均有许多信息加工条例和标准对各类数据项的选取和描述分别做了规定和说明,只不过由于载体的差异而要对其载体形态特征作出特别描述。选定的数据项,须按规定顺序组织起来形成款目。款目记录格式依信息类型、加工方式和载体不同而异。

对于非文献型信息,如口头信息和实物信息等,有两种加工方法。一种方法是将口头信息和实物信息转化为文献型信息,如录音带、录像带、磁盘、光盘、照片、图片、幻灯片、投影片、电影片、缩微胶卷和平片、调查报告、笔记、说明书等,然后依规定格式进行加工;另一种方法是直接描述事物的名称、外形、内容、性能、生产者及产生时间、地点等,按规定格式记录下来,形成数据库之类的信息产品。

3. 信息内容特征的加工

信息内容特征的加工是指在对信息内容进行分析的基础上,根据一定规则给信息的内容属性以标识,并作出描述的过程。这一过程通常称为信息标引。

信息标引是通过分析信息的主题概念、款目记录、内容性质等标引对象的特征,为它们赋予能够揭示有关特征的简明的代码或语词标识,从而为信息揭示、组织和检索提供依据的信息加工方法。根据标引过程中所给出的标识形态和性质的不同,信息标引通常可分为以学科分类代码作为信息标识的分类标引(分类法)和以主题语词符号作为信息标识的主题标引(主题法)两大类。

(1) 分类标引。分类标引是按信息内容的学科属性来系统揭示和组织信息的方法。通过分类标引,可以将具有共同学科属性的信息类聚在一起,并依据各类信息之间的学科关系把所有信息组织成一个有层次、有条理的整体。

分类标引的工具是分类法(或分类表)。著名的分类法有《杜威十进分类法》(DDC)、《国际十进分类法》(UDC)、《美国国会图书馆图书分类法》(LDC)、《冒号分类法》(CC)、

《信息编码分类法》(ICC)、《中国图书馆图书分类法》等等。分类标引的过程,就是根据既经选定的分类法,全面分析标引对象的特征,确定所属类目,并将标引对象的学科特征及有关信息,用分类法中规定的符号代码揭示出来。经过分类标引,原先杂乱无章的信息就可以按照分类法规定的序列组织排列成一定的学科体系。分类标引能较好地体现信息内容的学科系统性,把同一学科领域的信息集中在一起,把不同的区分开来,从而满足了用户按学科专业进行信息检索的需要。分类标引的缺点是:不熟悉分类体系的人不易使用,且对新兴学科不能适时反映。

(2) 主题标引。主题标引是按信息内容的主题名称来系统揭示和组织信息的方法。所谓主题,是指某件信息所论及或涉及的事物。表达主题的语词称为主题标识(主题词)。通过主题标引,可以把有关同一主题的信息集中在一起,并将其按字顺排列起来。

主题标引的依据是主题法。主题法是一种以规范化或未经规范的自然语言作为信息主题标识的方法。按照选词原则、组配方式、规范措施和编制方法,主题法可分为标题法、元词法、关键词法和叙词法:

标题法是用规范化的自然语言作为标识(标题词)来表达信息内容的方法。标题词的来源主要是标引对象的名称或标题中通用的定型名词。标题词的汇编称为标题表,词间关系是预先组配好的,通过标题参照系统对同义词、多义词、相关词和上下位词等进行规范和显示。标题法直接、专指、通用性强,比较适用于特性检索。

元词法是通过若干个元词的组配来表达复杂主题概念的方法。元词又称单元词,是指用以描述信息所论及主题的最小、最基本的、概念上不能再分的词汇单位。元词法比较适合于标引和检索较专深的资料,可达到一定的专指度。但由于过多强调词汇单元化,因而会拆开复合词汇,造成假联系、假组合等歧义现象,产生误标和误检。

关键词法是直接从信息资料的标题、正文或文摘中抽取能表达主题概念的具有实质意义的语词作为关键词,然后按字顺轮排以供信息检索的方法。关键词法直接采用自然语言的语词,能及时反映新的名词术语,灵活方便,且可由计算机自动抽取,标引速度快,费用低。但由于关键词未加规范,标引比较粗糙,不能反映词间关系,故漏检率和误检率较高,质量较差。一般适用于目的性不强的浏览性查找。

叙词法是从叙词表中选取叙词,通过概念组配来描述信息资料的主题,使标引和检索达到更高专指度的方法。叙词是指以概念为基础、经过规范化和优选处理的、具有组配功能并能显示词间语义关系的词或词组。概括各门或某个学科领域并由语义相关、族性相关的概念和术语组成的规范化的动态性词典,就是叙词表。它是将标引或检索时采用的自然语言转译成规范化的"系统语言"的一种术语控制工具。叙词法吸收了诸法之长,具有直观、专指、灵活以及标引准确、查找方便等优点。

主题标引是对信息内容进行主题分析,确定主题概念,然后按照一定的词汇控制方式,为标引对象赋予恰当的语词标识的过程。与分类标引相比,主题标引可以集中有关一个主题的各方面信息,且直观性、专指性和适应性都比较好。就标引方式而言,主题标引可以采用非控方式,即自由标引方式,由标引人员直接从已有的描述标引对象内容和其他特征的语句中选择关键词或单元词作为标识;也可以采用受控方式,即从规范化的主题词表(包括标题表、叙词表)这类标引工具中选择相关的语词作为标识。虽然标引方式、标识形式和标引工具各不相同,但分类标引和主题标引的操作规程并没有多少特殊的地方,都要遵从一定的标引规则,以保证标引的准确性和一致性。

(三) 组织排序

对每件信息的各种内外特征进行描述并确定其标识之后,必须按一定规则和方法把所有信息记录组织排列成一个有序的整体,才能为人们获取所需信息提供方便。根据用户的信息需要和信息查寻习惯,常用的信息组织与排序方法主要有:

1. 分类组织法

分类组织法是依照类别特征组织排列信息概念、信息记录和信息实体的方法。按类别分析事物符合人类的认知习惯,因此,该法是一种普遍使用的信息组织方法,在社会活动的各个领域,均可找到大量的实例。如分类目录、分类索引、分类词典、分类广告、分类展品陈列、分类统计报表,等等。对信息实施分类组织,需要对每一个组织排列对象的类别特征进行分析,为它们赋予分类代码或其他形式的类别标识,然后再按照类别的不同或分类代码的次序排列起来。在信息量不大、分类工作比较简单的情况下,人们可以采用自己拟订的简易分类方法来组织排序信息。当信息量较大、分类工作十分复杂时,则必须采用标准化的分类标引工具对所有信息进行分类标引,以保证信息组织排序的科学性和普适性。

2. 主题组织法

主题组织法是按照信息概念、信息记录和信息实体的主题特征来组织排列信息的方法。该法给人们提供了一种直接面向具体对象、事实或概念的信息查寻途径。学术论文以及书刊内容的组织中采用的标题、章节次序等可视为较简单的主题组织法。在大规模、系统化的信息整序活动中,往往以详细揭示和有序排列主题概念为主要特征,因而需要以主题标引为基础。即首先分析标引对象,从中抽取能够代表主题特征的语词,如关键词和单元词,或者用标题词表和叙词表规范与主题有关的语词,然后再按照一定的排序规则,把标引过的每件信息按照主题的异同组织起来。主题组织法主要用于各种信息检索工具或检索系统记录单元的组织,如主题目录、主题文档、书后主题索引,等等。

3. 字顺组织法

字顺组织法是按照揭示信息概念、信息记录和信息实体有关特征所使用的语词符号的音序或形序来组织排列信息的方法。这是一种完全采用语词符号的发音与结构特征作为排序依据的方法,故而操作简单,应用广泛。各种字典、词典、名录、题名目录等大多采用字顺组织法。但是,用这种方法组织信息概念时,排序结果只能显示表达信息概念的语词符号在音、形方面的联系和差异,很少或基本上不能反映信息内容之间的联系。

4. 号码组织法

号码组织法是按照每件信息被赋予的号码次序或大小顺序排列的方法。某些特殊类型的信息，如科技报告、标准文献、专利说明书等，在生产发布时都编有一定的号码。对于其他信息产品，有时为标明其来源、类型、性质、生产日期等等，同样也需要给予相应的编号和代码。按号码对信息进行组织排列十分简便易行，尤其适用于计算机信息处理、存储与检索。国际有关组织和我国有关部门已经发布了许多标准化代码表。

5. 时空组织法

时空组织法是按照信息概念、信息记录和信息实体产生、存在的时间、空间特征或其内容所涉及的时间、空间特征来组织排列信息的方法。任何事物都是在特定的时间与空间中产生、存在、运动着的，因此，时空组织法可用于对任何信息概念、信息记录和信息实体的组织排序。其结果，或者是按时间顺序把有关信息排列成一定的次序，如年鉴、大事记、历史年表等；或者是按空间位置把相关信息组织在一起，如国家、地区、城市、乡镇等；或者是交替运用时空特征以形成多层次的信息集合，如地方志等。随着超高速计算机技术、超大容量信息存储技术和虚拟现实技术的进步，在不远的未来，人类所拥有的全部信息资源将按全球时空坐标进行统一组织和管理，即构成所谓的"数字地球"。

6. 超文本组织法

超文本(hypertext)是一种非线性的信息组织方法，它的基本结构由结点(node)和链(link)组成。结点用于存储各种信息，链则用于表示各结点(即各知识单元)之间的关联。通常的文本信息是用字符串来表达，以线性方式顺序进行组织的。这种组织方式并不完全符合人们的思维习惯，因为人类的思维很少是线性的，更多是联想式、跳跃式的，是在多角度、多层次上同时展开的过程。利用迅速发展的计算机信息处理技术，把文本信息中若干可产生联想的内容(通常称为知识单元或结点)以非线性的方式组合在一起，即通过建立各结点间的超文本链接(hypertext link)，构成相关信息的语义网络，就可以实现超文本的信息组织方式。并且，随着多媒体技术的发展，人们还可将文字、图形、图像、声音和影像等多种媒体形式的信息集成在一起，由计算机实现交互控制和综合利用，超文本的信息组织方法也将逐步走向超媒体(hypermedia)的信息组织方法。

（四）改编重组

由于当今社会信息数量庞大，内容繁杂，具有较高使用价值的信息往往淹没于低质量的信息海洋之中而无法发挥作用。即使经过信息选择与整理，相关信息的数量仍嫌过大，以至于超过了人们的吸收利用能力。为此，社会要求整序活动进一步深化工作层次，对原始信息进行汇编、摘录、分析、综合等内容浓缩性加工，即根据用户需要将分散的信息汇集起来进行深层次加工处理，提取有关信息并适当改编和重新组合，形成各种精约化的优质信息产品。这就是信息改编与重组工作。按加工深度不同，信息改编与重组的方法主要有汇编法、摘录法和综述法三种。

1. 汇编法

汇编是选取原始信息中的篇章、事实或数据等进行有机排列而形成的,如剪报资料、文献选编、年鉴名录、数据手册、音像剪辑等等。运用汇编法,基本上不需要对信息内容进行复杂的分析和浓缩,只要抽取有关的信息片断按一定方法编排加工,就可以方便及时地汇集某一专题或专业的资料。由于加工方便,制作简易,汇编法在信息整序工作中得到了广泛的运用。各种汇编也因其成本低廉、报道及时而受到广大信息用户的欢迎。

2. 摘要法

摘要是对原始信息内容进行浓缩加工,即摘取其中的主要事实和数据而形成的二次信息产品。因其所摘内容大多来自文字记录下来的信息,故又称文摘。按加工目的,可分为报道性文摘、指示性文摘和报道/指示性文摘。报道性文摘以向用户提供经过浓缩的实质性信息内容为主要目的,它能够简明、准确地揭示原始信息内容,是用户克服语言障碍、了解重要信息和难得信息的重要方式,一般不超过 400 字;指示性文摘以向用户指示原始信息的主题范围、适用对象为主要目的,它只是概括介绍原始信息的内容,不摘录任何具体数据,是用户了解信息源、决定信息取舍的重要依据,一般限制在 200 字以内;报道/指示性文摘是上述两种文摘的结合形式,即对原始信息的重点部分作报道性文摘,对其他部分作指示性文摘,通常不超过 400 字。

摘要法是在信息加工过程中对原始信息的主要内容进行简明扼要地摘录,以便更全面、更深入地揭示原始信息的方法。面向个人用途的摘要编写可以采取自己喜欢的方式,为信息检索系统而编写的摘要则必须进行规范控制,即制订与推行统一的技术标准。1979年,国际标准化组织公布了国际标准《出版物的文摘与文摘工作》。我国也于 1986 年发布了国家标准《文摘编写规则》(GB6447—86),它规定了文摘的著录、要素、详简度和编写注意事项等,是文摘编写中应当遵照的准则。

3. 综述法

综述是对某一课题某一时期内的大量有关资料进行分析、归纳、综合而成的具有高度浓缩性、简明性和研究性的信息产品。按综述编写手法的不同,可分为叙述性综述和评论性综述。叙述性综述只就有关某一专题的事实、观点、数据等大量资料客观全面地综合叙述,综述作者不发表自我见解和加以评论;评论性综述又称述评,它是在叙述性综述的基础上,加入综述作者对有关问题的见解和评论而形成的比较复杂的综述。由于这些见解和评论都具有研究性和创造性特征,述评可视为集信息分析研究与综合叙述为一体的高级信息产品。它除了像叙述性综述那样具有概括揭示和浓缩提炼原始信息的作用外,还能控制和鉴别原始信息的质量和价值,引导并促进信息资源的吸收利用。一份综述在手,用户就可以对某一问题的现状、动态、趋势等有基本的概括的了解,因此,综述是深受广大信息用户重视,尤其为管理决策人员所偏爱的信息整序成果。

综述是以大量原始信息记录和实地调查为基础编写而成的,其编写程序与科研论文的写作有类似之处。作者在写作过程中,首先从收集、整理、消化吸收大量的相关信息入手,然后对它们进行筛选、分析、压缩,把其中有价值的内容综合组织成有条理的一篇文章或报告。为保证信息综合的完整性、准确性和科学性,综述编写者应是在某一领域对某一问题有相当深入了解的专业研究人员或信息分析专家。综述是浓缩原始信息的产物,因此,综述往往要引用大量的参考文献。这些参考文献既是综述可信度的标志,同时对于用户来说又是重要的信息源指南。

第三节 信 息 分 析

信息的有序无序是一个相对的概念。浩如烟海的信息资料即使经过初步整序成为相对有序的社会信息流,对于每个面临特定问题的信息用户来说仍然是离散状态的无序信息。所谓信息分析,就是根据特定问题的需要,对大量相关信息进行深层次的思维加工和分析研究,形成有助于问题解决的新信息的信息劳动过程。信息分析是对信息产品内涵的开发,它使原有信息在更深入、更全面、更综合、更适用的层次上凝结为全新的信息内涵,是建立在科学的分析研究方法基础上,并融入信息分析人员大量智慧的高级信息劳动。因此,信息分析同社会上一般信息用户利用信息进行创造性研究活动具有极大的相似性。但信息分析更强调对信息内容的深度分析加工并形成一种综合信息,即针对性和功能性更强的再生信息。信息分析就其工作性质来说既属于研究性的信息工作,又属于信息性的研究工作。

一、信息分析的工作程序

信息分析是针对某一特定问题的需要对有关信息进行定向选择和科学抽象的一种研究活动,它通常由选题、设计研究框架、信息搜集与整序、信息分析与综合、编写研究报告、反馈等六个阶段组成。

1. 选题

选题就是选择信息分析课题,明确研究对象、研究目的和研究内容。选题恰当与否,往往关系到信息分析工作的成败。这是因为,选题不仅决定了信息分析工作的起点、目标和方向,而且也决定了研究成果的固有价值和效益。人们常常说,提出问题比解决问题更为重要,但事实上,提出问题也比解决问题更为困难。信息分析的课题来源一般有三种渠道:一是上级下达,二是用户委托,三是信息分析人员自行选择。前两类课题的选题活动余地不大,第三类自选题目则最能体现信息分析人员的课题形成与选择能力、水平和"艺术"。在国家级和省部级科研项目竞争中,自由申请的筛选率通常都很高。若想选题成功,主要应注意以下三个方面的因素:

(1) 课题的针对性。即课题有无实践上的应用价值,是否针对社会现实发展的迫切需要。特别是对于信息分析这类应用性很强的项目来说,立题的针对性显得尤为重要。

（2）课题的新颖性或独创性。即课题的创新之处和创新程度。这是使项目获得支持和获准资助的重要条件。

（3）课题的可行性。即研究人员的专业特长、研究基础以及能力和条件等。

2. 设计研究框架

课题一经确定，就要设计出一整套科学、合理的研究方案和工作框架。为获得支持或认可，通常的做法是先形成开题报告，阐明选题意义、预期目标、研究内容、实施方案、进度计划、经费概算、人员组织及论证意见等等。当开题报告获得批准后，还要制定出更为详细的研究框架和工作计划。为此，课题负责人必须对研究课题的目标分解、问题建模、研究方法与技术路线的选择等整个信息分析过程有相当清楚的了解，既要规划信息分析工作的总体结构，又要综合各局部子课题的研究成果实现其总体目标。这就要求信息分析工作的组织者应当运用系统分析的方法来组织和管理整个信息分析过程，构建信息分析全过程的结构框架。

3. 信息搜集与整序

信息分析工作的前提是充分掌握与课题有关的信息资料。信息搜集的途径和方法如本章第一节所述。信息整序则更加强调优化选择和改编重组，注重信息的可靠性、先进性和适用性。

4. 信息分析与综合

信息资料经过鉴别、筛选与整理后，便进入全面的分析与综合研究阶段。这是信息分析的核心环节，根据课题的特点和要求，需要运用各种各样的研究方法。分析与综合的结果要与选题的针对性相呼应，应能回答进行该项研究所要解决的主要问题。

5. 编写研究报告

专题研究报告是信息分析成果的一种主要表现形式。一般说来，研究报告是由题目、文摘、引言、正文、结论、参考文献或附注等几部分构成的，并应包括以下主要内容：

拟解决的问题和要达到的目标；

背景描述与现状分析；

分析研究方法；

论证与结论等。

6. 反馈

专职信息分析人员应当重视社会实践对信息分析成果的检验，跟踪其反馈信息。这对于总结经验和指导今后的选题都是很有益处的。必要时亦可根据用户的要求进一步修改研究报告，优化建议方案，提高决策支持水平。

二、信息分析的方法

信息分析作为专业性、智能性和竞争性都很强的一个信息管理专门领域，能够在战后迅速兴起并得以持续深入地发展,在很大程度上依赖于信息分析方法的进步。随着战后科学技术的飞速发展,人们在信息分析实践活动中广泛吸收了来自逻辑学、社会学、统计学、文献情报学、未来预测学以及系统分析与运筹学、计算机与人工智能技术等学科领域的研究方法,从而极大地丰富了信息分析的手段,逐步形成了信息分析方法体系。按照信息分析的目的,这些方法大致可分为四大类型:

1. 信息联想法

联想本来是指由感知事物联想到另一事物的心理过程,在这里是指人们在事物之间建立或发现相互关系的思维活动。一切事物都不是孤立存在着的,表征事物现象的任何信息都联结着无数与其相关的信息。信息联想法就是从信息联系的普遍性上去进行思维加工,从离散的表层信息中识别出相关的隐蔽信息,明确信息之间的相互联系,由此组合产生出新的信息。常见的信息联想法有比较分析、逻辑分类、头脑风暴、触发词、强制联想、特性列举、偶然联想链、因果关系、相关分析、关联树和关联表、聚类分析、判别分析、路径分析、因子分析、主成分分析、引文分析等等。

运用信息联想法的关键是准确把握事物之间的关系。世间万物都存在着三种基本关系,即因果关系、虚无关系和相关关系。因果关系是指事物之间先因后果的必然性联系,因与果之间往往有固定的严格的定量关系;虚无关系是指现象或概念之间实质上本无内在关联,虽然有时表面上有一定的虚假联系;相关关系是指现象或概念之间确实存在某种关联,但其联系不是严格固定的或者数量关系不是完全确定的。信息联想易犯两种错误,一是把相关关系误作因果关系,二是混淆了相关关系与虚无关系。在分析问题时,通常应从相关关系的假设入手,经过相关分析判明是否真正相关以及相关程度,从中排除虚无关系,并鉴别是否有何种因果关系。为了全面准确地认识对象,揭示事物之间的本质联系,必须对有关现象和概念进行全面的相关分析,找出各种因素之间的具体关联,找出总目标与子目标之间、概念与可操作变量之间的具体关联。因此,相关关系是三类基本关系中最普遍最重要的一种关系,是信息分析的主要对象。运用各种方法和技术来分析和判断相关关系,进行信息联想,是信息分析的基础工作。

2. 信息综合法

综合是把研究对象的各个部分、方面、因素有机联结和统一起来,从总体上进行考察和研究的一种思维方法。信息综合法是指在深入分析有关研究对象的各种信息的基础上,根据它们之间的逻辑关系进行科学的概括,从而将这些信息有机地组合起来,形成一种新的统一的认识,达到从总体上把握事物的本质和规律的目的。社会信息现象是复杂多变的,如何从混沌无序、真伪并存的信息流中萃取出有用的信息,如何把支离破碎的信息片断汇集起来综合得出事物的整体认识,如何从漫无边际的信息海洋中提炼出或捕捉到有针对性的、对问题解决有用的信息,都需要利用信息综合的方法。常见的信息综合法有:归纳综合、图谱综合、兼容综合、扬弃综合、典型分析、背景分析、环境扫描、SWOT 分析、系统辨识、数据挖掘(data mining)等等。

日本学者认为,综合就是创造。信息综合不是简单的合并,不是把有关事物各方面或各部分的信息机械地相加或排列在一起,而是在了解和分析研究对象的各个本质方面的基础上,按照各种信息的内在关系组合或凝结成一个统一的有机整体。因此,科学分析是有效综合的基础;深入揭示各种信息间的逻辑关系是有效综合的关键;而充分把握信息的整体效应规律,用统一的理论和方法来统括局部的、零散的和杂乱的信息,则是有效综合的保证。

3. 信息预测法

预测是人们利用已经掌握的知识和手段,预先推知和判断事物未来发展的活动。世间一切事物无论多么复杂,都存在着一定的发生发展过程,总有某种规律可循。因此,人们可以根据事物过去运动变化的客观过程和某些规律性,运用各种定性和定量的分析方法,对事物未来可能出现的趋势和可能达到的水平进行预测。信息预测法是指根据过去和现在已经掌握的有关某一事物的信息资料,运用科学的理论和技术,深入分析和认识事物演变的规律性,从已知信息推出未知信息,从现有信息导出未来信息,从而对事物的未来发展作出科学预测的方法。常见的信息预测法有逻辑推理、趋势外推、回归分析、时间序列、马尔柯夫(Markov)链、德尔菲(Delphi)法等等。

信息预测的基本特征是尽可能充分地、综合地运用事物发展动态及相互关联的信息,利用各种科学的预测方法和技术手段,寻求对客观事物本质规律的准确揭示。因此,人们用以预测的信息越完备,预测的方法手段越科学,对预测对象的规律性认识就越深入,预测结果就越是可靠。信息预测作为科学决策活动的重要组成部分,其应用领域也日益拓广。

4. 信息评估法

评估是科学决策的重要依据,也是信息分析中另一类重要的工作。信息评估是在对大量相关信息进行分析与综合的基础上,经过优化选择和比较评价,形成能满足决策需要的支持信息的过程,通常包括综合评估、技术经济评价、实力水平比较、功能评价、成果评价、方案选优等形式。常见的信息评估法有指标评分、层次分析、价值工程、成本/效益分析、可行性研究、投入产出分析、系统工程与运筹学方法等等。

由于信息评估具有相对性、模糊性、非直观性等特点,且评估过程受人的主观因素影响较多,因此,选择评估方法时应注意其通用性和客观性,并尽量利用那些能将定性信息或模糊、抽象的概念转换成可测度的量化表达形式的评估方法。

如上所述,信息分析的方法很多,并且随着科学技术的进步还在不断扩展。多种多样的信息分析方法给人们的信息分析实践提供了丰富多彩的手段。总的来说,信息分析方法最大的特点就是综合性。这种综合性不仅表现在方法的来源和结构上,而且还表现在方法的运用过程中。这就是多种方法的综合运用、人—机结合、模型与实在的结合以及发散性思维与收敛性思维的结合,特别是定性分析与定量研究相结合。下面着重介绍最有代表性、应用较广泛的信息分析方法之一——内容分析法。

三、内容分析法

内容分析是对信息交流媒体的内容进行系统、客观、定量分析的一种专门研究方法。这种方法主要是从公开的信息资料中萃取隐蔽信息,因而是很具信息工作特色的信息分析方法。

1. 内容分析的步骤

内容分析的一般步骤如图5.2所示。右侧的虚线流程是指在有些情况下需要进行假设检验。但一般来说,尤其是在信息分析中,情况往往是开放性的,信息分析人员一开始不大可能预料分析结果是什么,因此虚线流程并不是必要的步骤。

(1)确定目标。内容分析的实践过程总是受到目标的支配。根据不同情况,有的对象能十分具体地确定分析目标,有时还能提出一个理论假设,希望通过内容分析加以检验;有的很不清楚,则只能抽象地提出弄清情况的目标。无论目标是非常具体的,还是比较抽象的,都应该在一开始就做到心中有数。

(2)选择样本。当有各种各样的信息媒体可供选择时,应选择最有利于前述目标的样本作为内容分析的直接对象。一般应力求样本的信息量大、连续性强、内容体

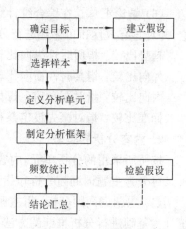

图 5.2　内容分析步骤框图

例基本一致且属于报道性的信息。本章第一节论述过的常用抽样方法在内容分析中全都适用。在实际工作中,还应考虑分析人员对媒体的熟悉程度,以及此类媒体是否便于统计分析等。

(3)定义分析单元。分析单元的规定对于分析结果具有决定性的意义。分析单元是信息内容的"指示器",是内容分析中不再细分的测度单位。一般先依据分析目标确定分析范畴,即确定符合目标要求的最一般的关键性概念。确定范畴时必须避免两个极端:过大的范畴可能使分析结果表面化和简单化;过小的范畴则会造成几乎是重复原文。范畴选定后,再明确相对应的分析单元。在工作量许可的情况下,分析单元应尽量细化。对于文字对象,词是最小的分析单元。根据实际需要,意义独立的词组、短语、句子、段落和意群甚至单独的篇章、卷册和作者等也可作为分析单元。在复杂的内容分析中,往往不只采用一种分析单元。

(4)制定分析框架。这是内容分析的核心步骤,也是体现分析思路和保证系统性的关键。根据分析目标和分析单元的具体情况,确定有意义的逻辑结构,也就是要把分析单元分配到一个能说明问题的逻辑框架中去。逻辑框架可以是一个分类表。分类表中任何变量的实施定义都由多种属性组成,并可使用多种度量层次,但这些属性应当是相互不包容和穷尽的。例如,为报刊评论分类可以使用自由或保守这种定名性类别,或者把它们从极

端自由到极端保守作定序性排列,但某篇评论不能既是自由的、又是保守的,可设置"中立的"这一类别。设计分类框架是技术性很强的工作,要求分析人员对问题本身和分析对象都有透彻的认识。为确保分析单元的测度结果能反映和说明实质性的问题,对分析框架必须进行事前试点检验。

(5)频数统计。这是一种规范性操作,包括计数和数据处理。这一步骤意义十分简单明确,但工作量最大,因为需要通过大数量的统计才能反映统计意义上的相关性或差异,所以最好利用计算机技术和数理统计方法来完成。

(6)结论汇总。在综合统计结果和定性分析的基础上,通过比较和推理,得出某些结论,并对其有效性和可靠性进行分析。经常运用的比较方式有:

趋势比较:指历时性纵向比较,着眼于同一事件在时间序列中的变化趋势。

外向比较:指共时性横向比较,着眼于同一主题在不同信息媒体、来源中的反应。

内向比较:指对同一信息媒体中不同主题的比较,以分析其相关性、倾向性和差异。

标准比较:指对事先设定某种评估标准作为比较尺度,对信息内容进行相应比较。

2. 内容分析的类型

按照所采用的分析单元,内容分析主要有词频分析和篇幅分析两大类型。其中词频分析又可分为主题词词频分析和指示词词频分析。

(1)主题词词频分析。用主题词作为分析单元,以研究对象中有关主题词出现的频次统计为基础进行分析推断的方法。所用的主题词取自图书馆或数据库的叙词表,因此是用现成的、通用的和高度规范化的词汇作为分析单元。主题词能准确地表达概念,不受使用者的主观理解和上下文所左右,是比较理想和可靠的分析单元。但主题词的搭配关系很复杂,既有种属、限定、交叉等组配关系,也有非组配关系,有时主题词虽属同一概念体系但专指级不同,因此有可能出现误配和混淆。使用这种规范的分析单元,要求分析人员熟悉主题标引和有关专业的知识。

(2)指示词词频分析。用特定的指示词作为分析单元,根据其频次统计进行分析推断。指示词是指信息内容中能反映特定概念的实义词,是根据具体分析对象和分析目标而专门选定的,不受主题词表的束缚,因而是非标准或非规范的。指示词和其组合的出现或不出现、频繁或稀疏,反映了有关媒体对这一具体概念的采纳或不采纳、侧重或忽视。与主题词词频分析相比,指示词词频分析较为灵活,变化更多,有可能满足多种分析要求。但是,由于无法利用现成的主题标引和数据库,要在所选定的指示词的基础上建立专门的数据库,工作量也往往要大得多。

(3)篇幅分析。以具有独立意义的内容篇幅作为分析单元,根据有关内容的比重结构及数量变化等进行分析推测。内容篇幅的统计以标准页或单篇报道等作为计量单位,并按主题分类。这里所采用的主题分类框架由于仅供分析人员自用,故不必迎合现有的分类法和叙词表,而完全可以根据分析要求设计。根据分类的一般原则,一项内容只能也一定能归入其中一类。这对于文献管理来说具有合理性。在内容分析中,有时正是要关注这种多主题内容。应按照既定要求，或者归入在篇幅上占主导地位的类别，或者多重归类。篇幅分析方法简单方便，自由灵活，但是，为保证统计结果的有效性和可靠性，一般进行篇幅分析的工作量也是比较大的。可能的话，应利用计算机建立计算机辅助工作数据库。

3. 内容分析的应用与局限

作为一种信息分析方法，内容分析提供了信息量化的新方式，有助于定性分析的系统化，因而其应用非常广泛。下面举例说明内容分析在各领域的应用。

3.1 社会情势调查

社会舆论和公众态度、热点问题和市场动态等社会情势，是从政府到企业各级决策部门都十分关心的，而且是制定公共政策的依据之一。因此，社会情势调查是许多政策研究机构和市场调查机构积极开展的一项信息分析活动。而大众传播媒介（包括报刊、广播和电视）是社会情势的镜子，它信息量大，反应及时，又有连续性，故特别适于内容分析。

通过大众媒介来调查社会情势是内容分析的主要应用领域，其中以奈斯比特大趋势集团出版的《趋势报告》最为有名。《趋势报告》的工作人员每个月不间断地监读6000种美国地方报纸，研究结果每季发表于全国性的《趋势报告》和四种地方性报告上。奈斯比特（John Naisbitt）以《趋势报告》为基础，经过12年这样仔细地监视地方事件，逐渐找到了美国结构变革的清晰的十个新方向，于1982年出版了著名的《大趋势》一书。该书被美国舆论界誉为"能够准确把握时代发展脉搏"的三本巨著之一，《纽约时报》列为最畅销书达两年之久，在18个国家的排行榜上名列第一，共发行了800万册。《趋势报告》大致是按下述方式完成的：

（1）样本选择。以美国地方报纸为分析对象，凡人口10万以上的城市及不足10万人口的州首府的报纸均入选，并考虑报纸质量，适当照顾左右翼平衡和少数民族。每月扫描约6000种报纸。

（2）分类体系确立。根据分析社会动态的目标，采用四层次的分析框架：一级主题共10个，反映了美国社会问题的10个主要方面，即教育、就业、环境、政府和政策、健康、住房、人际关系和经济联系、法律和正义、交通、福利和贫困。每个一级主题再分解为8～16个二、三、四级主题，逐步把内容具体化。各级主题共有117个。

（3）内容单元编码建库。以单篇报道作为分析单元，按主题框架将每篇报道归类编码，建立可供多途径检索的全文数据库，并完成各内容单元的篇幅指数统计。

（4）定性和定量分析。利用所建的数据库可以实现多方面的内容分析。如通过某一时点的剖面分析，可反映出各类主题的比例结构，发现社会关注的焦点问题；通过某个主题的篇幅变动分析，可以反映出某一主题篇幅的变化速度，追踪事物的发展趋势。由于有了全文数据库，研究人员可以方便地调阅各种案例和原文，并可借助内容框架对某些问题进行系统化的定性分析和定量分析。

3.2 军事和政治情报研究

军事政治情报（military, political intelligence）研究是二次大战中发展起来的一个重要的内容分析应用领域。第二次世界大战期间,拉斯威尔(H. D. Lasswell)等人在美国国会图书馆组织了名为"战时通讯研究"的工作。他们以纳粹德国公开出版的报纸为分析对象,通过内容分析方法获得了军政方面的许多机密信息。例如,为估计法西斯政权当时政治攻击矛头所向,在报纸上抽出"民主"、"共产主义"、"英格兰"和"希特勒"等关键词,分别在"容忍"、"反对"和"中立"3种语境下统计关键词出现的频率。这项工作不仅取得了实际效果,而且在方法上形成了一套模式,为战后内容分析方法的发展奠定了基础。

70年代,美国中央情报局曾利用指示词词频分析法来分析勃列日涅夫在苏联国内的政治地位。他们选择了莫斯科市、列宁格勒州和14个加盟共和国共16位地方党的领导人为分析对象,从这些人在公开演说或著作中对领袖的称呼和提法中抽取指示词,通过统计特定指示词的词频,来推测地方领导人对勃列日涅夫的支持程度。然后,以苏联问题专家的意见为判据,对其有效性和可靠性进行分析。此外,80年代,美国参谋长联席会议特种行动部对苏联国防部机关报《红星报》也进行过内容分析,以推测苏联对外军事政治意图和动向。

3.3 科技和经济信息分析

在科技和经济信息领域,内容分析法作为一种信息分析技术也很早就引起了人们的注意。运用主题词词频分析法研究学科发展和结构关系,就是一种典型的内容分析。日本机械振兴协会经济研究所1967出版的《关于信息分析的理论和实际研究》一书曾将内容分析法列为一种重要的信息分析方法。1980年,为展望高分子化学工业的发展趋势,日本科技情报中心(JICST)的信息分析专家小森隆运用词频分析法统计了1978年4月至1979年12月的日本《科技文献速报》,以JOIS—S理工数据库中的622405篇文献为分析样本,统计这些文献中塑料、橡胶、纤维等三大高分子材料的关键词频次,由此推断将在80年代占主导地位的高分子工业产品,获得了较为满意的预测结果。此外,日本庆应义塾大学教授上田修一等人还利用内容分析法研究了日本企业打进美国及海外市场的广告战略。他们以美国《商业周刊》和《新闻周刊》12年来所刊登的日本产品广告为对象,验证了广告战略的四阶段假设:当日本产品在美国知名度还很低时,广告不是突出产品,而是强调该企业在日本国内的优越地位;当企业知名度提高后,就强调产品的价格、质量和外形等;当进入与美国企业的竞争阶段时,广告就强调优于对手产品的特点;最后,当产品进入世界市场,广告就突出其产品在世界上的地位。

内容分析法的最大优点在于节省时间和金钱,不需要大量的研究人员和特别的设备。另一优点是保险系数大,可以方便地重复研究和弥补过失(这在实地调查或考察中很难做到)。此外,内容分析可研究在较长时期内发生的过程,可以不打扰研究对象,不对他们施加影响而发现对方不愿外泄、甚至未意识到的重要信息。但是,内容分析法也有缺点。应当注意该方法在运用过程中还存在着以下局限:

(1) 对分析对象有一定的要求。并不是所有的文献信息都能运用内容分析法进行分析,作为内容分析的对象,一般应满足下列两个条件:一是形式化原则,即从所研究的文献信息中能够抽取出便于可靠统计的、具有单义特征的分析单元；二是统计性原则，即需要有一定数量的同类信息集合，以保证内容分析时能达到足够的统计量和足够的相遇频数。因此，内容分析法对单篇或少量文献和只言片语就无能为力了。

(2) 不太适用于需要发挥想象的开放式问题或变化迅速的新兴领域。内容分析方法的背景是归纳法，它只限于记录下来的资料，只能从已有的事实、数据中挖掘出原先不明显或未发现的信息，不可能超越或脱离所分析的文献而提出全新的问题。并且，事先设计好的框架体系也难以容纳后来出现的新变化。从预测功能看，内容分析法是一种渐进性趋势预测方法。

(3) 存在分析深度和工作量的两难处境。内容分析要达到一定的深度，实施起来一般就要有较大的工作量。特别是在一些长期跟踪或大范围扫描的内容分析工作中，手工操作很难胜任，需要尽可能采用计算机辅助分析，建立自有的计算机数据库和内容分析系统，提高内容分析工作的效率。

复习思考题五

1. 了解各类信息源的特点。
2. 信息采集的原则是什么？
3. 结合实践谈谈企业信息采集都有哪些途径和方法。
4. 运用问卷调查法采集信息时，在问卷设计中应注意哪些问题？
5. 常用的信息访谈技巧有哪些？
6. 某公司要对其属下两个工厂的工人劳动状况进行调查，现有两种调查方案：① 各厂组织人员分别调查→各厂管理人员对得到的资料进行分析处理→综合结果分别在各厂办公会议上进行讨论研究→分别将结论提交公司；② 两厂组成联合调查组进行调查→两厂管理人员共同对得到的资料进行分析处理→综合结果在两厂组成的调查委员会对策会议上进行讨论研究→向公司提交结论。你认为哪种调查方案提供信息的可靠性更大？为什么？
7. 信息整序的目的与要求是什么？
8. 对采集到的信息进行优化选择时经常采用哪些方法？
9. 对文献信息集合中每件信息的各种内外特征进行描述后，主要有哪些组织排序方法？
10. 信息分析通常包括哪些步骤？
11. 结合实例，了解信息分析的主要方法。
12. 选定某一研究对象，运用内容分析法进行主题词/指示词词频分析或内容篇幅分析，以揭示研究对象的特点或发展趋向。

参 考 文 献

1. 肖燕. 信息揭示组织原理与方法. 济南：山东大学出版社,1997

2. 刘昭东,陈久庚等编著. 信息工作理论与实践. 北京：科学技术文献出版社,1995

3. 胡继武编著. 信息科学与信息产业. 广州：中山大学出版社,1995

4. 刘兹恒编著. 信息媒体及其采集. 北京：北京大学出版社,1998

5. 甘英,李剑桥编著. 信息源与信息收集. 济南：山东教育出版社,1995

6. 水延凯等编著. 社会调查教程. 北京：中国人民大学出版社,1988

7. 包昌火主编. 情报研究方法论. 北京：科学技术文献出版社,1990

8. 卢泰宏. 信息分析方法. 广州：中山大学出版社,1992

9. (美)艾尔·巴比著. 社会研究方法. 李银河译. 成都：四川人民出版社,1987

10. (日)山上定也著. 惊人的信息推理术. 温元凯,李涛编译. 上海：上海文化出版社,1987

11. (美)约翰·奈斯比特著. 大趋势——改变我们生活的十个新方向. 梅艳译. 北京：中国社会科学出版社,1984

12. (日)高山正也. 情报分析·生产论. 东京：雄山阁,1985

13. Kinnucan M T. et al. Statistical method in information science research. ARIST，VOl. 22, 1987

14. Penland P R. Content analysis. Encyclopedia of Library and Information Science，Vol. 5, 1971

15. Palmer Richard P. How to Manage Information：a Systems Approach. Phonix,AZ：Oryx Press, 1990

16. Tom Paul L. Managing Information as Corporate Resource. New York,NY：Harpercollins, 1991

17. Matarazzo J M and Drake M A. eds. Information for Management：a Handbook. Washington, D.C.：SpecialLibraries Association, 1994

18. Davenport Thomas H and Prusak L. Working Knowledge：How Organizations Manage What They Know. Boston, Mass.：Harvard Business School Press, 1998

第六章　信息产品的流通

　　从信息科学的角度看,信息运动是一个完整的过程。以人类为中心,从客体采集信息,经过加工整序、选择改组、分析评价等,形成了符合人类信息需要的信息产品,这是信息产品的开发过程。人类认识世界的目的是为了改造世界,信息产品开发的目的是为了促使人们在改造世界的过程中更加充分有效地运用信息资源。这一目的只有经过信息产品的流通过程才能实现。信息产品的流通是开发与利用之间的中介。没有信息服务以及信息市场对信息产品的分配与交换,用户就很难使用和消费信息产品,信息产品的开发也不可能进行下去。

　　信息产品是由信息及其物质载体构成的。严格地说,任何一个产品都既有物质部分,也有信息部分。如糖果一般可称为物质产品,但糖果中包含有成分信息、甜度信息,糖果的包装纸所提供的信息等,作为糖果产品的一部分,是不可缺少的。反之,任何一个信息产品,必定有相应的物质载体作为其不可缺少的组成部分。判断一个产品是物质产品还是信息产品,目前尚未形成统一的标准。一般认为,从用途出发去判断一个产品是物质产品还是信息产品是比较合理的。同样一台机床,当作为生产工具使用时,它是物质产品;但当把它作为样机,分析利用其结构设计信息、生产工艺信息等,以仿制或改造同类机器时,这台机器主要是被当作信息产品来使用,应该是信息产品。由于信息产品和物质产品既紧密相联又各有所用,其流通形式也在共性的基础上呈现出各自的特征。

第一节　信　息　服　务

　　关于信息服务的概念,有广义与狭义之分。广义的信息服务概念泛指以产品或劳务形式向用户提供和传播信息的各种信息劳动,即信息服务产业范围内的所有活动,包括信息产品的生产开发、报道分配、传播流通以及信息技术服务和信息提供服务等行业。我们这里所说的是狭义的信息服务概念,是指专职信息服务机构针对用户的信息需要,及时地将开发加工好的信息产品以用户方便的形式准确传递给特定用户的活动。亦称信息提供服务。

　　开展信息服务,有三个基本因素:信息产品、信息用户和信息服务者。信息服务者通过选择、加工、提供信息产品来满足用户的信息需要,成为联结信息产品与信息用户的桥梁。因此,信息服务的根本目的是帮助用户克服信息交流障碍,解决信息生产的广泛性与信息利用的特定性之间的尖锐矛盾,使信息资源的充分开发与有效利用得到有机的统一,发挥出信息资源的最佳效能。其主要作用是在信息资源与信息用户之间充当中间人角色——把某种信息产品与需要它的用户有效地联系起来。

信息服务是信息产品运动过程中最重要的一个环节,是建立在用户行为研究和信息产品开发的基础之上的。只有全面、准确地了解用户的信息需要和信息行为,信息服务才能做到有的放矢,高效快捷,最终使用户满意;只有做好信息采集、整序和分析研究等项工作,信息服务才有雄厚的资源基础。

一、信息服务的原则

由于信息服务机构面对的用户群体种类繁多,职业各异,需要多变,行为复杂,要做好信息服务工作是一件很不容易的事情。因此,信息机构必须认真进行用户研究,针对不同的用户及其信息需要开展多种形式的信息服务。但无论开展何种形式的信息服务,在服务过程中都必须始终如一地坚持以下基本原则:

1. 针对性原则

任何信息都是在特定的时间、场合下对特定用户的特定需要产生效用,因此信息服务必须紧密围绕特定用户的具体信息需要来展开,注意信息提供的针对性。针对性是信息传递方向的选择问题,也是服务内容与服务对象的“匹配”问题。信息服务就是要为特定的信息找到确定的用户,使信息发挥最大效用;同时也为特定的用户找到确定的信息,满足用户的特定需要。用户的信息需要是信息服务的出发点和归宿,无论何种信息服务都必须针对用户的信息需要才能得以存在和发展。

2. 适时性原则

时间对于信息价值具有决定性的影响。一般来说,为了保证时效,应当加快信息传递的速度,尽早把信息提供给用户。但最好是把握恰当的传递时机,在用户最需要的时候提供出去。传递过早,不易引起用户的重视;传递过晚则毫无意义。因此,适时性是信息传递时机的选择问题。信息服务机构必须认真研究和掌握用户信息需要的变化规律,选择恰当的传递时机,做到适时提供,才能争取最佳服务效果。

3. 精练性原则

人脑处理信息的能力是有限度的。随着社会信息总量的迅猛增长,相关信息也在不断增多。如果信息提供量超过了用户的吸收能力,过多地耗费了用户的时间和精力,反而会影响决策的效率。因此,信息服务机构应当在完整性基础上进行认真的筛选加工,在可满足用户解决问题的需要的前提下提供尽可能少的信息。精练性是传递内容的选择问题,要求提供的信息内容简明扼要,精益求精,做到有分析、有比较、有选择,浓缩度高,在质量和数量上都符合用户的需要。精练并非意味着“专深”或“高级”,而是指根据用户需要把最有用的部分挑选出来。

4. 方便性原则

许多用户研究的结果都表明,可近性和易用性是影响用户信息查寻行为的两个最重要的因素。这就是说,信息服务要为用户的信息行为提供最大的便利条件,如采用现代信息技术克服时空障碍,实现跨地域、跨行业、跨平台的信息资源共享;加强内部管理,简化利用信息服务的手续,提高信息服务的效率;优化系统设计,开发用户友好的人机交互界面;宣传普及信息知识,开展用户培训工作,增强全社会的信息意识和信息能力,等等。只有如此,才能消除用户的陌生感与不信任感,提高信息服务的利用率。

5. 效益性原则

信息服务不仅具有社会效益,而且还应该讲求经济效益。虽然信息服务的效益具有形式多样性、社会综合性和时间滞后性等特点,很难做出明确的判断,但是任何一项信息服务都必须以费用—效益评价作为生存和发展的前提。对于用户来说,用户支付了一定的金钱,耗费了一定的时间和精力来使用信息服务,就应当确保他有一定的投入—产出效益;对于信息服务机构来说,通过开展信息服务所获得的收益应当合理地体现出信息劳动产品的附加价值以及信息服务工作的成本与效益。在进行信息服务的费用—效益评价时,要对用户和信息服务机构双方的效益做出综合分析。这种追求整体效益最大和供需双方互利的原则是信息服务产业化的必要条件。

6. 竞争性原则

随着社会信息化进程的不断加快,一个网络化、数字化的信息环境正在加速形成。它的基本特征是信息交流的全球网络化和信息资源开发利用的全程数字化。网络化、数字化的信息环境将改变传统的信息服务模式,使信息服务更加有效和快捷,同时也提出了许多新的问题,使信息服务市场竞争更加激烈。有关越境数据流与国际信息服务、信息资源共享与知识产权保护、市场垄断与公平竞争等问题相继出现,使信息服务机构既看到了大好的机遇,又面临着严峻的挑战。面对激烈的市场竞争,信息服务机构必须转变经营观念,强化竞争实力,以市场需求为导向,及时而灵活地调整自己的组织形式、业务范围和服务方式,增加信息服务的主动性,方能在日趋激烈的信息服务市场竞争中立于不败之地。

二、信息服务的主要类型

用户的信息需要是千变万化的。为了有效地满足用户的信息需要,信息服务的方式也是丰富多彩的。例如,根据服务对象的范围,可以把信息服务划分为单向服务和多向服务;根据提供服务的时机,可以划分为主动服务和被动服务;根据服务内容的需要,可以划分为定向服务和定题服务;根据服务收费的情况,可以划分为无偿服务和有偿服务;等等。一般来说,按照信息服务工作基础的不同,我们可以把信息服务划分为文献服务、报导服务、检索服务、咨询服务和网络服务几大类型。

(一) 文献服务

传统上的信息服务主要是通过提供文献资料来满足用户信息需要的。文献服务是传统信息服务的主要形式,是专门的信息服务机构利用像图书馆、资料室、档案馆等固定的文献保管场所向用户提供记录在一定载体之上的信息的一类信息服务方式。这类信息服务面向广大用户传播各种形式的文献信息,主要服务方式有阅览、外借、复制等。

1. 阅览服务

阅览服务以最有效而经济的形式为用户提供了一种直接使用文献资料的机会。阅览是指信息服务机构向用户提供所收藏的文献资料,并利用一定的空间和设施为用户创造各种阅览条件让用户在指定时间和场所进行阅读的信息服务。阅览服务是信息服务中最古老、最传统的服务方式,它始于公共图书馆诞生。考古发掘业已证明,在公元前三、四千年的美索不达米亚和古代埃及的图书馆内,已经有相当好的阅览室。阅览服务的优点是资料集中,阅读方便;缺点是坐等用户上门,对某些用户来说缺乏可近性。

信息服务机构可根据用户的需要设置各种不同类型的阅览室,以提高文献的利用率。如按用户类型设立普通阅览室、专家阅览室、儿童阅览室等;按信息内容设立科技文献阅览室、社科文献阅览室、地方文献阅览室、专业文献阅览室等;按文献类型设立报刊阅览室、善本书阅览室、工具书阅览室等;按信息载体和阅读方式设立视听资料阅览室、缩微资料阅览室、电子出版物阅览室等。阅览室的管理方式则经历了由闭架式、准开架式向安全开架式和自由开架式发展的过程。为了方便读者,现代图书馆更是将阅览桌搬进了中央书库。

2. 外借服务

由于用户在信息服务机构内阅读文献资料受到开放时间、阅览座位等诸多限制,于是信息服务机构将文献资料出借给需要者,允许他们携带到外面去阅读,但要求在指定时间内归还,这就是外借服务。外借服务因其使用方便、服务面广而深受广大用户的欢迎。著名的英国图书馆外借部(BLLD)是开展外借服务的成功典范。

现代化的信息服务机构一般使用计算机网络来开展外借服务,从而极大地提高了工作效率。为了更好地满足用户的需要,信息服务部门还常常与其他信息机构建立联系,利用其他图书馆或信息中心所收藏的文献资料来开展馆际互借服务,实现文献信息资源共享。

外借服务需要注意两个问题:一是外借期限问题。外借期限的规定要恰当,过短对借阅者不便,过长对欲借者不利。信息服务机构应考虑用户的需要情况和文献的流通范围,对各类用户和各种文献资料区别对待,灵活掌握。二是过期处理问题。对过期借阅者必须有明确的处理办法,但是过于严格的处理办法又会吓跑违规者,因此,必须在提高文献资料利用率和满足用户信息需要的基础上寻求利弊平衡。

3. 复制服务

复制服务是根据用户要求提供文献资料复制件的一种信息服务。用户在信息活动中或者是需要长期保存反复使用某些文献资料,或者是需要保持原样的文件和图表,或者是由于条件限制不便直接阅读等原因,要求获得原始文献资料的复制品。复制服务可以加快文献信息的传播速度,节省用户获取信息的时间和精力,既可满足个人需要,又可满足群体需要,还可以有效地保存原始文献。文献复制的主要方式有静电复制、缩微复制和拷贝复制等。

随着复制技术的进步,复制服务越来越普及,使用者越来越方便。但与此同时,文献复制品的大量流通使著作者和出版社的合法权益受到了越来越大的侵害。这也使得信息服务界与编辑出版界的关系愈加紧张。现在许多国家的著作权法中都规定了复制的"正当利用"原则。

(二) 报导服务

信息机构将采集到的信息资料经过加工整理和分析综合,以便于使用的各种形式主动、及时地向信息需要者广泛传报,以引导信息产品的有效利用的一项信息服务工作就是报导服务。信息机构开发出来的信息产品,只有通过报导才能传播出去;而信息产品也只有报导出来,才能更容易被用户所认识,才能发挥其固有的效用。因此,报导服务作为一项多向主动式的信息服务深受广大信息用户的欢迎。

信息报导的方法和渠道是多种多样的,除面对面的口头报导(如信息发布会、技术市场等)和直观报导(如展览会、演示会等) 外,信息服务机构常常利用信息出版物来开展文字报导,即根据用户的需要,有选择地将有价值的文献资料加工整理成系列化的二、三次出版物,在不同广度和深度上进行传播报导。由于文字报导具有信息量大、传播面广、便于使用等明显优点,信息出版物就成为报导服务的主要方式。所谓信息出版物,是指信息机构对原始文献信息进行选择整序后形成的、用于宣传报导文献或文献线索的出版物,其主要形式为期刊等连续出版物。我国的信息出版物通常划分为三大类九小类:

1. 检索类信息刊物

(1) 目次页:直接抽取原始文献的目次页汇编排印而成,起快速通报作用的检索刊物。优点是省工省力、通报及时,缺点是只限于通报现期文献,不便于长期积累检索,且不能完全集中相关文献。

(2) 题录:按照规定的项目和次序列出文献的基本情况(文献的外部特征,包括题名、著者、出版事项、文别等),除必要的检索标识(标引结果) 外并不介绍原文内容的条目称为题录。题录式检索刊物一般按分类方式编排,它比目次页汇编要费时费工,但对所报导的文献提供了更多的情况,并且通过标引把相关文献组织起来,便于查阅。

(3) 简介:除题录部分外还对原文主要内容作一般性简单介绍但不直接摘录原文论点和数据的条目称为简介,亦称指示性文摘。简介式检索刊物的编制虽然比题录复杂一层,但不要求对原文内容做深入研究,而只是从整体上对文献进行分析描述,通常根据原文的目次、序言和结论即可写出。简介也是编辑出版界为读者提供出版信息,宣传、预报新出书刊的常用形式。

(4) 文摘:除题录部分外还对原文主要内容作实质性摘要报导的条目称为文摘。文摘杂志除正文一般按条目上的检索标识编排外,还必须备有各种索引可供查找检索。它不仅是检索类信息刊物的主体,并且由于其检索功能强大、综合报导能力突出而成为信息出版物中最为普遍采用的一种信息报导形式。

2. 报道类信息刊物

(1) 新闻类:报道类信息刊物中最简单的一种形式,一般只报道国内外最新科技、生产与经贸消息,对所报道的消息要求及时可靠,不包括更多的具体内容,只起通风报信的作用。

(2) 快报类:选编报道国内外信息并对原文中的一些实质性内容进行节录而形成的报道类信息刊物。它是根据实际需要从一次文献中精选编成的,在一定程度上要进行再加工,所以与原始文献刊物不同,不属于一次文献的范畴。

(3) 译报类:对国外文献资料的翻译汇编报道,是报道类信息刊物中内容最丰富、最详尽的信息出版物。它以节译和全译两种形式,准确、全面、迅速地把国外信息传报给国内用户。

3. 研究类信息刊物

(1) 动态性:着眼于报导某一学科领域或行业范围内的现有水平和发展方向,较多反映各种新产品、新材料以及在科研和生产过程中的新理论、新技术的信息出版物。一般报导都短小精悍,注重及时性,只反映主要论点、特性、结论及效果,不涉及具体的理论或技术细节。由于其动态性、指示性特点,它经常是报导外国、外地区、外单位的水平和动向,可供管理决策人员参考。

(2) 述评性:对某一专业领域以及对其中某一课题或某一时期所进行的综合性文献述评。述评性报导一般包括综述、评论和建议三个部分,应概括有关本题目的国内外文献的全面情况,内容要具体且有相当深度。述评性信息刊物多以专题报告的形式不定期出版,有些部门多以一年为期评述本学科专业在理论研究和应用开发方面的成就与进展,故又称年度报告。

(三)检索服务

信息检索(information retrieval)一词是在 1950 年的一次国际数学会议上穆尔斯(C. N. Mooers)发表的题为"把信息检索看作是时间性的通信"的论文中最早出现的。广义地讲,信息检索是指将信息按一定方式组织和存储起来,然后在用户需要(发出信息提问)时找出并提供有关信息的过程,故全称为信息存储与检索(information storage and retrieval)。检索服务即狭义的信息检索仅指该过程的后半部分,英国的维克利(B. C. Vickley)将其定义为"从汇集的文献信息中选出特定用户在特定时间所需的信息的操作过程"。

1. 检索服务的类型

检索服务的实质,就是将用户的信息提问特征与信息整序的标识进行比较,然后将二者相匹配的信息提取出来,以满足用户的信息需要。用户的需要是千变万化的,检索服务也相应地发展出多种多样的类型。

根据用户提问的不同，检索服务主要有三种类型：

（1）文献检索：不直接解答用户的信息需要，而只提供与之相关的参考文献或文献线索，如关于金矿的采选有些什么参考文献？哪里有《图书馆学情报学百科全书》？等等。

（2）数据检索：直接提供用户所需要的确切的数据，如核反应的临界体积、苯的分子式和分子量，等等。

（3）事实检索：直接提供用户所需要的特定的事实，如美国"信息高速公路"的建设情况、巴西的信息产业政策，等等。

根据检索手段的差别，检索服务又可分为：

（1）手工检索：检索者使用印刷型检索工具（如图书馆卡片目录、书本式题录、文摘期刊等）直接查找有关信息。优点是查找方法简单灵活，且几乎不需要特殊设备，缺点是检索效率较低。

（2）电脑检索：检索者利用计算机检索系统查找存储在数据库中的有关信息。按操作方式不同主要可分为：

联机检索：利用与计算机检索系统相联结的终端以人机对话的方式实时地查找有关信息。联机检索系统采用人机交互方式，即终端用户通过通信网络直接访问检索系统，向系统提出查询指令，系统则把它对用户提问的响应，包括各种可能的提示或检索结果在屏幕上显示给用户，使用户可在检索过程中随时修改检索策略，直至满足其信息需要。联机检索系统可同时为多个用户提供分时处理，迅速进行实时检索和结果输出，且不受地理位置的限制，因而极大地方便了用户，但检索费用较高。

脱机检索：以独立计算机为单位，利用光盘、磁盘、磁带等存储介质进行的信息检索，是电脑检索最先采用的形式。早期的脱机检索系统均以磁带作为存储介质，检索时必须按信息存储顺序逐一判断处理，故一般采用批处理方式同时进行多项检索，使得检索周期过长，且不能进行人机对话和浏览选择。随着磁盘，特别是光盘数据库的大量使用，目前脱机检索系统的性能已发生了根本性的变化，不仅响应速度快，用户可根据需要随时调整检索策略，而且费用较为低廉。但脱机系统对最新信息的反映不如联机系统及时，因此可作为联机检索的一种补充手段结合使用。

随着计算机存储与检索技术的飞速发展，现代信息检索的数据组织正由文档、数据库向知识库发展，信息存储形式正由数据、文献著录事项、文摘索引等向全文信息、图形图像信息、音频视频信息、多媒体信息等发展，检索范围正由文本检索向超文本检索及超媒体检索发展，检索方式日益走向网络化，用户界面更加友好，从字符命令、菜单选择、窗口显示逐渐走向多窗口系统和图形用户界面。可以看到，电脑检索已成为信息检索的主要手段。

根据服务方式的需要，检索服务还可以划分为：

（1）回溯服务：根据用户的检索要求提供某一时间以来系统中全部相关文献信息，

即从提出需要时起回溯查找到过去某个时刻的检索服务。回溯检索的特点是信息的系统性,它不仅要求提供有关某一提问的最新信息,而且要详尽追溯系统中过去存储的所有相关信息。一般用于科研课题调研及成果查新等。

(2) 定题服务:根据用户对某一专题的特定需要,建立用户需求档,定期检索新到信息并将查找结果及时提供给需要者的检索服务。国外称之为"定题信息提供"(selective dissemination of information—SDI),20世纪60年代初开始应用于机检系统。其基本做法是,将表达用户需要的检索式以提问档的形式存储起来,定期与系统新到信息进行匹配,然后将检索结果提供给用户。通常分为标准SDI和委托SDI。标准SDI是指信息服务机构在广泛调查社会信息需要的基础上,选择一批急需解决且适用面广的课题,建立通用型的标准提问档供用户选择订购或将检索结果以现期资料通报的形式提供给用户;委托SDI是指信息服务机构按用户要求建立专用提问档,定期检索提供最新信息。委托SDI针对性更强,但费用相对标准SDI也较高。

2. 检索服务的步骤

针对用户要求的不同,信息检索的方法也有所不同。但无论是手工检索还是电脑检索,开展信息检索服务的步骤都是大致相同的。

(1) 提问分析。首先必须弄清用户提问的真实意图或实质所在。用户的信息提问是否反映了他的信息需要?用户的工作性质、所承担的任务以及为什么要解决这一问题,已经查找过哪些系统,掌握了一些什么信息?对信息类型、语种、时间期限有何要求?等等。只有深入细致地了解用户的信息需要,才能避免检索服务的盲目性。

(2) 制定检索策略。检索策略是为成功实施检索而制定的全盘计划和方案。主要包括:确定要利用的检索工具或检索系统,选择有关的数据库,安排可用的查找方法,规定检索标识,构造检索式,明确回溯年限和查找范围,编排好具体的查找程序,等等。检索策略的优劣直接影响检索效率的高低,因而十分重要。

(3) 实施检索。按照既定的检索策略进行信息查询,并根据用户需要采取各种调节和反馈方式对检索策略进行修改和完善。这一过程可反复进行,直至用户满意为止。

(4) 检索结果的输出与评价。把同检索策略匹配了的(即满足了检索的逻辑要求的)检索结果输出提交给用户。为提高检索服务的水平,通常需要对检索结果进行评价。评价检索结果的指标主要有查全率、查准率、响应时间、输出方式和检索耗费等。

(四) 咨询服务

咨询服务是咨询受托方(咨询人员或咨询机构)根据委托方(客户)提出的要求,以专门的信息、知识、技能和经验,运用科学的方法和先进的手段,进行调查、研究、分析、预测,客观地提供最佳的或几种可供选择的方案或建议,帮助委托方解决各种疑难问题的一种高级智能型信息服务。古代传统的咨询活动主要是谋士、客卿、军师、谏臣、参谋、顾问等为统治者或上级出谋划策,一般是凭借个人经验和智慧单独进行的。现代咨询服务则是以咨询机构的建立和咨询业的兴起为标志的,通常是依靠具有专业知识背景、实践经验和创新能力的人才,充分开发利用信息资源,运用现代信息技术和咨询科学方法为客户解决复杂问题的一种有组织的智力活动。

1. 咨询服务的类型

根据咨询对象和咨询活动的不同特点,可以将咨询服务划分为不同的类型。按照咨询对象的性质,可分为战略咨询与战术咨询;按照咨询活动的组织方式,可分为内部咨询、外部咨询和主管部门的指令性咨询;按照咨询活动的时间期限,可分为长期咨询、中期咨询和短期咨询。一般来说,按照咨询对象及其活动的内容范围,可以将咨询服务划分为五大主要类型:

(1) 政策咨询:为某一国家、地区或大型企事业单位的发展战略规划和各种带有政策性、全局性和综合性的重大决策问题提供的咨询服务。政策咨询服务的范围从社会政治、经济、科技、文化等各个领域长期发展战略规划的论证,到综合性的跨行业、跨部门决策问题以及国家重大方针政策和重要建设项目的确定等,涉及的专业领域往往超出特定的学科范围,需要集中许多学科领域的专家学者进行共同研究。政策咨询是决策科学化的重要保证,自 20 世纪 60 年代以来深受世界各国重视。著名的美国兰德公司、英国伦敦国际战略研究所、中国国务院发展研究中心都属此类咨询机构。

(2) 管理咨询:以企业经营管理为主体的咨询服务,亦称企业诊断。它是针对企业经营管理中存在的主要问题和薄弱环节,提出各种优化方案,供企业领导者决策时参考,以提高企业的经营管理水平,其最终目标是提高企业的经济效益和竞争实力。管理咨询的内容大致包括企业经营战略咨询、管理体制咨询、市场发展咨询等综合咨询以及生产管理咨询、人事管理咨询、财务管理咨询、质量管理咨询、销售管理咨询、信息技术咨询等专题咨询。针对管理咨询具有实践性、临床性的特点,一般应聘请有关方面的管理专家,深入企业现场,对企业经营管理的各个方面及其全过程进行诊断,在全面了解和掌握企业经营管理有关状况的基础上,对所存在的问题提出基本评估和改进方案。美国安德森咨询公司、德国系统工程公司等即属此类咨询机构。

(3) 工程咨询:专门为各种工程建设项目提供的咨询服务。工程咨询以尽可能避免项目决策失误为目的,通常是对工程建设项目从立项评估到竣工投产的全过程进行咨询,一般情况下要参与可行性研究、设计、招标、施工等阶段的咨询服务,包括向现场派驻常任代表或者直接参加施工监理工作。我国 1994 年颁布的《工程咨询业管理暂行办法》中要求凡需要各级政府部门批准立项的建设项目,应遵守国家有关法规和规定,委托有资格的工程咨询单位进行阶段的或全过程的咨询。其他建设项目可自主选择有资格的工程咨询单位进行咨询。工程咨询单位是指具有法人资格和资格认定单位颁发的工程咨询资格等级证书的企业、事业单位。工程咨询在咨询业中历史最为悠久,英国艾特金斯咨询公司、中国国际工程咨询公司等均属此类咨询机构。

(4) 技术咨询:咨询人员和咨询机构利用自己掌握的技术知识、信息和经验,为解决客户遇到的技术疑难问题所开展的咨询服务。技术咨询目标具体,技术性强,咨询方式多种多样。从其业务内容来说主要有技术问题诊断、技术经济分析、技术可行性研究、技术发展预测、技术选择与评价、技术推广与培训等。技术咨询以适用技术为出发点,其影响则渗透到社会、经济的各个方面,是促进技术转移、技术改造和技术进步,搞好技术引进、活跃技术市场的重要工作。

(5) 专业咨询:就某一特定专业领域里的问题进行咨询服务。专业咨询通常都针对客户提出的问题进行,其特点是涉及面较窄,专业性较强。主要包括环境咨询、金融咨询、会计咨询、法律咨询、医学咨询、心理咨询、生活咨询等等。专业咨询服务一般应由相应领域的专家来承担,咨询机构的规模大多比较小,业务方式灵活多样,除采用答复咨询等形式外,有时还通过举办专业培训班或编辑出版各种书刊资料进行宣传指导,或者代理各种专门服务等。随着社会信息需要的急剧增长,专业咨询服务呈现出蓬勃兴旺的发展势头,逐渐成为现代咨询业的主流。

2. 咨询服务的工作程序

咨询机构为完成客户所委托的任务,必须有一套科学的程序和方法。对于不同的客户需求和不同的咨询业务,咨询的程序和方法也不尽相同。一般应包括以下三个阶段:

(1) 预备咨询阶段。咨询机构根据客户提出的咨询申请,与客户就咨询课题的内容、要求、期限、费用预算等达成一个原则性协议。这一阶段通常分四个步骤:一是分析和寻找客户并详细了解其需要,准确掌握客户的意图和目标;二是选派咨询专家组,包括聘请外部的专家,选择经验丰富的专家担任组长;三是由咨询小组作事前调查,明确工作目标、技术方法、计划安排、费用预算等,向客户提交咨询项目建议书(计划书);四是谈判和签订咨询服务合同。

(2) 咨询调研阶段。咨询课题确立以后,即由咨询小组进行调查研究,进入正式咨询阶段。在调查过程中要充分利用已掌握的信息源和信息渠道,并通过信息检索、实地调查和访问交谈等方法全面了解有关情况。在此基础上运用信息分析、系统工程和运筹学等多种科学方法进行分析研究,形成解决问题的各种方案并加以优化评估。咨询研究中应用的方法很多,针对不同的咨询需求和咨询工作的不同阶段,可用的方法也不尽相同。一般来说,咨询活动所研究的对象是涉及自然与社会的多因素、多目标系统,因此必须将定性研究与定量研究结合起来,综合运用多种方法和手段。

(3) 咨询报告阶段。咨询小组向客户提交咨询报告或成果。咨询报告是咨询活动成果的体现,包括阶段性报告、中间报告、初步总结报告、最终报告等形式。对于历时较长的咨询项目,可在进行到一定阶段后提出一个阶段性报告,以便通报研究进展,及时与客户交换意见,补救咨询工作中的不足之处。咨询课题结束时,一般要在提交最终报告前先提出一份初步总结报告,以听取客户意见和有关方面的看法。经修改完善后,才正式向客户提交符合要求的最终报告。

（五）网络服务

随着计算机与通信技术的高速发展，信息服务业已进入了网络时代。网络环境下的信息服务始于 20 世纪 70 年代发展起来的联机检索服务，如著名的 DIALOG，DATA-STAR，MEDLINE，ORBIT，BRS，ESA-IRS，STN 等都是基于计算机系统的联机数据库检索服务。这类系统不仅速度较慢而且价格昂贵。80 年代初期出现了封闭型交互式联机服务网络，其典型代表是英国的 Prestel，法国的 Minitel，日本的 PC-VAN，Nifty 以及美国的 American Online（AOL），CompuServe，Prodigy 等，它们的网络通信协议是多种多样的，不与其他网络相联而自成体系，用户以拨号方式接入。

由于传统联机信息服务存在着封闭性、多终端式、协议非标准性和缺乏可伸缩性等弊端，封闭式信息服务方式注定要被打破，取而代之以开放式的网络信息服务。90 年代中期，以 TCP/IP 和 HTTP 技术为核心的国际互联网（Internet）的蓬勃发展，改变了传统联机检索落后的信息服务方式，基于 Internet 的开放型交互式信息服务，如 WWW，Wais，Gopher 等悄然兴起，一大批新型网络服务商（ISP）如 Yahoo，Infoseek，视聆通，瀛海威等迅速崛起，一跃成为信息服务业的明星。与此同时，AOL 和 CompuServe 也分别与 Netscape 和 Microsoft 合作改造了原有的网络，使系统与 Internet 紧密相联，成为开放型分布式的信息服务网络。基于 Internet 的网络服务模式主要有三个发展层次：

第一层次为基础通信层。这是由电信部门负责的通信基础设施，从事网络基础建设并提供光纤或卫星网络骨干线路租赁与管理以及 Internet 出口、升级与分配管理等，以 AT&T，Sprint，MCI，Worldcom，GTE，BT，中国电信等为代表。

第二层次为网络增值服务层。指在电信物理链路上架构广域网，利用 Internet 的物理资源和技术资源根据用户需求进行重新组合集成后，向大型集团企业或集团用户提供网络接入、管理与运行服务。著名的有 BBN，INACTIVE，中国金桥网（ChinaGBN）的网络增值部门以及中国科技信息网（STINET）、中国工程技术信息网（CETIN）等。

第三层次为信息增值服务层。指在网络增值服务层的基础上，面向个人用户开展上网服务或电子商务并提供公众信息、广告信息、增值信息等的 ISP。按其服务侧重点，可分为以提供网络接入服务为主的 IAP 和以提供专业信息内容服务为主的 ICP。它们主要是通过扩大上网用户数以吸引网上广告和开展在线销售来获取收益，或者是通过联机服务方式独立提供具有专项信息功能的信息产品来创造收益。如 AOL，MSN，CNN，Yahoo，网易（Netease），中国信息（Chinainfo）等。

随着网络信息服务的广泛开展，上网用户和网络服务商不断增多，网络信息服务竞争也日趋激烈。许多网络服务商通过提供多种多样的网上服务形式（如搜索引擎、免费E-mail、丰富多彩的专项信息内容服务等）来吸引尽可能多的上网用户，成为其上网第一站，即所谓的网络门户（Web Portal）。作为综合性的内容服务站点，网络门户最直接的收益来自网上广告或在线购物，为此要求其站点服务周到，内容丰富，并可方便地连接到别的站点上去，在众多网络服务商中逐渐树立自己的品牌形象，从而吸引大量的用户以此站点作为入口上网。

　　Internet 的不断发展和逐渐普及，使得网络环境下的信息服务集传统信息服务优势为一体，成为继报刊、广播、电视等三类基本媒体以后的第四类信息媒体。按照美国学者的看法，一种媒体使用的人数要达到全国人口总数的 20% 以上才能被称为大众传媒。而据美国电脑工业年鉴统计，1997 年底美国 Internet 用户总数为 5468 万。美国有 2.6 亿人口，按受众达到 5000 万人才算标准大众传媒的话，在美国广播成为大众传媒用了 38 年，电视用了 13 年，有线电视用了 10 年，而 Internet 仅仅用了短短的 5 年时间！Internet 具有信息传播容量巨大、形态多样、迅捷方便、全球覆盖、自由与交互等特点，它兼备三大传媒所具有的一切表现形式，同时又改变了以往大众传媒那种信息单向瞬时传播、受众被动同步接收的缺陷，使大众传媒的控制权由传播者向网民们手中转移，信息传播由发布向服务过渡。网民们通过 Internet 可以在自己方便的时间主动选择接收与发布信息，提高了信息处理、存储与自由交互的能力，信息服务将更加方便和有效。号称"Internet 之父"的塞夫（Vinton Cerf）在 1998 年 Internet 学会年会上指出，目前全世界使用 Internet 的人数至少有 1 亿人，到 2000 年底将达到 3～10 亿人。到下个世纪的中期，Internet 在规模上将超过全球电话系统。Internet 已将世界各类信息媒体和信息渠道"一网打尽"，并且正向成为世界主信息渠道的目标迅速迈进！

第二节　信息市场

　　所谓信息市场，是指信息产品生产者、信息服务经营者和信息产品需求者之间在市场上所进行的交换关系的总和，它涵盖了商品化的信息产品从生产到消费之间的整个分配、交换过程与流通领域。具体地说，信息市场是面向社会信息需要，以信息产品和信息服务为内容，运用信息劳动价值规律进行交易的场所，是一个多方位、多层次、多形态的市场体系。

　　信息市场是以信息形态独立存在的商品在流通领域所形成的一种特殊的流动方式，也是信息商品供需双方进行交易，使知识、信息扩散并应用到社会经济活动各个领域，转化为直接生产力的过程。信息市场的功能具有双重性：一方面作为信息商品交换关系的总和具有并承担调节信息商品供求矛盾的功能，另一方面又以市场体系的信号子系统身份对整个市场体系起监视、导向、检测、反馈、预警和决策支持的作用。因为在整个市场体系中，无论是哪一个子系统，无论是哪一种要素市场，所发生的首先是要素信息的交换关系，特别是在现代市场经济活动中，由于电子商务的迅猛发展，信息技术广泛应用于市场交易活动，使得大量的市场交易已变成"只见信息不见实物"的无纸贸易方式，信息市场作为统一市场的信号系统具有越来越重要的意义。

一、信息市场的形成与发展

随着商品经济和人类社会生产活动专业化分工的发展，人们必然对信息产生越来越多的需要。而一些专门从事信息产品开发、加工以及提供各种信息服务的行业和机构也随之大量涌现，他们将信息产品与信息服务以商品的形式提供给社会，从而形成了信息市场。因此，信息市场作为一种独立的市场形态，与信息产品的商品化进程是并行不悖的。信息产品和信息服务都是信息劳动的结果，从广义上说，信息服务也是信息产品的有机组成部分。我们这里所说的信息产品，当然也包括信息服务在内。

（一）信息市场的形成——信息商品化

信息交流是一种普遍的社会现象。严格地讲，任何一种物质产品总包含有一定的信息成分，在物质商品交换的同时，也就完成了信息交换。信息作为物质产品的构成要素时，其价值是随物质产品价值的实现而实现的。在人类社会发展早期，产品价值构成中信息所占份额极小，显示不出独立的商品属性。随着人类社会的发展，人类开发利用信息资源的手段不断增强，规模不断扩大，劳动产品中信息部分的成本和效用所占比重不断加大，最终使信息产品作为一种新的劳动产品形态出现了。像物质产品一样，信息产品同样是人类劳动的成果，具有价值和使用价值，能够满足人们的信息需要并可进入市场以商品形式进行交换。但是，由于信息产品自身所具有的一些特性，使得信息产品的商品化存在着许多有待讨论的问题。

1. 信息产品的特性

与物质产品相比，信息产品具有以下一些特性：

（1）易传递性与非消耗性。我们知道，信息产品的生产是有成本的，而且信息产品的生产成本有时还相当高昂。相比之下，信息产品的传递费用则要小得多，并且比物质产品的流通更为快捷方便。物质产品的使用是消耗性的，而信息产品的使用是非消耗性的。对于信息产品来说不存在消费耗损问题，而只是老化过时问题。因此，在信息产品的消费过程中存在着"非排他性"，信息产品明显地具有一定的公共物品的属性。

（2）效用滞后性与差别化属性。信息产品的效用并不能在流通和使用过程中立刻完整地体现出来，它往往是用户在获得该项信息后运用于决策或生产实践活动中而逐渐显露或间接表现出来的，一般很难用数量明确表示。同时，由于用户信息能力与社会信息环境的不同，同一信息产品在不同的时间地点对于不同的人也可能有不同的效用。这就产生了信息产品效用的差别化现象。

（3）唯一独创性与可重复性。信息产品的生产与开发有许多不同的形式，因而产生了不同类型的信息产品：某些信息产品的生产具有唯一性和独创性，如科研成果、专利发明等，可称为独创型信息产品；某些信息产品的生产像物质产品一样具有批量可重复性，如书籍、报刊等，可称为物品型信息产品；还有一些信息产品的生产既有批量重复的一面，又有开发更新的一面,如数据库、计算机软件等,可称为开发型信息产品。

(4) 非商品属性与商品属性。信息产品可分为非商品化与商品化两大类。非商品化信息产品主要是"按需分配",且不在市场上进行交换,如组织内部供本单位人员或有关领导使用的信息产品和社会上某些公益性信息产品。其最大特点是,信息交换双方虽然都为所交换的信息付出了劳动或其他投入,而且都获得了对方所提供信息的使用价值,但这种交换仅限于产品交换范畴,不是商品交换,不遵循商品交换的原则。商品化信息产品的分配和交换是在市场上进行的,与物质产品相比,商品化信息产品的交换有三个明显的特点:

第一,物质产品的交换遵循等价交换原则,尽管其价格有时也偏离价值,但不如信息产品那么严重。物品型信息产品的交换虽然与物质产品一样也遵循等价交换原则,但这里的等价不是信息的价值,而基本上是信息载体的价值。独创型和开发型信息产品成本高,时效性更强,一般不遵循等价交换原则。

第二,物质产品的消费者是根据先验经验(即消费者在事先对产品的效用和价格已有所了解)参与交换,购买产品,而信息产品的消费者是根据后验经验参与交换,购买产品。信息产品往往表现为直接的信息、知识,一看就懂,一学就会。如果消费者事先已经得到了信息产品中蕴涵的信息和知识,他就不会花钱购买,也就没有交换。

第三,物质产品通过交换,卖者失去产品的使用价值,获得货币,得到相应的价值补偿;买者得到产品的使用价值,失去货币。对于信息产品来说,其使用价值的表现形态不同于物质产品,因此,买卖双方的得与失并没有物质产品买卖双方的得与失那样明确的关系,但知识产权法等也使信息的共享性受到限制。信息商品仍然是使用价值与价值的对立统一体,只不过买卖双方所得到的使用价值和价值补偿的多少还取决于信息产品使用价值的让渡方式和让渡份额。

2. 信息商品化的历史条件

所谓信息商品化,就是把信息产品当作商品出售、购买和转让,通过信息商品的交换实现信息本身的价值和使用价值。商品是一种社会现象,也是一个历史范畴。它的产生,缘起于社会分工和产品交换的需要;它的存在,决定于人类社会的特定历史阶段。信息产品成为商品,并不是一个偶然的现象,而是社会生产发展到一定程度的体现。在商品经济的初期阶段,受生产力和科学技术水平的限制,信息不可能作为一种独立形态的商品进入流通,它还依附于物质产品之上,当然也就谈不上信息商品化。随着生产力水平的提高和科学技术的进步,信息在人类社会的各项活动中,特别是在经济活动中所起的作用越来越大。这样,一方面,物化于产品中的信息成分越来越多,使得物质商品的价值构成发生了变化,一部分商品在相当大的程度上显示出其信息的价值;另一方面,许多信息产品的生产、交换和消费也逐渐显露出商品生产、交换和消费的特性,并在经济体系中渐进地发挥了商品的作用。

现代社会经济和科学技术的飞速发展,特别是社会信息化的汹涌浪潮,不仅极大地改变了商品中物质成分与信息成分的比重,而且还创造出了许多全新的信息商品。这类信息商品不再是物质商品中的附属部分,而是以其信息价值独立存在于生产流通领域之中。尽管它们都要以一定的物质材料作为载体,但其主要价值是由信息的价值来决定的,与载体的形式无关。知识产权制度的确立就是独立于物质商品之外的信息商品正式得到社会承认的标志。

一般认为,信息商品作为独立的形态出现,并具有一定的规模,起始于 17 世纪 20 年代初的英国。其标志是 1624 年英国颁布"垄断法"(即专利法),建立了世界上最早的现代专利制度。"垄断法"明文规定,有关创造发明一类的信息,必须通过交换的方式进行交流。由此推动了以交换为目的的信息产品生产,出现了信息市场的萌芽。18 世纪末的工业革命进一步促进了世界各国工业产权制度的发展,加速了信息商品化的进程。19 世纪初,在英国工业化初期出现的咨询业表明人类利用信息资源的活动开始深化,信息市场逐渐兴起。19 世纪末 20 世纪初,现代通信技术的问世大大扩展了信息交流的规模与范围。20 世纪中叶掀起的以计算机技术为核心的现代信息革命则为信息在经济活动中发挥商品作用提供了更加雄厚的物质基础和技术支持。在现代社会经济、科学技术和政策法规等多方面因素的作用下,人类开发利用信息资源的规模不断扩大,信息产品越来越丰富,社会信息意识和信息需要也在不断增强,致使信息商品化的趋势愈演愈烈,信息市场获得了突飞猛进的发展。

(二)我国信息市场的形成与发展

我国信息市场的形成与发展可分三个阶段:

1. 隐性信息市场阶段(1978 年以前)

改革开放以前我国实行的是高度集中的计划经济体制,信息的传递往往与行政系统同构,仅仅是纵向指令性的信息。人们的信息意识淡漠,信息需要匮乏,信息劳动的价值和信息的商品属性被"国家拨款"和"计划性任务"等形式所掩盖,信息产品不可能商品化。尽管也有一些信息产品,如图书、报刊等的生产和流通,但并不是以信息商品交换的形式出现的。在商品经济尚不发达、市场体系很不健全的社会经济环境下,信息服务以公益性服务为主,基本上没有现代意义上的信息市场。

2. 信息市场的萌芽阶段(1978—1984 年)

改革开放以后,随着商品经济的发展,人们逐渐认识到了信息的经济意义,流通中的一部分信息产品开始从无偿服务转变为有偿服务,信息商品化有所发展。1980 年,我国试行科技成果有偿转让制度,确认了技术信息可以作为一种商品进入流通领域进行交换。同年 8 月,我国第一家专门从事信息交易活动的机构——沈阳技术信息服务公司成立,揭开了国内信息市场活动的序幕。此后,在"对外开放,对内搞活"经济方针的指引下,市场经济日渐活跃,企业竞争日益激烈。人们意识到,企业竞争从根本上说是技术竞争、信息竞争,有效的信息是企业获得竞争优势的重要保证。于是,人们自发地创造了多种多样的技术交易和有偿信息服务方式,社会上也出现了专门以信息为产品来开展经营活动的民办或半官方的信息机构,充当着信息产品的生产者与广大信息用户之间的中介人或经纪人。各种技术成果和经济信息的交易活动规模越来越大,由最初的供需双方直接见面个别洽谈发展到举办技术市场和信息交易会,特别是全国各地普遍建立起来的各类信息中心和信息公司,为信息产品直接进入信息市场开辟了道路。而商标法(1982年)、专利法(1984年)的颁布则标志着信息产品的交换有法可依,信息市场的发展开始纳入法制的轨道。

3. 信息市场的发展阶段(1985年以后)

随着我国社会主义市场经济体制的逐步确立,信息商品化的观念日益深入人心,信息市场获得了良好的发展机遇。1985年,《中共中央关于科技体制改革的决定》明确指出,"技术市场是我国社会主义商品市场的重要组成部分,应当通过开发技术市场,疏通技术成果流向生产的渠道,改革单纯采取行政手段,无偿转让成果的做法",有力地推动了我国信息市场的发展。1983年我国技术信息转让成交额只有7000万元,1984年开放信息市场,使当年成交额达到7亿元,1985年则达到23.7亿元。此后,全国各地的技术市场规模不断扩大,成交额逐年上升(参见表6.1)。

表 6.1　全国技术市场发展情况

年度	技术市场机构(个)	固定人员数(人)	成交额(万元)
1987	9649	267912	
1988	18815	442162	724881
1989	19719	361262	814639
1990	20711	267128	750969
1991	21132	223456	948054
1992	20866	315297	1508895
1993	49303	548164	2075508
1994	47372	490785	2288696

数据来源:《中国市场统计年鉴1995》,中国统计出版社,1996
　　　　　《中国科技统计年鉴1995》,中国统计出版社,1996

1995年5月,中共中央和国务院作出的《关于加速科学技术进步的决定》提出了加快国民经济信息化进程的重大任务,指出要"进一步加快技术市场和信息市场建设,并逐步与国际接轨。发展各种技术中介机构和交易场所,培养职业技术经纪人队伍,建立技术供需的双向信息渠道和网络。"按照上述政策精神,全国各地大力发展信息服务业,积极培育信息市场,在保证国民经济持续、快速、健康发展和加快国民经济信息化进程中发挥了重要的作用。但总的来说,我国的信息市场发育较晚,信息商品缺乏深广度,信息市场规模较小,在信息市场日益走向全球一体化、国际竞争日趋激烈的形势下缺乏竞争实力。特别是我国正处于由计划经济体制向市场经济体制转变的时期,要素市场发育不够成熟,市场运行机制尚未完善。信息市场在成长过程中也不例外,信息交易行为缺乏规则,信息商品定价混乱,坑蒙拐骗、假冒伪劣现象时有发生,且行政性垄断与低水平竞争并存。这些问题如不及时加以规范和解决,就会损害广大信息用户的利益,影响信息服务业的形象,甚至危及国家信息安全和经济安全。

二、信息市场的结构与运行机制

信息市场是一种特殊而复杂的市场形态。为了更好地把握信息市场的功能、特征和运行机制，进而对信息市场进行有效的经营管理，我们首先有必要明确信息市场的结构。

(一) 信息市场的结构分析

信息市场既是信息商品经济关系的具体体现和综合反映，也是在各种市场相互联系、相互制约的共生关系中形成的动态有机体。构成信息市场的基本要素，除信息市场的客体因素——用于交换的信息商品外，还有信息市场的主体因素——进行信息商品交换的当事人。因此，一个完整的信息市场系统结构，是由其客体结构和主体结构复合而成的。

1. 信息市场的客体结构

信息市场的客体结构是指加入信息市场交换活动的各种交易对象。如果没有这种交换的客体，就不会存在信息市场的交换关系；如果客体不具备商品属性或商品表现形式，那么信息市场的交换关系便无法形成。并不是所有的信息产品都能转化为商品而成为信息市场的客体。前已指出，信息产品能成为商品进入信息市场，必须具备三个条件：一是人类信息劳动的产物，二是具有使用价值，三是可用来同其他物品进行交换。

从信息产品所属层次出发，信息市场的客体结构可以划分为一次信息商品市场、二次信息商品市场和三次信息商品市场。一次信息商品市场主要经营人们在科研、生产和管理活动中形成的原始信息成果，如科技信息(论著、专利、标准、技术档案等)、经济信息(市场动态、商品广告及股市、汇市等金融信息)、大众信息(新闻、教育、娱乐信息等)。最具代表性的是技术市场，它提供各种技术产品和技术服务。二次信息商品市场和三次信息商品市场主要以信息管理工作的成果即经过开发加工的信息产品为交易对象。二次信息商品市场中最有代表性的是数据库市场。它的出现改变了传统信息产品开发与流通的小生产作业方式，使之按照产业化的要求实现社会化专业化分工协作，产生了专门的数据库开发者、批发商和销售服务商。三次信息商品市场主要向用户提供各种信息分析研究成果如问题诊断报告、可行性研究报告、市场调研报告等等。最有代表性的是咨询服务业。

2. 信息市场的主体结构

信息市场的主体是指监护信息市场客体进入信息市场，并使之发生市场交换关系的当事人。市场行为首先是人的经济行为，信息市场的一切活动都是这些当事人的有意识的行为，因此，信息市场的主体结构是信息市场系统的基础结构。

信息市场的主体应包括信息商品的供给方、需求方、中介方和信息市场的管理方。供给方是信息商品的生产者、开发者或提供者，他们为信息市场交易活动提供了现实的可能性；需求方是信息商品的用户和消费者，他们通过购买行为使信息市场交易活动得以实现；中介方是信息市场的经纪人，是联系供需双方的桥梁，他们使信息市场交易活动由可能转化为现实,在交易过程中起到了"催化剂"的作用;管理方是信息市场的监督者和执法者,他们对信息市场活动进行宏观或微观管理,保证信息市场的合理运行与健康发展。对于信息市场来说,中介方与管理方比物质市场具有更为重要的意义和作用。

在信息市场交易活动中存在着一种"两难"局面:一方面,需求方不太了解信息商品的供应情况,特别是信息商品的效用潜在性和效益滞后性使需求方很难判断其交易是否"合算";另一方面,供给方对于急剧变化的信息需要也很难准确把握。随着信息市场规模的不断扩大,供需双方数量猛增,参加交易的信息商品种类日渐繁多,使得交易双方全面掌握供需信息更加困难,于是出现了既掌握供给方信息,又掌握需求方信息,可以起沟通作用的中介。中介方的活动可以克服供需双方在空间和时间上的障碍,在较大范围和较长时间内对相应的供求关系进行合理有效的排列组合,提高信息商品交易的成功率。具体任务可归纳为:

(1) 收集信息市场供需信息,并通过多种形式发布与传播。

(2) 接受供需双方的委托,为其寻找合适的交易对象。

(3) 在供需双方谈判中疏通障碍,协调分歧,促进成交,并监督双方履行合同。

信息市场的交易活动纷繁复杂,各种矛盾错综交织。为了保障信息市场的有效运行,产生了信息市场的管理方。管理方超脱于供给方、需求方和中介方的利益,又代表和维护着这三方的利益,通过组织、协调、控制与监督,使信息市场上的各种交易活动得以顺利进行,发挥信息市场的积极作用。其主要管理手段是:

(1) 经济杠杆:主要是运用各种经济措施如信贷、利税、罚款等调节信息市场的供求关系,刺激信息商品的生产和消费,引导信息市场的活动。

(2) 行政管理:发挥行政主管部门、工商管理部门、公证仲裁部门等的职能作用,制订信息市场的发展政策、行为规则等,以施行各种行政命令,审核、批准、注册、撤消中介机构,监督交易各方的经营活动。

(3) 法律手段:依据经济合同法、知识产权法、反不正当竞争法等法律法规调节合同纠纷,制止违约行为,取缔非法经营,保护参与交易各方的合法权益,保证信息市场的有序发展。

(二) 信息市场的特征

由于信息商品的特殊性和信息商品交易的特殊性,信息市场呈现出特有的形式与规律性。它既有独立的商品市场形态,又是一种无形的、寓于其他市场之中的生产要素市场。信息市场的主要特征是:

1. 市场形态的多元性与隐蔽性

这是由信息商品及用户需要的多样性和复杂性所决定的。信息商品具有非消耗性特征,可以反复交换使用,这就使同一信息商品在市场上可以同时为若干个用户所得,并由此放射到更多的用户手中,在同一时间里为不同的用户所用。而每一种信息商品形式又都可以从不同的角度和层次划分,加之用户的信息需要往往具有极强的个性,其结果必然导致信息商品交换范围广泛,供求关系复杂,营销形式多样,从而给信息市场的管理和控制带来了极大的困难。

信息商品的实质是知识和信息,其使用价值具有潜在性和隐蔽性,在很多情况下并不能像物质商品那样陈列在商店的货架上出售,交易形式往往不是简单的"货物"易手,而是具有隐蔽特征的不断反馈式的双向信息传递。有时在信息产品尚未生产出来其交换关系就已确定;有时信息商品易手之后其交换关系并未结束;有时则是通过物质商品的交易实现包含在该物品中的信息转让的。由于信息市场形态的多元性与隐蔽性,需要法律手段、行政手段和契约合同等多种管理制约措施并举。

2. 交易方式的便捷性与多样性

信息市场主要经营信息和知识,交易不受时空限制。特别是借助于网络化、数字化的现代信息环境,可以使供需双方跨越时空障碍,通过各种媒介方便快捷地实现信息商品的交易和转让。现代化的通信技术使信息市场的概念真正超越了交易"场所"的狭隘范围,具有了"流通"的含义。

信息市场的交易方式可以根据不同的用户、不同的信息商品或不同的市场环境而灵活变化。常用的交易方式有:① 简单性交易,即当场可以拍板成交的一次性交易,如购买资料、样品等;② 阶段性交易,即分阶段进行交易活动。初次交易,先互相了解,有时甚至要经过调查、论证等咨询过程,然后再购买信息商品,还要进行培训、随访、检查、维护等,最后当信息商品运用到实践过程,体现出重大效益,信息提供方根据原先约定也获得了最后收益时才能结束交易;③ 定向交易,即根据固定用户的信息需要定期或不定期地提供信息商品和信息服务;④ 中介交易,即通过信息经纪人实现交易活动。

3. 交换关系的间接性与选择性

信息商品的使用价值在市场上并不是直接表现出来的,因此,一方面信息商品提供方难以立即找到购买者,需要通过宣传、广告等各种形式发出供给信息,预先支付出售信息商品的组织传播费用;另一方面,信息商品需求方大多要通过各种媒体或中介渠道才能实现购买,支付信息商品的价格。这种交换关系的间接性是由人们对信息商品的接受与评价程度不同而决定的。

同时,在信息市场上,用户对信息商品的选择较之在物质商品市场上对物质商品的选择要强烈、严格得多,内容也要丰富得多。对于物质商品的主要要求是物美价廉,而用户面对大量可供选择的信息时,就要综合考虑多方面的因素,如时效性、准确性、经济性、先进性和适用性等等。这使得不同的信息需要者在决定购买时总要试图作出最佳的选择,从而给信息市场的商品交换增加了一定的难度。

(三)信息市场的运行机制

信息市场同物质商品市场一样,其运行机制包括三个方面:供求机制、价格机制和竞争机制。三者相互作用、相互影响、相互制约，成为信息市场运行和发展的基础。

1. 信息市场的供求机制

信息商品的供给和需求是信息市场存在的前提条件，是信息市场运行和发展的决定性因素。然而，由于信息生产和信息消费具有复杂的目的和动机，具有不同的要求和利益，使得信息商品的供给和需求常常发生错位。这种错位现象表现在，不仅供给和需求的时空不一致，而且形式和渠道也不一样，从而导致产销分离，供需脱节。

信息生产不是商品生产，也就是说，信息产品并不全是专为"出售"而生产开发的。因此，必然有相当数量的信息产品不能进入市场流通，即使进入市场的信息商品也未必都适销对路，符合特定的信息需要。信息需要是一种复杂的社会需要，受到多种因素的影响，满足需要的方式和渠道也多种多样。当信息消费者产生了某种信息需要时，还会出现两种情况：一是不一定非要取之于信息市场；二是限于资金和其他条件不一定将需要变成购买行为。由于信息商品严重的供需分离和产销脱节，常常使得信息市场出现供过于求或供不应求两种现象。

作为一种市场，信息市场虽然同样要受供求机制的作用，但这种作用却因为信息商品的供求弹性较大而相对减弱。信息产品的生产和消费都是专业性强、难度较大的复杂劳动，无论是对生产与消费过程的物质条件，还是对生产者和消费者的智力条件都具有特殊的要求。从信息商品本身的特性来看，大多数通用性较差，适用面较窄，可替代性较小，只能在特定条件下应用。这就使得信息商品的生产和消费都处于相对稳定的状态，这种稳定性减弱了供求机制对信息市场的作用。近年来，随着社会信息化程度的不断提高，信息产品的生产、开发、流通日益呈现出专业化分工协作的趋势。这种趋势将逐渐改变信息产品生产与消费的传统格局，强化供求机制对信息市场的作用。

2. 信息市场的价格机制

信息商品的价格形成虽然受到商品成本和市场供求关系、竞争状态、垄断程度等因素的影响，但决定信息商品价格的最基本的因素是其效用。效用实质上是信息商品使用价值的综合表现形式，它可以通过信息商品在市场上所显示的各种特性指标来评价预测，也可以由信息商品在实际应用中所取得的效益来确定。在市场竞争的条件下，效用相同或相似的信息商品，无论其生产开发成本相差多大，投入劳动或多或少，价格总是基本相当的。以效用大小确定信息商品价格高低的这种价格形成机制必然驱使信息商品提供方将那些效用大、收效快的信息商品尽快推入市场，以获得较大盈利。同时还促使供方尽量降低成本和消耗，减少不必要的浪费；对于信息商品需求方来说，虽然信息商品的价格将随效用的增大而提高，但用户仍倾向于选择效用较大的商品，有时即使价格再贵也愿意购买，因为他们在消费该信息商品时将获得更多的收益。可见，在这种价格机制下，供需双方的利益是一致的，效用像一条纽带把信息市场中的供求双方联结起来了。

信息商品的价格必然随着市场的供求变化而涨落。由于信息商品具有非消耗性，可以多次转让，反复消费，因此，对供方来说，不能强求在一次转让中获得全部支付和补偿；对需方来说,只要价格在"均衡状态"下就有利可图,而且其收益将会随着信息商品的消费而增加。这样,供需双方可在较大范围内选择成交价格,对价格高低不甚苛求,从而使价格机制对信息市场的调节作用也相对减弱。

3. 信息市场的竞争机制

公平竞争是市场发展的动力。信息市场的竞争是信息商品的供、需、中介各方在信息商品的生产、开发、经营、交易和消费过程中,为争取有利的市场地位而进行的相互竞争。由于信息商品的生产与消费具有鲜明的个性特征,严格地说,人类不存在完全相同的信息生产过程与信息消费过程。这就使得信息市场被多元分割,成为许多相对独立的部分,提供效用不同、性质各异的信息商品。生产者会占有属于自己的那一部分市场,消费者也会找到适用于自己的那一部分市场。这就削弱了信息市场竞争的激烈程度。但信息市场是随着商品经济的发展而产生和发展起来的,竞争机制的作用同样存在,而且有自己的特点:

(1) 在较大范围内,同类信息商品会有各种不同水平的竞争者去生产,尤其是那些效用大、能创造较好效益的信息商品,更是生产者竞相开发的目标。这些商品最初可能仅被推入个别生产者的目标市场,但由于信息市场进入阻碍小,信息商品可以迅速扩散,在很短的时间内就会呈现同类商品的竞争,信息用户便会比较优劣而决定取舍。一般来说,那些效用大、质量高、时间性强的信息商品将受到欢迎而获得较高的市场占有率。

(2) 尽管信息商品的可替代性小,通用性较差,但用户对不同的信息商品具有一定程度的适应性。这就使得生产者即使开发出不同的信息商品,也仍然会出现竞争。用户一般倾向于选择那些具有一定适用面的信息商品。这种竞争将促使生产者在充分调研的基础上,尽可能开发出通用性较强、适用面较宽的信息商品,以便争取更多的用户,同时更有效地满足不断变化着的信息需要。

(3) 由于市场信息的不完全性和供需双方信息的非对称性,信息经纪人的中介作用在市场上是深受欢迎的。在信息市场上的许多交易中,正是中间人的介入,交易才得以完成。因此,中间人有理由获得某种形式的报酬,他们的收入将会随交易额的增加而增加。这就必然形成竞争。这种竞争促使信息经纪人广泛交际,频繁活动,掌握更多的供需信息,以达到对信息商品交易的垄断,取得最大数额的"佣金"。

(4) 信息市场上需求方之间的竞争则主要表现在利用信息商品之后的最终产品竞争。最终产品生产增多,信息利用者的盈利就会减少,因此,用户希望自己购买的信息商品具有某种程度的垄断性和专有性,不愿意该信息商品被多次转让或大量出售。这就要求减少同类信息商品的供给量,显然,这与供给方的利益是矛盾的。其结果是提高价格,利用法律、合同等手段来保护竞争。

可见,信息商品的专用性和多样性矛盾造成市场分割,不像物质商品那样有许多生产者和供给者参与竞争;同时,信息商品的所有权和使用权及交易过程又受到有关法律的保护,这就使得信息市场的竞争不像物质商品市场那样激烈,竞争机制对于信息商品的供求量和价格的作用相对变小。因此,信息市场可以说是一种不完全竞争市场。

三、信息市场营销

美国市场营销协会认为市场营销是"通过对观念、产品和服务的设计、定价、促销和分销进行计划和实施,以促成交易和满足个人与组织目标的过程。"信息市场营销是指信息服务机构在有关政策和法律许可范围内,按照信息商品的市场经济规律,运用适当的营销战略和策略手段,完成信息商品从生产开发到交换利用的运转,为用户提供合格的信息产品,并实现信息服务机构的盈利目标。可见,信息市场营销是提高信息服务效益、促进信息资源合理开发与有效利用的重要保证。

(一)信息市场的营销战略

按照美国哈佛大学商学院教授波特(M. E. Porter)的竞争战略理论,企业的竞争战略通常包括成本领先(低成本)战略、特色经营(产品差异)战略和重点市场(集中一点)战略。由于信息市场的进入障碍比较小,产品可比性差,所以信息市场的竞争战略一般应采用特色经营战略和重点市场战略。对多数规模较小的信息服务机构来说,优先考虑重点市场战略是非常合适的。

信息市场上存在着的尚未被满足的信息需要都是信息服务机构发展的市场机会。这种客观存在的市场机会并不一定就是某一信息服务机构的"企业机会",只有某一信息服务机构具备了必要的成功条件时,某一环境机会才有可能成为该机构的企业机会。因此,一个善于创造竞争优势的信息服务机构应当寻找特定的市场机会,结合自身条件决定要满足的市场需求,即采取重点市场战略,选择特定的细分市场作为自己的目标市场,将力量集中到该目标市场上去,在这一部分市场上建立自己的竞争优势。信息服务机构的目标市场问题包括信息市场细分、目标信息市场选择和目标信息市场定位三个方面。

1. 信息市场细分

市场细分这个概念是美国市场学家史密斯(Wendell K. Smith)在 20 世纪 50 年代中期首先提出来的,是指根据消费者对产品的不同需要和购买习惯,把市场整体分割成不同或相同的小市场群,即"异质市场"(heterogeneous market)或"同质市场"(homogeneous market)。在信息市场上,用户的信息需求是十分广泛而多样的,每一信息服务机构都只能在特定的时空范围内为特定的用户提供有限的信息产品。这就决定了信息市场细分的必然性。同时,用户的信息需求及其满足受多种因素影响,如用户的职业任务、心理素质、文化水平、信息能力与信息环境等等,既存在着群体差异性,又存在着群体中的个体相似性。这就为信息市场的细分提供了可能。

信息市场细分就是根据用户的信息需求特征把整个信息市场细分为若干分市场区间。细分信息市场的具体标准很多,主要有用户的职业专业、兴趣爱好、受教育程度、所处地理位置、社会政治经济条件以及信息行为特征等等。

2. 目标信息市场选择

信息市场得以细分之后,就要在此基础上正确地选择目标信息市场。因为不一定是每个细分市场都值得进入,因此必须对细分市场进行评估,并由此选择最有利的细分市场作为目标信息市场。目标信息市场可以包含一个、多个甚至全部的细分信息市场区间。选择目标信息市场的主要标准有:

(1)目标市场的潜力。市场潜力是指一定时期内在消费者愿意支付的价格水平下通过相应的市场营销努力可能达到的销售规模。分析评估每一细分信息市场的潜力是十分重要的。如果市场狭小,没有发掘潜力,企业进入后就没有发展前途。市场潜力由用户的数量、购买力水平和信息环境所决定。

(2)目标市场内的竞争状况。企业所要进入的目标市场的供应商和潜在供应商是企业的竞争对手。企业应当尽量选择那些竞争对手比较少,而且竞争者在经济实力、经营能力都比较弱的细分市场作为自己的目标市场。如果一个企业完全控制了某一市场,其他企业进入的代价是十分昂贵的。特别是对那些信息基础设施和人力投入较大的信息市场,了解竞争对手的状况更显重要。

(3)目标市场的盈利水平。在市场经济条件下,信息服务机构当然应当进入那些能够带来更多盈利的市场。因此,选择目标市场时必须对细分市场未来可能达到的盈利水平进行估算,进行成本/收益分析。不仅要考虑当前的价格水平,还要考虑将来的涨跌趋势。成本因素则不仅包括生产开发成本,还要包括市场营销成本等。

(4)信息服务机构的竞争优势。目标市场应是企业力所能及的和能充分发挥自身优势的市场。信息服务机构的竞争实力表现在企业规模、人力、财力、设备、信息技术水平、信息资源状况、信息产品和服务以及经营管理水平等方面。信息服务机构应根据自身优势、信息产品和信息市场的特点以及竞争对手的市场战略有针对性地采取无差异目标市场策略、差异性目标市场策略或密集性目标市场策略,才能在日趋激烈的信息市场竞争中占有有利地位。

3. 目标信息市场定位

目标市场定位又称产品市场定位,系指企业确定自己的产品在目标市场上的位置的过程。目标市场定位实质上是一个市场竞争问题,也是深一层次的市场细分和目标市场选择问题,即要求企业从自身产品和服务特征出发对目标市场进一步细分,在按需求确定的目标市场内赋予产品和服务以独特的个性和形象,通过特色经营获得竞争优势。

由于信息产品的多样性与信息市场竞争的复杂性,目标信息市场定位的方式方法因产品特征与竞争态势而异。它需要在对用户需求有充分了解、对竞争对手有正确分析,对自身产品有客观评价的基础上对信息产品进行深度开发与特色经营。目标信息市场的定位策略一般有三种:

(1)填补空白策略。这种策略就是将信息产品和服务的位置确定在当前目标信息市场的空白地带。这种策略的明显优势是可以避开激烈竞争的压力,而且可以自如地与竞争者在目标市场上形成鼎足之势。

(2) 竞争并存策略。这种策略就是将信息产品和服务定位在现有竞争者产品的邻近。从实践看,一些实力不太雄厚的中小型信息服务机构常常采用这一策略。该策略的前提是:① 目标市场区域还有未满足的信息需要,这些需要足以吸引新进入的产品和服务;② 用户对信息产品和服务已比较了解,因而只有推出优于竞争对手的产品和服务才能为用户接受。

(3) 逐步取代策略。这种策略就是将竞争者驱逐出目标市场的原有位置,通过夺取市场占有率而逐步取而代之。该策略是富有挑战性的。首先,新进入的信息产品和服务必须明显优于现有产品和服务;其次,取代者必须加大营销力度,强化用户对新产品的印象和感觉。

(二) 信息市场的营销策略

信息市场的营销战略是紧密围绕其战略目标而展开的。影响营销战略目标的因素主要有两方面:一是信息服务机构的外部环境因素,包括信息市场环境和社会经济环境等等,是不可控的因素;二是信息服务机构内部的因素,包括信息商品的开发与提供能力、经营管理方针与手段等等,称为可控因素。对各种可控因素进行适当的组合运用,就形成了信息服务机构的市场营销策略。

1. 产品策略

信息服务机构通过向目标市场提供适合用户需要的信息产品来实现其营销目标。由于信息市场进入阻碍小,同类信息产品的竞争还是相当激烈的。为此要求每个信息机构都必须采用产品差异战略,在竞争中以突出产品特色为中心,形成具有极大竞争优势的特色经营市场。其中包括对产品的品种、效能、质量、维护及用户培训等方面措施的组合运用。

虽然信息产品具有非消耗性,但信息本身的时效性、信息需要的多变性以及信息环境的发展变化决定了信息产品同物质产品一样具有生命周期,即信息产品的有效应用时间。信息产品的生命周期是信息机构制定市场营销产品策略的基础。信息机构一方面要密切注意信息市场的需求变化和信息产品的销售变化,明确目前产品所处的生命周期阶段,另一方面要采取灵活的产品营销策略:

(1) 在信息产品的投入期,营销策略要突出一个"快"字,在市场上没有或很少有同类产品竞争时抢先占领市场,争取最大效益。

(2) 在信息产品的成长期,重点在于提高产品的质量,即强调信息产品的时效性、可靠性、先进性、完整性和适用性。信息产品的质量决定着用户需要能否真正得到满足,产品的市场地位能否真正得到巩固,是信息产品继续成长且具有较长生命周期的保证。在强化产品质量的同时,还要加强品牌和信誉宣传,树立生产者的良好形象,增加用户的信赖感。

(3) 在信息产品的成熟期,注重提高市场占有率。此时产品供销量达到最大,竞争也最为激烈。信息机构必须想方设法开拓市场,通过产品多元化、系列化发展,适应用户多层次的信息需要。

（4）在信息产品的衰退期，应有计划地撤退和转移老产品，开发新产品，既要保住老用户，又要吸引新用户。

2. 销售策略

信息商品的销售策略与物质商品一样可分为分销策略和促销策略两种。

分销策略主要是指信息机构合理选择分销渠道及信息传递流通方式来实现其营销目标的销售策略，其中包括分销网络、流通环节、中间商和经纪人等诸多因素的组合和运用。在信息市场上，为了使信息商品在适当的时间、适当的地点、以适当的形式提供给适当的用户，在信息机构和用户中间除信息经纪人外，还往往需要有中间商，即介于信息商品生产开发者和用户之间，专门从事信息商品由生产开发领域向消费利用领域转移的经济组织。信息中间商具有：① 空间效用：广泛分布的中间商能使信息商品的销售达到自行销售所不能达到的深广度，使人们在需要的地方得到它们；② 时间效用：中间商能快速传递供求信息，保持信息商品供应与用户需要的一致性，使人们在需要的时候得到它们；③ 经济效用：中间商的介入能使信息机构加快资金周转，降低费用，减少风险；④ 信息效用：与信息经纪人一道，为买卖双方开设市场信息流通渠道。由于信息商品的特性决定了信息商品容易散失，而信息商品本身又需要知识产权法的保护，因此，在信息商品销售中必须注意分销渠道的可信任程度。一般而言，建立特约经销和特约代理关系的中间商比较容易对其实施有效控制。

促销策略主要是指信息机构以各种有效的形式向目标市场传递有关商品信息，启发、推动或创造对信息商品的需求，并引起用户的购买欲望和购买行为来实现其营销目标的综合性销售策略，其中包括广告、人员推销、信息发布会、技术成果展览会或交易会、用户培训、公共关系等手段的组合和运用。由于用户的信息意识和信息行为受多种因素影响，他们不可能注意到所需要的全部信息商品。这就需要信息机构利用各种传播媒体和传播方式把有关信息及时传递给自己的目标市场，以吸引用户的注意，激发其购买欲望。促销策略的本质是信息机构同其目标市场之间的信息沟通，所以，在日趋激烈的信息市场竞争中，为确保竞争优势，就必须掌握信息传播的客观规律，根据信息商品的特点和市场发展状况，制定有针对性的促销组合策略，努力提高促销活动中的信息传播效果。

3. 价格策略

价格是信息商品质量及有效程度的经济量度，是信息商品经济价值的货币表现形式。信息商品的价格对信息市场供求关系起着重要的调节杠杆作用，价格是否合理，直接影响到信息商品供需双方的经济利益，以及两者之间的经济关系。因此，在信息市场上，根据不同的情况考虑适当的价格策略是十分必要的。在信息市场营销中通常采用的价格策略有：

（1）高价撇脂策略。是指在信息商品投放市场初期，在价格可行范围内尽可能制定高价，以便尽快收回投资，并取得较高的利润。这种价格策略适用于那些产量小、在短期内不会有竞争对手的名特优新产品，如咨询、软件和技术商品等。该策略体现了信息机构在短期内实现高额利润的要求,但易引起用户不满,招致竞争者和冒牌货迅速进入市场。

(2)低价渗透策略。是指在推出新的信息商品时,在价格可行范围内采取尽可能低的价格,薄利多销,以便使信息商品尽快渗透到市场中去,迅速扩大市场占有率。这种价格策略适用于可批量生产、市场需求量大的信息商品,如数据库和网络服务等。利用该策略可扩大信息商品的销量,减少竞争对手出现的机会,从而长时间占领市场,延长获利时间。但价格过低可能导致收益恶化。

(3)平价平衡策略。是指把信息商品的价格和利润率定在同行业平均水平,以保证获得正常的利润和维持现有的市场份额。在正常的营销环境和销售过程中通常采用这种价格策略。所谓正常的营销环境,是指现行的市场状况是相对平衡的,既没有绝对垄断,又不是完全竞争,而是垄断竞争共存,且相互制约力较强,不易突破营销环境的束缚向某一极端变化;所谓正常的销售过程,是指销售是在已有一定市场份额时的销售。几乎所有的信息商品都可以采取这种价格策略。这时的价格介于高价和低价之间,既能保证信息机构有稳定的收入,又能为用户所接受,并可使信息机构避免由于恶性价格竞争导致的两败俱伤,在保证生存的基础上求得平稳的发展。

(4)差别价格策略。是指对同一信息商品在不同的时间、地点,面向不同的用户采取不同的价格。这种价格策略结合信息服务机构的运行状况和用户的实际支付能力实行比较灵活的收费标准,如在信息商品生命周期的不同阶段采用不同的价格,根据不同地域信息市场的竞争态势或用户的经济实力区别定价,系统使用的低峰期价格可低于高峰期,长期合同用户采用优惠价格,等等。实行差别价格策略需要两个条件:一是信息市场必须是可分割的,并且各个部分具有不同的需求弹性;二是信息商品在各部分之间没有转售的可能。该价格策略的制定权限不易掌握,如果没有相应的制度和规章保证,很可能导致舞弊行为和财务纠纷。

(5)心理价格策略。是指为迎合消费者心理需要而采取的灵活措施和方法,例如,对有互补关系的信息商品采取配套组合价格策略,对需要提供安装、培训、维护等售后服务的信息商品采取"一揽子服务承包到底"的安全期望价格策略,对更新换代快的信息商品通过免费或优惠升级等办法实行价值保证价格策略,对信息商品的定价实行非整数价格、分等级价格、谐音价格等,以赢得消费者的信任和喜爱,增强购买此种信息商品的便利感、安全感和决心。

(6)免费服务策略。是指对本应收费的某些信息商品和服务实行策略性免费,以达到特定目标。例如,在信息系统试运行阶段或信息商品测试期采用免费试用方式来吸引用户,在新产品上市时开展免费赠送活动以扩大市场占有率或为其他产品建设用户基础,在信息商品交易中通过免费提供售后服务或跟踪服务来推销商品,对某些特殊用户予以免费照顾以扩大信息机构和信息商品的影响,等等。特别是对于增加市场份额来说,这种策略是一种所向披靡的武器。但必须注意,完全彻底的免费是不存在的,免费服务的目的最终还是为了增加信息机构的收益。

有关信息市场营销的价格策略很多，它们之间并非完全互不相容，实际上，信息服务机构可同时采纳若干种价格策略，甚至对同一信息商品的不同项目在特定时间或场合亦可采取不同的价格策略。在具体应用这些价格策略时必须具体分析当时当地的社会条件、竞争环境、目标信息市场和信息商品的情况以及其他相关条件，从实际需要出发运用合理的价格策略。

（三）信息商品的定价方法

无论是哪一种价格策略，都仅为信息商品的交易提供了一种指导性的方针。为了确定具体的成交价格，信息市场的供需双方还需要选择适当的定价方法。

信息商品的定价受多种因素影响，其中既有信息商品的成本、效用、质量、类型、生命周期、开发风险与难度、转让次数与范围等内部因素，也有信息市场的供求状况、支付方式、竞争形态、垄断程度以及用户的信息意识和购买能力等外部因素。对于某一具体信息商品的定价来说，不一定所有因素都起作用，而且各个因素所起的作用大小也不尽相同，可能只有其中的一个或几个因素是主要的影响因素。因此，在实际定价时要针对信息商品和信息市场的具体情况进行具体分析。

虽然从理论上说，信息商品的价值是其价格的形成基础，其价值量由生产该信息商品的社会必要劳动时间（即在现有社会正常的生产条件下，在社会平均的知识智力水平和科学劳动强度下创造信息商品所需要的劳动时间）决定，信息商品的交换要以价值量为基础，但由于信息商品的生产成本一般较高，采用总的生产成本作为定价依据肯定是大多数用户无力承受而且也不愿意接受的——除非这种信息商品是专门为他生产的，否则就意味着他为所有的信息使用者支付了费用。采用分摊成本定价的困难在于因用户数量事先不易确定而无法计算。同时，由于信息商品具有非消耗性，可以无限量地复制，信息商品生产的边际成本（生产最后一个单位的同类信息商品所增加的成本）趋于最小，因此，一般物质商品所采用的边际成本定价方法通常不适用于已经走向市场经济体制的信息商品。鉴于信息商品的成本定价在实践中难以操作，人们普遍倾向于以效用作为信息商品的主要定价依据。以信息商品的效用为基础，并综合考虑其他影响信息商品价格的因素，目前信息市场上的实用定价方法有：

（1）边际效用定价法。信息商品遵循边际效用递减规律。所谓边际效用，是指在信息市场上提供最后一个单位的同类信息商品所产生的效用。效用反映了信息商品满足用户需要的能力，用户往往是根据效用的大小来决定是否购买信息商品的。但是随着信息商品出售次数的增多，占有该商品的用户增加，使得在此基础上创造物质财富的机会减少，用户对信息商品效用的主观评价就会降低，信息商品本身的边际效用也随之下降。因此，边际效用定价需要估计到信息商品可能转让的次数，并以在信息市场上最后一次出售该信息商品时的效用来确定价格。这种定价方法从用户的角度出发，在实际运用中容易为用户所理解和接受。但对于有些效用表现模糊或严重滞后的信息商品不宜采用。

（2）效益分成定价法。按用户利用信息商品后获得的利润、增加的产值等经济效益的大小进行比例分成，一般是在一定时期内提取收益的某个百分比。效益分成法较好地保护了用户的利益，它意味着用户只有在实际获得收益后才开始向信息商品的供给方付酬。这就减少了用户对信息商品效用的担忧和一次性支付的经济负担，因此比较受用户欢迎。而且供需双方被共同的经济纽带所联结，在效益分成期间内用户还会得到跟踪服务，更有利于信息商品本身效用的最大实现。但该方法不能保证供方及时回收资金，如果成本太大，将影响其资金周转。

　　（3）成本加成定价法。对于用户比较确定的信息商品，可以按成本加预期利润的方法来规定信息商品的价格。这种定价方法是在信息商品生产、开发与提供过程中所耗费的总成本（对单用户而言）或分摊成本（对多用户而言）基础上再加上适当的利润，以此作为信息商品的价格。该方法主要考虑了信息机构的利益，保证信息市场的供给方在出售信息商品时能得到目标利润，在财务核算上也比较容易。但有可能把信息机构因管理不善而增加的成本转嫁给用户，是否能为需求方接受还有待市场检验。

　　（4）垄断定价法。通过对某一信息市场上某种信息商品的垄断，信息机构可在有效的价格范围内随意规定信息商品的价格，由于没有相应的参照价格可供用户比较，用户别无选择，只得接受供给方提出的某一价格。这种定价方法得以实现可能是由于下列原因：一是某种信息商品奇缺，某一信息机构垄断了市场供应，而用户又急于获得；二是信息机密程度高，供给方提供这种信息要冒很大风险，用户必须以高价作为补偿；三是信息商品成本昂贵且效用很高，一般不能生产开发出来。但该定价方法随意性大，适用性较差。

　　（5）协商定价法。信息市场上供给方和需求方直接或通过中介方协商，综合考虑与信息商品价格有关的若干因素，最后以双方能够共同接受的定价作为交易价格。在成交价格的确定上，一般来说，卖方希望定得高些，以便能及时回收资金，补偿信息商品的生产开发耗费，增加收入；买方则希望定得低些，以便通过信息商品的使用获得最大的效益。这种互逆的报价目标必然导致信息商品要经过买卖双方讨价还价，调和折中，形成彼此满意的"均衡"价格方能成交。无疑，信息经纪人在协商定价中将会起到重要的作用。

复习思考题六

1. 信息服务的原则是什么？
2. 了解信息服务的主要类型。当你在工作和生活中遇到问题时，你是否想到利用信息机构提供的服务？结合个人经验，对你所利用过的信息服务类型进行评价。
3. 与物质产品相比，信息产品的特性是什么？
4. 试分析信息市场的客体结构和主体结构。
5. 信息市场的特征是什么？
6. 信息市场的竞争机制有何特点？为什么说信息市场是一种不完全竞争市场？

7. 在信息市场得以细分之后,如何选择目标信息市场并实施有效的产品定位?

8. 信息市场营销中通常采用的价格策略有哪些?

9. 举例说明信息商品的定价方法。

参 考 文 献

1. 王万宗、岳剑波等编著. 信息管理概论. 北京:书目文献出版社,1996

2. 赵绮秋编著. 技术市场. 北京:书目文献出版社,1997

3. 金建著. 信息市场与价格概论. 广州:广东人民出版社,1989

4. 马费成、王槐. 情报经济学. 武汉:武汉大学出版社,1991

5. 张守一主编. 信息经济学. 沈阳:辽宁人民出版社,1991

6. 李纲编著. 市场信息学. 武汉:武汉大学出版社,1996

7. 李国卉. 信息商品的价格和定价策略. 北京大学信息管理系硕士论文,1996

8. Zais H W. Economic modeling:an aid to the pricing of information services. Journal of the American Society for Information Science,1977,28(2)

9. Mowshowitz A. On the market value of information commodities. Journal of the American Society for Information Science,1992,43(3)

10. Mason R M. Information Services:Economics,Management and Technology. Boulder,Colo.:Westview Press,1981

11. King D W. et al. ed. Key Papers in the Economics of Information. White Plains,NY:Knowledge Industry Publications,Inc.,1983

12. Gorchels Linda M. Trends in marketing services. Library Trends,1995,43(3)

第七章　信息系统管理

　　大千世界存在着各种各样的系统。任何一个有生命力的系统,其内部都必须有物质、能量和信息的流动,方能维持系统的生存和发展。管理就是对系统内部各种"流"的计划、组织、控制与协调过程。其中,信息流控制着其他流动,使整个系统更加有序。从系统的观点出发,信息流在整体上也构成了一个系统,即信息系统。管理的现代化、科学化就是最有效地组织与控制信息流,使系统在时间上、经济上和效率上达到最佳状态。因此,信息系统管理对于现代组织管理的发展具有重要的意义。

　　广义上说,任何系统中信息流动的总和均可视为信息系统,即根据一定需要进行信息接收、选择、处理、存储、传递等活动而涉及到的所有因素的综合体,如生命信息系统、企业信息系统、文献信息系统、地理信息系统等等。信息技术日新月异的进步,极大地提高了现代社会的信息资源开发利用能力,使以计算机为基础的信息系统获得了迅速的发展,并已深入社会管理活动的每一个角落。因此,现代信息系统概念也多指狭义的基于计算机、通信技术等现代化信息技术手段且服务于管理领域的信息系统,即计算机信息管理系统。

第一节　信息系统工程

一、系统论与系统工程基础

　　信息系统作为一个十分活跃的研究领域也有其基本概念、理论和方法。这就是系统论和系统工程。

(一)系统论基础

1. 系统的概念

　　系统是无处不在、无所不包的。人体内部有呼吸系统、消化系统、神经系统等等;自然界为人类和其他生命形式安排了奇妙的生物系统;人类为自身生存和发展也设计建造了各种各样的生产和生活系统;人类所居住的地球只不过是太阳系中的一颗行星,太阳系又置身于浩瀚的银河系中,而银河系也只是茫茫宇宙之中的一片星云,……这些都是天体系统。我们无时无刻不与一定的系统相接触,也无时无刻不处于一定的系统之中。透过这些系统的具体形式,我们可以归纳出系统的一般概念。

　　系统这个词最早出现于古希腊语中,意为"部分组成的整体"。一般系统论的创立者、著名的美籍奥地利生物学家贝塔朗菲(L. V. Bertalanffy)把系统定义为"相互作用的诸要素的复合体",认为"系统的定义可以确定为处于一定的相互关系中并与环境发生关系的各组成部分(要素)的总体(集)"。一般说来,系统是由相互联系、相互作用的多个元素有机集合而成的,能够执行特定功能的综合体。这一定义表明,系统必须满足以下几个条件:

(1) 由两个以上的元素组成,而且往往是非常大量的元素。系统越庞大,构成元素越多,元素间的关系越是复杂。构成系统时必不可少的元素称为要素。

(2) 元素之间存在着相互制约的有机联系,保持某种功能。实际上系统总是把具有不同性质、不同功能的元素合成在一起,产生更高价值的整体功能。

(3) 系统中存在着物质、能量和信息流动。其中,信息流动控制着其他流动,使之更加有序。

系统处于活动状态时,还会与其他系统进行物质、能量或信息等的交换流动。这种流动可以是由其他系统流向该系统,也可以是由该系统流向其他系统。这样,一个系统就要与其他一些外部系统发生相互影响。从广义而言,后者称为前者的环境。从环境向该系统的流动称为输入,从该系统向环境的流动称为输出。同时,我们把这类与外界环境有交换关系的系统称为开放系统,反之则称为封闭系统。严格地讲,封闭系统是不存在的,因为人们把它定义为与外界没有关联的系统,这就与它的运动发展规律相矛盾。而划分出一种单独的封闭系统类型则是基于以下认识:一些系统具有自我调节或控制的特性。在这个意义上,一个封闭系统应当理解为,相对于一定时间、场合下,不依赖于外界的经常影响而具有稳定生存能力的任何系统。封闭系统这个永远带有相对性的概念,是为了描述在有限的时间、范围内,某些外部条件保持不变的系统的功能。

2. 系统的共性与特性

千变万化的各种系统都具有某些共同特征,这是系统的共性:

(1) 层次性。系统是有层次的,大系统是由若干小的系统(或称子系统)有机组成的,子系统可由更小的子系统构成,从而形成一种层次结构。用这种观点分析系统就是系统分解。基于物质的无限性,系统的层次也是无限的。整个宇宙是由无限多个层次的系统所构成的。但由于人们认识的局限性,我们现在所认识的宇宙,只是宇宙总的无限多个层次中的一部分,可分为三大层次:无机系统、生物系统和社会系统。

(2) 整体性。系统作为若干相互联系相互作用着的部分的有机组合,形成具有一定结构和功能的整体,它的本质特征就是整体性。这表现在,系统的目标、性质、运动规律和系统功能等只有在整体上才体现出来。系统部分的目标和性能必须服从于整体发展的需要,但系统整体的性能、功效并不等于各部分的简单叠加,也不遵从守恒定律。系统之所以能维持它的整体性,正是由于组成系统的元素之间保持着有机的联系,形成了一定结构的缘故。

(3) 有序性。系统的有序性首先表现为结构的有序性。凡是系统均有结构,结构都是有序的。系统结构的有序性不仅决定了系统中各子系统的层次地位,而且也规定了系统中物质、能量或信息等的流动方向、规模和秩序。系统的有序性还表现为系统运动的有序性。绝对静态的系统是不存在的，一切系统都处于不断的运动过程中。但系统的运动不是随意的，而是受系统内外各种因素的影响和限制，依据一定规律而进行的。系统运动的有序性决定了系统序列的发展顺序。

系统的层次是由低级向高级发展，高层次系统具有低级层次的共性，但又产生了低层次系统所不具有的特性。生物系统比无机系统高一层次，因此除具有层次性、整体性和有序性外，又增加了无机系统所不具备的特性，这就是目的性和环境适应性等；社会系统比生物系统又高了一个层次，为此又增加了生物系统所不具备的环境改造性等。

3. 系统方法

所谓系统方法，就是按照事物本身的系统性把对象放在系统的形式中加以考察的一种方法，是一种立足整体、统筹全局、使整体与部分辩证地统一起来的科学方法。具体地说，就是从系统的观点出发，始终着重在整体与部分（要素）、要素与要素、整体与外部环境的相互关系中揭示对象的系统性质和运动规律，以达到最佳地处理问题的一种方法。在运用系统方法考察客体对象时，一般应遵循整体性、历时性和最优化的原则。

整体性原则是系统方法的出发点。它是指把对象作为一个合乎规律的由各个构成要素组成的有机整体来研究。系统整体的性质和规律，只存在于各部分之间相互联系、相互作用、相互制约的关系中，单独研究其中任一部分都不能揭示出系统的规律性，各组成部分的孤立特征和局部活动的总和，也不能反映整体的特征和活动方式。因此，它不要求人们像以前那样，事先把对象分割成许多简单的部分，分别加以考察后再把它们机械地叠加起来，而是把对象作为整体对待，从整体与部分的相互关系中揭示系统的特征和运动规律。

历时性是系统方法的又一个基本原则。所谓历时性，是指在运用系统方法分析研究对象时，应着重注意系统以什么方式产生，在其发展过程中经历了哪些历史阶段，以及它的发展前景如何。也就是说，把客体当作随时间变化着的系统来考察，从客体的形成过程和历史发展中认清现象的本质规律。任何系统都有一个生命周期，即系统从孕育、产生、发展到衰退、消亡的过程。由于现代社会系统内部信息流动的速度不断加快，对于信息系统来说，这种历时性则表现得更为明显。

最优化原则是指从许多可供选择的方案中挑选出一种最优方案，以便使系统运行于最优状态，达到最优效果。它可以根据需要和可能为系统确定最优目标，并运用最新技术手段和处理方法把整个系统分成不同等级和不同层次结构，在动态中协调整体与部分的关系，使部分的功能和目标服从系统总体的最优功效，达到整体最佳的目的。例如，对一个信息系统的设计和控制问题，系统方法可以根据信息环境与信息系统的关系，根据信息需要和可能提供的资源条件，为该系统确定一个最优目标；通过分析系统结构，研究如何把这个大系统划分成若干个子系统，如采购、生产、运输、营销等；每个子系统又可分为更低一级的分支系统，以便逐阶分级进行最优处理，然后在最高一级统一协调求得整个系统的最优化。

（二）系统工程基础

系统工程是系统思想和系统方法的具体应用过程，是在系统论的指导下，以数学、运筹学及计算机技术为手段来研究一般系统的规划、设计、组织、管理、评价等问题的科学方法。随着人类社会的发展，包括信息系统在内的现代社会系统越来越呈现出"大系统"的特征，即规模庞大、结构复杂、因素众多、功能综合。如何解决这类复杂大系统的开发与管理问题，是系统工程的主要任务。

1. 系统工程的产生与发展

系统工程的思想方法是人们在漫长的社会实践中逐步形成的。早在公元前 250 年的战国时期，秦国蜀郡太守李冰父子主持修筑的都江堰水利工程就体现出系统工程的思想萌芽。宋真宗时晋国公丁谓重造皇宫的过程则是系统工程的一次早期实践。到了 20 世纪中叶，随着现代科学技术的发展，特别是系统论、信息论、控制论以及运筹学和计算机技术的诞生和进步，使系统工程作为一种崭新的科学方法逐渐得到了广泛的运用。一般认为，1940 年美国贝尔电话公司为统筹安排微波通讯网而提出了系统工程这一术语。在第二次世界大战中，运筹学和系统工程在军事活动领域发挥了应有的作用。在美国空军支持下于 1945 年成立的兰德公司还提出了系统分析的方法。1957 年，古德(H. Goode)和迈克尔 (R. E. Machol)出版了《系统工程》这一专著，标志着系统工程这门新兴学科的诞生。1957 年，美国海军在实施研制导弹核潜艇的"北极星计划"时，由于采用了称之为"计划评审技术(PERT)"的系统工程方法，结果比原计划提前两年完成了任务。此后，系统工程被日益广泛地运用到宇航、环境、人口、经济管理等方面。比较著名的例子有 1961—1972 年间美国实现宇宙飞船载人登月的"阿波罗计划"、1970—1974 年间墨西哥进行农业改造的"绿色计划"等。

2. 系统工程方法

系统工程的实质，就是用系统的观点来分析和解决问题。所谓系统的观点，就是不着眼于个别要素的优良与否，而是把一个系统内部的各个环节、各个部分，把一个系统的内部和外部环境都看成是相互联系、相互影响、相互制约着的综合体，从整体上追求系统的功能最优。这种方法的特征为：

（1）观察、测定、研究系统中各组成要素或子系统间以及系统内部与外部环境间的复杂关系，从而认识系统所特有的机制；

（2）分析、发现各组成要素或子系统的性质、构造与系统整体性质、功能间的固有关系，从而巧妙地利用要素或子系统间的联系来大大提高整体的水平；

（3）根据共同的目标和评价尺度确定各要素或子系统的重要程度，分配相互制约的资源，特别是重点资源的有效分配，做到充分共享。

关于系统工程方法的步骤，霍尔(A. D. Hall)在 1969 年提出的三维结构是比较通用的一种系统工程方法。如图 7.1 所示,它用时间维、逻辑维和知识维这三维结构来描述在系统工程的不同阶段所要采取的逻辑步骤以及需要用到的有关知识。

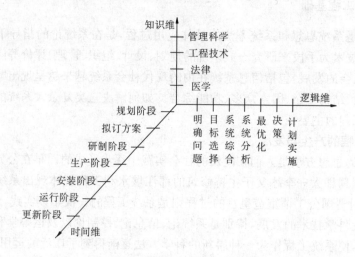

图 7.1 霍尔系统工程三维结构

图中的时间维是为解决一个具体的对象系统所必须进行的实际工作步骤,包括规划阶段、拟订方案、研制阶段、生产阶段、安装阶段、运行阶段、更新阶段七个阶段;

逻辑维是在每一工作阶段运用系统工程方法来研究对象系统的问题时的逻辑思维过程,共分明确问题、目标选择、系统综合、系统分析、最优化、决策、计划实施七个步骤;

知识维是为完成上述各阶段、各步骤所必须具备的各种专业知识,如医学、法律、工程、建筑、商业、管理、艺术等等。

为便于应用,可以把实际工作进程同逻辑思维步骤结合起来,形成霍尔系统工程活动矩阵,如表 7.1 所示。

表 7.1 系统工程活动矩阵

工作阶段 \ 逻辑步骤	1 明确问题	2 目标选择	3 系统综合	4 系统分析	5 最优化	6 决策	7 计划实施
1 规划阶段							
2 拟订方案							
3 研制阶段							
4 生产阶段							
5 安装阶段							
6 运行阶段							
7 更新阶段							

二、信息系统的结构

社会系统可以按功能划分为一个又一个的组织。组织是指在社会系统中为实现共同目标而形成的具有一定形式和结构的人的群体和关系，它所面临的主要任务就是管理，即对组织的人、财、物、信息等进行管理。在组织活动中，由人员、资金、物资、信息等要素组成了各种"流"。其中，信息流伴随着其他"流"而产生、并通过管理活动起着引导人员、资金、物资等进行有规则流转的作用。现代狭义的信息系统概念就是指基于计算机和通信技术等现代化信息技术手段之上的、集组织的各种信息流为一体并为组织管理提供信息服务的系统。信息管理是组织的一种重要的管理行为，也是信息系统的基本功能。

作为一个系统，信息系统也必然有一定的结构。这种结构反映了信息系统所具有的特点、功能以及现阶段人们对信息系统的认识和技术发展水平。信息系统的结构就是指组成信息系统各部分之间的相互关系的总和。信息系统虽然是组织信息流的综合体，但其结构与组织的结构不一定相同。组织结构一般是树状的，是为完成组织各项目标而形成的管理体系，而信息系统的结构可以不受组织结构的束缚，多是网状的，是为满足信息采集、处理、存储、分析、传递等需要建立起来的体系。随着信息技术的发展，信息系统的结构也经历了由低级向高级、由简单到复杂、由单项到综合的发展过程。

（一）信息系统的物理结构

信息系统的物理结构是指避开信息系统各部分的实际工作和软件结构，只抽象地考察其硬件系统的拓扑结构。信息系统的物理结构一般有三种类型：集中式、分散-集中式和分布式。

1. 集中式

早期的信息系统，由于计算机和通信设备所限，都采用集中式的结构。集中式是由一台主机带若干终端，运行多用户操作系统供多个用户使用。主机承担系统所有的数据处理、数据存储和应用管理，因此必须有大存储容量、超高速 I/O 传输速率，一般由小型机甚至中大型机担任；终端一般是非智能的，即没有信息处理能力，只是将键盘输入送主机和将主机输出送显示器的哑终端；多用户操作系统有很多，不同的机型都有专用的多用户操作系统，唯一能在不同机型上运行的操作系统是 UNIX，但不同机型上的版本也是不兼容的。这种系统结构的优点是数据高度集中，便于管理控制，缺点是系统灵活性差，扩展能力有限，且维护困难，一旦主机出现故障则造成整个系统的瘫痪。为保证系统的可靠性，通常需采用高代价的双机系统或容错机。

2. 分散-集中式

70～80 年代出现了微型计算机和计算机网络系统，但由于当时的微机功能十分有限，故多采用分散-集中式系统。这就是用微机或工作站执行应用软件和数据库管理软件，通过局域网与由一台或几台作为整个系统的主机和信息处理交换中枢的小型机乃至大型机相联。这种结构的优点是，主机主要作为文件服务器负责根据用户的请求读取传送文件，并可集中管理共享资源，各个工作站既能相互独立地处理各自的业务，必要时又是一个整体，可相互传递信息，共享数据，因而较灵活，易扩展。缺点是文件服务器提供服务的能力有限，它仅以将整个文件在网络中传输的方式进行服务，因而导致网络通信负荷重，系统维护较困难。

3. 分布式

80～90年代，在计算机网络技术和分布式计算的基础上出现了一种新的客户机/服务器(client/server)模式，对信息系统的结构体系产生了极大的影响。这种结构由微机、工作站充当客户机，负责执行前台功能，如管理用户接口、采集数据和报告请求等；由一台或分散在不同地点的多台微机、工作站、小型机或大型机充当服务器，负责执行后台功能，如管理共享外设、控制对共享数据库的存取、接受并回答客户机的请求等，再用总线结构的网络把客户机和服务器连接起来。它与分散-集中式的区别在于将系统的任务一分为二，即客户机承担每个用户专有的外围应用功能，负责处理用户的应用程序，服务器承担数据库系统的数据服务功能，负责执行数据库管理软件。这样，两种设备功能明确，可以高度优化系统的功能。数据库服务器处理客户机的请求，然后只返回结果。这就大大减少了网络的传输负担，避免网络堵塞。这种结构任务分布合理，资源利用率高，有较强的可伸缩性和可扩展性，系统开发与维护较为方便，而且可靠性也相对较高。但随着系统规模的不断扩大，构成C/S体系结构的多类型部件的兼容问题也会变得越来越复杂，组织的信息资源共享问题仍有待解决。

（二）信息系统的逻辑结构

信息系统的逻辑结构是从其功能角度来描述的，是指各功能子系统的联合体。信息系统的基本功能是管理与组织活动有关的信息，为组织管理提供信息支持。根据组织的业务活动和管理层次，信息系统的逻辑结构可以从两个方面进行分析。

1. 基于组织业务功能的信息系统结构

组织的业务功能是多种多样的。例如，在一个制造业企业，其典型的业务功能包括：研究开发、生产、市场销售、财会、物资、人事以及信息管理、行政管理等。每种业务活动都有一定的信息需求，并会产生伴随着业务活动的信息流，从而产生了按照职能结构原则设计的信息系统。信息系统支持着组织机构的各种功能子系统，与组织的业务功能平行地开发出各信息子系统，形成了基于组织业务功能的信息系统结构。主要包括：研究开发子系统、生产子系统、市场销售子系统、物资供应子系统、财会子系统、人事子系统、信息处理子系统、行政管理子系统等。

2. 基于组织管理功能的信息系统结构

信息系统是为组织管理提供信息支持服务的，这意味着信息系统的结构也可以按组织管理活动的层次来划分。组织的管理活动一般分为三个层次，即作业控制层、管理监督层和战略规划层,每一层次的管理决策功能和信息需求各不相同(参见表7.2)。相应地,信息系统的结构亦可分为作业控制子系统、管理监督子系统和战略规划子系统。

表 7.2　组织管理活动的层次

管理层次	决策特征	功能特征	信息需求特征				
			信息源	信息形式	时间性	精确度	信息范围
作业控制	短期的、结构化决策;决策过程和方法均有固定规律可循,能用形式化的方法描述求解。	充分有效地利用既有资源提高工作效率,以求在预算允许范围内完成各项任务。	内部的	定义完善、描述明确的结构化信息	短期的记录性信息	较高;以定量为主	狭窄的;细节信息
管理监督	中期的、半结构化决策;决策过程和方法有一定规律可循,但又不能完全确定。	建立组织经营的预算和资源保证,对各部门的活动进行监督、检查和综合衡量。	主要是内部的,结合少部分外部的	部分能明确说明的半结构化信息	现实的动态性信息	适中;既有定量信息,又有定性信息	有一定概括的局部信息
战略规划	长期的、非结构化决策;决策过程和方法无规律可循,难以用确定的程序和方法表达。	确定组织的目标,制订实现该目标所采用的战略规划和竞争策略。	以外部为主	模糊的、不确定的非结构化信息	长期的预测性信息	较低;以定性为主	广泛的;综合信息

　　作业控制是确保组织的各项业务活动能充分有效地完成的过程,所要进行的步骤一般都是相当稳定的,进行决策和产生的行动通常持续时间较短(一天到一周)。作业控制子系统的信息支持主要有日常业务处理、报表处理和查询处理。如销售服务,需要对销售数据进行收集、统计、查询,产生销售报表,对各种会计账簿登录、查询及产生相应的报表等。作业控制层主要处理的是组织内部的业务数据,数据处理量大,是组织信息系统的基础。

　　管理监督层的任务是保证组织经营所需要的各种资源,综合衡量组织的业务进展情况,检查控制组织生产经营的主要经济技术指标。管理监督子系统的信息支持包括编制计划和预算,分析计划执行情况并提供组织经营情况的综合报告,提出今后的行动方案,如对组织的人事、财务、合同、库存等方面进行微观调控。管理监督子系统所需要的数据来自作业控制子系统,它所产生的信息又提供给战略规划子系统使用。

　　战略规划层的主要任务就是制订有关发展战略和竞争战略,并利用这些战略来达到组织的目标。战略规划子系统的信息支持包括用数学模型进行模拟或利用辅助软件等方法去探索实现组织目标的途径,或根据组织内外多方面的信息去预测组织未来的发展情况.战略规划子系统所需要的信息一方面来自组织内部作业控制层和管理监督层,另一方面则是更重要的组织环境信息,如国内外政治、经济、科技发展状况,竞争对手的情况等等.由于决策环境的不确定性和管理模型的不精确性,因此要解决的问题也多是非结构化的。系统给决策者提供一个分析问题、构造模型和模拟决策过程及其效果的环境,能够在广度和深度上扩展决策者的视野.随着组织竞争的日趋激烈和组织战略决策的急迫需要,服务于组织战略规划层的决策支持系统(DSS)、战略信息系统(SIS)和竞争情报系统(CIS)应运而生。这类信息系统关系到组织的整体利益,代表着信息系统的发展方向。

三、信息系统开发

一个系统从诞生到死亡所持续的时间,称为寿命。而在其生存期间的全部活动过程,称为系统的生命周期。图7.2描述了系统生命周期的概念。其中,系统的诞生过程就是系统的开发过程;系统运行过程是发挥系统功能、产生效益的过程;系统修改过程是根据某种要求对系统功能进行部分修改或扩充的过程;系统死亡过程是判定系统已不能满足要求而必须进行新系统开发以代替旧系统的过程。

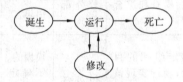

图 7.2　系统的生命周期

信息系统开发是构建信息系统的功能、确立信息系统的有效性的过程。在日益走向高度信息化的当今社会,在组织内外的激烈竞争中,如何运用信息资源获得竞争优势? 如何建立现代化的信息系统以增强自己的竞争实力?这是现代社会、组织和个人得以生存和发展的关键所在。因此,建立一个理想而实用的信息系统,全面、准确和及时地提供各类有用信息,以充分有效地满足各级管理决策活动的需要,是信息系统开发的首要任务。

(一) 信息系统的开发策略

信息系统的开发过程是非常复杂的,它涉及许多工作人员,各种不同性质的业务工作及多种多样的专门知识和技术。如何按系统设计目标的要求,综合地协调地将人、工作和技术有效地组织起来,形成信息系统的整体功能,是一项十分困难的任务。为此,在实际开发一个信息系统时,首先必须制定相应的开发策略,即包括问题识别、系统调查、可行性研究、制定信息系统开发计划、确立信息系统的开发原则、过程与方法等各个方面在内的一种信息系统开发总体方案。

1. 问题识别

问题识别是根据用户的需求状况和组织的管理现状,分析和识别组织所面临的问题的性质、特点，以便确定信息系统开发的必要性。问题识别阶段需要进行的工作有：

（1）确定用户的信息需求，即信息系统用户所欲获取的信息内容和急待解决的问题。在决定开发一个信息系统之前，首先应当了解用户的信息需求变动状况，对未来的信息系统有何新的要求，以明确系统开发的目标、任务和范围。

（2）确定组织的管理体制和管理模式，即考察现有的组织结构、管理体制是否稳定，会不会在短期内有较大的变革压力；现行的管理模式是否合理，能不能满足组织管理和竞争战略的发展需要等。

（3）确定组织的经营环境和竞争对手的情况，明确信息系统在未来组织中的地位和作用。

2. 系统调查

系统调查的目的是收集对开发对象有影响的各种信息，进行分析和评价，为掌握系统的目标、功能、各种约束条件及可利用的资源等打下良好的基础。信息系统开发需要进行的调查项目主要有：

（1）环境调查。对系统内外环境的有关情况进行调查，以收集环境信息，为深入调查做准备。环境调查也是系统开发人员了解组织的一个过程，其内容包括：组织的目标和特色、产品和服务、发展历史和业界动向、现有资源以及政治、经济、法律、文化、技术等约束条件。

（2）功能调查。在环境调查分析的基础上要对组织和现有信息系统的功能进行调查，以分析和展开新系统的功能。主要内容包括：组织具有的各项整体功能、各项功能中包含的业务活动及其信息关联、现有信息系统的功能及其存在的问题。

（3）业务调查。目的是掌握每项业务活动的信息功能、信息属性和信息流程，为建立新系统的逻辑模型提供素材。包括：信息的输入调查、输出调查、处理调查、存储调查以及信息代码和信息格式调查等。

3. 可行性研究

可行性研究是在问题识别和系统调查的基础上，从目标、技术、经济和社会环境等方面对拟开发项目进行分析论证，研究其条件可能性，评估其效果和效益，最后拟定出以最小的人力、物力、财力消耗取得最佳经济效益和社会效益的可行方案，从而避免资源浪费和一些不必要的失败。信息系统的可行性研究大致包括以下四个方面的内容：

（1）目标可行性。深入研究用户的信息需求，以确定系统开发的目标是否切实可行，是否能满足组织进一步发展的需要。

（2）技术可行性。根据现有的技术条件考虑用户所提出的要求能否达到，例如，组织基础管理技术手段的可行性、计算机软硬件的可行性、技术开发力量的可行性，等等。

（3）经济可行性。经济方面的可行性主要是信息系统的投入和效益两个问题。具体内容有：了解系统开发可投入多少人力、财力、物力等资源，以确定根据现有资源和约束条件应建成何种规模的系统；评估系统开发后可能带来的效益，包括直接效益和间接效益、经济效益和社会效益,并根据系统的总费用预算(包括开发费用和运行费用)和预期效益进行投资效果分析等等。

(4) 社会环境可行性。主要是指一些社会的或人为的环境因素对系统的影响。如由于社会制度、管理体制、安全保密或其他某些特殊的原因而不能为系统提供运行所必需的条件。另外,由于信息系统的实施将会给组织各方面带来很多变化,如工作方式的变化、管理模式的变化以及人的权力、职责、作用、工作范围的变化等等,都会对信息系统开发和开发后的运行产生极大的影响,必须在事前有所考虑。

4. 信息系统的开发计划

信息系统的开发计划包括当前开发计划和长期开发计划。当前计划一般多是根据具体问题、具体情况而定,没有什么统一的模式。主要包括系统开发的工作计划、投资计划、进度计划、资源利用计划等。但无论如何,当前计划必须与长期计划保持一致。

制定长期计划的主要目的是确定组织信息系统建设的长期(5年左右)目标。长期计划是从整体、战略的观点出发规划信息系统建设的蓝图,并用以指导各阶段系统开发的实施。主要包括:

(1) 信息系统的发展战略:从组织发展的长期目标出发,确定信息系统的整体目标和实现这个目标的方针、方法。

(2) 长期开发方案:在计划期内进行信息系统建设的概略结构。其主要目的是在整体上、逻辑上定义系统建设的基准,以保证信息系统在开发过程中整体上的平衡和逻辑上的一致性。

(3) 数据资源计划:主要是设计数据库系统的概要模型和制定数据库开发计划等。

(4) 长期开发计划书:描述各项信息系统工程之间的相互关联、优先次序及长期工程实施的日期安排等。

(二) 信息系统的开发原则

开发一个信息系统,应遵循下述一般原则:

1. 系统思考原则

信息系统开发的理论基础是系统论和系统工程,其基本思想是将一切被研究对象均视为系统,注意考察各部分、各环节之间的联系,运用综合的而不是单一的措施,谋求最满意的整体优化效果。这种系统思考的思想主要反映在以下几个方面:

在信息系统的开发过程上,应采取先自顶向下(top—down)总体规划,后自底向上(bottom—up)分步实施的方法。这就是把信息系统开发过程分为总体规划和分步实施两个基本阶段。第一阶段先将整个系统作结构化的划分,然后从高层到基层,从整体到局部,从一个组织的功能、机制、任务到其内部每一个经营管理活动的细节,来进行系统分析与设计。主要任务包括:进行系统调查,初步明确系统的信息需求和功能需求,确定系统目标,划分若干个子系统,提出设备选型和系统软件选择方案,制定系统实施计划、投资计划和人员培训计划等；第二阶段先逐个编制具体程序模块，然后按一定结构堆砌成一个个子系统，直至最后生成整个信息系统。其主要任务是按规划对每个子系统进行详细调查，进行数据库规范化设计、代码设计、模块设计和程序设计等。这一过程的特点是要不断同用户交流，根据用户的意见对设计进行多次修改，使系统逐步得以完善。近几年由于采用了比较先进的软件工具，如 FoxPro，Excel，Visual Basic 等，普遍运用了代码生成技术，使信息系统开发速度大大提高。

在信息系统的结构与功能设计上，应努力做到信息资源开发利用的充分、合理与有效。其中包括：运用先进的计算机与通信技术进行技术环境的集成，将支持各子系统的小运行环境集中统一在一个大运行环境之中；系统各部门的元数据应高度集成化，尽可能减少数据的冗余量，增加数据的一致性，实现数据资源的共享；对已有的数据、信息要做进一步的分析处理，以便充分发挥信息系统的高层次决策支持功能。

在信息系统的开发环境建设上，应注意协调信息系统与组织管理模式的关系。信息技术是信息系统的基础，但信息系统的开发决不仅仅是信息技术的问题。信息系统是服务于组织经营管理的，它不可避免地要受到许多人文和社会因素的制约，特别是受组织管理模式的影响。当然，它也会反过来对组织管理模式的变革产生推动作用。在信息系统开发时应充分考虑到组织管理模式可能发生的变化，使系统具有一定的适应环境变化的能力。

2. 规范标准原则

信息系统开发能够得以成功的前提条件是组织机构有较高的管理水平。信息系统开发的大量实践业已表明，信息系统实现整体优化的关键是提高组织的管理水平，而不是取决于信息技术。要建立一个满意的信息系统，首先要从全局出发，制定和完善各种管理制度和标准，理顺组织各层次、各部门之间的关系，确定合理的工作流程，明确每个岗位的职责、每项业务的规范，使整个组织在一个高水平的管理模式下运行。组织管理的规范化、标准化、系统化和科学化是信息系统建设的基础，而信息系统建设也是对组织管理工作的改进。

另一方面，规范标准原则要求按照规范化、标准化的方法和技术来开发信息系统，即要实现信息的标准化。信息的标准化包括代码标准化和信息格式标准化两个问题。

代码是信息在信息系统中的表示方式，任何信息都是通过一定的编码方法，以代码的方式输入并存储在信息系统中的。代码标准化要根据本单位的实际情况，在不脱离整个社会信息环境的条件下进行。从信息处理的角度，应注意：① 尽量采用相应的国际编码或国家编码，以便于信息交流；② 代码长度不宜过长，以便节省存储空间，加快处理速度，但必须能容纳下并区分开所涉及的实体或属性；③ 要在代码中分段反映出一定的逻辑含义，以便于进行信息检索或其他处理；④ 每个代码段都应留有一定的余地，以便在必要时扩充。

任一组织机构中都有许多文件、单据、账目、报表等，其中很多数据项是重复的，格式和内容也没有统一的规定。这种情况不仅有碍于信息交换，也不利于信息系统的设计与实施。在信息系统开发过程中，系统开发人员应同有关业务人员进行认真的讨论，对每种信息格式的内容,如应包括哪些数据项,每个数据项的类型与长度等,作出统一的规定。

3. 参与协同原则

信息系统建设不仅是系统开发人员的工作,而且是从单位领导到全体业务人员都应当关注的问题。信息系统开发是一项复杂的系统工程,涉及到管理体制、管理方法的改革,人员调配、机构调整以及各业务部门的协调,人力、物力和资金等资源的投入等重大问题,主要领导必须通盘考虑,反复比较各种方案,然后做出决策。大量实践证明,在信息系统开发过程中,能否取得主要领导的积极参与和支持,是开发工作能否顺利进行的关键。领导者要充分认识到建设信息系统的必要性和重要性,了解系统开发的过程和方法,以便直接领导系统开发工作,及时督促和检查工作进展情况。

信息系统建设的最大难点不在开发,而在于生存。决定信息系统生存与否的是用户,因此,一定要让信息系统的使用者来参与系统开发。信息系统的引入对于用户传统的工作方式是一场管理革命,它改变的是人们的工作习惯、人与人之间的信息联系,因而是一项棘手的工作。用户的参与和协同将会改变他们的立场,他们会理解信息系统开发是自己的事情。人们拥护或反对一项改革通常取决于两点,一是这项改革是否对自己有利,二是自己在这项改革中是否处于主动地位。如果用户能够把信息系统当作自己的系统,是主动参与的开发、自主推动的改革,那么用户就会喜欢这个系统,愿意使用、维护与改进这个系统,自觉地推进组织的信息化进程。

(三) 信息系统的开发方法

人们在信息系统开发实践中已研制出了众多的开发方法与开发工具。目前的信息系统开发方法主要有三大类:一是基于自顶向下的生命周期思想和结构化系统开发的方法,如生命周期法或结构化分析设计技术(SADT)、战略数据规划法、企业系统规划(BSP)法等,二是基于自底向上的快速系统开发思想和新一代系统开发工具的方法,如快速原型法、快速应用开发(RAD)方法、计算机辅助软件工程(CASE)方法等,三是面向对象的系统开发方法。

1. 生命周期法

生命周期法的基本思想是,用系统的观点和系统工程的方法,按照用户至上的原则,结构化、模块化、自顶向下地逐级对信息系统进行分析与设计。生命周期法将整个信息系统的开发过程划分为系统规划、系统分析、系统设计、系统实施、系统运行维护等五个阶段十几个步骤,各阶段、各步骤首尾相连,形成一个系统的生命周期循环。每一阶段都有明确的工作任务和目标以及预期要达到的阶段性成果,以便于计划和控制进度,有条不紊地协调各方面的工作。各阶段都要求写出完整而准确的文档资料,并经过确认冻结,作为下一阶段开发的依据。在实际开发过程中,要严格按照划分的工作阶段,一步步展开工作。如遇到较小或较简单的问题,可跳过某些步骤,但不可打乱或颠倒之。按照生命周期法的理论,信息系统的开发过程应永远置于这样一个循环过程之中。系统开发生命周期各阶段的主要工作任务是：

（1）系统规划阶段：根据用户的系统开发请求，确定问题，进行系统调查和可行性研究，提出系统规划方案。

（2）系统分析阶段：分析业务流程、数据流程，分析功能与数据之间的关系，提出系统逻辑方案。

（3）系统设计阶段：在系统概念设计的基础上，进行物理设计、代码设计、数据库/文件设计、输入/输出设计、模块结构与功能设计等，同时根据设计要求采购与安装设备。

（4）系统实施阶段：首先进行程序开发（编程与调试），然后进行规程开发，即建立相应的技术文档（系统设计说明书、用户手册等），同时进行人员培训以及数据准备，最后投入试运行。

（5）系统运行维护阶段：进行日常运行管理和效果评价，并在运行中对系统进行调整和维护。如果出现了不可调和的重大问题（这种情况一般是在若干年后系统运行环境已发生根本变化时才会出现），则用户将会进一步提出开发新系统的要求。这标志着老系统生命的结束和新系统孕育的开始，即一个完整的信息系统生命周期。

生命周期法是目前普遍为人们接受的一种传统的主流方法，它的突出优点是：① 强调系统开发过程的整体性和全局性，强调在整体优化的前提下来考虑具体的系统分析设计问题，即所谓的自顶向下的观点；② 强调开发过程各阶段的完整性和顺序性，强调应严格地区分开发阶段，一步一步严格地进行系统分析与设计，这样使每一步的工作都能及时地得到总结，发现问题可及时反馈和修正，从而避免了开发过程的混乱状态。但是随着时间的推移，生命周期法也逐渐暴露出了很多缺点和不足之处。突出表现为：① 它的起点太低，所使用的工具（主要是手工绘制各种各样的分析设计图表）落后，致使系统开发周期过长而带来了一系列的问题，例如，组织的资源条件和竞争环境等都在不断改变，管理模式的变革和信息技术的发展都会促使系统需求发生较大的变化，因而使开发出来的系统相对滞后，缺乏适合组织竞争需要的快速反应能力；② 这种方法要求系统开发者在早期调查中就要充分掌握用户需求、管理状况以及预见可能发生的变化，这不大符合人们循序渐进地认识事物的客观规律性。实际上，用户一开始对系统需求的认识是模糊的、不完备的，因而系统开发者对用户需求的理解也不可能是全面的，二者都需要在系统开发过程中不断深化。更何况，用户需求和管理状况还会随时间推移发生变化，而这种变化有时是难以预料的。这就使生命周期法在实际工作过程中有一定的难度。

2. 快速原型法

快速原型法是针对生命周期法存在的弱点，在80年代初期提出的一种系统开发方法。在软件开发中，"原型"是软件的一个可运行的早期版本，它反映了最终系统的部分重要特性，可由设计者和用户通过在运行模式中对原型的使用来对其进行评估。原型可用来确定用户的需求，验证设计的灵活性，训练最终用户以及创建成功的系统。快速原型法是利用原型辅助系统开发的一种新思想。它要求在用户提出了基本需求的基础上，利用高级开发工具和环境,快速地实现一个原型系统,提供给用户和开发者进行修改。用户同开发者等有关人员在反复试用原型的过程中加强交流与反馈,进一步加深对系统的理解,确定用户需求的各种细节,逐步减少分析与交互过程中的误解,弥补遗漏,通过反复评价和不断改进原型系统,逐渐完善系统的功能,直至满意为止。

快速原型法将学习机制明确地引入了系统开发过程。它的基本假设是,系统的初步分析是不完善的,需要进一步修正,不存在一次完成系统分析与设计的奢望。这就使用户和开发人员从原型开发出现的错误中学习到更多的知识。快速原型法还假定用户必须主动参与并积极指导原型系统开发的全过程。这反映在,用户的需求在一个快速有反馈的开发过程中可由用户的直接参与而逐步搞清楚,一个成功的系统必须通过用户主动参与原型的反复评估过程才能实现。快速原型法的基本开发模式为:

(1) 快速分析:分析人员与用户紧密配合,迅速确定系统的基本需求,并根据原型所要体现的特性(界面形式、处理功能、总体结构或模拟性能等)指定基本规格说明,以满足开发原型的需要。这里的关键是要注意分析与描述内容的选取,围绕运用原型的目标,集中力量,确定局部的需求说明,从而尽快开始构造原型。

(2) 构造原型:在快速分析的基础上,根据基本规格说明尽快实现一个初始原型,使原型成为可执行系统。这里要求具备强有力的软件工具支持,主要考虑原型系统能够充分反映所要评价的特性,而暂时忽略一些次要内容和细节要求。例如,如果要利用原型确定系统的总体结构,可借助菜单生成器迅速实现系统的控制结构,忽略转储、恢复等功能,使用户可通过运行菜单了解系统的总体结构。

(3) 运行原型:这是进行交流、发现问题、消除误解的重要阶段。由于原型忽略了很多内容,集中反映要评价的特性,外观看来难免残缺不全。用户在开发人员的指导下运行原型,通过使用,努力发现各种不合要求的部分,提出新的需求。各类人员在共同运用原型的过程中进一步加深对系统以及相互之间的理解。

(4) 评价原型:在运行试用原型的基础上,考核评价原型的特性,分析运行效果是否满足规格说明的要求以及规格说明的描述是否满足用户的愿望。通过纠正以往分析中的错误和交互中的误解,增添新的需求,并适应因环境的变化或用户的新想法而引起的需求变动,提出全面的修改与扩充方案,建立扩充了的原型。

(5) 修改原型:根据评价原型活动的结果(修改意见)进行反复修改,直至满足用户需求。若原型运行效果未满足规格说明的要求,表明对规格说明存在不一致的理解和实现方案不够合理,则根据明确要求迅速修改原型;若规格说明不准确(有模糊性或未反映用户意图)、不完整(有遗漏)、不一致,或需求有所变动和增加,则需修改并确定新的规格说明,重新构造或修改原型。这样,修改过程代替了初始分析,从而形成了原型开发的循环过程。用户与开发者在这种循环过程中不断交互、讨论,逐步逼近系统的最终要求。

快速原型法在基本思想上已突破了传统开发思想中严格的阶段划分,以上仅是为表述方便而将原型运用过程逐段解释。在强有力的软件工具支持下,上述各种活动往往交融在一起,或合而为一或交叉进行。这种方法的优点在于:① 系统开发初期只需提出其基本功能,不必像生命周期法那样在系统开发的开始阶段就要明确定义系统各部分的功能。系统功能的扩充和完善是在开发过程中逐步实现的,因而比较容易适应不断变化着的环境;② 对需求分析采用启发式动态定义方式,使得需求分析原型逐步深入和不断提高,即使是模糊需求也会变得越来越清晰。这符合人的认识规律,使系统开发易于成功;③ 快速提供原型,开发信息反馈速度快,需求分析或系统设计不准确可及时、方便地得到验证和修改。这充分体现了信息系统开发的反复性与渐进性规律,可大幅度提高系统开发质量,降低维护费用;④ 用户参与信息系统开发的全过程,彻底体现了协同参与原则,真正实现了以用户为中心的开发活动。这样可大大提高系统的实用性和用户的可接受性,同时在开发过程中通过培训提高了用户的水平。总之,快速原型法是一种有利于实现逐步投资、增量开发模式且投资少、风险小、周期短、见效快、成本低的信息系统开发方法。

快速原型法的不足之处是,系统开发过程中的管理手段不够规范。开发一个较大的信息系统,是一项复杂的系统工程,必须有一套科学的管理办法才能保证项目的顺利完成。而这方面正是生命周期法的优势所在。按照系统工程理论建立起来的生命周期法适用于系统要求明确、规模大且结构程度高的信息系统开发;快速原型法则适用于预先难以确定系统要求或系统功能要求,在系统开发过程中可能发生重大变化的应用系统,因其原型的修改和调整频繁,通常用于规模小、结构不太复杂的系统开发。把生命周期法和快速原型法结合起来,扬长避短,对于信息系统开发实践具有重要的指导意义。

3. 面向对象法

面向对象(object-oriented)法是一种新兴起的信息系统开发方法。这种方法最早应用于某些工程技术领域,后来被引入软件工程和信息系统开发中。面向对象法的基本思想是,任何现实世界的实体(entity)都可模拟为一个对象(object),每一对象都有自身的状态和行为。对象的状态由一组属性(attribute)值来刻画,行为则由一组方法(method)来刻画。每一个对象都定义了一组方法,它们实际上可视为允许作用于该对象上的各种操作(service)。复杂的对象可由相对比较简单的对象以某种方法组成,一组结构相同(有相同的属性)、行为相同(有相同的方法)的对象构成一个对象类(class)。对象按"类"、"子类"(subclass)与"超类"(superclass)的概念构成一种层次关系(或树状结构)。在这种层次结构中,上一层对象所具有的一些属性可被下一层对象所继承,从而避免了开发工作中信息的冗余性。面向对象法就是要将客观世界抽象地看成是若干相互联系的对象(对象类),然后根据对象和方法的特性研制出一套软件工具,使其能够映射为计算机软件系统结构模型和进程,从而实现信息系统的开发工作。其开发模式包括面向对象分析(OOA)、面向对象设计(OOD)、面向对象编程(OOP)三部分。

(1) 面向对象分析:分析需要研究的是什么问题,属于哪个问题域;分析该问题在整个系统中的位置,以及和上下层次的关系(属性的继承);调查、询问、收集材料,考察以往的结果。

（2）面向对象设计：定义对象的属性及操作，确定每个对象的状态；定义对象间的通信机制，确定每个对象及其类间的关系。

（3）面向对象编程：用面向对象的程序设计语言、工具产生 OOA 及 OOD 的结果，实现对象的内部机理和细节；用面向对象的快速原型法对系统进行优化。

面向对象法在解决实际问题时是从一个具体的实体着手的，它通过确定代表实体的术语的方法找出需要研究的实体，然后去研究每个实体的属性、特征和功能。这与面向过程的结构化系统开发方法首先着眼于解决方案的做法有着根本的不同。面向对象法以实体对应着的对象为基础，把信息和操作封装到对象里去，利用特定的软件工具直接完成从对象客体的描述到软件结构之间的转换，这是它最主要的特点和成就。面向对象法的应用，解决了传统的结构化方法中客观世界描述工具与软件结构的不一致性问题，缩短了开发周期，降低了开发费用，所以是一种很有发展前途的信息系统开发方法。

第二节　信息系统资源管理

信息系统建设是一项长期的工作，不存在一个一劳永逸的最终产品。为保证信息系统的持续有效性，必须不断更新和扩充信息系统的资源，并加以合理配置和有效管理。一个组织的信息系统资源包括：信息人员、信息技术、数据和信息，以及信息系统开发与运行所必需的财力、物力投入和有关管理制度、政策法规等。随着信息技术的飞速进步和组织竞争的日趋激烈，组织的信息系统也面临着诸多挑战和机遇，感受到了前所未有的压力和冲击。如何充分有效地开发利用组织内外的信息资源，加强对信息系统资源的管理，不断发展和完善组织的信息系统以强化竞争实力，获得竞争优势，已成为现代组织管理的重要任务。

一、信息系统的运行管理

信息系统是一个面向社会、服务于管理领域的人机交互式系统，信息系统的效益需要人机双方不断努力才能发挥出来，其中人的一方起着积极的、主动的作用。这主要表现在，信息系统开发完成后人们还有大量的运行管理、评价、维护等工作要做，系统运行中的一些问题，如运行管理制度和监理审计制度的建立、系统质量评价和效益分析等，都需要人们去研究解决。这些问题的研究也从实践的角度丰富了信息系统管理的研究体系，推动了信息系统管理研究的发展。

（一）信息系统的运行管理制度

所谓信息系统的运行管理制度，是指在信息系统开发工作基本完成后，确保系统按预定目标运行并充分发挥其效益的一切必要条件、运行机制及保障措施。其主要内容包括：

1. 系统运行目标管理

信息系统运行的目标管理首先要求弄清组织的目标和信息系统的目标,在明确目标的前提下才能有效地开展工作。在总结 20 世纪 60 年代计算机信息系统的得失时,美国著名管理学家西蒙(Herbert A. Simon)指出,60 年代计算机应用失败的原因在于,他们不是帮助领导者来筛选信息,而是提供了越来越详细的资料。信息系统完全搞错了目标,他们忽视了这样一点:在信息泛滥的时代,更多的资料并不重要,更重要、更宝贵的是领导者的时间,领导者需要的是具有信息选择分析功能、能够及时有效地支持管理决策的信息系统。西蒙的观点直至今天对于我们清醒地认识信息系统的目标还有着重要的启示。

信息系统是为组织管理服务的,因此,信息系统的目标总是与组织管理的目标紧密相连。一旦明确了信息系统的目标,就应该按照目标管理的原则和方法对信息系统实施目标管理。即根据组织各层次上管理目标的性质,制定信息系统的相应工作目标,就实现各项目标的具体计划和方法与各阶层的信息人员达成协议并赋予他们以相应的权力,最后进行检查与评价。目标管理能大大加快信息系统的反应速度,减轻高层管理的信息负担,使为战略决策服务的高层信息系统能够有更多的时间和精力去关注组织环境的变化,对外部信息作出及时的响应。

2. 系统基础数据管理

信息系统的工作基础是数据处理,而现代组织一般都存在着数据流量大、结构复杂、表现形式多样化等特点,既有成本、产品、库存、销售等有形数据,又有经营状况、市场声誉等无形数据,既有文本数据,又有代码、图形数据,等等。各种不同数据结构、不同数据类型的信息同处于一个信息系统之中,因此,在进行数据采集与组织的过程中,必须从系统的观点出发,通盘考虑数据的全面采集与组织,不仅要得到数据值,而且还必须细致考虑数据在整个系统中的位置以及各类数据相互之间的数量与逻辑联系,还要确定原始数据的存储和派生数据的计算,以及各种数据的存储量、转换方式和处理频度,才能有效地完成数据采集与组织工作。

在信息系统中,数据采集与组织是关系到系统效率与成败的重大问题,因此,必须详细调查,精心设计,慎重处理和安排好数据的采集与组织。同时,应加强对数据采集与统计渠道的管理、计量手段与计量方法的管理、原始数据的管理、系统内部各种运行文件和历史文件的归档整理等,并配备一些相应的管理设备。

3. 系统运行规范管理

对于一个现代组织,尤其是大型社会组织来说,其信息系统往往也是一个复杂的大系统,要有一整套运行规范来管理和控制信息系统的运行。系统运行过程中应当遵守的基本规范有:信息系统操作规程、系统修改扩充规程、系统定期维护制度、安全保密制度以及系统运行状态记录和日志归档等。

4. 系统运行结果管理

一个比较成熟的信息系统,不仅具有快速查询与统计功能,而且能向组织管理者提供决策与预测信息。信息系统的运行结果管理就是要对系统运行的结果进行分析和预测,得出某些能反映组织业务活动发展趋势的信息,提高管理者的决策能力。由于现代社会组织的决策活动面对的多是半结构化或非结构化问题,因此,即使信息系统原先设计有分析预测功能,也需要根据组织环境和竞争对手的变化情况对其结果进行分析验证。

5. 系统运行管理的组织机构

信息系统是由人来管理的,因此必须有一个高效率的、各司其职的组织机构来负责信息系统的运行管理。在现代社会,任何一个组织都应该有自己的信息技术与信息系统管理人才,有一支稳定的信息系统运行管理队伍,有一名全面负责组织信息工作的高级管理人员——信息主管(CIO)。但是,应当认识到,信息工作是组织全体成员的大事,不能仅仅依赖信息系统的工作人员。从根本上讲,组织的信息能力不仅与信息系统的开发运行水平有关,而且取决于全体成员的信息意识和信息素质。信息系统的运行效果与人的关系极为密切。每一个组织都应当加强信息教育,激励全体成员参与信息资源管理,都来建设和使用信息系统。

(二) 信息系统的评价体系

在信息系统开发阶段也要进行系统评价,但那时的评价是预测性的。信息系统投入运行后,由于系统资源和环境的不断变化,需要对信息系统的运行状况和效益及时进行分析评价,并以此作为系统维护、更新或进一步推广的依据。信息系统运行阶段的评价内容主要包括:

1. 系统质量评价

所谓质量评价,就是在一定范围内和特定条件下对某一事物优劣程度的鉴定。质量评价的关键是要选择评定质量的指标以及评定优劣的标准。质量的概念是相对的。所谓优质只能是在某种特定条件下达到相对满意的标准,实际上,永远不可能有绝对意义上的最优。信息系统的质量评价主要有以下一些参考指标和标准:

(1) 有效性。即考察信息系统的整体功能是否达到了预定的要求,对解决预定的管理决策问题是否有效,系统运行的结果是否充分满足了用户的需求等等。

(2) 实用性。即考察系统对组织管理工作有怎样的作用,用户的满意程度如何等等。

(3) 可靠性。即考察系统运行是否稳定可靠,系统的错误检验和故障恢复手段是否完备有效,有无重大问题急待改进或解决等等。

(4) 灵活性。即考察系统的兼容能力大小,有无伸缩性和可扩充性,适应环境变化的灵敏性如何等等。

(5) 安全性。即考察系统的安全保密性能如何,有无安全保护措施以及系统的安全级别等等。

(6) 可近性。即考察用户对信息系统的可接近程度。

(7) 易用性。即考察用户利用信息系统的方便程度。

（8）输出信息的质量。即考察系统所提供信息的响应速度、精确程度以及先进性、适用性、完整性和可靠性等等。

2. 系统效益评价

信息系统的效益评价主要是衡量系统对用户的影响，即信息系统的开发和运行给用户带来了多大的利益。评价信息系统的总体效益是十分困难的，因为信息系统的效益具有整体综合性、形式多样性和时间滞后性等特点，既有直接效益，又有间接效益，既可表现为经济效益，又可表现为社会效益。信息系统的直接效益主要是指组织管理活动中通过信息系统的开发利用所产生的直接收益，例如，组织的工作效率、劳动生产率的提高，对各种资源利用率的提高，产品产量的提高、质量的改善和成本的降低，以及对各级组织管理者的决策支持，等等；间接效益包括信息系统建立后对组织管理各方面的广泛影响，例如，信息系统对组织的经营发展战略和组织内部的管理运行机制的影响，管理效果的优化，对组织管理模式和管理决策方法所产生的触动和改进，管理劳动性质的变化，等等；经济效益主要是指可以用经济指标定量核算的效益，而社会效益则涉及各种难以定量说明的益处。迄今为止，信息系统的效益评价主要是对其直接的经济效益进行评价。

评价信息系统直接经济效益的主要指标是年利润增长额和投资效果系数（或投资回收期）。利润是一项综合性的指标，它既反映了产量的增长，又反映着质量的提高和消耗的降低。应用信息系统后利润增加的计算公式为：

$$P = (A_2 - A_1) \div A_1 \times P_1 + (C_1 - C_2) \div 1000 \times A_2$$

式中　A_1, A_2 为应用信息系统前与后产品销售总额（千元）；

　　　C_1, C_2 为应用信息系统前与后每千元产品的费用（元）；

　　　P_1 为应用信息系统前产品销售的利润总额（千元）。

投资效果系数反映了信息系统所占用的资金与应用后每年所获利润的对比关系。投资效果系数大，说明投资效果好。投资效果系数的倒数是投资回收期，其含义是通过每年应用信息系统所获利润回收投入的全部资金所需的期限。投资回收期短，说明投资效果好。计算公式如下：

投资效果系数　　　　　$E = P/K$

投资回收期　　　　　　$T = K/P$

式中 K 为信息系统投资总额。

二、信息系统的安全管理

现代信息系统是以计算机和网络为基础的开放系统，随着计算机与网络通信技术的加速普及，信息系统的安全性问题愈益突出。

（一）信息安全研究的发展

所谓信息安全，是指保护信息资源，防止未经授权者或偶然因素对信息资源的破坏、更动、非法利用或恶意泄露,以实现信息保密性、完整性与可用性的要求(即CIA)。其中保密性(confidentiality)定义了哪些信息不能被窥探,哪些系统资源不能被未授权的用户使用;完整性(integrity)决定了系统资源如何运转以及信息不能被未授权的来源所替代或遭到改变和破坏;可用性(availability)指防止非法独占资源,每当用户需要时,总能访问到合适的系统资源。信息安全研究经历了三个发展阶段:

1. 通信安全

最早研究通信安全问题的是由保密术发展起来的保密学。保密学是研究通信安全保密的科学,是保护信息在传递过程中不被敌方窃取、解读和利用的方法。它包含两个相互对立的分支:密码学和密码分析学。前者是研究把明文(plain text)变换成没有密码就不能解读或很难读懂的密文(cipher text)的方法;后者是研究分析破译密码的方法。彼此目的相反,但在发展中又相互促进。密码由两个基本要素构成,即密码算法和密钥。密码算法是一些公式、变换法则、运算关系;密钥可看作是算法中的可变参数,改变密钥也就改变了明文与密文之间的数学关系。对明文进行加密(encryption)时所采用的一组规则称为加密算法,对密文进行解密(decryption)时所采用的一组规则称为解密算法。加密和解密操作通常都在密钥的控制下进行。传统密码体制使用的加密密钥和解密密钥相同,称为单钥或对称密码体制(私钥密码体制)。基于成本、兼容性和推广使用的考虑,密码算法逐步走向标准化,即算法公开使密码保护仅限于保护密钥。1977年1月15日,美国国家标准局(NBS)正式公布实施了美国数据加密标准(DES),公开了DES加密算法,并广泛应用于商业数据加密。虽然DES的安全性目前已受到怀疑,但由于其执行速度快、效率高而仍被普遍使用。1996年12月15日,美国总统克林顿签署了"关于密码技术出口控制的管理"(Administration of Export Control on Encryption)的总统命令,并于1997年1月1日生效。根据该命令,任何签字在两年内实施密钥重获机制(key recovery mechanism,即确保有一个备用密钥集可经常用于解密数据,以便为执法机关等政府部门提供一个进入密码数据的后门)的美国厂商都马上可以出口56位DES的密码产品。而且一旦重获机制就位后,对密钥长度就完全没有限制了。

20世纪70年代中期,人们又提出了加密密钥与解密密钥不同的双钥体制,或称非对称密码体制(公钥密码体制),即加密密钥可以公开而解密密钥则由用户自行秘密保存,使得收发信双方无需事先交换密钥即可建立起保密通信。其中较著名的是RSA公钥密码体制,它被认为是密码学发展史上的一个里程碑,是密码技术的一次革命。RSA基于大数高次幂求模运算,使得即使采用对RSA有效的攻击手段(如大数分解法)进行破译,也需要在每秒10亿次的计算机上运算10^{10}天的时间!由此足见其保密强度是很高的。但由于正常的RSA加解密过程亦需进行复杂的数学运算,所以速度较DES慢得多。RSA现已成为世界许多官方标准的组成部分,它适用于大型网络通信加密和数字签名验证,随着技术的发展将逐步走向成熟。

2. 计算机安全

随着计算机在社会各领域的广泛运用,围绕着计算机的安全问题也越来越突出。与通信安全相比,计算机安全具有更广泛的内容,涉及计算机硬件、软件、数据等方面的安全问题。除沿用通信安全的理论、方法和技术外,计算机安全研究有自己独特的内容,并构成了独自的研究体系。早在1971年,莱姆普荪(Lampson)的存取监控器模型就为计算机安全保护思想的实现提供了基本的理论;1972年舍尔(Schell)提出的"安全内核"概念是信息安全研究的一个重要成果;1984~1988年间,西蒙斯(Simmons)又提出并完善了认证理论。归纳起来,对计算机系统安全的基本要求包括:用户身份验证、存取访问控制、数据完整性、审计、容错五个方面。

在计算机安全研究中,主体(subject)和客体(object)这两个重要概念的提出使计算机安全中最重要的研究内容——存取访问控制的研究得以模型化。保护客体的安全、限制主体的权限构成了存取访问控制的主题。可信计算机理论将安全保护归结为存取访问控制,被调用的程序或欲存取的数据和信息被称为客体,主动发出访问要求的人或进程被称为主体,一切主体欲对某一客体进行的访问都毫不例外地接受访问控制。1983年,美国国防部公布了"可信计算机系统评估标准"(trusted computer system evaluation criteria—TCSEC),即有名的"橘皮书"(orange book),对多用户计算机系统的安全等级划分进行了规定。其基本思想是:计算机安全即是指计算机系统有能力控制给定主体对给定客体的存取访问,根据不同的安全应用需求确定相应强度的控制水平,即不同的安全等级。根据橘皮书的规定,可信计算机安全级别分为四类七级:D,C1,C2,B1,B2,B3,A1。D级最低,不具备安全特性,A1级为最高安全等级。橘皮书已成为国际上评估计算机系统安全的一个标准,它定义了计算机安全的许多观念,但它主要是面向操作系统的安全性评估标准。1978年,古德斯(Gudes)等人提出了数据库的多级安全模型,把计算机安全研究扩展到了数据库领域;1988年,邓宁(Denning)提出了数据库视图技术,为实现最小数据泄露提供了技术途径。这些成果都为计算机安全研究发展到信息系统安全研究奠定了坚实的基础。

3. 信息系统安全

信息系统的广泛建立和网络化发展,使计算机应用的主要形式上升为信息网络状态。这种网络化的信息系统纵横交错,构成了集通信、计算机和信息处理于一体的复杂大系统,所采用的通信介质多种多样,网络组件繁杂;构成其基础的计算机、操作系统和网络可能是同构的,也可能是异构的;实现计算机联接的网络结构可能是多种拓扑结构的混合;信息处理既有集中式,又有分布式;信息出入口多,且分布面广。因此,信息系统的安全问题具有广泛的内容,研究信息系统的安全管理问题与建立信息系统同样重要和迫切。

现代信息系统的安全可以理解为计算机安全在网络环境下的拓展,它的实现是安全保密学科理论的综合运用。把信息系统安全研究作为一个独立的课题提出还是最近十来年的事情。IBM的高级研究员费舍尔(Fisher)最先认识到了这个问题,并于1984年出版了信息系统安全研究的第一部著作。在同年的国际信息处理联合会(IFIP)安全保密年会上,弗吉尼(Fugini)提出了办公信息系统的安全管理方法,把研究触角伸向信息系统。鉴于网络在信息系统中的重要地位,人们开始研究网络安全问题。1985年,沃约罗克(Voyolock)和肯特(Kent)提出了高级网络协议的安全问题。同期,分布式系统开始得到使用。1986年,那塞特(Nessett)提出了分布式系统的安全保密问题。这些工作使信息系统安全研究的范围不断扩大,并逐渐走向深入。1987年,美国国家计算机安全中心(NCSC)公布了"可信网络定义"(trusted network interpretation—TNI),又称红皮书(red book),从网络安全的观点来解释 TCSEC 的意义,扩展了 TCSEC 的应用范围。

在信息系统的安全问题中,网络安全体系的构造无疑是构成系统安全的出发点和基础。为此,1988年,国际标准化组织(ISO)特别在开放系统互连(OSI)网络标准体系之上提出了一个 OSI 网络安全体系标准(ISO/7498-2)。90年代以来,随着 Internet 上商业活动的发展,人们开始了防火墙(firewall)的研究和应用。当前,信息系统正朝着分布式、多平台、充分集成的方向发展,这些发展趋势要求人们研究面向新一代信息系统的安全策略和安全模型,建立网络环境下开放系统的安全机制和安全标准。信息系统安全已成为信息安全研究的重中之重。

(二) 信息系统的安全需求

信息系统自身存在着一些固有的脆弱性,如信息资源的分布性、流动性大,系统所存储与处理的数据高度集中、具有可访问性,信息技术专业性强、隐蔽程度高,系统内部人员的可控性低,等等。这些弱点在信息系统的实际运行中易诱发各种风险,对其安全性构成了潜在的威胁(参见表 7.3)。

表 7.3 信息系统的常见风险及其对安全特性的威胁

常见的风险	对信息安全特性的威胁		
	保密性	完整性	可用性
人为错误	＊	＊	＊
自然灾害	＊	＊	＊
后门	＊	＊	＊
电磁泄漏	＊		
硬设备故障	＊		＊
程序错误或缺陷	＊	＊	＊
病毒		＊	＊
逻辑炸弹		＊	＊
特洛伊木马	＊	＊	＊

常见的风险	对信息安全特性的威胁		
	保密性	完整性	可用性
搭线窃听	＊		
传输指向错误	＊		
访问假冒	＊	＊	＊
资源盗用		＊	＊
恶意破坏		＊	＊
伪造文件或记录		＊	
偷窃	＊	＊	＊

针对信息系统本身固有的脆弱性和常见的风险,信息系统的基本安全需求包括:

(1) 用户身份验证。系统要识别进入者的身份并确认是否为合法用户。在网络环境下识别用户身份比单机复杂得多,大量黑客随时随地都可能尝试截获合法用户的口令向系统渗透,如果口令不加密传送,或是每次密钥相同,则极易被破译。因此,每次远程输入用户联机口令都必须加密,而且必须每次都变更密钥以防被人截获后下次重发来冒名顶替。

(2) 存取访问控制。系统要确定合法用户对哪些资源享有何种授权,可进行什么类型的访问操作。在网络环境下不但要有独立计算机系统上本地用户对本地资源的访问控制,而且还涉及到哪些用户可访问哪些本地资源以及哪些本地用户可访问哪些网络资源的问题。

(3) 信息交换的有效性和合法性。信息交换的双方应能证实所收到的信息内容和顺序都是正确的;应能检测出所收到的信息是否是过时的或重复的。信息交换的双方要对对方的身份进行鉴别以保证所收到的信息是由确认的一方发送来的;不能抵赖、否认收到或发过信息,也不能对所收到的信息进行随意删改或伪造。

(4) 软件和数据的完整性。信息系统的软件和数据不可非法复制、修改或破坏,并且要保证其真实性和有效性。为此,要尽量减少误操作、硬件故障、软件错误、掉电、强电磁干扰等意外以防止毁坏运行中的程序和数据;要具备有效的完整性检验手段以检测错误程序、不正确输入等潜在性错误;对存储介质要定期检查以防止由于物理损伤而破坏数据的完整性。

(5) 加密。利用密码技术对传输和存储的信息都要进行加密处理以防泄露。仅采取物理安全措施(如机房进出制度)和操作入口控制措施(如访问控制)是挡不住有技术、有经验的入侵者的,因此加密是提高信息安全性的根本措施。加密的基本要求是,所采用的密码体制要有足够的保密强度,要有有效的密钥管理,包括密钥的产生、存储、分配、更换、保管、使用乃至销毁的全过程。

(6) 监理。为防止系统出现差错而采取的预防性措施。包括:外部监理——组织的上级主管部门或专业监理机构对系统运行情况的独立检查;管理监理——对系统开发战略、运行管理制度以及质量效益评估体系等进行监理;操作监理——对日常的输入/输出操作、维护、修改、更新等系统运行操作过程和制度进行监理;安全保密监理——对系统各项安全保密措施的监理。

(7) 审计。对使用系统资源、涉及信息安全的有关操作,应有一个完整的记录和彻底的检查,以便系统出现问题时分析原因,弄清责任。审计应与报警结合起来,每当有违反系统安全的事件发生时,要向系统安全管理人员发出相应的提醒和告警信息以便及时采取补救措施。

(8) 防病毒。计算机病毒是一种恶意程序,它通过不同的途径潜伏或寄生在系统的正常程序或存储媒体里,当某种条件或时机成熟时就会滋生并感染系统,使信息资源受到不同程度的损害。在网络环境下,计算机病毒更容易复制传播,危害性极大。对付计算机病毒必须以预防为主,应采取消灭传染源、切断传播途径、保护易感染部位等措施,增强系统对病毒的识别与抵抗能力。

(9) 防辐射。计算机系统工作时有辐射和传导电磁信号泄漏,若被对手接收下来,经过提取处理就可恢复出原信息而造成失密。对于重要的信息系统,在设计时应考虑采用信息泄漏防护技术和有关措施。

(10) 防灾。信息系统的灾害主要指火灾、水灾、风灾和地震等自然灾害和恐怖活动、电力中断、网络中断、软硬件出错等人为灾害。这些灾害常常是突发性、毁灭性的,有些是不可抗拒的,一旦发生往往损失巨大。因此,必须制定一整套灾害对策,建立备份体制和危机管理体制,尽量避免或减少重大损失。

(三) 信息系统安全的综合治理

随着信息系统的广泛建立和各种不同网络的互联互通,人们意识到,不能从单个安全功能、单个网络来孤立地、个别地考虑安全问题,而必须从体系结构上系统地、全面地考虑安全管理。这就是说,信息系统安全管理的对象是整个系统而不是系统中的某个或某些元素。一般来说,系统内外所有因素都是管理的内容。从系统内部看,有通信安全、计算机安全、操作安全、人事安全、资源安全等;从系统外部环境看,有法律、道德、文化传统、社会制度等方面的内容。按照系统的观点,信息系统安全追求并强调均衡性,因而各项因素管理要相互协调,不能重此轻彼。这就是信息系统安全的综合性原则。

现代信息系统的安全管理既是一个复杂的技术问题,也是一项要求严格的管理规范。信息系统是一种内容繁多、结构复杂、环境多变的人机系统,系统安全问题仅靠技术手段的支持是远远不够的。这是因为,在技术上要实现一个绝对安全的信息系统几乎是不可能的,一个系统甚至一项安全技术或多或少总有一些所谓的缺陷(bugs)及安全漏洞(security hole)。因此,要想有效地保护信息系统的安全,必须从信息安全技术、组织机构与人事管理、信息安全法制建设等方面采取综合治理措施。

1. 技术管理

信息安全技术包括：密码技术、鉴别技术、访问控制技术、信息流控制技术、数据保护技术、软件保护技术、病毒检测及清除技术、内容分类识别和过滤技术、网络隐患扫描技术、信息泄漏防护技术、系统安全监测报警与审计技术等等。目前信息安全技术的发展速度很快，国外不断有新型的安全产品投放市场，但进入中国市场的产品安全级别很低。我国已研制出防（反）病毒卡（软件）、安全路由器、保密网关、防火墙以及各种环境下的加密机等关键设备，但总的来说，国内自主开发的安全产品甚少，尚不能满足信息系统的安全需求。

2. 组织管理

对于任一级别的信息系统，都应有相应级别的、负责信息安全的专门管理机构。其主要职能是：制订、审查信息安全措施；确定实施安全措施的方针、策略和原则；组织实施安全措施并协调、监督、检查安全措施的执行情况。安全管理机构的人员要按不同任务进行分工以确立各自的责任。一类人员是负责整个系统安全的领导，另一类人员按分工具体管理系统的安全工作，如保安员、安全管理员、安全审计员、系统管理员、网络管理员等。对于较少涉及密级信息的部位，也有不少敏感信息，也需要有一定的组织机构和人员保证。

3. 人事管理

信息系统的安全威胁大多来自人的因素，因此，在信息系统的安全管理上要有一套完整、严格的工作规范和标准，有健全的人事管理制度，以防止和最大限度地减少由于人为原因给系统带来的不安全因素。不仅对用户的行为要实行有效的监控，而且更重要的是要加强对系统内部工作人员的管理。统计表明，大多数威胁信息安全的案例是由系统内部的工作人员引发的。他们可能无意中造成错误，也可能为发泄私愤而蓄意破坏信息系统，甚至可能为满足私欲而内外勾结窃取机密信息或进行经济犯罪。为此，"攘外"必先"安内"，在人事审查录用、工作绩效评价以及调动、免职等方面应有具体的安全措施。此外还要加强思想教育和安全业务培训，不断提高工作人员的思想素质、业务素质和职业道德，才能把系统安全建立在牢固的基础上。

4. 法制管理

信息系统安全问题的解决最终要依靠法制的保障。因此，有必要通过法制手段制订有关信息安全的法律规范，强制性地贯彻实施信息安全技术与安全管理等措施，保护信息系统的资源不受侵害。我国政府高度重视信息系统的安全立法问题，1996年成立的国务院信息化工作领导小组曾设立政策法规组、安全工作组及其专家组，并与国家保密局、安全部、公安部等职能部门进一步加强了信息安全法制建设的组织领导和分工协调。在信息安全法规建设方面，我国已制定了《中华人民共和国计算机信息系统安全保护条例》（1994年2月18日发布实施）和《中华人民共和国计算机信息网络国际联网管理暂行规定》（1996年2月1日发布实施，1997年5月20日修订）。此外，1997年10月1日正式生效的新《刑法》也增加了专门针对威胁信息系统安全的计算机犯罪行为的条款。其中明文规定：

违反国家规定,侵入国家事务、国防建设、尖端科学领域的计算机系统的,处 3 年以下有期徒刑或拘役;违反国家规定,对计算机信息系统功能进行删除、修改、增加、干扰,造成计算机系统不能正常运行,后果严重的处 5 年以下有期徒刑,后果特别严重的处 5 年以上有期徒刑;违反国家规定,对计算机信息系统中存储、处理或者传输的数据和应用程序进行删除、修改、增加操作,后果严重的应负刑事责任。

三、信息主管——CIO

信息系统建设与其说是一项计算机技术的应用,不如说是一场组织管理上的革命。实际上,信息系统建设的目标是提高组织管理的效果。如果不从管理问题出发,而只是强调技术因素,信息系统建设就很难取得成功。据台湾统计,以往信息系统建设的主管人员通常来自两种专业:一种是计算机技术专业,另一种是企业管理专业。但是在推行计算机信息系统的过程中,出身于企业管理专业的主管,其成效多半要好于出身于计算机技术专业的主管。这可能与企业管理专业出身的领导更重视管理的目标有关。在任何情况下,目标都应当重于手段。因此,信息系统建设必须紧密围绕组织经营管理的目标来展开工作。这就是说,需要有一个能够对信息系统资源进行合理组织和有效配置,把信息系统建设与组织经营管理的目标紧密结合起来的信息主管(chief information officer—CIO)。

(一) CIO 的产生

CIO 是随着信息资源管理热潮的兴起而诞生的。从 20 世纪 80 年代起,为确保信息资源的充分开发和有效利用,人们对信息资源管理问题给予了高度的重视。1980 年,美国政府为克服联邦行政部门的文牍主义和官僚主义,节约办公开支,提高工作效率,制定了《文书工作削减法》(Paperwork Reduction Act,公法 96—511 号)。该法明确指出了"信息资源管理"(information resources management—IRM)的意义,并授予管理和预算办公室(office of management and budget—OMB)以广泛的权力来制订和实施联邦政府的信息政策,管理联邦政府的信息资源和信息活动。为了从组织机构上保证和加强联邦政府各部门的信息资源管理活动,美国政府要求各部门都要设立 CIO 这一新职位,并委派副部长和部长助理级官员来担任此职,从较高层次上全面负责本部门信息资源的开发利用。这就是最初的 CIO。

CIO 的出现有效地改善了美国政府部门宏观层次的信息资源管理,其成功经验促使一些大公司将这一职位连同其名称和职能一起引入到企业管理中。1981 年,辛诺(W. H. Synnott)和戈拉伯(W. H. Grube)在《信息资源管理:80 年代的机会和挑战》一书中强调了在企业中设立 CIO 的必要性,首次给 CIO 以明确的定义:"CIO 是负责制定公司信息政策、标准,并对全公司的信息资源进行管理控制的高级行政官员。"于是,企业 CIO 就开始出现在美国的一些大公司和企业集团里。由于设置合理,成效显著,其他企业也竞相仿效,便很快在美、日等发达国家普及开来。1986 年,美国《商业周刊》发表了一篇题为"管理领域的新星：迎接 CIO"，对这一职位在企业界的迅速崛起也产生了很大的促进作用。据 80 年代中期对美国 500 家最大企业的抽样调查，当时已有 40% 的大公司设立了 CIO 一职。另据日本专修大学竹村研究室对以东证 1 部上市企业为中心的 510 家公司的调查，1988 年有 21.9% 的企业设置了由常务董事以上级别的高级管理人员担任的 CIO 职位（这一比例 1991 年已上升到 37.6%）。目前，排名世界前 500 家大企业的 80% 以上都实行了 CIO 体制。CIO 的产生，标志着现代企业管理从传统的人、财、物三要素管理走向了人、财、物、信息四要素管理的新阶段，从战略高度充分开发信息资源，科学管理信息资源，有效利用信息资源，是现代企业能够在日益激烈的市场竞争中克敌制胜的公开的秘密。

（二）CIO 在组织管理中的地位和职能

CIO 作为组织中的高级管理人员与以前的信息管理职位有很大的不同。过去，组织机构中从事信息工作的人员大都处于从属或配角地位，他们经常被称为领导决策的"耳目"、组织经营的"参谋"，信息中心的负责人充其量也只是一个部门级领导。CIO 职位的出现，在很大程度上改变了这种情况。1994 年，加拿大对信息管理人员需求现状进行了一次调查，其中关于信息管理人员在组织机构中应处于何种位置的问题，有 75% 的人指出，最高级的信息管理人员可以处在总裁、总经理的位置，或是在总裁之下、部门业务经理之上的位置，即置于组织的高级管理层。这表明，人们对 CIO 在组织管理中的地位和作用已经有了相当明确的认识，对组织信息管理的系统结构和人员角色有了较为清晰的划分，从而形成了以 CIO 为首的组织信息管理新体制。

组织信息管理是一项复杂的系统工程。其中有各项技术问题要掌握、突破和应用，有与组织中各种各样的人打交道而带来的大量组织协调工作和普及培训工作要进行，有组织管理制度的不规范、不完善、不标准而造成的困难和麻烦要解决，甚至还有传统习惯势力的阻碍和抵制要克服，等等。若将信息部门附属于组织中的其他部门（如财务部、研究发展部或市场销售部等）之下，是不能适应现代组织信息管理的需要的。因为上述问题如果没有主要领导出面，没有独立的信息部门专门负责，仅靠具体的业务工作部门是无法协调和解决的。因此，组织的信息管理要有长期的、独立的职能机构，除负责信息系统建设外，还要有一个有效的工作小组，能把组织体制变革与信息资源开发利用紧密结合起来。国外大公司流行的、也是比较理想的做法是，单独成立一个称为"信息化委员会"之类的领导小组，由 CIO 负责牵头召集，组织的最高层领导和其他部门的负责人均为该委员会成员。在委员会下面再设立与组织中其他业务部门平级的信息部门，具体负责信息系统管理工作（如图 7.3 所示）。这样的组织信息管理体制，是与信息部门及 CIO 所承担的职能和角色分不开的。信息部门需要从各业务、职能部门获取原始数据并进行分析处理，最终的结果又要为这些部门和领导决策服务，因此，信息部门既要独立于其他部门，又要与这些部门有充分的联络与沟通渠道；CIO 既要有充分的行政权力，同时又要与其他部门的负责人有良好的协同配合关系。

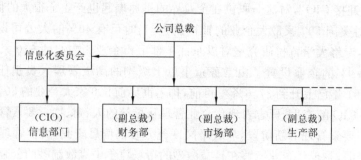

图 7.3 CIO 与信息部门组织结构

在一个组织中,CIO 是全面负责信息工作的主管,但又不同于以往只是负责信息系统开发与运行的单纯技术型的信息部门经理。作为组织高级管理决策阶层的一员,CIO 直接向最高管理决策者负责,并与总裁或首席执政官(chief executive officer—CEO)、财务主管(chief financial officer—CFO)一起构成组织的"CEO—CFO—CIO 三驾马车"。概言之,CIO 是既懂信息技术,又懂业务和管理,且身居高级行政管理职位的复合型人物。他的主要职能是:

(1) 参与高层管理决策。CIO 作为组织管理决策的核心人物,当然有权参与组织的高层管理决策活动。但是,CIO 参与高层决策具有自身的特点。这就是运用自己掌握的信息资源武器帮助最高决策者制订组织发展的战略规划,通过充分有效地开发利用组织内外信息资源,寻求组织的竞争优势,或强化组织的竞争实力。CIO 不只是负责信息资源管理范围内的决策活动,而且必须参与讨论组织发展的全局问题。为此,要求 CIO 必须对影响整个组织生存与发展的各方面问题都有相当全面和清楚的了解。

(2) 制订组织的信息政策与信息活动规划。CIO 的重要任务就是发掘信息资源的战略价值。作为统管整个组织的信息资源的最高负责人,他应该根据组织发展战略的需要,及时制定或修订组织的信息政策和信息活动规划,以实现行政管理的战略意图。当组织管理策略发生变化时,CIO 要及时投入信息技术力量和必要的资源条件来响应这种变化,使组织的信息资源开发利用策略与管理策略更加协调一致。

(3) 管理组织的信息流程,规范组织信息管理的基础标准。作为信息管理专家,CIO 要主持拟定组织信息流程的大框架,建立信息管理的基础标准,如数据元素标准、信息分类代码标准、用户视图标准、概念数据库标准和逻辑数据库标准等,抓好数据重组工作,改造杂乱无序的数据环境。组织信息管理的实践证明,只有以数据集成为基础,以总体数据规划为中心,面向信息流程进行应用系统开发,才能取得信息系统建设的主动权。

(4) 负责组织的信息系统建设规划与宏观管理。作为组织信息系统建设的直接领导者,CIO 对信息系统的开发计划、运行管理、安全管理、人员配备、经费预算等要进行宏观控制和协调,统筹考虑系统建设的硬件、软件和应用问题。同时,代表本单位与信息系统开发者、技术设备供应商打交道,建立与信息技术服务商的"战略协作伙伴关系",并根据组织的业务和管理需要,对他们提出的信息技术"全套解决方案"进行审议,行使否决权。

(5) 为组织经营管理提供有效的信息技术支持。管理和技术是组织发展的两大关键。在当今时代,管理问题相对而言是比较稳定的,技术热点则变化得非常之快。作为信息技术专家,CIO 必须密切注意信息技术的发展变化,分析新技术对组织经营管理与竞争战略的影响,以便及时作出快速反应。美国的信息技术咨询服务公司——顾能资讯集团(Gartner Group)基于对 CIO 的调查,在表 7.4 中给出了 1995—1997 年 CIO 所关注的技术热点。

表 7.4　CIO 关注的技术热点

1995	1996	1997
客户机/服务器	分布式系统管理	Internet/Intranet
网络管理	网络管理	软件包解决方案
电子商贸	数据仓库	数据仓库
应用系统开发工具	工作件/群件	分布式系统管理
面向对象技术	客户机/服务器	网络管理

(6) 评估信息技术的投资回报问题。面对眼花缭乱的信息技术,CIO 必须注意研究信息技术的投资回报问题,在信息技术投入和组织管理效益之间寻求某种平衡。这是一个 CIO 能够在现代组织日趋激烈的技术竞争中立于不败之地的重要条件。信息技术的先进性和可用性都是勿需置疑的,但是,如果脱离本单位的实际情况,盲目地、片面地、甚至是赶时髦地去引进和实施这些新技术,而不考虑其投资回收期和成本/效益关系,就会把自己置于被动境地,丧失在高层管理决策中的地位。

(7) 宣传、咨询与培训。作为分管信息技术部门和信息服务部门的最高负责人,CIO 在行政管理层次上要宣传信息部门及人员的作用,让组织的高层领导充分认识到信息资源对于战略决策或组织发展的重要性,同时应指导高层管理人员更有效地利用组织内部和外部的信息资源,为他们提供信息或信息技术咨询服务;在运作层次上,CIO 要帮助信息人员以及组织各部门的业务人员和用户转变观念和认识,并对他们的意见、询问和求助都给予很好的反馈。同时,CIO 还要负责组织全体人员的信息资源开发利用教育与培训工作。

(8) 信息沟通与组织协调。CIO 一方面是组织高层管理决策者与信息部门的联系人,他负责把行政管理的策略、意图和实施方案等传递给信息部门,同时又把信息部门的成果、生产能力和发展方向报告给行政管理班子;另一方面,CIO 还要承担整个组织各部门、各环节之间以及内外环境的信息沟通与协调工作,实现组织的协同作业和信息资源共享。

CIO 作为一个跨技术、跨部门的高层决策者,应充分利用组织内外可加控制的信息资源来不断完善组织的信息基础结构,并注意协调好组织管理与信息技术的关系。在传统的组织体制下,管理与技术是相对封闭的。管理者大都不知道信息技术究竟能够为管理决策做些什么,而信息技术人员只是从技术标准和设备性能来考虑问题,不大清楚组织的目标,也不能有效地支持决策。CIO 则是从组织管理的角度有意识地选择和运用信息技术,通过对信息资源的充分开发和有效利用来促进组织管理机制的变革和业务结构的调整甚至重组,从而提高组织的管理决策水平,增强组织在日趋激烈的竞争环境中的快速反应能力。

(三) CIO 的素质要求

美国信息产业协会(IIA)在 20 世纪 70 年代末曾为信息经理制定了明确的职业标准要求。其中规定,信息经理的一般工作职责包括"规划、设计、完善、安装、运行、维护和控制人工信息系统和自动化信息系统;在不同管理层次上为团体用户和个人用户提供信息管理方面的建议和帮助"。为此,要求信息部门的经理应具备以下一些素质:

(1) 具有广博的多学科和交叉领域的职业技能,能运用信息科学的理论基础为各种层次的管理者和用户服务;

(2) 具有一种或多种信息技术专长;

(3) 具有经济方面的,规划预算信息密集、资本密集、劳动密集产品的基本知识,以及在各种竞争性组织资源之间及内部进行权衡的能力。

CIO 在组织管理中的地位和职能决定了他应该具备比信息经理要高得多的素质要求。我们从一则 CIO 的招聘启事中或许可以管窥到一个合格的 CIO 应具备哪些基本要求:

"美国 Zenith 电子公司是电子产品的专业设计公司,已有 75 年的发展历史。现在我们提供一个极具挑战性的工作机会。如果您有领导才能,有信心迎接挑战,欢迎加入我们的行列。

招聘职位——CIO

主要负责监督和管理公司复杂的系统,支持公司短期和长期的商业项目。希望应聘者作为公司的数据通信网络技术顾问,能为 Zenith 公司在全球的商业部门提供语音和数据的远程通信服务。了解新技术并能将这些新技术应用到公司的通信系统中。

至少需要计算机科学学士学位,10 年以上相关工作经验,有能力领导、协调各部门的工作。需要 MBA 证书。

我们提供优厚的薪金待遇(年薪 20 万美元……)"

从启事中不难看出,一个合格的 CIO 必须是管理与技术两方面的全能型人物。而且总的来说,CIO 的组织管理水平比他的信息技术才能更重要。这似乎有悖于传统信息管理人员的素质要求。究其原因,主要在于二者职责的不同。传统信息管理人员的工作重点是对信息进行采集、加工和传播,信息经理的主要任务是控制组织内部的信息流动,与之相应的是要求他们具备相当扎实的信息技术知识和信息系统开发能力;CIO 的工作重点在于通过充分开发和有效利用组织内外的信息资源来强化组织的竞争优势,改进高层管理的战略决策活动,因此,经营管理与决策能力对于 CIO 来说显得更为重要一些。日本曾对 CIO 适任者情况进行调查,在有效回答的 259 家企业中,"计算机出身且通晓经营者"从 1989 年的 17.1%提高到 1993 年的 31%,"非计算机出身而通晓计算机者"却从 46.1% 下降至 27.1%,另外,"已是企业高层管理者"的 CIO 任职者比例变化不大(1989 年为 33.9%,1993 年为 34.8%)。这表明,不懂计算机的人不能成为 CIO,只懂计算机的人也不 能担任 CIO。理想的 CIO 应是兼具经营管理与信息技术两种能力的复合型人才。而"计算 机出身且通晓经营者"比重升高及"已是企业高层管理者"比重居高不下说明经营管理 能力对于 CIO 来说尤为重要。综上所述,CIO 应具备的基本素质要求是:

(1)管理经验。作为一个高层管理者,CIO 必须对本行业的发展背景有全面的了解, 对组织管理的目标有明确的认识,对经营决策和竞争环境的基本情况有充分的掌握,并且 有丰富的管理实践经验。实践证明,一个成功的 CJO,至少需要 5 至 8 年的管理经验积累。

(2)技术才能。通晓信息技术是 CIO 安身立命的根本。CIO 应具备为组织经营管理 与竞争战略发展的需要推荐与开发新技术的能力,对信息技术的发展动向及其对组织的 影响有敏锐的洞察力,富有远见和技术创新精神。

(3)经营头脑。CIO 的工作必须以提高组织的效益和竞争力为目标。因此,CIO 要有 精明的商业经营头脑,应了解信息技术何时何地何种情况下在哪些方面能为达成这一目 标起到关键作用,能够把信息技术投资及时转变成对组织的回报,方可为自己在组织中树 立起公认的有重大贡献的角色形象。

(4)信息素养。CIO 应具有强烈的信息意识和较高的信息分析能力,能够为组织高层 的战略决策发挥信息支持作用。特别是对来自外界环境的大量模糊、零碎而杂乱的信息, 应有高度的判别能力和挖掘信息价值的艺术,才能使自己的决策能力达到战略决策的 水平。

(5)应变能力。面对日新月异的信息技术和急剧变化的竞争环境,CIO 要有较强的应 变能力,能够抓住一瞬即逝的机遇,对各种变化作出迅捷及时的反应。CIO 还应有良好的 心理素质,能承担得起来自技术和环境变化的压力,具有敢于迎接各种困难和挑战的 勇气。

(6)表达能力。CIO 必须具备良好的口头和文字表达能力,能够把看起来是莫测高深 的信息技术向高层管理决策者和基层业务人员都解释清楚,消除组织中的"高技术恐惧 症"。特别是对于非技术型用户,要尽量避免采用技术性术语。

(7)协调能力。作为组织信息流的规划者,CIO 要善于协调组织内部各层次、各部门、 各环节的关系以及组织与其协作伙伴的关系,要有良好的人际关系和广泛的亲和能力,善 于对话和沟通,能够适应组织的文化和传统,使信息技术与管理体制相得益彰。

(8)领导能力。CIO 要有领导威信和支配组织信息资源的权力,能建立一个有效的信 息资源管理班子,既能指挥信息部门的工作,也能对组织的信息政策和策略起领导作用。

总之,CIO 应该是一个兼具技术能力和管理能力的复合型人才,是一个高瞻远瞩、极具洞察力同时又脚踏实地、从实际出发的领导者。

第三节　现代信息系统管理的发展

现代信息技术正在对人类社会的生产和生活产生着越来越广泛的影响,并且正在迅速改变着组织的经营管理模式和企业的生产方式、营销过程以及产品与服务的特色,甚至改变了竞争本身的性质。把信息系统看成是组织的辅助性或服务性工具已成为过时的观念,管理者应当充分认识到信息技术的广泛影响和信息系统的深刻含义以及怎样利用信息技术来创造有力而持久的竞争优势。现代信息系统的蓬勃发展,一方面是信息技术与组织管理之间的相互作用不断增强的结果,另一方面也意味着,信息技术正改变着传统的组织结构和经营管理模式,一场关系到每一个组织和企业生死存亡的管理革命已经到来。

一、组织信息管理模式的变革

随着信息技术的飞速发展和社会竞争的日趋激烈,组织的信息管理活动日渐活跃,各种各样的信息系统应运而生。为适应社会信息环境的变化和组织经营管理的需要,组织的信息管理模式也在不断地加以调整和变革。这种演变大致遵循着以下两条路线:

(一)面向技术的信息管理模式:EDPS —MIS —DSS

组织信息管理模式的第一种演变路线纯粹是面向技术的。传统上,企业等社会组织的信息系统和图书馆一样,管理对象主要是纸质文献资料,管理作业基本靠人力和手工劳动,主要解决的是文献资料的收集、整理和保存问题。电子计算机的诞生,给人类的信息管理活动带来了崭新的工具。随着计算机技术的发展,特别是计算机在数据处理技术上的突破,计算机应用从单纯的数值运算扩展到数据处理的广阔领域,为计算机在信息管理领域的应用奠定了基础。于是,在20世纪50~60年代,各大企业纷纷斥巨资购买计算机设备,建立自己的电子数据处理系统(electronic data processing system—EDPS)。这一期间,各种各样的计算机数据统计系统、数据更新系统、数据查询与分析系统、状态报告系统等纷纷出现,如美国IBM公司60年代后期在IBM360计算机上推出的公用制造信息系统(CMIS)、美国航空公司的SABRE预约订票系统,等等。人们希望通过EDPS进行单项或多项事务综合处理,解决手工条件下很难做到的大数据量统计、查询和更新工作,达到提高劳动生产率、为公司带来丰厚效益的目的。

50~60年代企业计算机应用的热潮导致了计算机信息系统的形成和发展,并带来了组织信息系统的首次繁荣。但是随着时间的推移,它也逐渐暴露出许多局限性和先天不足。EDPS只能完成单纯的数据处理工作,缺乏分析预测功能,不能满足组织经营管理的需要。【例如,在SABRE系统中,系统只能完成数据更新、统计、查询等功能,而没有任何预测和控制作用,更不能改变系统已有的行为,如从历史同期机票预订速度的规律和现有定票速度来预测可能发生的问题,采取补救措施等等;在 IBM 的 CMIS 系统中也只能提供实际生产状况的原始信息,而没有进一步利用这些信息去研究各种生产经营的发展趋势,计划对生产经营过程的控制和协调作用,最佳资源分配办法和生产经营组织方法,以及企业的发展战略等等。】因此,尽管各个公司都在为实现企业的计算机化而慷慨地投入了大量的资金,但遗憾的是,信息技术并不总是能够明显地提高经营效率,许多 EDPS 并没有取得人们所预期的效果。大量调查研究都表明,在计算机上花费了巨额的资金之后,在生产率上并没有获得预期的提高。这就是所谓的"生产率悖论"。

管理信息系统(management information system—MIS)是在 EDPS 的基础之上于 60 年代中期逐步发展而来的。按照美国 MIS 专家戴维斯(G. B. Davis)的定义,"MIS 是一个利用计算机软、硬件,手工作业,分析、计划、控制和决策模型以及数据库技术的人—机系统。它能提供信息,支持企业和组织的运行、管理与决策功能。"MIS 避免了 EDPS 的一些弊端,在信息处理的方法、手段和技术方面都有了明显的进步。较之 EDPS,MIS 具有如下特点:

(1) 更加强调科学管理方法和定量化管理模型的运用,强调系统优化的作用;

(2) 更加强调对数据的深层次开发利用,强调信息系统对生产经营过程的预测和控制作用;

(3) 更加强调科学的、系统化的开发方法,强调高效率、低成本的系统结构和数据处理模式。

MIS 采用标准的工具和技术手段对组织的信息进行加工处理,从 1961 年盖伦赫(J. D. Gallanher)提出 MIS 设想到 70 年代初迅速发展,在组织信息管理中得到了十分广泛的应用。但是,随着信息技术突飞猛进的发展和组织信息环境日新月异的变化,MIS 的不足之处也越来越突出。这主要表现在:

(1) 早期的 MIS 主要是作为组织的信息中心完成日常的数据处理业务,过多地考虑了信息处理,对组织的结构和各级管理人员的决策行为缺乏深入的研究,忽视了人在管理决策过程中不可替代的作用,因而在管理实践中特别是在辅助企业高层管理决策的工作中显得软弱无力。

(2) MIS 以解决结构化的经营管理问题为主,在设计思想上是要实现一个相对稳定、协调的工作环境,因此,MIS 只能按开发时确定的思路和流程处理信息,缺乏灵活性,从而严重限制了信息资源的开发深度和利用广度,使用户深感不便。

(3) 由于 MIS 是一个数据驱动系统(即在信息处理模型和处理过程都相对确定的情况下,数据成为驱动系统运行的重要因素),因而导致 MIS 中的信息内容与形式十分单调,信息流向基本上是自下而上的单行流,并且主要是业务信息,基层和中层的大量办公信息得不到开发利用。这一方面使组织上层不得不严格依照既定格式、通过多个不同的界面来获取信息,另一方面也挫伤了基层使用 MIS 的积极性。

(4) MIS 大多是按单项业务系统开发的,不同系统的开发方式以及对于开发规范的遵从程度都有所不同,这使得系统间存在很强的孤立性,一个系统很难与其他系统交换信息。再加上 MIS 主要关心的是组织内部的信息资源,对组织外部的信息未予足够的重视,致使各部门开发出的 MIS 最终成为一个个"信息孤岛",信息资源的开发利用存在着严重的封闭性。

针对 MIS 管理决策功能薄弱、只有内部信息而没有外部信息、只有业务信息而没有办公信息的局限性,70 年代以后又先后兴起了决策支持系统(decision support system—DSS)和办公自动化系统(office automation system—OAS)。

DSS 是 70 年代初期在 MIS 基础上发展起来的支持决策者对半结构化管理问题进行决策的信息系统。它的进步在于将信息系统的注意力转向高层管理决策者,并相应引入外部信息,以及强调人机交互和用户友好。决策模型和用户共同驱动系统的运行,最终为决策者提供切实可行的决策方案。但是,DSS 对 MIS 的发展仍然还是沿着技术的路线,试图通过技术手段和模型化的方法提高决策的效益。这对于在当今急剧变化的社会信息环境下愈益复杂化的战略决策问题是很难奏效的。

OAS 是在 70 年代末期随着信息技术的发展和普及,利用微机和局域网技术以及各种先进办公设备与办公人员构成的信息处理系统。它面对的是一类非结构化的管理问题,以办公事务处理为主要工作对象,以设备驱动为系统运行方式,其主要目的是提高办公室的工作效率。目前 OAS 已深入到现代社会组织的各个角落,有人把 OAS 加上水、电、气、防火、防盗等自动控制设备的集成系统称为智能建筑系统(intelligent building system—IBS)。总的说来,OAS 较少涉及各种科学的管理方法和管理模型,是一个以信息技术和自动化办公设备为主的系统,与其他信息系统在设计思想、系统结构、技术手段和信息处理方法等方面都有很大的不同。

组织信息管理的主要目标是充分有效地开发利用信息资源,满足组织的信息需求,提高组织的劳动效率和管理效益。八十年代中期以后,随着信息技术的飞速发展和信息环境的急剧变化,组织信息管理遇到了前所未有的问题。信息技术,特别是计算机网络通信技术在近年来的飞速发展,使传统的以组织内部信息资源为主要对象的信息管理模式受到了猛烈的冲击。以前许多企业所开发的 MIS 都是只能对企业内部信息进行收集、处理与检索的"信息孤岛",企业信息资源并没有真正得到充分的共享和使用。

信息技术的进步使计算机的性能价格比不断提高,以至于更多的企业和部门都能买得起计算机,有的企业甚至进入了"人手一台微机"的时代。于是,企业计算机设备的牌号更加复杂,系统匹配的混乱问题日渐严重。再加上部门利益冲突所造成的矛盾与隔阂,各单位在采用新技术时缺乏统一的标准和互操作性,使得各企业的 MIS 不能相互交换信息,企业"信息孤岛"现象日益突出。与此同时,信息技术日新月异的发展速度,使信息管理人员感受到了更大的压力。在过去的组织经营管理中,信息是一种稀有资源,信息管理人员因为其迅速、高效的信息收集、处理与提供服务而倍受青睐。如今的管理决策者们每天面对如潮水般涌来的大量新到廉价信息,往往感到心烦意乱,不知所措,其决策效率大为降低。此时的信息管理人员是釜底抽薪,还是火上浇油? 要做到釜底抽薪,就必须转变信息系统的管理模式,从纯粹的信息收集处理转向加强对信息的选择和评价,主动为经营决策服务。如果想火上浇油,那就什么也不需要做,只要维持现状即可。按照目前信息技术的发展速度,计算机的性能每两年就会翻一番,而价格则下降一半。这意味着企业两年前购买计算机所花的钱,就是现在所花钱数的四倍。如果企业考虑到它在信息系统方面的投资回报问题,信息管理人员在企业中的地位就岌岌可危了。当遇到经济衰退或企业经营状况恶化,信息系统的预算恐怕是企业首先要削减的目标。因此,降低计算机的综合拥有成本(TCO)已经刻不容缓。

长期以来,人们在信息管理中存在着这样的误区:信息管理就是建立 MIS,而 MIS 建设又只是一个信息技术的问题。只要采用了先进的信息技术,信息资源的开发利用似乎是十分简单的事情。事实上,一个完整的 MIS 应该由四部分组成,即 MIS 的应用程序、数据环境、技术环境和社会环境。长期以来,人们在 MIS 建设上过于偏重前三个因素,忽视了系统建设中的社会与人文因素,造成了"社会环境瓶颈现象",即原来期望中的 MIS 五彩缤纷、美妙动人,然而实际上的 MIS 却是枯燥无味、十分蹩脚的。MIS 失败的主要原因是 MIS 的开发者与使用者都没有正确认识这种瓶颈现象,更没有去想法克服这种现象。因此,许多单位尽管在信息管理方面的投入已不算少,但从总体上看效益不够突出,信息资源仍然无法充分有效地开发利用。"生产率悖论"之所以产生,就是因为人们对采用信息技术和加强信息管理的目标存在着不同的理解。问题的本质是,采用最先进的信息技术并通过技术获取信息,这一事实本身并不足以保证成功。计算机只不过是一种有助于解决特定问题的工具而已。正如微软总裁比尔·盖茨(Bill Gates)所指出的,任何技术运用到商业中的第一条规律是:运用在高效率的工作中的自动化技术将会提高它的效率;第二条规律是:自动化技术运用到低效率的工作中,将会降低它的效率。同样的资金投入到计算机系统中可能会给一家企业带来巨大的收益,然而带给另外一家公司的只不过是昂贵的摆设。两者的差异在于,企业能否抓住机遇,主动迎接信息技术发展和信息环境变化所带来的巨大挑战,及时转变其信息管理模式和战略决策方式,以便更加充分有效地开发利用信息资源。

(二) 面向竞争的信息管理模式:从 IRM 到 SIS

人类开发了各种各样的信息系统,其目的都是为了更好地利用信息资源,提高组织的管理决策水平。然而,面向技术的信息管理战略非但不能有效地促进决策,而且也限制了人们对信息资源的充分利用。70 年代末 80 年代初提出的"信息资源管理(information resources management—IRM)"概念表明了人们对变革传统信息管理模式、更新组织信息管理战略的思考与探索。

IRM 这一概念是由美国学者小霍顿(F. W. Horton, Jr.)和戴波德(J. Diebold)等人于 1979 年提出的。作为一个发展中的概念,IRM 的含义是很广泛的。人们从不同的出发

点和不同的角度对 IRM 进行阐释,形成各种各样的定义。比较有代表性的提法有以下几种:

美国的小霍顿(F. W. Horton,Jr.)认为,IRM 是对一个机构的信息内容及其支持工具(信息设备、人员、资金等)的管理。他把资源管理的概念扩展应用到信息管理方面,强调 IRM 属于资源管理,是一种新的管理角度。

英国的怀特(M. S. White)提出,IRM 是充分、高效地确定、获取、综合和利用各种信息资源以满足当前和未来信息需求的过程。他把 IRM 理解为对各种信息资源进行集成管理,强调 IRM 是一种新的管理手段。

伍德(Wood,C)认为,IRM 是信息管理中几种有效方法的综合,它将一般管理、资源控制、计算机系统管理、图书馆管理以及各种政策制定和规划方法结合起来使用。他指出,尽管 IRM 并不是一种万能的药方,也还没有发展到完善的地步,但它是信息管理演变的新阶段。

美国政府管理与预算办公室(OMB)在 1985 年发布的通告《联邦信息资源的管理》中指出,IRM 是与政府信息有关的计划、预算、组织、指导、培训和控制过程,这一术语既包括信息本身,又涉及到其他相关资源,如人员、设备、资金和技术等。

总之,IRM 是一种新型的信息管理理论,是在管理科学的一般原理指导下,对信息活动中的各种要素,包括信息、人员、建设、设备、机构等,进行科学地规划、组织、协调和控制,以充分开发和合理利用信息资源,从而有效地满足社会信息需求的过程。IRM 理论的特点是:

(1)确立了信息资源作为经济资源、管理资源和竞争资源的新观念——信息资源论;

(2)追求将技术因素和人文因素结合起来解决问题,把信息管理的技术环境、数据环境、人文环境以及社会环境集成在一起以发挥信息资源的综合效益;

(3)强调组织机构层次的信息管理或面向组织的信息管理,关注组织机构信息资源的开放性与共享性;

(4)重视信息资源在组织管理决策与竞争战略规划中的作用,提出了信息管理战略的革新与组织结构变革的关系问题。

IRM 的产生和发展开拓了组织信息管理的思路,使组织形成了新的信息管理战略。这就是在信息技术急速发展和社会竞争日趋激烈的环境下,一个组织如何充分有效地开发利用信息资源以增强竞争实力、获得竞争优势的战略,即面向竞争的信息管理战略。在这种面向竞争的信息管理战略指引下,一个体现 IRM 思想的新一代信息系统——战略信息系统(strategic information system—SIS)就在 EDPS,MIS,DSS 和 OAS 的基础上迅速发展起来了。

按照 SIS 研究先驱、美国学者惠兹曼(Charles Wiseman)的观点,一个成功的 SIS 是指,运用信息技术支持或体现企业竞争战略和企业计划,使企业获得或维持竞争优势,或削弱对手的竞争优势。这种进攻—反攻形式表现在各种竞争力量的较量之中(如企业与供应方、配销渠道、顾客或直接对手之间为不同目的而展开的竞争)，而信息技术的应用可以影响竞争的平衡。这个定义强调的是对信息技术战略的正确认识和理解，同时也指出了SIS是为企业获取竞争优势这一目的服务的信息系统。换言之，SIS是从企业竞争战略的高度出发，通过充分开发和有效利用信息资源来提高企业竞争实力的信息系统，是企业战略管理和信息系统的整体配合和有机协调。此外，也有人提出了竞争情报系统(competitive intelligence system)、战略情报系统(strategic intelligence system)等概念，但与战略信息系统并无本质的区别。竞争情报系统是面向企业竞争发展需要的信息系统，而战略情报系统的概念只不过是更加强调信息系统对于企业高层管理与战略决策的意义罢了。例如，莫克勒(R. Mockler)就认为，战略情报系统就是支持战略管理决策的竞争情报系统。

SIS等新一代信息系统概念的提出，其目的主要在于改变人们对信息系统和信息资源的传统认识与理解。传统观念认为，信息系统就是保证如何向决策者提供及时、有效的信息，因而信息资源的作用也仅局限于决策支持的辅助作用。SIS与传统信息系统的最大区别就在于对信息资源的战略认识和应用上。凡是从战略决策需要出发，能够为组织创造竞争优势或抵消对手竞争优势的信息资源开发利用都是SIS的活动。SIS就是对组织内外信息资源的战略应用系统。信息资源的战略应用要达到的三个目标是，生产率的提高、市场反应能力的增强和竞争优势的强化或者保持。其中生产率的提高是目的，市场反应能力的增强是表现形式，竞争优势的强化或者保持是最终结果。在结构上与传统信息系统不同的是，它不是面向组织业务流程和办公事务来设计的，而是面向高层管理和竞争战略决策的需要开发出来的一类新型信息系统。SIS是在EDPS和MIS的基础上发展起来的，但SIS的目标与EDPS(通过电子信息处理来提高业务工作的效率)和MIS(通过满足信息需求来增强管理活动的效果)完全不同。它的目标是通过改变组织的业务结构和经营特性来提高其竞争能力。为适应组织竞争环境的不断变化，在许多场合下SIS只是通过网络联结起来的"虚拟信息系统"，其结构和功能都是相当灵活多变的。SIS是信息技术不断进步的产物，也是组织信息管理和信息系统发展到一定阶段的必然结果。

二、战略信息系统的形成与发展

20世纪80年代后期，首先是在美、日等发达国家的企业界，掀起了建设SIS的浪潮。根据日本专修大学竹村研究室1990年对以东证1部上市企业为中心的510家公司进行的"企业信息化实态调查"，已经运行或正在构筑SIS的企业达到了29.8%。许多企业在原来的信息系统基础上成立了"SIS开发委员会"、"SIS推进本部"等SIS开发机构，以推动和组织企业SIS的建设。SIS已成为企业信息管理的最新热点。

(一)战略信息系统的兴起

综观SIS兴起的原因，主要有三个根本动力：一是竞争需求的拉动，二是信息技术的推动，三是不断变革着的管理模式对SIS的大力支持。

1. 竞争需求的拉动

随着当代社会经济活动日益走向全球一体化和区域集团化,市场竞争变得异常激烈,表现为产品更新换代速度加快,质量和性能价格比提高,产品的人性化和个性化特色越来越突出,技术含量越来越高,围绕着产品的服务也越做越好。这就要求现代企业除了具有传统的质量、价格、服务等竞争能力外,还必须具备以下两种基本竞争能力:

(1) 创新竞争能力。这是企业最重要的竞争能力。除了产品设计和生产工艺的创新外,企业的创新还应该包括观念更新、组织再造和业务重组,即综合创新。从英特尔(Intel)到微软(Microsoft),从北大方正到青岛海尔,无数成功企业的事例证明,不断更新和提高的知识是竞争优势的原始源泉,而综合创新能力则是推动企业发展的真正动力和最强大的竞争武器。

企业 SIS 的组建与综合创新机制的形成密切相关。众所周知,信息是创新的原始驱动力,有效的创新竞争战略离不开对企业内外信息资源的充分开发和有效利用,离不开对企业本身、竞争对手和客户三者关系的准确把握。然而,现代化的大规模生产方式却导致企业管理层次过多,以致切断了企业内外的许多联系。据估计,企业中每增加一个管理层次,信息沟通效率就要降低 20%~25%。随着信息技术的飞速发展和竞争环境的急剧变化,企业重组(business reengineering—BR)已成为企业创新竞争战略的核心。BR 包括了对企业的组织结构、生产流程和业务流程以及产品进行重组,它以经营管理过程为中心,以关心用户需求和提高用户满意度为目标,对现有经营管理过程进行根本的再思考和彻底的再设计。因此,传统企业金字塔式的管理体制正在走向崩溃,中间层次成了机构精简的主要对象,组织结构越来越趋向扁平化。现在,越来越多的企业试图通过建立 SIS 来重新构造企业与雇员、企业与顾客、企业与协作伙伴以及竞争对手等方面的关系,把企业的战略决策阶层和基层职员、市场和用户直接联系起来,使企业减少纵向管理层次,加强横向管理互动,从而使非集中化的、即时性的创造性决策成为可能,以确保企业在瞬息万变的市场经济活动中获得竞争优势。

(2) 时间竞争能力。即产品生产周期短,上市快,交货及时。这也是现代企业生存和发展的重要条件。为应付瞬息万变的市场需求,企业的竞争战略从 60 年代的扩大生产规模、70 年代的降低生产成本、80 年代的改进产品质量,演变到 90 年代的以提高市场反应速度为中心的竞争战略上来,时间因素已经被提高到现代企业竞争的关键地位。为此,一个能够实现企业反应敏捷性和技术、人员、生产及管理等多种组织柔性的分布式网络化企业——"虚拟企业"的概念应运而生。所谓虚拟企业,就是指把不同地区的现有资源迅速组合成为一种超越空间约束、依靠电子手段联系、统一指挥的经营实体,从而以最快的速度推出高质量、低成本、多样化的新产品。它的特点是在企业功能上的不完整性、组织结构上的非永久性和地域上的分散性(即企业功能虚拟化、组织虚拟化和地域虚拟化)的前提下,通过信息集成和管理,发挥资源的总体效益,增强企业的竞争能力。虚拟企业对于市场需求的任何变化都要作出快速反应,从而对企业信息管理提出了更高的要求,而传统的 MIS

显然不能满足需要。SIS正是适应企业竞争态势的变化而出现的,它在许多场合只是通过网络联结起来的"虚拟信息系统",系统的功能与结构随企业竞争目标的变化而变化,因此能满足现代企业基于快速反应的竞争决策要求。

2. 信息技术的推动

信息技术的迅猛发展,使传统的以企业内部信息资源为主要对象的信息管理模式受到了猛烈的冲击,并为新一代信息系统的诞生提供了技术条件。这些技术主要有:

(1) 面向对象技术。敏捷性企业所具有的业务流程重组和组织机构重建的动态特性,对企业信息系统提出了更高的技术要求。面向对象技术的出现正好满足了企业重组的动态变化特性。面向对象技术本身的封装性、继承性、多形性、层级性、易修改性、动态链接性、可重复利用性等特点,使一个系统不仅可具有可缩放性和可维护性,而且还能满足敏捷性管理的低成本、高质量、短周期和小批量以及灵活性和可靠性等各种不同需求,从而使以面向对象技术为开发工具的SIS能为企业提供迅速响应变幻莫测的市场变化的竞争实力。

(2) 数据仓库技术。当今时代是信息时代,信息时代的竞争其实是信息的竞争。作为企业的管理决策者,掌握的信息当然是越准确、全面、高效越好。数据仓库技术将企业内各种跨平台的分散数据经过重新组合和加工,构成面向决策的数据仓库,使最终用户可以在数据仓库的基础上进行深层数据挖掘、多维数据分析、动态查询和报表等,开发利用有战略意义的信息资源。数据仓库是为管理决策者服务的,它的目标是从大量杂乱无章的历史数据和汇总数据中获取有价值的信息,用于支持高层决策分析,强化企业的竞争优势。因此,数据仓库技术也是企业SIS的重要支持工具。

(3) Intranet技术。企业内联网(Intranet)利用Internet的Web模型作为标准平台,采用TCP/IP作为通信协议,同时运用防火墙技术保证内部网络资源的安全性,在企业内部网络上形成了一种三层结构的客户机/服务器模式,即浏览器/应用服务器/数据库服务器模式,并由此构成了企业SIS的基础结构。Intranet充分利用了Internet的技术,因而开发简易、成本低廉、使用方便。通过Intranet,使企业将以往分散的信息结构——各自独立的"信息孤岛"变成了一个有机统一的网络体系——相对集中的"信息大陆",这样,不仅可在企业内部实现以Web为中心的更加方便灵活的信息发布与交换方式以及更加迅捷的协同作业,而且由于Web服务器与数据库的成功连接,使得从企业外部也可以及时访问企业的主干数据库。因此,利用Intranet很容易构筑起能够对竞争环境作出快速反应的SIS,增强竞争实力。

Internet的商业化,特别是Intranet技术的兴起,使企业的信息管理方式得到了极大的扩展。在企业的信息生产、发布、收集和处理能力及效率得到了极大提高的同时,企业间的关系也出现了多重性。他们之间可能既是合作伙伴或客户关系,又是市场对头或竞争关系。随着全球信息基础结构(GII)的建设和社会信息环境日益走向网络化、数字化,企业之间跨机构或跨国合作的机会和范围都大大增加。善于利用信息环境的企业能够通过信息技术实现全球化实时运作,提高企业的快速反应能力和战略协同能力,从而更加有效地参与竞争。注意通过网络化、数字化的开放式信息环境共享全球信息资源的企业,特别是中小企业,就有机会进入以往难以挤进的国际市场和商贸关系的各个环节,并以质量、价格和服务优势同大公司展开竞争。全球竞争环境将因此变得更加公平。这些进展一方面为企业提供了巨大的机遇,另一方面也提出了严峻的挑战。这些挑战关系到企业在市场竞争中的生死存亡。企业为了生存,必须适时转变其经营管理战略,更多地强调敏捷性,并对企业的组织结构和市场经营方式进行革新。这就是说,企业需要制定面向竞争的信息管理战略,即重新确定企业与顾客及竞争对手的关系,并据此改变企业的内外信息联系方式,建立更加灵活的、能够适应市场竞争需要的信息系统——SIS。这是企业在全球网络化、数字化信息环境下获得竞争优势的重要保证。

3. 走向 SIS 体制的管理模式

信息技术的蓬勃发展和竞争环境的急剧变化,既给企业经营管理带来了更多、更大、更为严峻的挑战,同时也带来了许多新的机遇,并促进了企业生产经营与组织管理模式的变革。这种变革为企业 SIS 体制的形成奠定了基础。目前,采用现代信息技术形成的经营管理模式主要有:

(1) ERP。ERP 即企业资源规划(enterprise resources planning)的缩写,是基于计算机技术和管理理论的最新进展,从理论和实践两个方面提供的企业整体经营管理解决方案。它最早起源于物料需求规划(material requiements planning—MRP)。MRP 是 20 世纪 60 年代中期提出的一种制造业库存管理系统,其特点是考虑各种物料之间的相关需求关系,按时间分段来确定各种物料的需求数量和时间。它以计算机为工具模拟"制造业基本方程":即根据生产计划(要生产什么?)、产品结构(用什么生产?)和库存记录(已有了什么?)进行计算,指出未来何时将会出现物料短缺并以最小存货量来避免物料短缺(还应得到什么?),从而使企业可确定各种物料的定货数量和交货期(计划何时下达?)。但 MRP 没有把企业的生产能力和复杂多变的外界因素纳入系统,忽略了供需之间的矛盾,而且在执行过程中也没有把车间作业和其他信息及时反馈到系统中,所以在实际工作中常常不能得以顺利进行。

制造资源规划(manufacturing resource planning—MRP Ⅱ)是 MRP 的发展和扩充。它主要是针对企业生产制造全过程的管理,并从生产计划、物料需求、库存控制、车间控制延伸到产品销售,同时辅以企业运营所必需的财务管理,以便准确及时地反映企业生产、营销和财务等方面的情况,进而全面规划和管理企业的生产经营过程,达到整体优化效果。利用 MRP Ⅱ,可在周密的计划下有效地调动各种制造资源,控制资金占用,缩短生产周期,降低产品成本。但它与传统 MIS 一样,仅局限于企业内部物流、资金流和信息流的管理,对外部信息不够重视,缺乏灵活性,因而到了 80 年代后期,已很难适应企业竞争战略的发展需要。

ERP 在传统的 MRP Ⅱ 基础上,吸收了适时生产(JIT)和全面质量管理(TQC)等先进的管理思想,极大地扩展了企业信息管理的范围,给出了新的企业管理结构,即把用户需求和企业内部的生产活动以及供应商的生产资源整合在一起。其基本思想是,将企业的生产流程看作是一个紧密连接的供应链,其中包括供应商、生产工厂、分销网络和客户等;将企业内部划分成几个相互协同作业的支持子系统,如生产制造、质量控制、服务维护、市场营销、工程技术、财务、人事等,还包括对竞争对手的监视管理。显然,ERP就是一种面向企业供应链的管理模式,它可对供应链上的所有环节进行有效的管理,并通过这些环节的紧密联系以及协同与平衡,实现全球范围内的多企业、多地域跨国经营合作。由此可见,ERP与SIS的思想是一致的,它将为企业SIS的形成提供有力的支持。

(2) CIMS。CIMS是计算机集成制造系统(computer integrated manufacturing system)或计算机集成管理系统(computer integrated management system)的缩写,以往多指前者,此处为二者含义的集成,泛称CIMS。

CIMS是用现代信息技术和管理理论对企业活动全过程中各功能子系统的完美集成。它以产品为主线,集成了产品设计/制造/控制层(包括计算机辅助设计——CAD、计算机辅助制造——CAM和柔性制造系统——FMS以及计算机辅助质量控制——CAQC)、生产管理层(ERP,MIS,OAS)和经营决策层(DSS,ES),使产品的管理决策过程、设计开发过程、加工制造过程、质量控制过程等通过计算机网络合理地联结为一个整体,以保证企业内部信息的一致性、共享性、及时性和可靠性,实现企业生产、管理、决策的智能化,达到优质高效的目标。由于CIMS对于现代企业的竞争和发展具有十分重要的战略意义,世界各国对CIMS都给予了高度的重视。美国政府将CIMS列为影响国家经济命运和竞争地位的22项关键技术之一,欧共体、日本均制定了CIMS研究与发展计划。我国政府对CIMS也非常关注,将其列为"863计划"的一个主题,并在清华大学设立了国家CIMS工程研究中心。"八五"期间,我国先后选择了66家企业作为CIMS应用示范企业,其中有大中型企业51家,包括北京第一机床厂、沈阳鼓风机厂、成都飞机工业公司等。北京第一机床厂通过实施CIMS工程,使超重型数控龙门铣的交货期由36个月缩短为18个月,因而在1996年的国际招标中一举中标。1995年,北京第一机床厂的CIMS工程还获得了美国制造工程师学会(SME)在全球范围内颁发的"工业领先奖",并同时获得联合国工业发展组织(UNIDO)94/95年度"可持续工业发展奖"。

实施CIMS,可使企业在日益激烈的市场竞争中处于有利的地位。CIMS概念的核心内涵就是提高企业竞争力的系统观点和信息观点。所谓系统观点是指,CIMS强调企业生产经营的各个环节,从市场需求、产品开发、加工制造、质量控制、销售服务、人事与财务管理等都是一个整体,要统一起来考虑;信息观点是指,企业的生产经营过程实质上是信息的采集、处理和传递过程,这一观点为企业广泛采用信息技术、大力发展SIS奠定了认识上的基础。CIMS便是在这种哲理的指导下,通过生产经营各个环节的信息集成,支持了技术的集成,进而由技术的集成进入物资、人员、资金、组织和经营管理的集成,使物流、人流、资金流、信息流实现整体优化运行,以此提高企业的竞争实力。因此,CIMS形成了企业 SIS 的内核。

(二) SIS 的结构与功能

从前面的分析可知,SIS 是根据竞争发展的需要把现代信息技术与经营管理思想结合在一起的产物。基于 SIS 的企业全面信息化决不仅仅意味着企业信息交流方式的变革,事实上,它带来的是组织结构、业务流程、管理模式的重整乃至经营方式的革命,并将为企业竞争与发展带来新的机会。因此,分析 SIS 的结构和功能,关键是要把握住 SIS 对企业重组的影响。

1. SIS 的结构分析

孙子曰"兵无常势,水无常形。"对于不同的企业,其经营的业务性质、所拥有的资源和竞争环境都各不相同,所以很难归纳出一个固定的 SIS 结构模式。况且,随着企业竞争态势日趋复杂多变,SIS 要随时作出调整,以适应企业竞争战略的发展需要。因此,SIS 必须是一个能充分体现出现代企业组织柔性的信息系统。

传统企业的组织结构一般都呈金字塔式,业务流程一般都是线性、封闭的,管理模式一般都是按递阶层次自上而下的,传统的企业信息系统与此相对应,是由职能分割的模块组成的,内部信息共享的模式受到了严格的结构限定,企业各部门之间以及与用户、供销商和协作伙伴的交流缺乏有机的联系,以至于企业所有的信息管理活动基本上局限于围墙内,结果导致组织柔性差,市场响应速度慢(如图 7.4 所示)。

图 7.4　传统企业信息系统结构

SIS 以现代信息技术,如 Intranet 技术、面向对象技术和数据仓库技术等作为技术手段,既为企业各部门之间、企业与供销商或合作者之间的紧密协作提供了全然不同的信息交流环境,又可根据企业战略目标和竞争环境的变化对企业内外资源进行重新组合,从而使企业组织结构的动态调整成为可能,并且使分布式网络化的虚拟企业成为现实。SIS 的目标是要使人们突破部门、组织、地域、时间以及计算机本身的束缚,真正实现以企业的战略目标和用户的最终需求为中心展开协作,因此,SIS 的结构必须与组织结构、业务流程以及管理模式的发展变化相适应,从传统信息系统的"机械结构型"转向更适合市场竞争需要的"生物细胞型",发展成为多元化的"蜘蛛式神经网络"(如图 7.5 所示)。

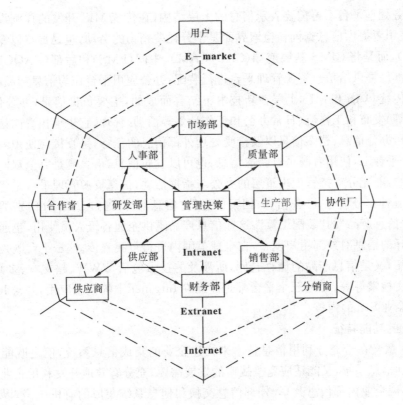

图 7.5　SIS 表层结构

由图 7.5 可以看出,SIS 的外壳是基于 Intranet 的 Extranet 和 E-market。在 SIS 的外壳上有三个发展层次:第一个层次是 Intranet 即企业内联网。这是 SIS 的基础结构层次。在这一层次上,通过 Intranet 把企业所有的信息资源集成起来,把企业经营的各环节、各部门以及各地的各个子公司联系起来,实现企业内部的信息共享与协同作业;第二个层次是 Extranet 即企业外联网。这是在 Internet/Intranet 技术基础上开发的与 Intranet 相连的战略伙伴协作网。通过 Extranet,把与本企业有业务合作关系的伙伴企业——从供应商到分销商——连成一体,使企业可以更有效地进行供销链的管理,并能更好地把握住竞争机会;第三个层次是 E-market 即企业电子商贸网。这同样是利用 Internet/Intranet 技术建立起来的并与 Intranet 相连的产品销售与用户服务网。通过 E-market,可以提供联机销售服务,帮助企业建立用户支持系统,拓展市场份额或打开新兴市场。

SIS 的内核是对企业现有技术和信息资源的集成,即以 Intranet 为基础、以 CIMS 为核心构建事务处理、办公应用和信息资源管理三个平台:事务处理平台作为内部信息部件的"制造工厂",是传统 MIS 基层部分的扩展,主要负责企业内部业务数据的采集、处理、存储和分析(包括 DSS 和各种统计分析功能,这些功能在传统 MIS 中是非常欠缺的)。除了基本数据项和表示状态的信息之外,还要将数据加工成为各项经济技术指标信息。但事务处理平台不再需要表示信息的上层结构（在传统 MIS 开发的详细设计和编码阶段，为使用者提供信息查询和检索界面是十分耗费精力的劳动，也是最难以令使用者满意的工作），而是将 CIMS 基层前端（CAD/CAM）、中间（FMS）和后部（CAQC）所形成的信息作为部件提供给信息资源管理平台进行装配；办公应用平台作为信息产品的"销售公司"，是由传统 OAS 和 MIS 上层在新技术下结合而成的，主要负责信息（办公信息、文件以及资料等）发布和工作流（日常办公和工作计划等活动）管理。它也承担着向信息资源管理平台输送办公信息、档案信息以及接受处理外部信息的任务，是直接与使用者联系的界面。在这一平台上，使用者既可以获取信息，也可以发布信息，信息流是完全双向并且是多媒体形式的，能充分支持管理决策层的办公与指挥活动；信息资源管理平台是将来自企业内外部的各种业务信息、办公信息、档案信息等"信息部件"通过 ERP 分门别类按不同主题组装为"信息产品"的"装配工厂"。这些信息产品既供企业各级人员使用，也通过防火墙将可以公开的信息对外部用户发布，在全球范围内进行自我宣传。这一平台既是信息产品的组装工厂，又是信息产品的储存仓库，所涉及的技术包括 WWW、超文本、多媒体、数据仓库和全文检索等等。上述三个平台都是建立在 Intranet 上的信息应用，并与 Intranet 一起构成了企业 SIS 的内核。

2. SIS 的功能特征

SIS 的意义在于充分利用信息技术来构建企业的集成信息系统，使之既能保留企业原有的各种信息系统，又能适应竞争战略的发展需要，充分有效地开发利用企业内外的信息资源，实现企业内部信息共享、外部信息交换和信息系统集成的有机统一，以增强企业的竞争实力。因此，SIS 不仅具有传统信息系统的所有功能，而且更加强调了信息共享、战略协作、快速反应、模拟预测等一系列功能优势。集中到一点，就是 SIS 强化企业竞争实力的竞争功能。这一功能主要有以下一些特征：

（1）目标一致性。SIS 是围绕着企业经营管理的战略目标展开的，并以实现企业的战略目标为其基本的行为准则。在 SIS 从宏观到微观、从战略到战术、从内部到外部的每一个环节，都始终与企业的战略目标保持一致。这是 SIS 能够发挥其竞争功能的前提。

（2）信息共享性。在 SIS 中，既可使用企业原有的各种信息资源，又可通过绝大部分计算平台与企业内外各方面进行信息交流，还可以扩展到各种媒体应用。由于 SIS 的信息应用灵活性和共享性更高，企业的信息处理成本降低，信息传播更加迅捷，劳动生产率将大大提高。

（3）战略协同性。SIS 可以打破各部门、各企业之间的封闭状态，创造跨部门、跨地域的合作空间，使面临险恶竞争环境的企业结成一种动态的战略联盟。结盟的对象可以是竞争对手，也可以是供销商或顾客，其目的都是对产品或服务进行集成，增强竞争优势，扩大增值范围。

（4）快速反应性。SIS 能够跟踪、分析和反映瞬息万变的实际情况，使管理决策者可随时根据企业内外环境条件的变化作出迅捷的反应，及时调整竞争战略决策，体现出现代企业经营管理的敏捷性特点。SIS 对市场信息的动态掌握可使企业保持较短的生产周期,增强快速反应能力。

(5) 模拟预测性。SIS 是现代企业经营管理规律的反映,按照现代企业管理模式构建的 SIS 必然具有模拟预测功能。它可以模拟企业组织结构、业务流程和生产经营方式的变革,预测企业重组过程中可能出现的问题,使企业管理决策者可以事先采取措施消除隐患,避免决策失误,维持竞争优势。

(6) 价值链的集成统一性。按照波特(Michael Porter)的价值链理论,企业内外的全部物流过程就是人们对其不断增值的过程(即价值活动)。价值活动是构筑竞争优势的基石,但价值链并不是一些独立的价值活动的集合,而是由相互依存相互联系的价值活动构成的一个系统。一个企业的竞争优势经常来源于价值活动间的联系,如同它也来自个体活动本身一样。SIS 的形成和发展,正在为企业内外的价值活动创造一些新的联系,并强化了原有的相互联系。通过 SIS,对企业内外各种价值活动的关系进行优化协调,利用信息流把企业的基本价值活动和辅助价值活动统一集成在一起,就可以为企业创造或维持竞争优势。

(三) 战略信息系统规划

现代信息技术的迅猛发展迫使管理决策者不得不调整信息技术是纯粹的数据处理技术的观点,以适应信息技术是一种能改变企业命运的、重要的竞争武器这一观念。因此,越来越多的企业把传统上分散设置的信息收集、处理、存储、传播部门融合为一个整体,集中在 SIS 下实行统一管理,并任命一名既懂信息技术又懂经营管理的信息主管(CIO)来负责企业的信息管理工作和战略信息系统规划。

战略信息系统规划是 CIO 的主要职责,是确保企业竞争优势的重要举措。所谓战略信息系统规划(strategic information system planning—SISP),就是要建立一个实施和运用 SIS 的程序,以优化企业的信息资源,支持企业的战略目标。SISP 并不着眼于企业自身拥有的信息资源先进性和完备性程度如何,而是从企业的战略目标和竞争态势出发,强调如何建立和完善一个能够充分有效地开发利用企业内外部信息资源的信息环境。一项成功的 SISP,能使企业在信息技术方面的投入获得最大限度的回报。因此,SISP 是现代企业信息管理不可缺少的科学手段。国外一些著名的信息技术服务公司和咨询公司已经开发出了多种专有方法,如 IBM 公司的"业务系统规划"(business systems planning)、"信息系统投资战略"(information systems investment strategy)、"信息战略规划"(information strategic planning),安德森咨询(Anderson Consulting)公司的"方法之一"(method/1),欧洲数据库顾问(Database Consultants Europe)公司的"战略信息系统规划"(SISP)等等。

SIS 的立足点是企业竞争的需要。因此,对于任何一项 SISP,都必须紧紧围绕着面向竞争的信息管理战略来展开。英国学者罗莉(J. Rowley)认为,一个典型的 SISP 方法由以下七个阶段组成：① 建立规划过程；② 理解商业战略和需求；③ 明确现有的信息系统；④ 形成必要的应用方案；⑤ 形成信息技术供应战略；⑥ 报告和实施；⑦ 维护。实际上，SISP 是一个复杂的信息管理战略规划过程，每个企业的 SISP 都有自己特殊的环境、需求、目标和程序，任何企业的 SISP 都不是完全相同的。SIS 贯穿于企业竞争的各个方面，企业 SISP 成功的关键在于正确的观念加上科学的方法。所谓正确的观念，就是指要正确看待信息技术对现代经营管理的渗透和影响，把 SIS 置于企业竞争战略决策的中心地位；所谓科学的方法，就是说不要盲目地照搬或被动地模仿已有的 SISP 和成功的 SIS 案例。市场竞争贵在创新。企业必须从对自身组织结构和各种竞争因素的分析研究中探索 SISP 的可行方案，进行费用—效果分析或风险—利润分析，经过严密的科学论证，选择最优方案，方能使 SISP 得以顺利有效地贯彻实施。无论是采纳已有的 SISP 方法，还是创建新的方法，都必须注意以下几个方面的问题：

（1）经营目标与管理机制：首先应明确企业的中近期目标和长远目标，为达成目标已经采用的和准备采用的竞争战略是什么？以确定 SIS 在企业竞争战略中的地位和作用，探索 SIS 的结构与功能。同时，要弄清企业的组织结构和业务流程是否与其竞争战略相适应，其管理模式是否与 SIS 的结构和功能相协调？这里或许要涉及到企业重组和管理创新等敏感的组织管理问题，因此，SISP 必须取得高层领导的主动参与和积极配合。

（2）竞争环境与竞争对手：考察企业的竞争环境有何发展变化，包括技术的、经济的条件，政策的、法律的条件以及人文的、社会的条件等等。找出企业现实的和潜在的竞争对手，了解他们的竞争能力和竞争地位、优势和劣势、竞争战略的差异以及他们的 SIS 战略及其效果等。对整个竞争态势作出全面的 SWOT 分析，明确内部优势(strength)、弱点(weakness)和外部机会(opportunity)、威胁(threat)，以此作为对企业信息系统现状评估和未来 SISP 的基础。

（3）信息资源与信息能力：弄清企业内外可用的信息资源数量和质量，企业现有信息系统的实力和问题，硬件、软件、网络和数据库的充实程度，企业信息化的推进计划及费用预算，对新引进的信息技术的消化能力如何？SIS 的本质在于，通过对企业内外信息资源的重组和优化，实现信息资源的充分开发、合理配置和有效利用，从而提高企业的竞争实力。因此，SISP 需要对企业目前的信息化水平有深入的了解，需要更多的组织与协调，需要一个强有力的 CIO。

（4）协作伙伴、市场与用户：把握企业与协作伙伴的竞争战略合作关系，这种战略协作伙伴关系的发展前景是什么？分析与现在的或潜在的竞争对手结盟以及几个竞争对手之间达成战略同盟的可能性。同时，注意追踪市场需求的发展动态，掌握用户对现有产品或服务的满意程度以及消费倾向的变化趋势。随着用户对产品和服务的成本、质量、可靠性和多样性的要求不断增加，企业的敏捷性变得越来越重要。为此，企业不再是只停留在一个静态的位置上来进行产品生产或业务运作，而必须在日趋激烈的市场竞争环境下运用 SISP 重新确定自己的位置以及与协作伙伴、竞争对手和用户的关系，不断调整自己的组织结构、业务流程、管理模式、产品与服务,以及人员、技术和市场策略等,以适应动态变化的市场需要。

SIS 对我国企业界来说还是一个新的概念。社会主义市场经济体制的逐步完善和全球经济一体化、集团化的强劲发展,将使我国企业面临着越来越激烈的市场竞争。随着信息技术的不断进步,信息环境网络化、数字化的趋势日渐明显,我国企业信息化的进程也在不断加快。可以预料,SIS 在我国各类企业的市场竞争战略决策中将发挥越来越重要的作用。

复习思考题七

1. 有人说"信息系统建设是三分技术,七分管理"。你是否同意这种观点?
2. 信息系统开发的原则是什么? 你认为在实际开发工作中怎样才能体现出这些原则?
3. 了解信息系统的开发方法。结合案例讨论为什么以往的信息系统开发常常是失败多于成功。
4. 你是否认为"一个管理人员不一定要懂得信息系统怎样工作,而只需要知道如何利用信息系统就行"?
5. 信息系统的基本安全需求包括哪些因素?
6. 分析 CIO 在现代组织管理中的地位和职能。
7. CIO 应具备的基本素质要求是什么? 你是否认为信息管理专业的培养目标之一是CIO?
8. 为什么说现代组织结构和信息系统都处于动态变化之中? 应如何理解它们之间的相互联系与相互作用?
9. 试分析战略信息系统(SIS)兴起的原因。SIS 的结构与功能特征是什么?
10. 选择某一企业或行业,考察或调查其信息系统建设与运行状况,写出分析研究报告。

参 考 文 献

1. 冯师道. 管理信息系统. 北京:科学出版社,1992
2. 姜旭平. 信息系统分析——概念·结构·机理·分支与发展. 长沙:湖南科学技术出版社,1991
3. 黎达. 计算机信息系统分析与设计. 北京:中国科学技术出版社,1989
4. 薛华成主编. 管理信息系统. 第 2 版,北京:清华大学出版社,1994
5. 汪星明等. 企业管理信息系统:开发、运行、发展. 北京:中国人民大学出版社,1993
6. 严怡民. 情报系统管理. 北京:科学技术文献出版社,1988
7. 林建. 面向对象设计方法解析. 计算机世界,1996 年 8 月 26 日
8. 张建生. 战略信息系统. 天津:天津人民出版社,1996
9. (美)詹姆斯·迈天著,李东贤等译. 生存之路——计算机技术引发的全新经营革命. 北京:清华大学出版社,1997

10. (美)迈克尔·波特著,陈小悦译. 竞争优势. 北京：华夏出版社,1997

11. Smith A N and Medley D B. Information Resource Management. Cincinnati, OH：South-Western Publishing Co. , 1987

12. Rowley Jennifer. Strategic information systems planning. Information Services &. Use. 1995. 15 (1)：57～66

13. Charles C. Strategic Organizational Communication：an Integrated Perspective. Fort Worth，TX：Holt，Rinehart，and Winston，1990

14. Charles C. Strategic Organizational Communication：Cultures，Situations，and Adaptation. New York：Holt，Rinehart，and Winston，1985

15. Davis G B. and Olsan，M. H. Management Information Systems：Conceptual Foundations，Structure and Development. 2nd ed. New York，NY：McGraw-Hill，1985

16. Wiseman C. Strategic Information Systems. Homewood,IL：Irwin，1988

17. Horton Forest Woody Jr. Information Resources Management：Concepts and Cases. Cleveland，OH：Association for Systems Management，1979

18. White M S. The development of information resource management. In：Information and the Transformation of Society. G. P. Sweeney ed. , Amsterdam：North-Holland，1982，287～295

19. Cash James I. Jr. et al. Building the Information-age Organization：Structure，Control，and Information Technologies. Chicago：Irwin，1994

第八章　信息产业管理

现代信息技术的飞速发展,有力地推动着社会生产力的迅猛提高和传统生产方式以及产业结构、经济结构的巨大变革,一个把信息产业作为社会先导产业、把信息经济作为社会主导经济的信息时代正在到来。信息产业以信息资源的开发利用为核心,以信息产品的生产、分配、交换与消费为主体,凭借其自身的强大力量不断发展壮大,已迅速从传统产业中独立出来,成为最有生命力的新兴战略产业。

信息产业的形成与发展,不仅使产业经济结构发生了巨大的变化,而且还给人类传统的经济价值观念和产业理论体系带来了彻底的革新。作为一个新兴产业,一方面,信息产业的急剧扩张寄托着社会经济发展的新的目标与希望,它的崛起已成为社会经济持续发展的基础动力;另一方面,信息产业的迅猛增长也必然产生人类社会以前从未遇到过的问题和矛盾,出现管理体制上的混乱与无序。如何深化对信息产业发展规律的认识,加强对信息产业活动的科学管理,以实现信息资源的优化布局和产业结构的合理调整,加速社会信息化进程,是宏观信息管理——信息产业管理层次上的重大课题。

第一节　信息产业理论

从社会生产力的角度,我们可以把人类社会划分为农业社会、工业社会和信息社会。无论是哪一种社会形态,其存在和发展的基础都是生产。按经济学的意义来讲,生产就是以一定生产关系联系起来的人们利用生产工具改变劳动对象以适合自己需要的过程。在人类社会的发展历程中,随着生产力的不断进步,社会分工逐渐完善起来,从而形成了从事不同生产活动的部门。我们把在生产活动中具有同类性质的若干生产部门所形成的综合体称为产业。产业的形成是社会分工的必然结果,产业的发展则是由社会生产力水平所决定的。

"产业"一词早已被人们所接受,但不同学科有不同的解释。产业经济学是从国民经济整体的角度来定义的,是指在国民经济大系统中,根据构成该系统的各个元素(经济实体)经济活动的性质与特点,对国民经济结构所进行的一种描述和划分。它既是国民经济中具有某种相同或相似属性的一组元素(如企业等)所构造的集合,即有机联系的行业群;同时又是国民经济按一定标准(如生产性、服务性等)所进行的一种分类。可见,产业的形成是针对国民经济中某一行业的宏观整体而言的。

一、信息产业的形成

根据产业经济学原理,某一产业的形成并健康发展需要具备三个充要条件:社会和经济发展的迫切需求、支撑产业发展的物质技术基础以及产业形成与发展所需的宏观政策环境。信息产业的形成是一个历史的发展过程。即使是在生产力十分低下的原始农业社会,信息活动也是普遍存在着的,信息活动也是当时人类社会生产活动的有机组成部分。只不过是由于那时的各类生产活动规模都很有限,尚未形成不同的产业。因此,信息活动的产业化既是人类社会的一个发展目标,更是一个动态的过程,具体表现为生产过程系统化、生产技术现代化、产品服务商业化、产品市场成熟化、产业分工专门化、产业群体规模化、产业功能社会化、产业政策规范化等诸多方面。

人类社会的发展过程,就是对各种资源的开发利用过程。进入现代社会以后,除了物质资源、人力资源和金融资源以外,主要以知识形态存在着的信息资源构成了社会财富的主要来源。随着社会信息需要的不断增长,人类开发利用信息资源的规模不断扩大,必然要求出现一系列专门从事信息产品采集、加工、存储、流通、服务与利用等相关活动的产业部门,即信息产业。特别是现代信息技术的巨大进步,更是促进了信息资源的开发利用活动向产业化方向发展。

所谓信息产业,就是从事信息技术设备制造及信息产品生产开发与流通服务的新兴产业群体。信息产业化是指遵循经济规律和市场导向原则,从信息经济行为的角度将以往分散于各领域、各部门的与信息生产、流通、分配、消费直接相关的企事业单位及个人组合起来,把各种各样的信息活动逐步引上产业化的道路,使之微观而言形成一个信息经济活动的产业集合,宏观而言形成一个相对独立的产业部门群。可见,信息产业化有两层含义:一是信息技术的产业化,二是信息产品与服务的产业化。前者从第二产业中萌发并独立出了新的电子信息技术设备制造产业,为传统产业改造和第三、第四产业的发展提供了物质技术基础;后者使第三产业中出现了新兴的信息服务业,为带动传统信息产业的发展和第四产业的形成开辟了道路。

信息产业的兴起是社会生产力发展的必然结果,也是社会分工的合理体现。随着生产力的发展,出现了社会分工,社会分工又进一步推动了生产力的发展,出现了社会化大生产趋势,逐渐形成了不同性质的产业。社会分工愈精细,劳动生产率就愈高,产业结构体系就愈加复杂。在人类社会的不同历史阶段,一种新兴的产业总是伴随着一些新技术的产生和发展而确立起来的。在手工生产力为主的农业社会,体力劳动者作为生产的主体使用着手工操作的简陋劳动工具,自然生物性能源和初级劳动对象占绝对优势,生产规模小,建立在农业技术基础上的产业结构是以第一产业——农业为核心的;在机器生产力为主的工业社会,专业劳动者逐渐取代了简单的体力劳动者,机器体系成为劳动过程的轴心,矿物能源和二次能源充当着生产的主要动力,生产规模趋向大型化,建立在工业技术基础上的产业结构变成了以第二产业——工业为核心。并且,随着工农业的高度发展,消费领域不断扩大,以服务业为主体的第三产业逐渐占据了国民经济的重要地位;在信息生产力为主的信息社会,信息劳动者正在成为劳动者的主体,信息技术正在改进普通的机器体系,多元化的新型能源结构正在革新单调、粗放的传统能源结构,以信息产业为核心的知识、智力、技术密集型产业结构正在取代原来的劳动、资本密集型产业结构。随着信息技术的进步和社会信息化水平的提高,信息产业逐渐从第三产业(及部分第二产业)中分化出来,作为国民经济的独立产业——第四产业迅速发展起来了。

四大产业结构发展的历史表明,产业结构的发展在时间上存在着序列性,新兴产业的产生总是以原有产业的发展为前提和基础。这种时间序列性除了生产力的发展水平起决定性作用外,还与生产——消费关系有关。从本质上说是生产决定消费,而消费又对生产的发展有反作用。人类的消费需求有维持生存的需求、扩展体力和智力的需求以及享受和娱乐的需求。在这三大类消费需求中,总是维持生存的需求在先,扩展体力和智力的需求在后,娱乐和享受的需求间处其中。而第一产业生产的产品基本上是用来维持人的生存的,第二产业和第三产业生产的产品和劳务中的消费资料除一部分直接用于维持人的生存外,绝大部分都是用来满足人类扩展体力及娱乐享受的需求的。第四产业主要是用来满足人类扩展智力及娱乐享受需求的,因此,信息产业的形成与发展要以农业、工业的发展为基础,以服务业的发展为前提。农业、工业、服务业发展在前,但信息产业后来居上,并逐渐取代传统产业成为现代社会产业结构的核心。四大产业结构核心地位的变化是受消费结构变化规律支配的。早在19世纪,法国统计学家恩格尔根据经验统计资料,对消费结构的变化趋势提出了一个看法:一个家庭的收入越少,家庭总支出中用于购买食品的支出所占比重就越大;一个国家越贫穷,每个国民的平均收入中用于购买食品的支出比例就越大。随着家庭收入的增加,家庭中用于购买食品的支出比例将会下降。这就是有名的恩格尔定律。以后,又有一些经济学家根据经验资料的研究指出,不仅食品支出比重存在上述递减规律,衣着、住房等生活必需品方面的支出比重在经历一定时期的上升后,也会呈递减趋势。生产的最终目的是为了消费,消费结构发生变化,产业结构也必然要发生变化。无论是从信息技术和生产力的发展状况分析,还是从消费结构的变化规律分析,信息产业必将获得迅猛的发展,人类社会的信息化程度将不断提高。

二、信息产业理论的提出

1962年,美国经济学家马克卢普(F. Machlup)在《美国的知识生产与分配》一书中开创性地提出了"知识产业"的概念。他认为,知识产业是一类或者为自己所消费,或者为他人所用而生产知识、提供信息服务或生产信息产品的机构——厂商、单位、组织和部门或其中的班组,有时可能是个人和家庭。知识产业包括教育、研究开发、传播媒介、信息设备和信息服务五个部分。马克卢普精辟地分析了知识生产与分配的经济机制,并对美国的知识产业进行了定量测算。据估计,1958年,美国知识产业的总产值为1364.36亿美元,约占国民生产总值(GNP)的28.5%,从事知识生产的劳动力已占总就业人数的31.6%。马克卢普的研究成果有力地证实了知识和信息在经济发展中的地位和作用,特别是他独辟蹊径的研究思路和研究方法为后继者们开拓了一个全新的研究角度和研究领域,因而极大地震动了西方经济学界。有人这样评价说,"知识产业的概念简直是一个足以把传统经济学炸飞的炸药包。"

1963年,日本学者梅棹忠夫在《放送朝日》杂志1月号上发表了《信息产业论》一文,在世界上首次提出了"信息产业"的概念。梅棹忠夫的理论是一种阶段发展理论,其特点在于提出了产业发展或产业结构变动类似于动物进化的观点。他认为,所有动物都主要是由内层器官(消化系统和肺脏)、中层器官(肌肉、骨骼和生殖器官)与外层器官(大脑、神经系统和感觉器官)组成的。简单动物内层器官的比例较高,而复杂动物外层器官的所占的比重更大。人类社会也相类似。一个社会的内层器官是提供食品的种植业、畜牧养殖业和渔业;中层器官是运输业、建筑业、军事工业以及其他生产和服务产业,这些产业涉及到人员与货物的运输、建筑和国家权力的实施;外层器官是信息、大众传播、电信、教育、文化及其他"信息产业",它们涉及到信息的流动和精神的创造性活动。与动物的情况类似,在不发达社会里从事内层产业的人口比例较高。随着社会的发展,重工业(中层产业)和信息产业(外层产业)的重要性提高了。梅棹忠夫预言,在农业和重工业发展到一定水平以后,信息产业就会得到迅速发展。他指出,"人类产业的历史就是人类作为生物有机体的功能阶段发展的历史。这是一个生命自我实现的过程。"梅棹忠夫的理论揭示了信息产业的拟人律演进机制,由此引起了人们对于"信息社会"和"信息化"的关注和讨论,以至于对60年代末70年代初日本政府和企业的产业政策研究和制订都产生了强烈的影响。

继马克卢普等人之后对信息产业理论与实践进行系统研究的集大成者是美国的波拉特(M. U. Porat)。波拉特在斯坦福大学攻读博士学位时就开始潜心研究信息经济,他以"美国信息经济分析"为题的博士论文获得了广泛的好评,引起了美国商务部的极大兴趣,该部为他提供经费,委托他在信息经济领域里继续进行深入研究。1977年,波拉特发表了九卷本的研究报告《信息经济》,系统地提出了一套关于信息产业经济分析的框架体系和测度方法,并对美国经济中的信息活动进行了定量分析测算。他将经济活动分为两类:一类与物质和能量的转换有关,另一类主要与信息形态的转换有关。前者构成了包括农业、工业和服务业在内的物质经济,后者是以信息产业为主导的信息经济。他认为,信息就是组织好的、可传递的数据,信息活动是指与信息产品及服务在生产、处理、流通中所消耗的一切资源相关的经济活动。信息活动消耗的资源分两种:信息资本(包括信息设备和信息建筑物)与信息劳动者。这种信息活动不能简单地划归为几个行业,而是渗透于国民经济的各个领域之中。波拉特把从事信息活动的部门分成一级信息部门和二级信息部门。一级信息部门指直接向市场上提供信息产品和信息服务的部门,二级信息部门指只把信息服务提供给内部消费,而不进入市场的部门。由此测算出,1967 年,美国信息经济产值约占 GNP 的 46%,信息部门就业者的收入占国民收入的 53%以上。波拉特发展了马克卢普的思想,成功地利用现有国民经济核算体系的统计数据对信息产业的结构和经济规模作出了更为精确的描述,因而对信息产业经济研究具有重大的贡献。

三、信息产业的结构与测度

何谓信息产业? 人们对这一新兴的产业部门目前尚无统一的认识。由于各人的研究出发点和目标不尽相同,对信息产业的划分和描述也略有差异。经济学家有经济学定义,社会学家有社会学解释,信息技术专家则有技术性界定。分析研究信息产业的结构与测度方法,探讨信息产业与其他产业之间的相互关联和相互作用,明确信息产业的特征及其在国民经济中的地位,是进行信息产业管理的重要前提。从总体上说,这涉及到对一个国家的产业经济结构进行划分的基本分类标准。产业分类就是人们对经济结构的认识,是对构成国民经济的各种活动按一定标准进行分解与组合以形成多层次产业门类的过程。常用的产业分类法有:英国经济学家克拉克(Colin Clack)的三次产业分类法、联合国的国际标准产业分类索引、基于生产资源密集度的要素构成分类法等等。但迄今为止,在各种传统的产业分类法中都没有将信息产业作为一个独立的产业门类划分出来。因此,对信息产业结构的确定涉及到对产业结构的再认识和产业的重新分类。

(一)波拉特的信息产业结构分析与测度方法

按照波拉特的理解,信息产业经济的理论目标之一是探讨信息商品及服务的生产和流通所创造的财富在国民财富中占有多大比重,以分析社会经济结构的变化和发展趋势。波拉特是从信息活动和信息市场的角度,按信息市场的供给关系,或信息市场中的生产与消费关系来分析信息产业结构的。信息活动可分为市场信息活动和非市场信息活动。波拉特将“所有在市场上出售信息产品与信息服务的信息行业”称为一级信息部门(primary information sector),将“政府或非信息企业中为内部消费而创造出的一切信息服务”称为二级信息部门(secondary information sector)。

一级信息部门的划分较为简单,因为国家或地区的经济普查或统计调查对各产业的分类较为详细,人们可按照相应的定义建立一级信息部门账户体系,并使之与国民收入和生产账户相协调。波拉特从美国“国家产业划分标准(SIC)”中识别出 116 个信息行业,归纳为 8 大类,由此构成了一级信息部门(见表 8.1)。

表 8.1　一级信息部门的分类

知识生产与发明业	信息处理与传递服务业
研究与开发业	电子或非电子处理业
发明业(民间)	电讯业基础设施
民间信息服务	信息产品业
信息分配与传播业	电子性消费或中间产品
教育;公共信息服务	非电子性消费或中间产品
正式和非正式传播媒介	电子或非电子性投资产品
风险经营与管理业	某些政府活动
金融业;保险业	联邦政府中的一级信息部门
投机经纪业	邮政服务
市场调查与协调业	州和地方教育
调研与非投机经纪业	信息活动的支撑设施
广告业	信息建筑物及租金
非市场调控机构	办公室设备

在一级信息部门的建立过程中,有些信息行业如计算机、电信等可以直接从原产业分类结构中切分出来,另有一些行业是信息产业和非信息产业的混合体,如金融保险业、医疗卫生业、不动产业等,需要通过典型调查和具体分析来确定信息生产与服务的份额。对这些行业或其部分产值的测算可采用测算 GNP 的一般方法,即最终需求(产品)法和增加值法。

最终产品是一定时期(通常以年计)在生产领域已经最终加工完毕而进入市场,可供社会使用和消费的产品。研究最终产品的结构既可了解各部门产品的市场份额,又可发现影响国民经济发展的"瓶颈"部门。因此,最终需求法亦称(最终产品)支出法,包括计算个人消费支出(耐用品、非耐用品、服务)、国内民间总投资(固定资本投资、建筑物、机械设备、库存)、净出口(出口减去进口)、政府采购支出等;增加值是指在生产商品和提供劳务的过程中所增加的价值,包括固定资产折旧和新创造价值两大部分,但不包括作为中间消耗的物质产品和劳务的价值。研究增加值的构成既可了解各部门对 GNP 的贡献大小,又可分析各部门的经济效益问题。考虑到有些信息部门没有独立的数据,故需要引进"附加价值"的概念,将传统产业中与信息活动有关的贡献分离出来。这里主要是用估算法来确定相关比例。如建筑部门的相关比例为 15%,即信息附加值为其总产值的 15%。依此类推,不动产业约 38%属于信息活动,医疗业的 50.85%属于信息活动,银行业的 81%来源于信息服务产出,等等。

二级信息部门的情况比较复杂,因为它提供的信息产品或服务的价值未能在市场上直接反映出来,而是作为中间产品或中间投入在非信息行业内部消耗。波拉特把在非信息企业中从事规划管理、研究开发、信息处理、通信、文秘、广告等工作的部门称为"准信息企业",通过测度那些直接支持二级信息部门运行所消耗的各种劳动力和资本的价值,即在非信息行业中就业的信息劳动者的收入和二级信息部门内信息资本的折旧,推算出这些部门中不直接进入市场的信息服务的"准市场"价值。

为了将信息劳动者从传统的职业分类中分离出来,波拉特首先对美国人口普查与劳工统计局列出的 422 种职业进行甄别,分析这些劳动者的主要收入是否来源于从事符号或信息劳动,从中归纳出 5 大类信息职业,即知识生产类、知识分配类、市场调查与管理类、信息处理类及信息设备类(参见表 8.2)。同时,他根据典型调查将 28 种具有显著复合特征的职业按一定比例划分出信息劳动者,一类是信息部门与服务部门各占 50% 的复合职业,如医生、营养师、售货员等;一类是信息部门与工业部门各占 50% 的复合职业,如车间主任、检验员等。据此,波拉特测算出,1967 年美国信息劳动者人数占就业总人数的45%,但信息劳动者的总收入占就业者总收入的 53.52%,信息部门就业人员的收入比非信息部门就业人员收入平均高 38%。

表 8.2　美国信息劳动者分类及职业

信息劳动者	职　业　种　类	主　要　职　业
知识生产类	科技工作者	物理学家、数学家、社会科学家、工程学家
	私人信息服务提供者	律师、法官、医生(50%)、设计师、建筑师等
	电子计算机专家	程序员、系统分析员、其他计算机专家
	金融专家	会计师、保险精算师、银行及金融管理者
知识分配类	教育人员	各类教师、教练员、体育教师
	公共信息提供者	图书馆员、档案馆员、博物馆员、文化管理员
	大众传播的相关职业	作家、艺术家、编辑、记者、摄影家、广告制作者、广播电视播音员等
市场调查与管理类	信息采集人员	统计调查员、走访员、公共事业检计员、测量员、核算统计员、检查员、鉴定人员等
	市场调研人员	买方调研员、卖方调研员、销售方调研员、广告代理人、推销员、销售代理人等
	计划、管理工作者	行政官员及经营者[包括公务员、各级官员、车间主任(50%)等];作业管理工作者(包括事务管理人员、生产管理人员、邮政管理人员、车辆管理人员、航空管制员等)
信息处理类	传统信息处理劳动者	各类秘书、办事员、文书管理员、信息投递员、注册检验员、铁路乘务员、收发员(50%)等
	电子信息处理劳动者	银行窗口、核算办事员、账簿员、出纳员、打字员、放射线技师、零售事务(50%)等
信息设备类	传统信息设备操作员	速记员、装订员、排字员、制版工、复印机操作员、印刷机操作员等
	电子信息设备操作员	账簿核算操作员、计算机操作员、数据处理机修理员、办公设备保管员等
	电气通信劳动者	电报操作员、电话操作员、电话设备修理员、电话架设员、广播操作员、广播电视修理员等

根据上述分析,波拉特得出美国信息产业 1967 年的测度结果:按最终需求法计算,

GNP 的 21.9% 来源于一级信息部门,二级信息部门对最终需求的销售占 GNP 的 3.4%;按增加值法计算,GNP 的 25.1% 来源于一级信息部门,二级信息部门对 GNP 的贡献为 21.1%,即 1967 年美国 GNP 的 46.2% 是由信息产业(包括市场和非市场)创造的(见表 8.3)。

表 8.3　1967 年美国信息产业经济结构　　　　　　　　　　　单位:百万美元

生　产	中　间　消　费			最终需求	占 GNP 比例
	一级信息部门	二级信息部门	非信息部门		
一级信息部门	69 754	98 917	0	174 585	21.9%
二级信息部门	0	616	227 778	27 440	3.4%
非信息部门	59 538	0	571 503	593 363	74.6%
增加值	199 642	167 826	427 920	GNP＝795 338	
占 GNP 比例	25.1%	21.1%	53.8%		

数据来源:陈禹,谢康著.知识经济的测度理论与方法.中国人民大学出版社,1998,p59

波拉特提出的信息产业分析方法将人类社会的基本产业结构从三分法发展为四分法,并且创造了一级信息部门和二级信息部门的概念,从而找到了一种定量分析宏观信息经济的方法。虽然在概念范围和统计方法等方面仍有争议,但因其具有较大的实用性和广泛的可操作性,许多国家和地区,如欧共体、日本、澳大利亚、新加坡等都采用了波拉特方法对本国或本地区的信息产业规模进行测算。1986 年,我国的研究人员运用波拉特方法对中国的信息产业进行了首次测度,并发表了研究报告《中国信息经济初步分析》。该项研究的主要数据来源于《中国 1982 年人口普查资料》、主要部委 1982 年统计年报、财政部 1982 年决算、国家统计局 1982 年 GNP 测算数据,以及《国民经济行业分类和代码》等资料。具体研究步骤如下:

(1) 信息行业和职业分类。1984 年发布的《国民经济行业分类和代码》共列出 14 大类 668 种行业,从中识别出 8 大类 140 种信息行业,占所有行业的 21%;《中国 1982 年人口普查资料》共列出 8 大类 301 种职业,据此分离出 5 大类 120 种信息职业,占所有职业的 40%。

(2) 识别并归纳出一级信息部门,测算其产值和就业人数。

(3) 采用排异法推算二级信息部门就业人数:

二级信息部门就业人数＝信息部门总人数－一级信息部门就业人数

(4) 利用人均工资、人均固定资产折旧估算出二级信息部门的人均收入和人均固定资产折旧额。

(5) 二级信息部门增加值＝二级信息部门就业人数×(人均工资＋人均固定资产折旧额)

（6）测算结果：1982 年中国的信息产业产值为 698～795 亿元，占 GNP 的 14%～16%。其中一级信息部门为 455 亿元，约占 GNP 的 9%；二级信息部门为 234～340 亿元，占 GNP 的 5%～7%。1982 年中国的信息劳动者为 4574 万人，占总劳动人口的 8.77%。

（二）信息产业的宏观结构及投入产出分析

信息产业内涵丰富，外延广泛。从宏观上，我们可以把信息产业划分为信息工业和信息服务业。如果从国民经济活动的独立行业来看，信息产业可包括 6 个组成部分：

（1）信息基础设施业：包括计算机、通信、记录设备制造，广播电视及其他传媒设备制造，信息建筑物建造装修等行业。

（2）信息生产开发业：包括研究开发、发明创新、数据库开发以及气象、测绘、勘察、计量等行业。

（3）信息报道分配业：包括新闻报道、广播电视、报刊杂志、出版印刷以及教育、教养等行业。

（4）信息传播流通业：包括邮政、电信、计算机网络等行业。

（5）信息提供服务业：包括文献服务、报导服务、检索服务、咨询服务以及网络内容提供服务等行业。

（6）信息技术服务业：包括软件开发、信息处理、系统集成以及技术培训维护等行业。

提供信息劳动资料的信息技术设备制造部门本来属于工业，严格地说不能隶属于信息产业。但是，把它们从工业中分离出来，将有利于分析信息技术与信息产业发展的依存关系。要从工业中把信息工业分离出来，必须结合信息产品和信息产业的定义，着重考察产品的用途。凡属于为生产信息产品或提供信息服务准备物质条件的均为信息劳动资料生产部门。对于信息建筑业从建筑业中的分离亦是如此考虑。

至于间接生产信息产品或提供信息服务的部门，因为融合在其他非信息部门里，自己没有形成独立的产业部门，似乎也不应当归并到信息产业中。但由于在信息化过程中，出现了信息产业化和产业信息化两种趋势，直接信息部门是最基本的信息产业部门，是信息产业化的直接结果，而间接信息部门是产业信息化的主要手段，将间接信息部门从非信息部门中分离出来，将有利于考察产业信息化的进程。何况在市场经济条件下，直接信息部门和间接信息部门的界限将会越来越模糊。因此，按宽口径来划分信息产业是有一定意义的。

我国学者借鉴日本科学技术与经济协会所提出的信息产业结构，考虑信息产品的性质，认为广义的信息产业大体上可分为 3 个层次，即信息技术部门、信息商品化部门（直接信息部门）和准信息部门（间接信息部门）三个部门群（参见图 8.1）。

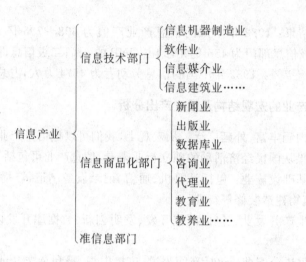

图 8.1 信息产业分类

其中,信息技术部门是指为生产信息产品或提供信息服务准备劳动资料的部门,包括提供信息机械(如计算机、仪器仪表等)的部门、提供计算机软件的部门、提供信息媒介(如电信、邮政等)的部门和信息建筑业,等等。

信息商品化部门是指在信息技术部门的支持下,代理社会、企业和家庭生活方面的信息化活动的部门。所谓"代理",是指代理社会、企业或家庭进行围绕其主体活动的信息收集、判断与实施。信息商品化部门有两个基本特征:第一,生产活动的成果是信息产品;第二,生产活动的成果作为商品在市场上进行交换。按信息产品的用途,信息商品化部门可分三种:一种是与经济活动直接相关的部门,如数据库业、代理业、咨询业等;另一种是与经济活动无直接关系的部门,如思想政治工作、道德品质教育等,日本人称之为"教养业";还有一种是介于两者之间、与经济活动有一定关系的部门,如教育业、新闻业、出版业等。

准信息部门是相对于信息商品化部门而言的,其生产活动性质及产品用途均与信息商品化部门类似,二者的本质区别在于它们的产品交换形式不同:准信息部门的产品不通过市场进行交换。准信息部门的活动组织形式依附于非信息产业,是非信息产业生产活动的一个环节。由于准信息部门的信息产品是在非信息产业内部生产、使用或消费的,故一般都不能独立核算其产值,只能根据在这些部门工作的信息人员情况来推算。

根据各信息部门的特点,可以编制出信息产业投入产出表,并主要采用两种方法计算产值:

(1) 分离法。从已有的一、二、三次产业"全口径"投入产出表中将有关信息产业的部分行业分离出来,并将其产值分别相加,即可得到信息技术部门和直接信息部门的产值。

(2) 推算法。间接信息部门的产值隐含在原有产业之内,不能直接分离,因此要根据部门内信息人员在全体职工中的比重来推算信息部门产值在该部门总产值中所占的比重。在假定信息工作者的劳动生产率与其所在单位全员劳动生产率相同的基础上,可推算

出信息部门的产值。计算公式如下:

信息部门产值 = 信息劳动者人数×所在部门全员劳动生产率(人均产值)

信息产业投入产出分析的主要目的,是为了全面描述信息产业与非信息产业之间的相互依存关系,并且从信息经济的角度分析信息产业的内部结构与外部关联特征,研究信息产业政策和发展战略问题。1990 年,我国国家信息中心以"1987 年中国投入产出表"为基础,对 1987 年的中国信息产业规模进行了投入产出分析(见表 8.4)。结果表明,1987 年我国 GNP 为 11743.11 亿元,从最终产品看,信息技术部门和信息商品化部门在 GNP 中的份额为 16.47%,比 1967 年的美国低 5.23%。准信息部门的份额为 2.68%,比 1967 年的美国低 0.54%;从附加值分析,信息技术部门和信息商品化部门的增加值占 GNP 的 13.12%,比 1967 年的美国低 20%,准信息部门占 GNP 的 12.27%,比 1967 年的美国低 8.83%。1987 年我国信息产业对 GNP 的总贡献为 25.39%。这说明我国的信息产业与美国相比,无论是在产业结构上,还是在经济效益上,都有比较大的差距。

表 8.4　中国信息部门最终产品结构和附加值结构　　　　单位:亿元

		中 间 产 品				最终产品	最终产品占 GNP 比重
		信息技术部门	信息商品化部门	准信息部门	非信息部门		
中间投入	信息技术部门	177.38	36.0	79.72	0	600.82	5.11%
	信息商品化部门	16.30	108.19	626.25	0	1333.51	11.36%
	准信息部门	0	0	1827.36		314.77	2.68%
	非信息部门	429.58	657.86	10174.15		9494.12	80.85%
附 加 值		263.32	1276.78	1440.34	8762.78	GNP = 11743.11	
附加值占 GNP 比重		2.24%	10.88%	12.27%	74.61%		

数据来源:张守一. 信息经济学. 沈阳:辽宁人民出版社,1991 p356

第二节　信息产业管理基础

信息产业是由各信息部门构成的。信息部门实际上是由于社会分工而形成的生产同类信息产品或从事相同信息活动的各企业、各单位或各行业的总称,它们既包括某些新兴行业(如信息处理、数据库、咨询业等),又包括国民经济中原有的某些行业(如邮政、出版、教育等)。再加上信息产品既具有实物形式,又具有精神形式这一特征,因此可以说,信息产业是一种复合产业。这种复合产业是在科学技术不断进步、社会分工逐步精细的情况下,新兴行业与原有国民经济部门交叉渗透、相互作用的过程中,将原有各部门重新进行分化、改组、合并而形成的一种新的产业。随着社会生产力的发展,可以预料,这种优化组合还将继续进行下去,以达到信息产业与整个国民经济的最佳结合状态。

作为一种复合产业,信息产业的管理问题不同于其他产业的管理问题。信息产业是一个发展神速、体系庞大、结构复杂、联系众多的新兴产业,因此,信息产业管理除具有一般产业管理的共性外,很重要的一个特点就是纵横联系极为密切,形成了有机的网络。信息产业管理是对信息产业发展进行规划、决策、组织、协调和指导的一种控制活动。信息产业管理是在国民经济宏观管理体系下的产业经济管理,但它又比一般的产业经济管理问题要复杂得多,涉及的范围也更广泛。因此,只有对信息产业的特征和作用有了更为深刻的理解,只有对信息产业的内部结构与外部关联有了更为准确的认识,才能对信息产业的管理体制等问题作出更加有效的回答。

一、信息产业的特征与作用

作为一个新兴的、充满活力的产业,信息产业与其他传统产业相比具有许多新的特征。它的蓬勃发展使之在国家产业结构中的地位越来越重要,在社会经济发展中的作用越来越显著。充分认识这些特征和作用,不仅是信息产业管理科学化的必要保证,而且对于信息产业的持续健康发展也具有积极的意义。

(一)信息产业的特征

美国信息产业协会(AIIA)认为,信息产业是依靠新的信息技术和信息处理的创新手段,制造和提供信息产品和信息服务的生产活动组合。这个定义简明扼要地揭示了信息产业的基本特征。

(1)信息产业是技术、知识、智力密集型产业。这主要表现在,信息产业的核心技术,如计算机技术和通信技术等等,既是信息产业本身的装备技术,又是可服务和应用于社会各领域的应用技术;信息产业的主要资源是信息资源,并以知识和智力的研究开发、交流服务为主要职能,人类社会的知识几乎大都集中于或出自信息产业。

(2)信息产业是高投入、高风险、高增值型产业。信息产业的技术、知识和智力密集性决定了它不仅需要较高的智力投入,而且还需要大量的资金投入。这是因为,无论是信息产品的研究开发还是提供服务,没有掌握先进信息技术的高级专业人才,没有充裕的资金支持,是不可能发展起来的。随着信息产业的发展规模不断扩大,竞争越来越激烈,这种投入的数额和风险也在迅速增长。但一旦成功,就会有很高的效益,获得可观的利润。

(3)信息产业是更新快、受科技进步影响大的变动型产业。信息产业的更新换代速度是其他任何产业所不能比拟的,这主要是由于科学技术的进步大大缩短了信息产品从开发研制到生产使用的周期。以计算机为例,在前30年间的发展就经历了4代,目前正向第5代、第6代迈进。现在市场上的计算机每隔几个月就有新产品型号问世,计算机软件的版本每年都在升级。摩尔定律所揭示的规律一直在统治着信息产业界。据估计,目前平均每三个月就有一项新的信息技术问世,信息产品的平均寿命周期在二年半左右。

(4)信息产业是辐射面广的高渗透型产业。由于信息的广泛传播性和信息技术的高度渗透性,信息产业高度融合于社会经济各部门,广泛渗透于其他产业结构与形态之中,使得其他许多产业部门的产品和产值都包含有信息产业的产值。信息产业辐射与服务于社会经济的各个领域,从而提高了社会经济发展的整体水平。

(5) 信息产业是省资源、低公害的产业。随着信息产业的发展,信息资源的开发利用水平得到了极大的提高,信息资源对物质资源、金融资源、人力资源和能量资源的优化和替代作用更加显著。并且,通过发展信息产业和信息经济,人类生活和社会进步逐渐减少了对自然资源的依赖,一种低耗费、高增长的社会经济发展模式业已形成。

(6) 信息产业是增长快、需求广的产业。自 20 世纪中叶以来,信息产业一直以高于其他产业的增长速度迅猛发展,其平均增长率始终维持在两位百分数。信息产业的发展,创造了更广泛的市场需求和许多新的就业机会。近年来,在经济发达国家的社会就业结构中,信息产业部门的劳动力已逐渐占有最大的份额。但信息产业对劳动者的素质要求更高,在某种程度上会给社会带来结构性失业问题。

(二) 信息产业的地位和作用

信息产业的终极目标在于提高人类开发利用信息资源的能力和水平,创造信息财富,改善生活质量。信息产业的形成和发展,引起了产业结构、就业结构、资源结构乃至社会结构的巨大变化,极大地推动了人类社会生产力的发展,并且在相当大的程度上改变了生产方式、经营方式、竞争方式乃至国际关系。因此,信息产业在现代社会经济活动中具有举足轻重的地位和作用。

(1) 信息产业的形成与发展,是工业经济向信息经济转变、工业社会向信息社会转变的核心内容。信息产业是一种知识密集型产业,它的形成与发展,在微观上表现为单位产品的价值构成中,物质、能源消耗的比重减少,而信息产品和信息服务消耗的比重增加;在宏观上表现为,GNP 中信息产业所占比重和社会就业人口中信息劳动者所占比重迅速提高。上述比重达到一定数值,如超过 50%,就意味着工业经济向信息经济的转化。目前,世界主要发达国家的信息产业产值均已接近或超过 GNP 的 50%,新兴工业化国家和中等发达国家也达到了 25%～40%,而大多数发展中国家的信息产业一般都在 GNP 的 25%以下。可见,以信息产业为中坚所形成的信息经济是社会信息化的先决条件。对一个国家来说,没有相当发达的信息产业,就不可能有高水平的现代化经济,更谈不上信息社会的到来。因此,大力发展信息产业已不能简单地认为是一项常规的产业发展政策,而是实现人类社会的一次新的飞跃,即由工业社会向信息社会演变的具有重大历史意义的战略举措。

(2) 信息产业是现代社会经济发展的动力和国家竞争实力的基础。在工业社会里,起主导作用的是劳动密集型产业,战略资源是资本。近几十年来,西方发达国家的传统工业都很不景气,不仅没有发展,反而有所倒退,被称为"夕阳工业"。然而,以信息技术为主导技术的信息产业却显示出了勃勃的生机和无限的活力。全世界信息产业的销售额 1980 年为 2370 亿美元,1990 年则达到 6490 亿美元,并且仍以很快的速度递增。美国的信息技术产业(包括计算机软硬件、通信设备及服务)从 1990 年的 3470 亿美元上升到 1998 年的

6800 亿美元,增长了约 1 倍。1996/97 年间,按通货膨胀率和美元实际价值计算,美国经济增长了 3.8%,就业人数增加了 300 万,企业生产力提高了 1.9%,并且维持着 2.3% 的低通货膨胀率。经济分析专家们认为,信息产业的迅猛发展是美国经济取得良好成绩的一个重要原因。事实证明,在现代社会经济中起主导作用的已不是劳动密集型产业,而是知识密集型产业。战略资源已不是资本,而是信息与知识。可以说,一个国家的信息产业力量是决定性的生产力和竞争力,是取得经济成就的关键因素,是推动社会经济持续发展的坚强后盾。

(3) 信息产业对国民经济各部门的发展具有先导作用。信息产业凭借自身的强大生命力,经过不断发展,已迅速从传统产业中独立出来,并猛烈地冲击着原有的产业结构,成为国民经济各产业部门发展的先导。这主要表现在,一方面,信息产业在其发展过程中,通过与传统产业相互融合、渗透,可以促进传统产业的改造与升级,使传统产业重新获得生机和活力。例如,汽车工业通过采用 CAD/CAM/CAQC 以及 ERP/Intranet 等技术,不仅大大节约了原材料和制造成本,而且使型号更新快,技术更先进,驾驶更舒适,质量更高,做到了按需定制,深受用户的欢迎,从而使汽车工业这一工业时代的代表性产业更加繁荣兴旺。信息产业与传统产业的关系就像是火车头与车厢的关系;另一方面,信息产业还是促进其他高技术产业形成和发展的基础。这是因为,信息技术是现代高技术群的核心和领头技术,其他许多高技术及其产业难以突破的障碍都只有在信息技术及其产业取得相应突破后才能消除。由于各种高技术功能的实现,都要程度不同地应用信息技术,因此,其他高技术产品都必然以相应的信息技术设备为其部件和功能子系统。这样,信息产业的发展水平对其他高技术产业的发展是至关重要的,它的作用如同传统产业中机械制造业为其他工业部门提供各种装备工具一样。

(4) 信息产业对国民经济结构具有软化作用。当今世界各国国民经济基础结构变化的突出特点是,世界经济模式正由以往的刚性结构逐步向柔性结构转化,即从以生产重、厚、长、大的重型化"硬"产品为中心的时代,向以高效而智能化的知识生产和信息服务活动为主的软件化经济结构时代过渡。这种经济结构软化趋势主要表现在:① 产业结构软化。其一是软产业在国民经济产业比重中上升,硬产业比重下降;其二是制造业等硬产业经济中,软化的趋势也日益明显。② 就业结构软化。就业人口中从事农林和制造业的蓝领工人人数在不断下降,而从事经营管理、研究开发、咨询服务等"软职业"的白领工人所占比例越来越大。③ 消费结构软化。人们的消费重心正从对商品的多少、大小、轻重等硬性需求转向美观、轻巧和质量等软性需求,从对物质、能量等硬件商品的单一需求转向物质与精神并重的双重消费。文化娱乐、学习、旅游等精神生活在消费支出中占有越来越大的比重。④ 投资结构软化。其一是指,整个国民经济总投入中对软产业的投资比重不断增加;其二是指投资趋向的软化,即现代经济活动的投资正由大工程、先进设备、基建项目等"硬投入"逐步转向人才、智力、信息、服务等"软投入"方面。⑤ 贸易结构软化。服务贸易在全球经济贸易中所占的份额越来越大,特别是随着信息商品化和信息市场的发展,信息产品和信息服务的贸易已变得与物质产品的贸易一样重要。此外，还有大量的信息贸易活动隐含在技术转让、设备引进、人才交流等经济活动中。在未来的世界贸易中，信息资源将成为一种重要的贸易对象和贸易手段。

二、信息产业的内部结构与外部关联

信息产业是一个多因素、多部门、多层次的产业系统。凡系统均有结构，结构是指组成系统的要素及其相互联系方式。确定信息产业系统的结构，不仅可以了解信息产业发展过程中内外各种因素的组成、联结和变化趋势，而且可以为制定正确的信息产业政策提供科学的依据。从系统的观点看，信息产业的宏观体系结构包括两个方面的因素：一是信息产业内部要素及其相互关系，二是信息产业与其外部环境因素的相互制约相互作用。

（一）信息产业的内部结构

信息产业的内部结构主要包括产值结构、就业结构、部门结构、投资结构、技术结构、产品结构、组织结构和区域分布结构等等。信息产业的发展必然对信息产业本身以及国民经济整体的产值结构和就业结构产生深刻的影响，从而更加突出了信息社会来临的重要标志，即信息产业产值对国民经济的贡献迅速上升以至于超过农业、工业和服务业而居于首位，信息产业从业人数急剧增长并超过农业、工业和服务业的从业人数。研究信息产业发展中的内部结构，特别是产值结构和就业结构，以及由此对国民经济其他产业结构的影响程度，将具有重要的意义。因此，这里主要考察信息产业的产值结构和就业结构。

1. 产值结构

一个国家的国民生产总值(GNP)和国内生产总值(GDP)是反映其经济发展水平的重要指标，可用于描述各产业之间的结构比例。信息产业各部门占 GNP 或 GDP 的比例，就构成了信息产业的产值结构。通过分析信息产业的产值结构，可以明确信息产业各部门对国民经济的贡献程度，以便根据不同的环境条件采取有针对性的战略措施，促进信息产业的整体均衡与协调发展。

根据部分国家运用波拉特方法对信息产业经济规模的测度结果(参见表 8.5)，在世界各国信息产业部门的产值结构中出现了这样一个现象：一、二级信息部门对 GDP 的贡献存在着某些差别。这与各国的工业基础和信息服务发展历史有着密切的关系。美国和新加坡的一、二级信息部门产值大体持平，它们强调的是信息产业的整体均衡发展；日本和匈牙利一级信息部门的产值略低于二级信息部门的产值，日本在这个方面表现得更为显著，它们比较重视企业或组织内部的信息活动，并使信息产业各部门之间保持一定的协调比例；英国和澳大利亚一级信息部门的产值则明显高于二级信息部门的产值，它们注重以一级信息部门来带动整个信息产业的发展。这说明，世界各国的信息产业发展道路并不相同。

表 8.5　部分国家信息部门产值占 GDP 的百分比

国　别	年度	第一信息部门	第二信息部门	信息部门总计
美　国	1972	24.8	24.4	49.2
日　本	1979	14.7	20.7	35.4
英　国	1972	22.0	10.9	32.9
澳大利亚	1978/79	23.2	13.8	37.0
新加坡	1973	12.76	11.6	24.36
匈牙利	1982	16.3	19.2	35.5
马来西亚	1975	9.0	7.0	16.0
中　国	1982	9.0	6.0	15.0

对我国部分地区的信息产业经济规模运用波拉特方法进行测度的结果(参见表 8.6)表明,一、二级信息部门的产值占 GNP 的百分比也是不平衡的。总的来说是二级信息部门的产值普遍低于一级信息部门的产值。例如,"七五"期间北京的二级信息部门产值比一级信息部门产值平均低 14%。从北京市信息产业的动态发展角度观察,一级信息部门和二级信息部门之间的差距似乎随经济的发展而扩大。这是像我国这样的发展中国家薄弱而落后的工业基础在信息产业经济结构上的反映。可以认为,工业化水平低是发展中国家的信息产业与信息经济启动缓慢的普遍原因。对于广大发展中国家来说,单纯发展一级信息部门的做法恐怕难以从根本上保证本国信息经济的健康发展。因此,发展中国家在发展信息产业时,应特别注意信息产业各部门的整体协调发展,在加强对一级信息部门投入的同时,优先增加对二级信息部门的投入,大力推进企业信息化和政府信息化,通过信息化来促进工业化的发展,从而为信息产业和信息经济的发展奠定坚实的基础。

表 8.6　我国部分地区信息部门产值占 GNP 的百分比

地区	年度	第一信息部门	第二信息部门	信息部门合计
北京	1985	21.1	7.9	29.0
	1986	21.6	6.6	28.2
	1987	22.4	8.4	30.8
	1988	23.0	9.1	32.1
	1989	26.8	9.6	36.4
上海	1982	16.53	3.58	19.91
	1985	17.8	4.1	21.9
江苏	1986	13.91	4.83	18.74
安徽	1990	13.33	4.81	18.14
岳阳	1987	8.78	6.12	14.90

2. 就业结构

信息产业的发展一方面可以通过其产值的递增情况来描述,另一方面也可以通过信息劳动者人数的变化来分析。世界各国的经济发展历史表明,劳动力作为一种资源,与资本有相似之处。劳动力流向哪个产业,哪个产业就得到加强,就获得了发展的条件;没有足够劳动力的产业,其发展就会受到限制。但是,劳动力又是一个可塑性极强的生产要素,不仅有质和量的区别,而且有结构层次的区别。世界各国信息产业的发展水平高低不同也表明,劳动力流向和结构的变化,对于信息产业的结构调整和变化趋势有着巨大的制约作用。

从信息产业就业结构形成的历史过程和变化规律来看,信息产业的发展与整个国民经济的增长,特别是与引起现代经济起飞的劳动力结构调整之间有着不容忽视和不可分割的联系。社会就业结构的变化都必须经历农业化、工业化和信息化阶段,从而使四大产业的从业人数变化在 20 世纪呈现出相应的特征与规律,即农业急剧下降,工业明显上升后又逐渐下降,服务业始终缓慢上升,信息业的递增率最高,就业人口比重显著增长。20世纪发达国家的信息产业之所以发展得比较快,就在于信息劳动力的不断增加和结构调整,从而使信息产业的从业人数占国民经济全部就业人口的比重不断上升,甚至超过了50%。而发展中国家的农业人口比重过大,以至于严重妨碍了信息产业的起飞。据国家科委科技发展研究中心测算,1982 年,我国的农业、工业、服务业和信息业就业人口比重分别为 71.98%,12.98%,6.27%和 8.77%。由于经济发展不平衡,我国的农业人口过多,工业化程度还很低,工业和服务业人口的相对比例也不高,不仅农业化向工业化的过渡还没有全部完成,而且经济效率低,人口素质差,工业化向信息化过渡的基础条件也不完全具备。这就使我国的信息产业就业人口不可能有较快的增长。

经济合作与发展组织(OECD)将信息职业划分为信息生产者(包括科技人员、信息采集与咨询人员、市场调查与协调人员等)、信息处理者(包括管理监督人员、信息处理控制与管理者、文秘及相关办公人员等)、信息分配者(包括教育和传播工作者)和信息基础设施职业者(包括信息机械操作者和邮政电信工作者)。以此为标准对 12 个发达国家信息劳动者的职业分布结构进行分析(参见表 8.7),可以看出,信息处理者在信息劳动者中占有最高的比例,一般占 60%或 2/3 以上,以下依次为信息生产者、信息分配者和信息基础设施职业者。然而,发展中国家的信息产业劳动者构成与此存在着显著差别。一般来说,在发展中国家信息部门内最主要的信息人员不是信息处理者,而是信息生产者和信息基础设施职业者。例如,1982 年我国的信息处理人员大约只占全部信息人员的 16%~30%,不到信息人员总数的 1/3。可见,信息处理者的匮乏是发展中国家的信息产业在人力资源结构上与发达国家的最大差别之一。正是这个差别,极大地阻碍了发展中国家发展民族信息产业和实现社会经济信息化的进程。

表 8.7 各国信息劳动者结构分布(占整个经济活动的百分比)

国 家	澳大利亚	奥地利	加拿大	芬兰	法国	前西德
时 间	1981	1971	1971	1980	1975	1982
信息生产者	6.4	5.1	7.6	4.7	6.4	6.9
信息处理者	27.1	17.8	25.2	18.1	19.7	19.8
信息分配者	4.7	2.1	4.7	3.8	3.9	3.0
信息基础设施职业者	3.3	3.0	2.4	3.5	2.1	4.6
信息业总计比例	41.5	28.0	39.9	30.1	32.1	34.3
国 家	日本	新西兰	挪威	瑞典	英国	美国
时 间	1975	1981	1981	1980	1981	1980
信息生产者	4.5	7.0	5.4	5.6	8.9	9.7
信息处理者	20.6	25.6	10.8	21.2	24.1	28.6
信息分配者	2.4	4.1	5.1	5.3	4.3	4.4
信息基础设施职业者	2.1	3.1	1.6	4.0	3.7	3.1
信息业总计比例	29.6	39.8	22.9	36.1	41.0	45.8

数据来源:金建.信息产业经济学论纲.北京:北京出版社,1991

(二)信息产业的外部关联

信息产业的发展不仅受到内部结构性因素的影响,而且也受到外部环境中各种因素的制约。这些因素包括消费结构、社会结构、贸易结构、市场机制、科技进步、政策法规、社会可提供的资源条件和经济发达程度等等。其中,消费结构和社会结构是决定信息产业外部结构变化的主要因素。

1. 消费结构

消费结构是包含需求结构和供给结构、收入结构和价格结构的相互制约、相互联系的综合体。消费结构的形成首先取决于供求结构关系。因为从根本上说,实现信息资源的有效配置,从而实现信息产业结构的合理化,以保证信息经济增长,必须有一个前提,那就是使信息产品的生产和服务在结构上要满足社会信息需求。信息生产脱离了信息需求,也就失去了意义。与此相适应,每一个运用信息资源的生产单位,在需求结构的引导下,能够实现最大限度的产出,就构成了供给结构。两者相互统一,形成了消费结构与生产结构的合理性。但需求结构对于信息产业的成长起着主导性的作用,它是决定信息产业扩大再生产过程的重要因素。

根据抽样调查和典型分析,我国企业界尤其是中小企业的信息需求处于非常强烈却又无法得到满足的状态。这在一定程度上反映了我国在发展信息产业的过程中对信息需求结构重视不够，忽视了中小企业的信息需求。有关研究表明，我国中小企业受体制和生产经营性质的局限，对信息产品和服务的需求差距较大，从而也反映了信息产业的结构变化要有一个与此相适应的过程。目前，由于我国信息产业的产品结构与需求结构不完全一致，致使某些中小企业对获取信息的积极性不高。

消费结构的变化还取决于国民收入水平，著名的恩格尔定律就表明了这种收入与消费结构的变动关系。随着人均收入的提高，消费结构也将发生相应的变化，特别是从购买物质生活用品转向购买信息活动用品。这就会促进信息产业的发展，影响信息产业的结构变化。目前我国城镇居民家庭的人均消费支出结构中，虽然仍以物质产品消费为主要内容，但在信息产品和服务方面的支出增长较快（参见表8.8）。这对于信息产品的生产和流通有极大的促进作用。

表 8.8　我国城镇居民家庭人均消费支出构成

项　　目	1985 年		1995 年		消费支出额的增长率（%）
	消费支出额（元）	占家庭消费比例	消费支出额（元）	占家庭消费比例	
总计	673.20		3537.57		425.49
食品	351.72	52.25%	1766.02	49.92%	402.41
衣着	98.04	14.56%	479.20	13.55%	388.78
家庭设备用品及服务	57.87	8.60%	296.94	8.39%	413.12
医疗保健	16.71	2.48%	110.11	3.11%	558.95
居住	32.23	4.79%	250.18	7.07%	676.23
交通通信	14.39	2.14%	171.01	4.83%	1088.39
娱乐教育文化服务	55.01	8.17%	312.71	8.84%	468.46
杂项商品与服务	47.23	7.02%	151.39	4.28%	220.54

资料来源：《中国统计年鉴》，中国统计出版社，1997

2. 社会结构

信息产业的形成、发展和结构变动无时无刻不受到社会结构的影响。由于产业结构作为社会经济结构的一个组成部分，与其他社会分支结构有着相互制约、相互促进的关系，因此，信息产业的运行也将表现为社会经济各种结构的内在联系和组合，从而也将受到人口结构、阶层结构、城乡结构、家庭结构、文化结构等社会结构因素的制约和影响。其中，人口结构是劳动力结构的基础，它的变动直接影响着国民经济各部门的比例关系，也影响着信息产业的形成与发展。

一个国家的人口结构与就业结构、产业结构的关系如何，决定了这个国家人力资源配置与自然资源配置的协调程度。人口结构是一个既定的现实,而且在短期内难以根本改变。一定的就业结构必须建立在一定的人口结构基础上,人口结构是就业结构形成与变动的基本约束条件。就业结构是产业结构的一部分,人口结构对产业结构调整的影响一般是通过就业结构的变动来实现的。但一定的就业结构又主要服从于产业结构的需要,保证产业结构的协调运行。如果仅考察就业结构,不从人口结构来考察信息资源的开发利用,就不能完全表明信息产业结构的合理性和客观变动规律。人口结构包括年龄结构、性别结构、民族结构、文化教育结构等,其中以文化教育结构对信息产业的影响最大。文化教育结构影响着产业选择能力、转换方式和转换进度,不同的文化教育水平导致了不同的信息素质,引起了信息需要的不同变化。一般来说,人们受文化教育水平越高,对信息产品的数量和质量要求越高,信息消费支出也就越大。从表 8.9 中可以看出,我国人口的文化教育结构自新中国成立以来已有很大改善。据统计,我国每万人中的科技人员数量由 1949 年的 7.4 人提高到 1997 年的 288 人,其中科学家和工程师人数达 166 人;每万人在校大学生人数由 1952 年的 2.2 人增加到 1997 年的 25 人,这为我国信息产业的发展提供了必要的条件。但与世界发达国家甚至部分发展中国家相比,我国人口的文化教育结构水平还是相当落后的(参见表 8.10)。我国人口素质水平偏低,文化教育结构不合理,科技人员比重不大,这在一定程度上已严重阻碍了信息产业的发展。

表 8.9　中国人口文化程度变化状况

单位:万人

项　目	第二次人口普查 (1964 年)		第三次人口普查 (1982 年)		第四次人口普查 (1990 年)	
	总数	比例%	总数	比例%	总数	比例%
全国人口	69122		100391		113051	
6 岁及以上人口	55542	80.35	88979	88.63	99409	89.73
大学文化程度	287	0.52	604	0.68	1576	1.59
高中文化程度	912	1.64	6635	7.46	8988	9.04
初中文化程度	3235	5.82	17820	20.03	26339	26.50
小学文化程度	19582	35.26	35534	39.94	42021	42.27
不识字或很少	31526	56.76	28368	31.88	20485	20.61

注:① 1964 年文化程度人口是 7 岁及以上年龄的文化程度人口。不识字或很少识字人口中包括不在校儿童,未包括 475 万文化程度不明人口。

　　② 1990 年大学文化程度包括大专,高中文化程度包括中专。

　　③ 本表数据不包括港澳台人口和中国人民解放军现役军人。

数据来源:《中国统计年鉴》,中国统计出版社,1997

表 8.10　部分国家人口文化程度和科技人员数

国　家	25 岁及 25 岁以上人口文化构成（%）					年份	每百万人口科学家和工程师人数③
	年份	大学	中学	小学	文盲及程度不明者		
美　国	1994	46.5	44.6	8.2	0.6	1993	3732
日　本	1990	20.7	43.7	33.7	0.3	1992	5677
澳大利亚	1971	21.5	48.3	29.3	0.9	1990	2477
俄罗斯	1989	14.1	49.0	36.9	——	1993	4358
韩　国	1990	13.4	53.9	21.7	11.0	1994	2636
埃　及	1986	4.6	14.8	16.5	64.1	1991	458
印　度	1981	2.5	13.7	11.3	72.5	1990	151
巴西①	1989	②	17.4	63.3	18.7	1995	165
阿根廷	1991	12.0	25.3	56.9	5.7	1988	350
菲律宾	1990	18.7	27.2	46.9	6.7	1984	90

注：① 10 岁以上人口的文化构成；
　　② 包括在"中学"栏内；
　　③ 科学家和工程师指接受科学技术训练，完成大学学业，直接从事或管理、指导研究与开发活动的人员。

数据来源：UNESCO. Statistical Yearbook. 1995

3. 信息产业的关联效应

　　信息产业的外部关联既包括影响信息产业发展与结构变动的各种因素，又涉及信息产业与其他产业之间的关联效应。所谓关联效应，是指某一产业投入产出关系的变动，对其他产业投入产出水平的影响及其连锁反应。当信息产业扩张或收缩时，如果诱发了向其提供中间产品的其他产业的扩张或收缩，则称为信息产业的后向关联效应；如果诱发了把信息产业产品作为中间投入的其他产业的扩张或收缩，则称为信息产业的前向关联效应。显然，信息产业对其他产业的后向关联表明了信息产业部门对其他产业部门产品的需求程度，信息产业的发展具有从前面带动其他产业发展的作用；信息产业对其他产业的前向关联表明了其他产业部门对信息产业部门的需求程度，优先发展信息产业对其他产业具有推动作用。其他产业部门对信息产业部门的最终产品需求越大，信息产业的发展就越能有效地促进其他产业的扩张，从后面推动其他产业的发展。如果其他产业部门的信息需求不足，就有可能导致信息产业的萎缩。信息产业并非资源约束型产业，其发展的瓶颈在于需求约束。因此，有必要大力发展商品经济，促进市场竞争，以扩大社会信息需求。

　　由于产业的前后关联及相互关联的波及效应，任何一个产业的生产活动都必然影响和受影响于其他产业的生产活动。我们把信息产业部门的最终产品每增加一单位产出时，带动国民经济系统各部门总产出的增长量称为信息产业的带动度；与此相对应，把国民经济系统各部门的最终需求每增加一个单位时,信息产业部门相应增加的总产出称为信息产业的感应度。我国经济学家张守一等人根据1987年中国信息产业投入产出表的研究表明,在我国信息产业部门内部,信息工业和信息建筑业的带动度较大,而工业间接信息部门、金融保险业和信息工业的感应度较高;在非信息产业部门内部,化学工业和金属冶炼及压延加工业的带动度较大,而化学工业、金属冶炼及压延加工业、农业和纺织业等的感应度较高。

三、信息产业的管理体制

信息产业的形成与发展,不仅自身成为国民经济的一个重要产业部门,使国民经济结构发生了巨大的变化,而且随着科学技术的进步和生产社会化程度的提高,信息产业必将成为最有发展前途的新兴产业、先导产业和战略产业。以信息产业为中坚所形成的现代化信息经济是社会信息化的先决条件。因此,加强对整个信息产业的管理,保证信息产业的持续和健康发展,逐步提高社会信息化水平,是一项十分重大而艰巨的任务。

信息产业的管理体制是指推动信息产业发展的管理机制、运用管理机制进行管理的各级管理机构以及保证管理机制和管理机构发挥作用的管理制度等诸方面的统一体。其中,管理机制是指推动信息产业发展的各种社会动力和约束力,它包括运用何种社会动力,采用何种方法或手段,来推动信息产业各部门活动的进行并协调它们之间的关系;管理机构是指管理信息产业活动的各级组织机构及其设置方式,它包括按什么原则设置信息产业组织管理机构,设置哪些层次的机构,各层次之间的关系以及各自的权利和责任等;管理制度有两方面的含义:一是管理机构在运用一定的管理机制时方式方法的规范化和法制化,二是保证信息产业各部门正常运行规则的规范化。它包括在什么范围内,对什么样的问题采取什么样的程序来实施管理,以及对信息产业活动必须遵循的准则所作出的规范化措施。信息产业的管理体制是实现信息产业发展目标的重要组织保证,它决定着信息产业运行的有效方式,制约着信息产业的管理水平,是合理组织信息产业发展所需要的人力、物力、财力资源,保证信息产业系统正常运转的主要手段。

信息产业的管理体制有两种基本模式:一是集中式,二是分散式。

集中式的管理体制主要是由国家按照既定计划对信息产业的发展进行有意识的控制和协调,使信息产业各行业、各部门实行统一的计划、分工和管理,形成一个有机整体。这种体制从中央到地方都有专门的职能管理机构,在行政与业务上进行统一领导。在这种管理模式下,信息产业各部门的发展方向、工作内容及任务等都是由政府根据对社会信息需要的研究预测来严格规定的,因此,集中式管理体制有利于统一调动信息生产要素,充分发挥大系统的功效,实现信息资源的合理开发和充分共享。但集中式管理要由政府大量投资。因为行政管理机构庞大,易导致管理体制僵化,难以适应不断变化的信息环境。此外,集中式管理体制若演变成条块割据的部门所有制,就会出现行政垄断,扼杀公平竞争,从而极大地束缚和妨碍着信息产业的发展。

分散式的管理体制主要是由市场需求自发地对信息产业各部门进行协调,政府一般不作干预。这种体制是在信息产业运动实践中根据市场需求自发形成的,国家对信息产业的发展无统一的计划、分工和管理,各级政府部门也没有建立相应的行政与业务管理机构。在这种模式下,信息产业各部门的发展方向、工作内容和任务等由各单位根据对市场(或准市场)需求的研究预测自由选择,选择的准则是需求和效益,并由此形成有效的竞争,在竞争中达到信息产业各部门的相对平衡。分散式管理能及时满足不断变化着的社会信息需要,服务效率和质量也比较高。但分散式管理体制缺乏统筹安排和全面规划,影响信息产业的平衡发展。有时过度竞争也会导致资源浪费。

上述两种模式各有其特点,因此,世界各国的信息产业管理体制多是采纳两种模式的长处,实行集中与分散相结合的信息管理模式。只不过是有的国家偏重集中,如日本的产业政策导向模式,有的国家强调分散,如美国的自由市场竞争模式。我国的信息产业管理体制采用什么模式,需要从我国的国情和信息产业的现状出发进行设计,因为信息产业管理体制在很大程度上受国家的政治经济体制、社会经济和信息产业的发展水平、资源约束条件以及社会信息环境的影响。我国目前实行的是不断深化改革开放的社会主义市场经济体制,然而社会经济尚不发达,信息产业的资源条件、发展水平以及社会信息环境也不够理想,特别是从我国的信息产业管理现状来看,全国的信息产业部门长期以来行业分割、部门所有、各自为政,造成信息产业微观上的集中管理与宏观上的分散管理并行,信息资源重复开发与低水平利用现象十分严重。这种状况已不能适应信息产业的发展需要,更不能发挥信息产业的整体效益。因此,根据我国的国情和信息产业现状,结合集中式模式和分散式模式的优点,在我国建立宏观集中与微观分散的信息产业管理体制,即宏观调控和市场调节相结合的管理模式,是必要而合理的选择。

信息产业活动是以生产社会化的形式进行的,而任何社会化的生产活动都需要进行调节,只是调节的方式不同。在市场经济条件下,协调社会生产主要靠市场机制,即市场调节。我国实行的社会主义市场经济制度,决定了对信息产业活动的调节既需要采用计划手段,又需要利用市场机制,使宏观调控与市场调节相结合。市场经济条件下的宏观调控,应是以指导性计划为主的间接调控体制,主要是利用产业政策和经济杠杆,通过政府的宏观调控作用,实现信息产业的结构优化和总量平衡,保证信息产业的持续、稳定发展和良性循环。因此,应建立国家一级的信息产业管理机构,主要是负责制定信息产业政策、规划和有关标准,实行全国性的协作协调。这是国家干预信息产业的重要手段。另一方面,市场调节机制作为推动信息产品生产要素流动和促进信息资源优化配置的基本运行机制,对丁组织、调控信息产品的生产与流通也是重要的手段。因此,要大力培育和发展信息市场体系,完善信息交易法规和管理制度,使市场调节在法制的轨道上运行。这样,一方面信息企业将由于克服行政束缚和行业垄断而获得充分的自主经营权,同时也将承受信息市场竞争的压力而产生新的发展动力;另一方面,信息市场在国家的宏观调控下得到规范,逐步形成有序运行的信息市场体系,从而为推动信息产业的持续发展和良性循环奠定基础。

第三节　信息产业政策

要实现信息产业的有效管理,保证信息产业的持续、稳定与健康发展,就必须有与信息产业的发展水平相适应的信息产业政策。政府对信息产业的宏观调控作用,主要是通过信息产业政策的制定与实施来实现的。信息产业政策的主要功能是指导信息产业的发展,实现产业资源的最优配置,保护民族信息产业,强化信息产业管理。

信息产业政策是信息政策的一部分,是直接与信息产业经济活动相联系的信息政策。信息政策是为发展信息事业和管理信息活动而制定的战略规划、方针措施和行动准则,包括信息技术政策、大众传播政策、知识产权政策、信息安全政策、信息人才政策、信息产业政策等等。其中信息产业政策是信息政策的基础,它与其他各类信息政策都有着密切的联系,在信息政策体系中处于"牵一发而动全身"的地位。

信息产业政策也是产业政策的一部分。产业政策是政府有关产业的一切政策的总和,作为经济政策的一部分,常按产业门类划分,如农业政策、汽车工业政策、交通运输业政策,等等。现代国民经济由四大基本产业构成,需要从整体的高度去确定它们的地位和发展顺序,在它们之间合理而有效地配置人力、物力和财力资源,在国家经济发展总战略的指导下,制定每个产业的基本政策。信息产业作为现代国民经济的先导产业,在社会经济中占有越来越重要的地位,因此,在制定信息产业政策时必须注意信息产业的自身特点和社会信息活动的客观规律,对信息产业实行适当的产业前倾政策,以扶持信息产业的优先发展。

一、制定信息产业政策的原则

正确的信息产业政策来源于对信息产业活动实践经验的总结,是建立在对信息产业的正确认识基础之上的。信息产业政策所指导和调整的对象的特殊性,要求我们在制定信息产业政策时除应坚持一般的政策制定原则,如原则性与灵活性的统一、稳定性与适应性的统一、必要性与可行性的统一等等,还应当遵循以下原则:

1. 从国情国力出发

制定信息产业政策,首先需要从国情出发,对影响本国本地区信息产业发展和结构变动的具体情况有客观的认识和正确的理解。由于社会政治经济体制和各地经济、科技、文化等方面的发展水平不同,社会信息需求和信息环境各不相同,可供信息产业发展的资源和约束条件也有很大的差异,因此,在制定信息产业政策时,必须实事求是,从实际出发,因地制宜,量力而行,切忌贴标签式的哗众取宠或"大跃进"式蜂拥而上。例如,在当前的社会信息化浪潮中,我国约有 26 个省市自治区不约而同地宣布将信息产业作为本地区的支柱产业和新的经济增长点。这对于部分尚未实现从农业化到工业化的转变、人们的生活正在从温饱型(有的地方甚至尚未解决温饱问题!)向小康型过渡的地区来说,确实是一次艰难的跨越。针对这种现象,一种有效的管理手段,就是科学地研究和设计国家信息产业的发展方向和总体布局,将全国各地区的信息产业尽快纳入国家信息产业政策体系的宏观指导和有序调控之下,根据我国的国力、资源和实际条件,借鉴国外的经验,搞好信息基础设施建设的总体规划,明确职责分工,加强总体协调,在信息装备、信息网络、信息资源开发利用及人才培育等方面协同发展,整体推进,尽量避免重复建设和网络分割,以提高信息产业的整体效益。

2. 服从国家经济建设和社会发展的实际需要

一个国家的社会经济建设总目标、总战略和基本指导思想,是国家信息产业政策目标选择的宏观背景。人们总是根据国家在特定历史时期所确立的经济建设指导方针和社会发展战略目标来选择信息产业政策的目标,制定有效的信息产业政策,为社会经济发展的总目标服务。1996年3月17日第八届全国人民代表大会第四次会议批准的《中华人民共和国经济及社会发展"九五"计划和2010年远景目标纲要》提出了我国社会经济发展的总体目标,确立了以经济建设为中心的基本指导思想。《纲要》指出,促进国民经济持续、快速、健康发展,关键是实现两个具有全局意义的根本性转变,一是经济体制从传统的计划经济体制向社会主义市场经济体制转变,二是经济增长方式从粗放型向集约型转变。经济体制的转变要求逐步形成全国统一、开放、竞争、有序的市场体系,转变政府管理经济的职能,形成以间接手段为主的宏观调控体系。如果没有准确及时的信息保障,就没有完善的市场体系,也就失去了市场机制在资源配置方面的优越性;经济增长方式的转变要求使经济增长从主要依靠生产要素的投入转变到主要依靠科技进步,用先进的信息技术改造传统产业,走产业信息化的道路。这就为我国的信息产业发展指明了方向,明确了任务。信息产业政策也要紧密围绕实现"两个根本转变"的目标,为推动国民经济信息化服务。

3. 符合信息产业发展的一般经济规律与具体特征要求

信息产业政策的制定必须以对信息产业经济发展规律与特征的深刻认识和理解为基础。由于受国家既有的经济体制的影响,信息产业作为一门新兴产业往往被多重分割和交替经营,市场准入条件既不规范也不明确,造成信息产业界行业垄断与重复建设、相互独立与彼此重叠的现象十分严重。这时,政府在市场经济体制下的作用在于,当市场经济的"无形之手"失灵时,以信息产业政策这只"有形之手"对信息产业经济实施宏观调控,使之稳定而有序地发展。这是制定和完善信息产业政策的理论依据之一。

信息产业的规模经济和自然垄断特征,决定了信息产业需要政府的管制,并且可能包含政府直接经营部分信息产业部门的可行性。从其他国家的信息市场管理经验来看,对亏损的国有信息企业进行逐步的民营化,或者通过股份制改造使国有信息企业逐渐提高经营效率,或者通过价格管制手段迫使信息企业不断提高劳动生产率,或者通过投资、税收和反垄断政策对信息企业的规模、经营范围和发展方向进行宏观调控等等,都是政府对信息产业进行管制的有力措施。

4. 与本国其他产业政策或信息政策以及其他国家的信息产业政策相互协调

信息产业政策首先是国家产业政策体系的一个重要组成部分,也是构成其他信息政策的基础。应该说,信息产业政策的制定不仅是为了满足信息产业自身发展的要求,而且更重要的是为了满足社会经济的发展需要,满足提高国家综合竞争实力的要求。因此,在制定信息产业政策时,必须保证它与国家有关产业经济的发展政策、科学技术政策、文化交流政策等协调一致,不会发生矛盾和冲突。另外,由于信息产业国际化、全球化的发展趋势愈演愈烈,一个国家在制定本国的信息产业政策时,就不得不考虑其他国家信息产业政策的作用与反作用,注意与国外信息产业政策的"接轨"问题,在坚持本国信息产业政策基本原则的前提下尽量向国际惯例靠拢。随着信息产业日益成为全球最大的产业部门,信息产业政策不仅将构成国家总体产业政策和总体发展战略的核心内容,以满足本国产业界优先发展或重点推动的总体要求,而且应符合世界信息产业发展的总体潮流和未来趋势,以适应全球信息化的发展需要。

二、信息产业政策体系

信息产业政策不是一项孤立的政策,而是一个完整的政策体系。从信息活动的层次范围上看,有国家级的信息产业宏观调控政策,有各级地方政府的地区信息产业发展政策,也有国民经济各行业、各领域的信息产业政策。概括地说,信息产业政策是政府为实现某种经济目标而形成的与信息产业相关联的所有经济制度、法律制度与规范、措施的总和。从信息产业的特点出发,考虑其在国民经济中的地位和作用,信息产业的政策体系大致包括如下内容:

(1) 发展政策:包括信息产业的发展方向、发展战略以及战略目标、战略重点与战略规划部署等等。

(2) 投资政策:有关风险投资、交叉融资、引进外资的政策以及国家为扶持信息产业发展而采取的优惠贷款、税收、补贴、产业发展基金等政策措施。

(3) 技术政策:包括技术创新、技术转让、技术引进政策以及推动信息产业发展的关键技术选择等等。

(4) 人才政策:信息劳动力的发展措施,如信息专业人员的培养、考核、定级制度以及人才流动政策。

(5) 市场政策:信息产品、服务质量规范与标准以及市场交易活动的管理办法,反不正当竞争与制止行业垄断等政策措施。

(6) 国际政策:涉及信息产业发展的各种进出口限制,如对国外信息服务提供者的市场准入及其限制措施,对越境数据流的控制等。

(7) 基础设施政策:作为社会公共品的信息基础设施建设与发展措施,特别是通信网络等基础设施的统筹建设问题。

(8) 相关法律法规:各种相应的信息产业法律和法规,如电信法、信息公开法、数据保护法、知识产权法、新闻出版法等等。

没有一成不变的产业政策,特别是在进步神速的信息产业中。随着信息产业的不断发展壮大,信息产业政策措施的内容和范围也将不断得到扩展和充实,并且在经过一定的政策实践阶段之后,许多比较成熟的、还需要进一步贯彻执行的政策被加以规范化和定型化,即演变成为信息产业法律和法规,这就是信息产业政策的法律化。从这个意义上说,信息产业政策是信息产业立法的基础,而信息产业立法是信息产业政策体系的必然延伸。

三、国外的信息产业政策

虽然世界各国的国情和社会经济发展要求各不相同,信息产业的发展规模与水平也有很大差别,但许多国家和地区在发展信息产业方面业已积累了大量成功的政策经验可供我国借鉴和参考。

1. 美国的信息产业政策

美国是世界上信息产业最发达的国家,美国的信息产业政策是使美国保持这一领先地位的重要因素。美国推动信息产业发展的基本政策主要表现在:

(1) 依靠私营部门和市场自由竞争,尽量减少和消除不必要的规章等市场障碍,加强信息技术和信息产品的开发和创新,提高效率并以合理的价格向公众提供信息服务,这是美国政府发展信息产业的一个基本政策原则。美国政府认为,政府在信息产业领域中的作用应该是按照国家利益的整体原则制定有关产业自由化政策,以保证私营企业的建立和竞争有一个公平、开放的经济环境。为此,美国取消了联邦政府对私营部门研究与开发投资的不必要限制(如反托拉斯法和采购条例中有关对联合企业和联合研究开发的限制),提出了新的鼓励措施,如增加研究开发的免税比重,并通过"史蒂文森—威德勒技术革新法"促进大学和产业界的联合研究,通过"联邦技术转移法"推动政府研究成果向私营部门转移,通过修改电信法提高信息基础设施建设的竞争水平等等,以保证私营企业有一个税收优惠、知识产权保护和公平竞争的法制环境,使私营企业在市场自由竞争的推动下,成为美国信息技术研究开发和信息服务的主力军。多年来,美国私营企业用于研究开发的经费一直占全国研究开发经费50%以上。目前信息产业企业的研究开发经费平均在全年收入的8%～10%,如 HP 公司 1997 年营业额为 430 亿美元,投入研发资金为 30.9 亿美元,与利润的比值高达 0.71∶1(当年利润是 43.43 亿美元),并且每年以 13%的速度递增。

(2) 政府及时颁布有关信息产业政策,大力扶持信息产业,特别是对国家竞争力有关键影响的信息技术产业的发展。历史上,美国的"阿波罗登月计划"和"星球大战计划"等都对巩固和加强美国在信息技术方面的世界领先地位起了重要的作用。然而,到了 20 世纪80 年代中期,由于日本及亚洲新兴工业化国家和地区信息产业的迅猛发展,美国在世界信息产业中的领导地位受到了很大的威胁。仅以为现代电子信息产业提供食粮的半导体工业为例,1985 年,日本在世界半导体市场上的份额首次超过美国,此后连续 8 年雄据世界第一位。为此,自里根政府起,美国历届政府都十分重视通过修订投资、贸易和知识产权保护等政策来促进美国信息产业的发展。特别是 1993 年克林顿政府颁布的"国家信息基础结构"(NII,俗称"信息高速公路")计划,提出了美国政府在推动"信息高速公路"建设方面应遵循的 9 项原则和目标(即① 通过适当的税收和政策法规,促进民间企业对 NII 的投资;② 扩展"全民服务"的概念,以保证所有用户都能以负担得起的价格享用信息资源;③ 发挥"催化剂"的作用来促进技术创新和新的应用,责成重要的政府研究计划和专项拨款保证民间企业开发和展示 NII 所需要的技术;④ 促进 NII 以完备的、交互式的、用户驱动的方式运行;⑤ 保证信息安全和网络的可靠性;⑥ 改进无线电频谱的管理;⑦ 保护知识产权;⑧ 协调各级政府及其他国家的行动;⑨ 提供利用政府信息的机会,并改善政府的采购政策),更是刺激了美国信息产业和信息经济在 20 世纪末的持续增长,并引发了全球性的"信息高速公路"建设热潮。

(3) 除从国家安全、知识产权和个人隐私等方面考虑需要进行强制规范外,要求减少政府干预,保证信息产品和服务通过建立一个自由竞争的市场在全球范围内自由流动是美国信息产业政策的一个基本特征。美国政府历来认为,当信息作为国家资源进行开发利用和作为一种有经济意义的商品时,没有必要控制信息本身,因为这种控制的代价一般大于其带来的效益。倡导信息自由流动,有助于提高信息活动的效率和效益,促进美国信息产业的发展和国际竞争力。为此,美国制定了一系列政策法规,内容涉及:言论出版自由与信息公开、通信传播能力的扩展、信息加密、知识产权、越境数据流和个人隐私保护、信息估价和征税等等。1994 年,美国又发出了建立"全球信息基础结构"(GII,俗称"全球信息高速公路")的倡议,并于 1995 年 1 月提出了将 NII 这一信息时代的基础设施推向全球的政策方案——"GII 合作议程",呼吁世界各国参与 GII 的建设。美国政府还提出了建立 GII 的 5 项基本政策原则:① 鼓励信息设施领域的私人投资;② 促进电信和信息技术以及服务领域的竞争;③ 最大程度地开放市场;④ 创造一个灵活的规章制度环境;⑤ 以"普遍服务"机制确保所有社会成员都能享用这一设施。1997 年 7 月,克林顿政府发布了"全球电子商务政策框架"。该框架提出,应当由市场而不是政府来决定电子商务的技术标准和其他操作性机制。1998 年,美国政府又通过了 Internet 免税法案,并要求世界各国仿效美国的做法,对 Internet 服务及电子商务缓期征税,以推动网络贸易的发展。这实际上反映了美国企图凭借其信息产业优势称霸世界信息市场的政策野心。

2. 日本的信息产业政策

为推进信息产业的发展,日本政府早在 20 世纪 50 年代起就确立了从振兴电子工业起步,以赶超美国为目标的产业政策,并制定了一系列的法律,确保信息产业政策的实施:1957 年 6 月至 1971 年 3 月,日本政府提出实施"电子工业振兴临时措施法"(即"电振法"),该法规定了振兴日本电子工业的基本计划和措施,对电子工业的研究开发项目实行资金补助政策;1971 年 4 月至 1978 年 3 月,日本政府实施了"特定电子工业及特定机械工业振兴临时措施法"(即"机电法"),该法主要是针对第四代计算机的开发研制而制定的;1978 年 7 月至 1985 年 6 月,日本政府又实施了"特定机械、信息产业振兴临时措施法"(即"机信法"),将振兴范围扩展到整个信息产业;1970年5月至1985年6月,日本政府还实施了"信息处理振兴事业协会及其有关法律"(即"信振法"),以协会的形式促进信息处理业的发展。此后又通过对"信振法"的修改,将其分为三个部分,即"信息处理的促进及有关法律"("信促法")、"电子计算机联合开发指导方针"和"软件生产工业化系统"。自1989年1月起,日本开始实施"软件生产开发事业推进临时措施法",以解决软件生产能力落后的局面,缩小与美国软件工业的差距。上述诸法的内容都涉及到了以计算机为主线的电子工业发展和软件开发应用的有关实施计划、组织形式、资金保证、防止垄断和政府职责等方面的政策问题,并以法律的形式作出了明确的规定。

日本政府信息产业政策的具体实施主要是通过其投资和税收政策体现出来的。日本政府在20世纪60至80年代提供的一系列计算机及相关技术开发"补助金",保证了信息技术产业化的发展。特别是1976年4月至1980年3月实施的"下一代计算机用大规模集成电路开发促进补助金",对80年代中期日本大规模集成电路工业超过美国具有重大影响。1982年4月起,日本曾设立"第五代计算机的研究与开发项目",是日本企图在计算机工业上赶超美国的一个重要战略决策。同时,为鼓励企业界的计算机应用开发,日本政府还采取了多种减免税政策。如1982年规定,凡购买高性能信息处理设备者,其设备价值的10%～13%可抵免应交税金。

从20世纪70年代以后,为促进日本信息服务业的发展,改变以往的电信垄断状态,日本政府于1971年部分修改了"公众电气通信法",使数据通信作为一种公共电信业务合法化。1981年8月,日本电气通信政策恳谈会又提出了"80年代的电气通信政策",以此为基础,1985年4月,日本发布了"电气通信事业法"来代替"公众电气通信法",又根据"日本电信电话株式会社(NTT)法",把NTT民营化,以提高信息服务的效率。特别是在美国的"信息高速公路"计划出台以后,日本各省厅也纷纷发表相应对策,强化以光纤为通信干路、以多媒体为核心的信息基础设施建设。1997年,日本又通过修订电信法扫除了市场分割障碍,使开展多媒体数据通信及信息服务的社会环境更加完善。

3. 欧盟的信息产业政策

早在欧盟成立之前,西欧国家对信息产业政策问题就十分重视。在1978年的"诺拉—孟克报告"影响下,西欧各国政府积极制定有关信息产业的发展政策,以推进本国的信息化进程。如法国1978年提出的"集成电路五年计划"、1981年的"办公自动化计划"、1982年的"电子五年计划"、1985年的"全民信息计划"等等,即是通过一系列政策措施来大力推进国家的信息化进程;英国1978/79年提出的"微电子工业支持计划"和"微处理机应用计划"、1981年的"信息技术研究与发展计划"、1982年("信息技术年")提出的"信息技术规划"以及1983年的"阿尔维(Alvey)计划"等等,对推动信息技术工业的发展也起到了重要的作用。1996年,英国政府又推出"电子政府计划",使企业可以利用Internet等最新信息技术方便地获得政府的服务。与此同时,欧共体在协调西欧信息产业政策方面发挥了重要的作用。1982年,欧共体委员会提出了"欧洲信息技术研究与发展战略计划"

（ESPRIT），计划在1984—1994年间，通过促进欧共体成员国的信息技术研究开发合作来赶超美国和日本在微电子和数据处理方面的领先地位。1984年，欧共体部长理事会又提出了"欧洲先进通信技术研究与发展计划"（RACE），以保持欧共体在通信市场上的优势。1985年，欧洲"尤里卡计划"（EUREKA）开始启动。此外，在欧共体20世纪总则（DGS）中，信息产业政策（DG XⅢ）也占有相当重要的地位。美国提出NII和GII计划后，得到了欧共体的积极响应。1993年12月，欧共体委员会发表了"德洛尔白皮书"，提出要建设欧洲的"信息高速公路"。为此，欧盟各国除继续合作建立泛欧网络（Gen）外，还纷纷开放国内电信市场，以加强国内外信息服务企业间的竞争与合作。1997年4月，欧盟提出了"欧盟电子商务行动方案"，并于同年底与美国共同发表了有关电子商务的联合宣言。欧盟希望利用自身的网络通信基础优势，通过与美国在国际信息市场上的政策协调来达到振兴欧洲地区信息产业的目的。

4. 印度的信息产业政策

和其他发展中国家的信息产业一样，由于整体经济不够发达，科学技术不够先进，印度的信息产业总体水平在国民经济中仍显偏低，1986～1987年度一级信息部门占GNP的比重为15％。从20世纪70年代开始，印度制定了发展本国信息产业的一系列计算机硬件和软件政策。考虑到印度的信息劳动者具有数学基础好和英语水平高的优势，印度政府将软件产业作为本国信息产业的发展重点，建立了孟买全国软件开发中心，并规定了发展软件产业的具体政策：对100％出口的软件企业，免除从利润中提取所得税；对实际出口量3倍于国外定货量的软件企业，进口设备关税从65％减至25％；免除进出口软件的双重关税等。在这种政策指导下，印度加强了软件产业的规划管理和软件产品的质量控制，使以出口为导向的软件产业发展势头十分迅猛。1986年印度软件出口为0.16亿美元，但从1997年初到1998年3月为止的一年内，软件出口额就达到16.6亿美元，成为软件出口大国。据印度全国软件及服务公司协会预测，1999年的软件出口可望达到25亿美元。特别是印度政府1998年7月21日通过了支持"信息技术超级大国计划"的108条政策，其中对软件产业又实施了一系列特别的扶植措施。可以预料，今后印度的软件产业将会继续得到飞速发展。软件产业作为信息产业的核心，是典型的知识产业。发展软件产业，对于中国和印度这样的发展中国家来说具有十分重大的战略意义。

第四节 信 息 化

放眼当今世界，信息化的浪潮汹涌澎湃，正以迅不可挡之势深入到人类社会的各个方面，并在不同的层面上促进着社会的急剧变革和加速发展。自从1993年9月美国克林顿政府提出了"国家信息基础结构（NII）"行动计划以后，世界各地兴起了建设"信息高速公路"的热潮。欧共体紧随其后，在同年12月发表了"德洛尔白皮书"，提出要在欧洲经济区（EEA）的基础上建立"共同信息区"（common information area），即欧洲"信息高速公路"；

日本人雄心勃勃,计划投入巨额资金,建设信息通信的"新干线";"亚洲四小龙"急起直追,印度、韩国等国家也不甘落后,都相继发布了各自的信息化计划。面对席卷全球的信息化浪潮,我国的信息产业和信息经济应如何发展,社会信息化大业怎样抓住机遇,迎接挑战,应当采取何种战略对策,已成为人们必须密切关注和认真思考的重大问题。

一、信息化的内涵

信息化是相对于工业化而言的,它是飞速发展的现代信息技术与社会经济相互作用的结果。1967 年,日本科学技术与经济协会(1966 年成立的一个政策咨询组织)在类似"工业化"的概念上首先使用了"信息化"一词。他们认为,1964 年最先在日本媒体上出现并随后产生广泛社会影响的"信息社会"概念是在某种静态的意义上描述一个信息产业高度发达并占有主导地位的社会,而"信息化"则可用于描述向"社会信息化"阶段进行社会变动的过程。"工业社会是有形产品创造新价值的社会。类似地,信息社会可以被定义为无形的信息创造价值的社会。一个社会的信息化就可以定义为从有形的物质产品创造价值的社会向无形的信息创造价值的社会阶段转变的过程。"可见,信息化是向信息产业高度发达且在产业结构中占优势地位的社会——信息社会前进的动态过程。按照日本学者成泽广行的观点,信息化是指"信息在收集、加工、传递、积累、利用整体上作为一种资源的质和量,比其他资源(指物质资源和能量资源)的作用相对增大,表现为经济生活的形态变化、社会结构的变动、产业结构的变动。"我国学者钟义信提出,信息化的定义可以理解为"在每个经济领域和绝大多数社会行为领域中广泛、有效地采用先进的信息技术(即信息网络或智能工具),从而全面地、极大地扩展和提高社会生产效率,管理、教育和创新的效率,以及生活质量的一个历史过程。"一般可以认为,信息化是指在人类社会活动中,通过普遍地采用信息技术,更加充分有效地开发利用信息资源,推动经济发展和社会进步的过程。从信息化的发展进程看可以划分为如下几个阶段:

信息产业化和产业信息化是信息化发展的初级阶段。信息产业化是指由分散的信息活动演变成整体的信息产业的过程,是社会信息活动逐步走向产业化道路的必经阶段。信息产业化要求按照信息活动的客观经济规律办事,以市场需求为导向,将过去分散在传统国民经济三次产业和各行业部门中与信息生产、分配、流通、交换等直接相关的单位和资源进行优化整合,以便把各种类型的信息活动按产业发展要求重新进行组织,从而在微观上形成专门从事信息活动的经济实体,在宏观上形成一个具有相对独立地位的产业——信息产业。这种变动实际上只涉及到信息工作领域,是社会信息活动模式的变化,主要表现为信息产品商品化、信息机构企业化、信息服务产业化;产业信息化是指在由同类企业(非信息企业)所组成的各个产业部门内,通过大量采用信息技术和充分开发利用信息资源而提高劳动生产率和产业效益的过程。信息产业的出现不仅改变了已有的经济结构,而且还为传统产业改造提供了先进的技术设备和信息资源,并在改造传统产业的过程中促使其向扩大信息消费的更高阶段发展。所以,在信息产业化的同时必然出现产业信息化的现象。产业信息化不但促进了传统产业的升级换代,使传统产业部门的组织结构、管理体制、经营模式都发生了彻底的变革,而且反过来又使社会信息需求得以极大地扩展,带动了信息产业的发展壮大。产业信息化主要表现为生产过程自动化、经营管理智能化、商业贸易电子化。

经济信息化是在信息产业化和产业信息化的基础上发展起来的,它是指通过对整个社会生产力系统实施自动化、智能化控制,在社会经济生活和国民经济活动中逐步实现信息化的过程。从发展层次上看,经济信息化是信息产业化和产业信息化的互补共进过程,其结果是传统产业因信息产业的不断渗透而得到改造并向深度发展,信息产业则由于传统产业的支持继续向广度发展,并逐渐成为国民经济第一大产业,最终达到整个国民经济的信息化。经济信息化主要表现为信息经济所创造的价值在国民生产总值中所占的比重逐步上升直至主导地位。

社会信息化是信息化的高级阶段,它是指在人类工作、消费、教育、医疗、家庭生活、文化娱乐等一切社会活动领域里实现全面的信息化。社会信息化是以信息产业化和产业信息化为基础、以经济信息化为核心向人类社会活动的各个领域逐步扩展的过程,其最终结果是人类社会生活的全面信息化,主要表现为:信息成为社会活动的战略资源和重要财富,信息技术成为推动社会进步的主导技术,信息人员成为领导社会变革的中坚力量。

由此可见,信息化既是一个内涵不断丰富,外延愈加宽泛且逐步扩散发展的演变过程,又是这个过程所追求的目标或运动的结果,还意味着实现这种目标或结果的种种手段。目前,世界主要工业化发达国家已经完成了从信息产业化和产业信息化到经济信息化的转变,现正从经济信息化走向社会信息化;新兴工业化国家也开始了从信息产业化和产业信息化向经济信息化的过渡;而绝大多数发展中国家尚处于信息产业化和产业信息化的信息化初级阶段。

考虑到我国的国情,与美国的 NII 相比,我国的信息化在内涵上要更广泛,涉及到更多的因素,在结构上要更加充分地重视其整体的渐进性过程,并且在信息网络建设上要特别强调信息资源的开发与应用,从而形成具有中国特色的信息化概念模型——中国信息化基础结构(CII:China informatization infrastructure)。从 CII 的内部结构来看,我国的信息化应包括如下几个层次(如图 8.2 所示):

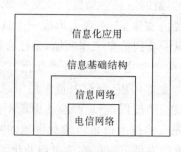

图 8.2 CII 概念模型

从图 8.2 中可以看出,CII 的基础是公共电信网络(即通信基础设施)。它是传输信息的硬件保障,只负责高效率地传输信息,而不涉及其内容;信息网络(即信息基础设施)是在此基础上集成多种信息系统和信息资源而形成的。它不仅传输信息,还能对所传输的各种信息进行加工处理;信息基础结构(亦即信息高速公路)则是由信息网络与信息人才、信息技术、信息产业以及信息环境共同整合而成的有机统一体,其中信息网络(包括传输网络、处理设备和数据库等)是基础设施,信息人才(包括各类信息技术人员、信息管理人员和信息服务人员)是能动力,信息技术(包括研究、开发与应用)是催化剂,信息产业(包括信息技术开发与设备制造业和信息产品加工与传播服务业)是支柱,信息环境(包括标准、安全、政策法规、道德规范等)则为有序运行的保障。信息化应用就是在信息基础结构上综合各种要素所展开的信息应用过程。在信息化进程中,上述各要素相互联系相互作用,共同形成了"中国信息化基础结构(CII)"。

二、信息化水平测度

1968 年,日本电讯与经济研究所(RITE)的研究人员在信息化的概念基础上提出了一个比率,用以表示与信息有关的消费占全部家庭开支的比例,并将这一比率称之为信息系数。信息系数只表明了家庭消费信息物品与服务的倾向,不能准确地说明整个社会的信息化程度。为了有效地对社会信息化程度进行衡量、分析与比较,RITE 的研究人员 1970年又提出了"社会信息化指数"这一新指标,从信息量、信息装备率、通信主体水平和信息系数四个方面,来测量不同社会阶段、不同国家或地区的信息化发展程度。

这种方法从影响社会信息化的诸多因素中选出了 11 项要素共 4 大类指标,计算出一个反映社会信息化程度的总体指标——社会信息化指数。社会信息化指数模型的要素结构如图 8.3:

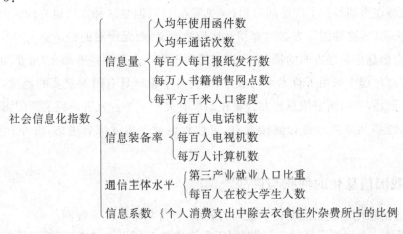

图 8.3 社会信息化指数体系结构

模型中的 11 个要素是不同质要素,因而无法直接进行计算,需要先将各种数值转换成指数后,方能求得最终信息化指数。计算 RITE 模型的最终信息化指数,有两种方法:一步算术平均法和二步算术平均法:

一步算术平均法是假定 11 个要素对最终信息化指数的贡献等价,先将基年某国家或地区的各项指标的数值定为 100,再分别将测算年度国家或地区的同类指标除以基年值,计算出测算年度各项指标的指数值,最后将各项指标指数值相加除以项数,得出最终的社会信息化指数。

计算公式为:

$$社会信息化指数 = \left(\sum X_i/S_i \times 100\% \right) /11$$

二步算术平均法是假定四组要素对最终信息化指数的贡献等价,但各组中的具体要素对最终信息化指数的贡献不等价,于是先分别计算出各组要素的指数平均值,再对各组的指数平均值求算术平均值,得出最终的信息化指数。

计算公式为:

$$社会信息化指数 = \left[\left(\sum X_i/S_i \times 100\% \right) /n \right]/4$$

公式中,X_i 代表各项指标即期绝对值;S_i 代表各项指标的基期绝对值,n 为组内要素数。

这种方法的主要优点是:所用的统计资料较易获得,参数少,计算也较简单,有较强的可操作性。而且这种方法既可以反映一个国家或地区纵向方面的信息化历史发展状况,又便于各个国家或地区间横向方面的比较,还能反映某方面的缺陷与失衡,因而在世界各地,包括我国在内都得到了广泛的应用(参见表 8.11)。但是这种方法也有较大的缺陷:与波拉特方法相比,这种测算方法只有相对比较的意义,而无绝对的经济意义;11 个指标只反映了社会信息化某些方面的情况,为讲求简便不得不舍弃那些不那么"重要"的因素;另外,由于计算过程中采用了算术平均法,从而使各个指标具有同等重要的地位,掩盖了其实质差异。据悉,我国国家信息化办公室正组织有关专家学者分析研究全新的国家信息化指标体系,准备从直接效益和间接效益、定性和定量等角度综合考虑,发布社会信息化指标。

三、我国信息化的现状与挑战

我国的信息化建设已经取得了很大的成绩,有目共睹。仅举数例:

(1) 通信产业发展迅猛,"八五"期间年平均递增 40% 以上,"九五"期间仍保持快速增长。1998 年,我国通信业完成业务收入 2294.5 亿元,比上年同期增长了 25.4%。全国电

表 8.11　我国社会信息化指数测度(与日本比较)

指　标		日本 1965 年		中国 1985 年		中国 1990 年	
		绝对值	指数%	绝对值	指数%	绝对值	指数%
信息量	人均年使用函件数	97	100	4.5	4.64	4.8	4.95
	人均年通话次数	314	100	11.67	3.72	23.4	7.45
	每百人每日报纸发行数	45	100	28.8	64.00	106	235.56
	每万人书籍销售网点数	2.47	100	1.1	45.75	1.8	72.87
	每平方千米人口密度	265	100	109	41.13	120	45.28
	信息量指数		100		31.85		73.22
信息装备率	每百人电话机数	11	100	0.6	5.45	1.29	11.73
	每百人电视机数	18	100	5.73	31.83	15	83.33
	每万人计算机数	0.17	100	1.36	800.00	3.6	2117.65
	信息装备率指数		100		279.09		737.57
通信主体水平	第三产业就业人口比重	45	100	18	40.00	18.6	41.33
	每百人在校大学生人数	1.14	100	0.16	14.04	0.18	15.79
	通信主体水平指数		100		27.02		28.56
信息系数	个人消费中除去衣食住外杂费所占的比例	29	100	17	58.62	26	89.66
社会信息化指数			100		99.15		232.25

话普及率 1995 年为 4.5%,1996 年达到 5.4%,1997 年达到 8.11%,1998 年达到 10.64%,电话用户总数已达 1.1 亿户。全国局用交换机总容量 1995 年为 7100 万门,1998 年达到 1.3 亿门;长途业务电路 1995 年为 87 万路,1998 年达到 163 万路;长途自动交换机 1995 年为 350 万端,1998 年达到 483 万端。我国目前已建成"八纵八横"覆盖全国的光纤网,长途光缆总长度达 17.3 万公里,使我国通信传输的网络规模和技术层次跃入世界先进水平。全国数据通信网络基本建成,截止 1998 年底,数据通信端口达到 61 万个。目前我国的公用数据通信基础网络主要有:

中国公用分组交换数据网(CHINAPAC),1993 年 9 月开通,1996 年底已覆盖到所有县以上城市和部分经济发达地区乡镇,截止 1998 年底有用户 10.6 万个。

中国公用数字数据网(CHINADDN),1994 年 10 月开通,1996 年底已覆盖到 2100 个县以上城市和部分乡镇,截止 1998 年底用户达 18.9 万个。

中国公用帧中继网(CHINAFRN),一期工程现已结束,二期工程正全面展开,1998

年底可覆盖全国 32 个省市自治区,并开始向社会提供高速数据和多媒体通信等多项服务。

（2）计算机产业持续增长,产业规模不断扩大。"八五"期间,我国计算机产业的产值从 1990 年的 50 亿元激增到 1995 年的 698 亿元,平均每年递增 69.5%。1998 年,我国计算机市场销售额达到了 1480 亿元,其中硬件的市场份额为 78%,软件为 9.3%,信息技术服务为 12.7%。一批骨干民族信息企业,如联想、方正、长城、浪潮等开始形成规模并在市场上站稳了脚跟。1998 年,国产品牌电脑的市场占有率已达 73.98%,并且几乎能与国际同步推出高档微机系统。软件业的增长势头更是迅猛,年销售额从 1990 年的 2.2 亿元提高到 1998 年的 138 亿元。计算机装机量则从 1990 年的不足 50 万台增加到 1995 年的 330 万台,估计到 1998 年底接近 1500 万台。在计算机装机量和销售量都飞速增加(参见表8.12)的同时,电子信息技术的推广应用也取得了明显成效。据不完全统计,"八五"期间全国各行业共完成计算机推广应用项目 7922 项,投入资金 84 亿元,取得的直接经济效益超过了 400 亿元,投入产出比平均为 1∶5。由于这些项目完成后大都有节能降耗、减少环境污染,提高产品质量等作用,从而带来了巨大的间接经济效益和社会效益。

表 8.12　我国微机销售量和增长率

年　　　度	1991	1992	1993	1994	1995	1996	1997	1998
销售量(万台)	10	25	45	71.8	115	210	350	408
增长率(%)	17	150	80	59.6	60.2	82.6	66.7	16.6

（3）信息化应用开发迅速扩展,以"三金工程"为代表的涉及国家经济信息化的一系列重大信息化应用工程("金"系列工程)陆续起步,其中一些已经取得了卓有成效的实质性进展:

"金桥工程"即国家公用经济信息网络工程,是我国经济和社会信息化的基础设施之一。该工程拟采用卫星、电缆、光缆、微波等多种传输手段实现全国性的和跨国性的计算机联网,并与邮电通信干线及各部门已有的专用通信网互联互通,互为备用,构成覆盖全国、天地一体的"准高速信息国道",为国家对国民经济进行宏观调控、为国民经济各部门的信息交换和共享提供一个国家公用经济信息网络平台。金桥工程首先支持国家经济信息系统建设,以建设卫星基干网起步。目前已覆盖全国 30 个省市和地区,全国网控中心已在北京建成,通信站点由原来的 24 个扩展到 70 多个。现正积极组织上网业务,进行信息交换。

"金关工程"即国家对外贸易信息联网工程。通过对海关、外贸、外汇和税务等企业和部门业务系统的计算机进行联网,使海关进出口贸易收汇结汇、出口退税、配额许可证管理以及进出口贸易统计等实现计算机化,加强和完善外贸管理机制,目标是采用电子数据交换(EDI)方式实现国际上已普遍应用的无纸贸易。目前交换服务中心已经建成,EDI 平台业已开通,由经贸委牵头的全国进出口许可证核查管理系统、由国税总局牵头的出口退税系统、由外汇管理局牵头的进出口付汇收汇核销系统以及由海关和经贸委牵头的进出口贸易统计系统已基本建成,现正在实现四大应用系统的互联,以共享信息资源。

"金卡工程"即金融电子化工程。通过建立电子货币系统网络,推行银行清算系统、联网信息系统和柜台业务系统以及个人的信用卡和储蓄卡,可以减少现金发行量和流通量,简化货币支付手续,提高资金周转率和利用率,并能大大提高国家金融机构对资金的宏观调控能力。目前首批 12 个试点省市已全部实现了跨行联网运行,金融卡总发卡量已达 5050 万张,非金融卡达 6000 万张。

此外,"金税工程"(全国增值税专用发票计算机稽核网络系统工程)、"金农工程"(全国农业综合管理及信息服务系统工程)、"金企工程"(全国企业生产与流通信息服务系统工程)、"金智工程"(国家科研教育计算机网络与人才工程)、"金宏工程"(国家宏观经济决策支持系统工程)、"金信工程"(国家统计信息网络工程)、"金卫工程"(国家医疗信息网络工程)、"金贸工程"(国家电子商务应用试点工程)等等一系列"金字工程"相继启动,不仅有力地带动了信息产业的发展,而且促进了整个国民经济增长方式的转变,对推进我国国家经济和社会信息化进程具有重大而深远的意义。

(4) 计算机网络应用迅速普及。继中关村教育科研示范网(NCFC)、中国公用计算机互联网(CHINANET)、中国金桥信息网(CHINAGBN)相继启动后,中国教育和科研计算机网(CERNET)、中国科技网(CSTNET)、中国公众多媒体通信网(CHINAINFO)、中国联通互联网(UNINET)等也先后投入运行。目前我国拥有 Internet 国际出口的五大互联网(即 CHINANET,CHINAGBN,CERNET,CSTNET,UNINET)已经实现了互联互通,国际出口总带宽达 241M。据中国互联网信息中心(CNNIC)统计,截止到 1999 年 6 月 30 日,我国已有约 400 万个 Internet 用户(其中专线上网用户约 76 万,拨号上网用户约 256 万,两者都有的用户 68 万),上网计算机达 146 万台(其中直接上网计算机 25 万台,拨号上网计算机 121 万台)。在 cn 下共注册域名 29045 个,已建立 WWW 站点 9906 个。

(5) 广播电视基础建设已形成相当规模。到 1997 年,全国已建成广播电台 1363 座,广播发射台及转播台 747 座,广播人口覆盖率达 86%;电视台 923 座,电视发射及转播台 41205 座,有线电视台 1000 多座,入户终端接近 7000 万户,电视人口覆盖率已达 87.6%。全国收音机、收录机的社会拥有量达 5 亿多台,电视机拥有量超过 3 亿台。

(6) 信息化建设已经提高到国家重大战略决策高度。早在 1993 年 12 月,国务院就批准成立了由 24 个部委局共同参加组成的国家经济信息化联席会议,1996 年 5 月又在此基础上正式成立了国务院信息化工作领导小组,作为国务院负责全国信息化工作的议事协调机构,其主要职责是:① 研究制定国家信息化工作的方针政策,组织协调有关法规、规章的起草工作;② 组织拟定国家信息化的方针战略、总体规划(包括国家信息基础设施、信息技术与信息产业、重大信息工程项目、信息资源开发及信息人才培养等)及分阶段实施方案,监督、检查规划和方案的实施;③ 组织协调跨部门、跨地区、关系国民经济和社会发展的国家重大信息工程项目的建设,协调、指导重点城市与重点地区的信息化工作;

在统筹规划的前提下,对重大信息工程项目的立项、可行性研究和开工建设提出意见;④ 协调、解决我国大型计算机信息网络及有关国际联网工作中的重大问题;⑤ 组织研究国家信息化建设中涉及的关键技术,协调制定共性的技术和应用标准。1997 年召开的全国信息化工作会议又提出了我国信息化建设"统筹规划、国家主导、统一标准、联合建设、互联互通、资源共享"的 24 字方针。1998 年信息产业部成立以后,国务院信息化工作领导小组办公室与信息产业部信息化推进司合并,其主要职责仍为:研究制订国民经济信息化发展规划,协助业主推进国家重点信息化工程;指导、协调与组织信息资源的开发利用;指导电子信息技术的推广应用和信息化普及教育。信息产业部的成立,标志着我国的信息产业管理体制开始走向宏观调控与市场调节相结合的管理模式。按照政企分开、转变职能、破除垄断、保护竞争和权责一致等原则进行管理职能调整后组建起来的信息产业部必将为推进国家经济和社会信息化进程发挥更大的作用。

事实表明,我国目前已经具备了建设 CII 的基础条件。但是,面对日新月异的信息技术和飞速发展的信息环境,我们也不能不认识到,我国的信息化事业正面临着十分严峻的挑战。这种挑战主要表现在如下几个方面:

(1) 国际信息竞争日益激烈,信息化成为全球经济一体化进程中各国竞争的制高点。1994 年,美国政府率先提出了建设"全球信息基础结构"(GII)的倡议,意将各国的 NII 联结起来,实现全球信息资源共享。为此,一系列国际专题会议和国际协议谈判在紧锣密鼓地进行:1995 年 2 月,西方七国集团在布鲁塞尔召开了由欧盟委员会组织并主持的"信息社会部长级会议",提出了建立"全球信息社会"的 8 项基本原则和 11 个示范项目;1995 年 5 月,亚太经济合作组织召开了 17 国通信和信息产业部长级会议,发布了"APEC 信息基础结构汉城宣言",确立了建设"亚太信息基础结构"(APII)的 5 个目标和 10 项原则;1995 年 7 月在华盛顿召开了"全球信息基础结构委员会"(GIIC)第一届年会;1995 年 12 月在曼谷召开了"亚洲信息基础结构"(AII)领导人会议,等等。特别是 1997 年 2 月 15 日在日内瓦由世界贸易组织(WTO)主持达成了"全球电信协议",代表全球 90% 电信市场(总价值约 6000 亿美元)的 69 个国家共同签署了这个协议,将使国际电信市场全面走向自由化贸易。同年 3 月 16 日,WTO 的另一项重要协议——"信息技术协议"也由代表全球信息技术产品贸易总额 92.5% 的 41 个国家在上面签了字,同意在 2000 年 1 月 1 日以前分四个阶段逐步取消所有信息技术产品的关税。这一系列活动说明,在走向网络化、数字化的全球信息环境中,日趋激烈的国际信息竞争格局业已初步形成。美国凭借其信息技术优势和信息基础结构建设的全球领先地位,极力主张全球信息流动应当自由化,企图牢牢控制 GII 的主导权;欧、日等发达国家一方面对美国称霸全球信息市场的野心抱有警惕,另一方面也希望通过全球自由竞争机制的确立与美国争夺发展中国家的信息市场;广大发展中国家要发展本国的信息产业和信息经济,就必须进入 GII 体系,以缩小同发达国家的差距,为下一世纪的经济起飞做好准备。但由于自身经济实力所限,在国际信息竞争中容易受制于人,沦为发达国家的"信息殖民地"。

飞速发展的计算机网络通信技术正在把人类社会的经济活动推向一个网络化、数字化和全球一体化的电子商务阶段。美国早在1993年规划NII的行动纲领时,就规定电子商务是与远程教育、电子医疗等应用计划平行发展的重大信息化建设项目。1997年美国政府发表的"全球电子商务政策框架"更是把目光瞄准了全球电子商业贸易市场。为此,美国利用各种论坛(如G-7,OECD,ISO,ITU,WTO等)来监视和反对其他国家利用关税或非关税壁垒(如政府有关政策及强制性标准等)来阻碍在Internet上进行自由贸易的企图。在美国的倡导下,WTO的132个成员国在1998年决定使Internet成为自由贸易区,期限至少为一年。1998年成为世界的"电子商务年"。面对全球性的电子商务浪潮,任何国家的经济活动都不能置身度外。然而,在建立全球电子商务以及提供所需要的技术、金融和经济基础结构方面,世界各国之间还存在着较大的差距,特别是发展中国家面临着更大的挑战。我国在1998年已经把电子商务作为与企业信息化和金融信息化并列的国民经济信息化三个重点领域之一,并且在国内掀起了"电子商务热"。但从总体来说,我国企业信息化水平十分低下,大多数企业信息竞争意识不强,信息公开途径少,信息保护手段落后,因而直接影响了电子商务的发展。美国1996年直接接入Internet的公司比例是83%,具有WWW站点的公司1997年为67%,1997年利用Internet进行电子商务的金额达85亿美元。而我国据国家经贸委1998年的一项调查表明,作为全国860万家大中小型企业主导力量的74388家国有企业中,平均仅有17%的企业对电子商务有一定了解,在14923家国有大中型企业中,大约仅有10%基本实现了信息化或运用信息手段比较好,连上Internet的大约只有半数左右,其中在网上有自己的主页和Web服务器的更是少数,已实施电子商务的则是为数更少的进出口企业。由于企业信息化和电子商务的发展离国际水平还有较大的差距,致使我国企业参与国际市场竞争受到了极大的限制。

　　(2)我国的信息基础结构十分薄弱,信息化总体水平相对较低,且发展不平衡。根据社会信息化指数法测算,1995年我国的信息化水平只相当于美国60年代末、日本和欧洲等发达国家70年代末期的水平。近年来,我国的信息化总体水平有了明显的提高,1995年的信息化指数估计比1985年翻了三番。但受全国各地经济发展基础差距的影响,信息化的发展也是极不平衡的。北京和沿海城市的信息化水平远远高于全国平均水平,而且这种差距有逐渐拉大的趋势。另外,从信息化指数的指标体系结构来看,我国在信息量、信息人(通信主体水平)等方面的指标偏低,而信息装备率指标增长迅猛,若1985年定为100,到1995年则猛增到1060,且信息装备水平不低(进口设备居多)。但由于信息人才短缺,又制约着应用水平的提高。这样不仅形成了国际信息差距,而且还出现了国内信息差距;不仅产生了总体差距,而且还造成了结构差距。这种情况不但不利于我国信息化水平的全面提高,而且不利于保护国内信息市场,更不利于提高民族信息产业参与国际信息市场竞争的能力。信息竞争的关键是信息人才和信息资源。我国社会信息意识淡漠,信息人才队伍不整齐,信息资源开发利用程度较低,已经成为制约我国信息化水平提高、影响信息竞争整体实力增强的"瓶颈"。

作为社会信息化支柱的信息产业是一个有机的整体,并与其他产业有着密切的联系。它的发展一方面要求扩大产业外部循环来为其他产业提供应用服务;另一方面,要求协调产业内部结构,在动态平衡中不断调整各组成部分间的比例关系,促进产业升级。但我国的信息产业起步晚、基础差,在产业结构中所占比重还不够大,这就从整体上使得信息产业对国民经济发展的推动作用和带动作用力度相当软弱;从信息产业内部看,我国的各部分信息产业是分散独立且不均衡地发展起来的,而部门管理的行政分割更是加剧了这种趋势,很难适应信息技术一体化和产业演进规律从综合集成的高度来推动信息产业发展的要求。我国信息产业内部结构的不协调主要表现为:

信息服务业落后于信息工业。仅以信息技术服务业与电脑制造业的营业额之比为例,这一比值 1989 年美国为 1.75：1,欧共体为 1.11：1,日本为 1.04：1,新加坡为 0.37：1,韩国为 0.18：1,而我国 1995 年只有 0.088：1。这种"重硬轻软"的情况导致信息设备大量闲置或"大材小用",用户需要不清,应用方向不明,本来就十分有限的信息资源浪费更加严重。

基础电子信息技术滞后于信息技术产品的发展。长期以来,国家投资过分向通信类和消费类信息产品倾斜,对支持信息产业发展的基础电子技术和关键信息技术兼顾不够,如电子工业投资占国家总投资的比重在"六五"期间为 1.8%,"七五"期间降为 1.5%,"八五"期间掉到 1%。由于半导体芯片制造和软件开发长期处于落后状态,而信息设备需求旺盛,致使外商蜂拥国内市场,我国的信息产业呈现出过分依赖国外先进关键技术的畸形发展局面。例如,集成电路市场约有 75% 被外商占领,网络产品市场则几乎全是外商的天下。近年来通信业跨越式发展所需的通信设备与器材大量依靠进口或由外资企业供应,这方面的巨大市场约有 80% 已为外国公司所瓜分。

(3) 社会信息环境问题日益复杂,而信息环境管理严重滞后,已妨碍了我国信息化建设的健康发展。当前,我国社会中的信息环境问题日渐突出:信息污染屡见不鲜,信息犯罪时有发生,信息泛滥与信息贫乏现象并存,信息垄断与重复开发矛盾尖锐,与此同时,越境数据流(TDF)所引发的国际信息渗透和信息侵略问题也逐渐显露出冰山的一角。问题的症结在于,我国的信息化进程缺乏战略规划和组织协调,缺乏统一的标准和规范,有关信息政策和法规严重滞后。国外的信息化经验表明,一个国家的信息化建设不仅需要硬件(基础设施)的支持,而且更需要有软件(信息环境)的保证。事实上,现在人们已逐渐认识到,只是把信息视为一种资源是远远不够的,如果不建立和完善一个能够使信息资源得以充分开发和有效利用的信息环境,即使拥有再丰富的信息资源,也不会发挥应有的效益。随着信息技术的发展和国际信息交流的增长,信息环境问题也愈发显得因素多变,关系复杂,牵扯面广。我国在信息化进程中要重视信息环境管理的作用,注意信息环境管理的前瞻性、系统性和适时性,对我国的信息化建设进行必要的规划、组织、控制和协调。

四、我国信息化的对策探索

面对各种各样严峻的挑战,在中国这样一个发展中国家,推进信息化既要有危机感和紧迫感,又要结合国情,实事求是。根据最小限制原理,我国的信息化不是由 CII 诸要素的平均状态所决定,而是受诸要素中那个与最优状态差距最大的要素所控制。这就是说,我国的信息化能否顺利发展,取决于 CII 诸要素中处于最差状态或最低水平的要素能否得到改进。目前,我国的信息化建设已经到了十分关键的时期,而信息环境管理明显滞后,已经在很大程度上制约了信息化的发展。因此,面对全球性的信息化浪潮,我们要抓住机遇,兴利除弊,强化信息环境管理,及时制订有关政策法规,加速信息化进程。当前,我国的信息化建设应当采取以下对策:

(1) 明确我国的信息化发展的战略目标,提高信息资源的开发利用水平。在制定我国的信息化发展战略时,目标选择是十分重要的。有人认为高速通信网络的建设是我国信息化的主要目标,更多的人则认为应当把信息资源的开发利用作为主攻方向。对此,我们应该有明确的政策导向。在信息化进程中要重视通信网络的建设,但是要特别强调,对我国这样一个世界上最大的发展中国家来说,更为重要的是信息资源,尤其是本国信息资源的充分开发和有效利用。信息资源网的建设比信息通信网的建设难度更大,又常常被忽视,而且不可由他人替代,是用金钱买不来的。我们决不可以去建设一个没有信息可供传输的通信网络,也绝无可能去实现一个缺少信息应用的信息化。数据库是信息资源网络建设的关键,也是信息资源开发利用的基础。截止到 1995 年,我国已建成了 1038 个数据库。但国产数据库平均容量仅为 33MB,100MB 以上者仅占 25%。从国家的信息化发展战略出发,我们必须建设一批质量高、规模大、能动态更新扩充和向全社会开放服务的数据库。为此应采取措施:

加强资金投入,通过优惠贷款、减免税收或设立专项基金等政策措施对投资周期长、效益相对滞后的数据库产业加以扶植;

转变数据库生产与经营机制,打破传统的封闭开发与内部服务模式,使数据库生产面向市场,数据库服务面向大众;

设立专门机构,对全国的数据库进行登记并负责管理数据库服务业,避免重复开发和无序服务。

(2) 强化统筹协调,正确处理信息化进程中的若干关系。在 CII 建设中,首先必须弄清电信网络、信息网络、信息基础结构、信息化应用四个层次的关系,这是搞好统筹规划的基础。在此基础上,国家应及时制定有关政策,明确规定各个层次的职责、权利与义务,使各领域、各行业、各部门的信息化建设能够统一部署,相互配合,协调发展。信息化是涉及社会各方面的宏伟事业,在推进过程中必然遇到各种各样的矛盾和问题。当前急需理顺的几个矛盾关系是:

信息化与工业化的关系;

公用网与专用网的关系；

信息技术与信息资源的关系,特别是电信网、电脑网与电视网的关系；

信息传输网络建设、经营与服务的关系,亦即线路提供者、网络服务者和信息提供者的关系；

政府信息管理、企业信息管理与信息用户的关系；

信息资源合理开发与有效利用的关系；

信息公开与信息保护的关系；

信息经济发达地区与落后地区的关系；

国内信息市场开放与民族信息产业保护的关系；

国际信息合作与国家信息主权的关系。

(3) 深化改革,建立公平竞争的信息产业发展机制。信息产业是信息化的支柱,我国的信息化建设必须立足于本国信息产业的发展。我们要牢固地树立起我国绝不能从国外买进一个信息化的观念,对于影响信息产业发展的关键技术领域始终应坚持技术引进与自力更生相结合的原则,实行基础信息技术的优先扶植战略。但同时我们也应当清醒地看到,世界信息产业的发展动向业已表明,对外开放和平等竞争是大势所趋。面对激烈的国际信息竞争,闭关自守和行业垄断是没有出路的。我国目前的管理体制和运行机制都不能适应信息产业的发展需要,急待加快改革步伐。根据我国的具体情况,并借鉴国外有益的经验,我们应当及时采取以下几个方面的改革措施：

有步骤有条件地开放国内信息市场,注意培养民族信息产业参与国际信息竞争的能力；

实行政企分开,打破行业垄断,建立公平竞争的信息产业发展机制；

发挥行业协会的作用,防止各自为政的重复建设,做到"国内练兵,一致对外"。

(4) 建立强有力的管理机构,推进信息化法制建设。信息化的发展涉及社会各行各业、方方面面,要改变目前管理多头、政出多门的现状,就必须建立一个强有力的管理机构。为此,国家应赋予信息产业部信息化推进司(国家信息化办公室)较强的管理职能,或在此基础上成立一个承担全国信息化管理咨询工作的常设机构——国家信息化委员会,其主要职责是：

负责在宏观上管理全国信息化建设的立项、投资,统一管理 CII 各个要素；

研究制订国家信息化工作的方针政策,拟订国家信息化的发展战略、总体规划及分阶段实施方案；

组织协调跨系统、跨部门、跨地区的关系国民经济和社会发展的国家重大信息工程项目的建设。

针对我国社会信息环境中新出现的一系列问题,必须加强信息化法制建设,规范社会信息行为。在适当时机,全国人大应设立信息化立法委员会,把 CII 的建设纳入法制管理的轨道。根据我国的信息化进程,当前急需制定的法律法规有：

电信法

信息化促进法

信息采集与传播法

信息服务业管理条例

政府信息资源管理条例

（5）普及信息教育，提高全民族的信息意识和信息能力。信息化的关键是信息化人才。这里所说的信息化人才包括两个部分，一部分是从事信息基础结构建设的信息专业人才，另一部分是信息应用人才，即能够运用信息技术和信息资源于本职工作，促进生产率全面提高的大批量高素质的社会劳动者。要培养实施信息化建设和应用信息化设施的一代又一代人才，就要下大力量普及信息教育，逐步提高全民族的信息意识和信息能力，最终实现全民信息化。为此需要采取以下几项措施：

确立国家的信息化教育政策，在全社会普及信息知识，尤其是加强对大中小学生的信息技术、信息处理与信息检索知识的启蒙教育；

完善信息技术水平和信息应用技能等级考试制度，作为考察与选拔领导干部及各类人才的必要条件；

在高等院校普遍开设信息管理类专业，培养高层次的信息技术、信息经济和信息管理通用人才。

复习思考题八

1. 了解信息产业的构成与测度方法。

2. 信息产业的特征是什么？

3. 举例说明信息产业在现代社会经济活动中的地位和作用。

4. 试分析集中式和分散式信息产业管理体制的利弊。

5. 制定信息产业政策的原则是什么？

6. 美国信息产业政策的基本特点是什么？

7. 根据对我国信息产业内部结构与外部关联的分析，并参照国外的信息产业政策经验，谈谈我国的信息产业政策应当重点解决哪些问题。

8. 信息化的发展进程包括哪几个阶段？

9. 针对我国信息化建设现状与所面临的挑战，分析我国在推动信息化进程时应采取的对策。

10. 运用社会信息化指数法或经过修正后的社会信息化指数法，对我国社会信息化水平进行测度与分析。

参 考 文 献

1. 张守一主编. 信息经济学. 沈阳：辽宁人民出版社，1991

2. 金建著. 信息产业经济学论纲. 北京：北京出版社,1993

3. 高洁主编. 信息产业管理. 哈尔滨：黑龙江教育出版社,1995

4. 陈禹,谢康著. 知识经济的测度理论与方法. 北京：中国人民大学出版社,1998

5. 李京文等主编. 信息化与经济发展. 北京：社会科学文献出版社,1994

6. 赖茂生,李艳. 国民经济信息化政策立法的国际经验研究. 科技与法律,1997,(1～3),66～110

7. 时文生,金允汶. 世界信息服务业的发展现状与前景. 情报学进展——1994—1995 年度评论,1995, 1,263～307

8. (日)科学技术与经济协会编. 信息产业的前景. 上海：上海人民出版社,1988

9. (日)梅棹忠夫著. 情报の文明学. 东京：中央公论社,1988

10. Machlup F. The Production and Distribution of Knowledge in the United States, Princeton, NJ： Princeton University Press,1962

11. Porat Marc U. The Information Economy：Definition and Measurement. Washington,D. C.：Government Printing Office,1977

12. Organization for Economic Cooperation and Development(OECD). Impact on Employment,Growth and Trade, Vol. 1 of Information Activities, Electronics and Telecommunications Technologies. Paris：OECD,1981

13. Rubin M R. Information Economics and Policy in the United States. Libraries Unlimited,Inc. ,1983

14. Magherio Lynn et. al. The Emerging Digital Economy. Washington D. C.：U. S. Department of Commerce. 1998. http://www.ecommerce.gov

15. Mansell R and When U. Knowledge Societies：Information Technology for Sustainable Development. Oxford University Press,1998